深圳地铁 12 号线一期工程经验总结

黄抗强 秦 艳 孙 聘 刘启洋
张江尧 刘正贤 翁伊炯 郭 嘉 编著

西南交通大学出版社
·成 都·

图书在版编目（CIP）数据

深圳地铁 12 号线一期工程经验总结 / 黄抗强等编著.
-- 成都：西南交通大学出版社，2024. 11. -- ISBN 978-7-5774-0156-0

Ⅰ. U231

中国国家版本馆 CIP 数据核字第 20248YY285 号

Shenzhen Ditie 12 Hao Xian Yiqi Gongcheng Jingyan Zongjie
深圳地铁 12 号线一期工程经验总结

黄抗强　秦　艳　孙　聃　刘启洋
张江尧　刘正贤　翁伊炯　郭　嘉　编著

策 划 编 辑	韩　林
责 任 编 辑	杨　勇
助 理 编 辑	赵思琪
封 面 设 计	何东琳设计工作室
出 版 发 行	西南交通大学出版社 （四川省成都市金牛区二环路北一段 111 号 西南交通大学创新大厦 21 楼）
营销部电话	028-87600564　028-87600533
邮 政 编 码	610031
网　　　址	http://www.xnjdcbs.com
印　　　刷	成都勤德印务有限公司
成 品 尺 寸	185 mm × 260 mm
印　　　张	23.75
字　　　数	582 千
版　　　次	2024 年 11 月第 1 版
印　　　次	2024 年 11 月第 1 次
书　　　号	ISBN 978-7-5774-0156-0
定　　　价	163.00 元

图书如有印装质量问题　本社负责退换
版权所有　盗版必究　举报电话：028-87600562

《深圳地铁 12 号线一期工程经验总结》编写委员会

主　编　　黄抗强　　秦　艳　　孙　聃　　刘启洋
　　　　　张江尧　　刘正贤　　翁伊炯　　郭　嘉
副主编　　朱　渊　　吴灿炎　　彭亚俊　　占丰华
　　　　　林子兰　　顾　涛　　郭理帅　　李福生
　　　　　陈思盛　　林映彬　　周海春　　叶石生
　　　　　严乃昌　　梁　珂　　汪材林　　马海玉
委　员　（按姓氏笔画排序）
　　　　　卢天恩　　卢钰昕　　叶　洲　　仲燕飞
　　　　　刘　畅　　刘　捷　　许鸿凯　　严植康
　　　　　杨永涛　　余文豪　　谷长河　　张　宝
　　　　　陈俊华　　陈鹰财　　罗金龙　　周　芩
　　　　　冼远帆　　庞冠竣　　赵　哲　　熊俊钦
　　　　　孔　震

前　言

深圳地铁 12 号线 PPP 项目是深圳市政府在特区成立四十周年之际，为推进中国特色社会主义先行示范区和粤港澳大湾区"双区"建设，通过公开招标引进专业化社会资本参与城市轨道交通工程的首批试点项目。

为高质量建设、运营 12 号线一期工程，深圳市十二号线轨道交通有限公司组建了建设运营一体化管理团队，在整个项目前、中、后期对项目质量、安全、进度和成本进行预防、控制以及纠偏措施，保障了该项目信号、通信、车辆、轨道、接触网、变电、电力监控、屏电、AFC、环控、低压动照、给排水、综合监控、防灾报警、段场、建筑等专业的设备招标、设计联络、样机验收、施工调试、综合联调、验收移交、运营等全过程管理，以实现 12 号线一期工程高水平开通。

项目执行过程中，遇到了一些难题和曲折，我们立足于深圳地铁一、二、三期运营的经验，不断学习和成长，开拓进取和创新，凝结智慧和汗水，总结经验与不足。本书共分 16 章，按工程进展的时间主线介绍流程、要点、管控措施等，站在运营的视角阐述不足之处及改善措施。本书的编写人员均是深度参与该项目建设的工程技术和管理人员，他们将丰富的地铁运营实践经验，运用到地铁建设工作中去。

希望本书的出版能够为各城市正在实施和将要实施的全自动线路建设项目提供一定的借鉴，促进地铁站后工程建设更加符合运营需求，让有志于从事地铁建设的人员更加系统地了解全自动地铁线路，并熟悉、掌握地铁站后工程建设的相关技术要点和设备管理思路。

书中难免存在不足之处，敬请读者批评与指正。

作　者

2024 年 8 月

目录

第 1 章 信 号

1.1 工程介绍 ········· 002
1.2 设计审图阶段 ········· 002
1.3 招标采购阶段 ········· 006
1.4 合同谈判阶段 ········· 012
1.5 设计联络阶段 ········· 013
1.6 出厂验收阶段 ········· 033
1.7 施工调试阶段 ········· 042
1.8 运营筹备阶段 ········· 049
1.9 难点与应对措施 ········· 053
1.10 二期工程优化建议 ········· 055
1.11 小 结 ········· 061

第 2 章 通 信

2.1 工程介绍 ········· 064
2.2 设计审图阶段 ········· 064
2.3 招标采购阶段 ········· 065
2.4 合同谈判阶段 ········· 069
2.5 设计联络阶段 ········· 073
2.6 出厂验收阶段 ········· 091
2.7 施工调试阶段 ········· 092
2.8 运营筹备阶段 ········· 101
2.9 难点与应对措施 ········· 101
2.10 二期工程优化建议 ········· 102
2.11 小 结 ········· 108

第3章 车　辆

- 3.1 招标采购阶段……………………………………………………………110
- 3.2 合同谈判阶段……………………………………………………………111
- 3.3 设计联络阶段……………………………………………………………113
- 3.4 出厂验收阶段……………………………………………………………114
- 3.5 接车调试阶段……………………………………………………………116
- 3.6 运营筹备阶段……………………………………………………………120
- 3.7 难点与应对措施…………………………………………………………120
- 3.8 二期工程优化建议………………………………………………………121
- 3.9 小　结……………………………………………………………………123

第4章 轨　道

- 4.1 工程介绍…………………………………………………………………126
- 4.2 设计审图阶段……………………………………………………………127
- 4.3 招标采购阶段……………………………………………………………127
- 4.4 设计联络阶段……………………………………………………………129
- 4.5 施工调试阶段……………………………………………………………130
- 4.6 运营筹备阶段……………………………………………………………138
- 4.7 难点与应对措施…………………………………………………………145
- 4.8 二期工程优化建议………………………………………………………146
- 4.9 小　结……………………………………………………………………147

第5章 接触网

- 5.1 工程介绍…………………………………………………………………150
- 5.2 设计审图阶段……………………………………………………………150
- 5.3 招标采购阶段……………………………………………………………151
- 5.4 合同谈判阶段……………………………………………………………153
- 5.5 设计联络阶段……………………………………………………………154
- 5.6 出厂验收阶段……………………………………………………………156
- 5.7 施工调试阶段……………………………………………………………156
- 5.8 运营筹备阶段……………………………………………………………158
- 5.9 难点与应对措施…………………………………………………………161
- 5.10 二期工程优化建议………………………………………………………163
- 5.11 小　结……………………………………………………………………164

第6章 变 电

- 6.1 工程介绍 …………………………………………………… 166
- 6.2 设计审图阶段 ……………………………………………… 166
- 6.3 招标采购阶段 ……………………………………………… 167
- 6.4 合同谈判阶段 ……………………………………………… 169
- 6.5 设计联络阶段 ……………………………………………… 169
- 6.6 出厂验收阶段 ……………………………………………… 170
- 6.7 施工调试阶段 ……………………………………………… 170
- 6.8 运营筹备阶段 ……………………………………………… 172
- 6.9 难点与应对措施 …………………………………………… 176
- 6.10 二期工程优化建议 ……………………………………… 176
- 6.11 小 结 …………………………………………………… 177

第7章 电力监控

- 7.1 工程介绍 …………………………………………………… 180
- 7.2 设计审图阶段 ……………………………………………… 180
- 7.3 招标采购阶段 ……………………………………………… 181
- 7.4 合同谈判阶段 ……………………………………………… 182
- 7.5 设计联络阶段 ……………………………………………… 183
- 7.6 出厂验收阶段 ……………………………………………… 183
- 7.7 施工调试阶段 ……………………………………………… 183
- 7.8 运营筹备阶段 ……………………………………………… 187
- 7.9 难点与应对措施 …………………………………………… 188
- 7.10 二期工程优化建议 ……………………………………… 189
- 7.11 小 结 …………………………………………………… 189

第8章 屏 电

- 8.1 工程介绍 …………………………………………………… 192
- 8.2 设计审图阶段 ……………………………………………… 193
- 8.3 招标采购阶段 ……………………………………………… 196
- 8.4 设计联络阶段 ……………………………………………… 198
- 8.5 样机验收阶段 ……………………………………………… 203
- 8.6 施工调试阶段 ……………………………………………… 210
- 8.7 运营筹备阶段 ……………………………………………… 220
- 8.8 难点与应对措施 …………………………………………… 223
- 8.9 二期工程优化建议 ………………………………………… 224
- 8.10 小 结 …………………………………………………… 225

第9章 AFC

- 9.1 工程介绍 ································· 228
- 9.2 设计审图阶段 ··························· 228
- 9.3 招标采购阶段 ··························· 229
- 9.4 合同谈判阶段 ··························· 229
- 9.5 设计联络阶段 ··························· 230
- 9.6 出厂验收阶段 ··························· 232
- 9.7 施工调试阶段 ··························· 232
- 9.8 运营筹备阶段 ··························· 235
- 9.9 难点与应对措施 ························ 235
- 9.10 二期工程优化建议 ···················· 235
- 9.11 小 结 ································· 236

第10章 环 控

- 10.1 工程介绍 ······························· 238
- 10.2 设计审图阶段 ························· 238
- 10.3 设计联络阶段 ························· 238
- 10.4 出厂验收阶段 ························· 240
- 10.5 施工调试阶段 ························· 240
- 10.6 运营筹备阶段 ························· 242
- 10.7 二期工程优化建议 ···················· 251
- 10.8 小 结 ································· 252

第11章 低压动照

- 11.1 工程介绍 ······························· 254
- 11.2 设计审图阶段 ························· 255
- 11.3 设计联络阶段 ························· 257
- 11.4 出厂验收阶段 ························· 262
- 11.5 施工调试阶段 ························· 298
- 11.6 难点与应对措施 ······················ 300
- 11.7 二期工程优化建议 ···················· 301
- 11.8 小 结 ································· 302

第12章 给排水

- 12.1 工程介绍 ······························· 304
- 12.2 设计审图阶段 ························· 304

12.3 设计联络阶段 ············ 305
12.4 出厂验收阶段 ············ 305
12.5 施工调试阶段 ············ 306
12.6 运营筹备阶段 ············ 308
12.7 二期工程优化建议 ········ 314
12.8 小　结 ·················· 314

第 13 章　综合监控

13.1 工程介绍 ················ 316
13.2 设计审图阶段 ············ 316
13.3 招标采购阶段 ············ 318
13.4 合同谈判阶段 ············ 318
13.5 设计联络阶段 ············ 319
13.6 出厂验收阶段 ············ 320
13.7 施工调试阶段 ············ 322
13.8 运营筹备阶段 ············ 324
13.9 难点与应对措施 ·········· 325
13.10 二期工程优化建议 ······· 325
13.11 小　结 ················· 326

第 14 章　防灾报警

14.1 工程介绍 ················ 328
14.2 设计审图阶段 ············ 329
14.3 招标采购阶段 ············ 329
14.4 合同谈判阶段 ············ 330
14.5 出厂验收阶段 ············ 330
14.6 施工调试阶段 ············ 332
14.7 运营筹备阶段 ············ 336
14.8 小　结 ·················· 336

第 15 章　段　场

15.1 工程介绍 ················ 338
15.2 工程设计阶段 ············ 338
15.3 施工建设阶段 ············ 340
15.4 施工调试阶段 ············ 341
15.5 运营筹备阶段 ············ 343
15.6 二期工程优化建议 ········ 344
15.7 小　结 ·················· 345

第 16 章 建 筑

16.1 工程介绍 …………………………………………………………… 348
16.2 设计审图阶段 ……………………………………………………… 349
16.3 施工调试阶段 ……………………………………………………… 351
16.4 难点与应对措施 …………………………………………………… 358
16.5 二期工程优化建议 ………………………………………………… 358
16.6 小　结 ……………………………………………………………… 365

参考文献 …………………………………………………………………… 366

第1章

信 号

本章回顾了深圳市轨道交通 12 号线一期工程信号系统建设过程中信号专业团队的建设经验总结和后期建议。本章主要通过介绍招标采购管理、设计图纸审核、设计联络阶段、设备验收管理、现场调试管理、现场安全质量管控、经验教训及问题解决和 12 号线信号系统二期建设建议这 8 个方面，表现出信号专业团队在各个环节中起到的重要作用和取得的成果。12 号线一期工程信号系统的建设对城市具有重要的战略和经济意义，信号专业团队为这次工程做出了卓越的贡献。

在实施招标采购管理时，信号专业团队在市场调研和评估的基础上进行需求最优设计，以此提高后期设备质量可靠性和稳定性。在设计图纸审核阶段，信号专业团队仔细审查与评估工程图纸，充分考虑每一个细节和环节，同时确保信号系统与城市规划和发展要求相符。在设计联络阶段，信号专业团队与其他相关专业团队紧密协作，确保各项设计方案协调一致，提高工程的综合效益。

设备验收管理是信号专业团队的重要任务，信号专业团队通过严格的标准和流程确保设备达到预期要求。在现场调试管理方面，信号专业团队充分发挥专业知识和技能，确保信号系统正常运行，同时协调其他专业团队工作的顺利进行。现场安全质量管控是信号专业团队的重中之重，信号专业团队严格遵守安全操作规程，加强现场安全防护，同时监督施工质量。

信号专业团队在工程中积累了许多经验教训，通过总结分析解决了一系列问题和困难，为今后的工程建设提供了重要参考。同时，信号专业团队还就 12 号线信号系统二期建设提出了建设性的建议，考虑到未来城市规划和发展的需要，为城市建设奠定了坚实基础。

总之，信号专业团队在深圳 12 号线一期工程信号系统建设中展示了出色的实力和素质，信号专业团队在各个环节中的努力和成果为深圳市 12 号线的发展做出了重要贡献。

1.1 工程介绍

信号系统范围包括但不限于正线、车辆段/停车场、控制中心、信号列车自动控制（ATC）系统，其包含计算机联锁（CI）、列车自动防护（ATP）、列车自动驾驶（ATO）和列车自动监控（ATS）及数据传输系统（DCS）等子系统；电源系统、车辆段/停车场联锁系统、维护监测系统、试车线设备、培训设备、检/维修设备、56 列车载设备，以及与运营控制中心（NOCC）接口及相关设备。

信号的工程范围如下：12 号线约 40.533 km 双正线，以及正线范围内的折返线、渡线、停车线、正线与车辆段/停车场及与其他相关线路的联络线等；33 座正线车站；工程初期配属 56 列/336 辆编组列车；1 座控制中心；1 座车辆段；1 座停车场；1 条试车线（设置在机场东车辆段）；1 处维修中心（设置在机场东车辆段）；1 处培训中心（设置在机场东车辆段）。

1.2 设计审图阶段

设计管理贯穿于整个工程项目生命周期，工程技术在设计阶段就要做到严谨和细致。信号专业团队在充分吸收深圳地铁前三期工程建设经验的基础上做出了改进。在管理工作中，一直要求各工程师和各接口专业尽早介入并随时了解情况、随时提出意见和建议，充分考虑到本专业和接口专业之间的需求,从更高质量的服务目标出发,尽早避免后期工作的重复和返工。

施工图出图进度及审查把控在设备进场安装之前全部完成,可为现场施工提供有利的前提条件,避免出现现场等待图纸的情况,进而影响整体的施工进度。

该阶段主要工作为参与新线土建施工图纸及专业系统施工图纸审核。同时,完成图纸审核后提出的可优化方案主要有以下几个方面。

1.2.1 生产办公用房、设备用房设置

审核信号系统施工蓝图时,要重点关注生产办公用房、设备用房数量、位置、面积是否满足现场维护人员使用需求,须注意车辆段、停车场信号设备房相互之间要打通连接,便于现场使用维护。信号设备房距离信号值班室应按照就近原则进行布置,方便信号维护人员生产、应急处置。信号设备房应避免设置在站台夹层内的房间,避免轨行区金属粉尘进入信号设备房造成信号系统设备故障,另外注意提高信号专业人员维护便利。特别对房间内隐蔽工程、室内消防、设备房净高、通风空调位置等后期难以整改内容进行重点审核跟进。为了便于回溯管理,所有审图要求保留相关审图记录。信号用房配置参考标准见表1-1。

表1-1 信号用房配置参考标准

序号	房间名称	面积	位置	备注
1	正线信号设备室	按设备实际使用标准	正线	要求接近车控室,设备房的选址不应紧靠建筑主体伸缩缝
2	正线信号电源室	按设备实际使用标准	正线	紧邻信号设备室,电源室宜单独配置,但应与设备室连通
3	正线信号电缆间	5~10 m²	正线	要求设置在设备房旁边,集中站必须配置
4	正线信号抢修库房	15 m²	正线	要求设置在正线折返站
5	信号车载测试室	39 m²	车辆段或停车场	车辆段或停车场运用库1楼
6	信号车辆段测试室	39 m²	车辆段及停车场	车辆段及停车场运用库1楼
7	信号车间抢修库	48 m²	车辆段或停车场	车辆段或停车场维修楼1楼
8	信号车辆段工班抢修库	36 m²	车辆段及停车场	车辆段及停车场运用库1楼
9	信号备品备件间	48 m²	车辆段及停车场	车辆段及停车场运用库1楼
10	信号车辆段设备房	100 m²	车辆段及停车场	车辆段及停车场运用库,设置在1楼,靠近车厂控制中心(DCC),设备房的选址不应紧靠建筑主体伸缩缝
11	信号车辆段微机室	40 m²	车辆段及停车场	车辆段及停车场运用库,靠近车厂控制中心(DCC),设备房的选址不应紧靠建筑主体伸缩缝
12	信号车辆段电源室	40 m²	车辆段及停车场	车辆段及停车场运用库,设置在1楼,靠近车厂控制中心(DCC),设备房的选址不应紧靠建筑主体伸缩缝
13	信号ATS设备房	根据合设线路数量决定	NOCC	

续表

序号	房间名称	面积	位置	备注
14	信号模拟培训设备室	80 m²	车辆段	安装正线、车辆段信号系统室内培训设备
15	信号模拟培训演示室	40 m²	车辆段	安装正线、车辆段信号系统室外培训设备
16	信号模拟培训演示室	60 m²	车辆段	放置模拟培训终端，培训演示使用

1.2.2 信号-站台门接口电压采集点设置在站台门室

深圳地铁运营既有线路信号-站台门接口电压采集点均设置在信号设备房分线柜侧，当出现双方接口故障时，不能彻底区分故障类型、归属，双方接口专业人员出现责任判断不清的情况。

经信号专业图纸审核时提出，将信号-站台门接口电压采集点设置在站台门室，通过串口线实时传回信号微机监测设备，在此做了上述优化后，当出现双方专业接口故障时，能够第一时间判断故障责任归属。

1.2.3 机场东车辆段咽喉区增设计轴区段

信号专业团队审图过程中发现机场东车辆段咽喉区计轴设备布置不合理，当出现部分计轴区段故障时将会同时影响整个列检库发车，故障影响范围非常大。

具体来说，为缩小故障影响范围，在停车场 L30/31 道岔（如无侵限情况则优先布置于 L30）增加一个计轴点，如图 1-1 所示，在车辆段 L26/27 道岔（如无侵限情况则优先布置于 L26）增加一个计轴点，如图 1-2 所示，以降低计轴设备故障影响。

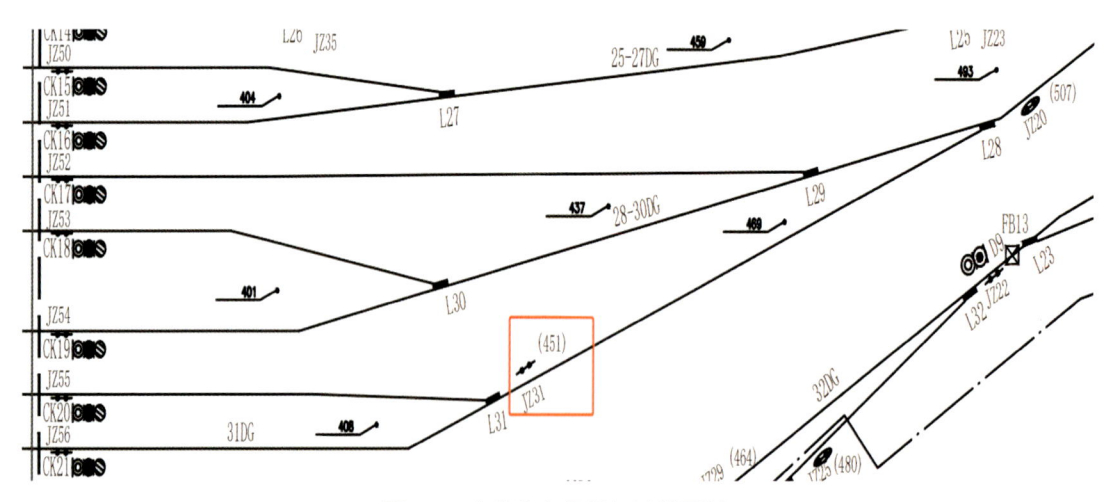

图 1-1 赤湾停车场增加计轴图例

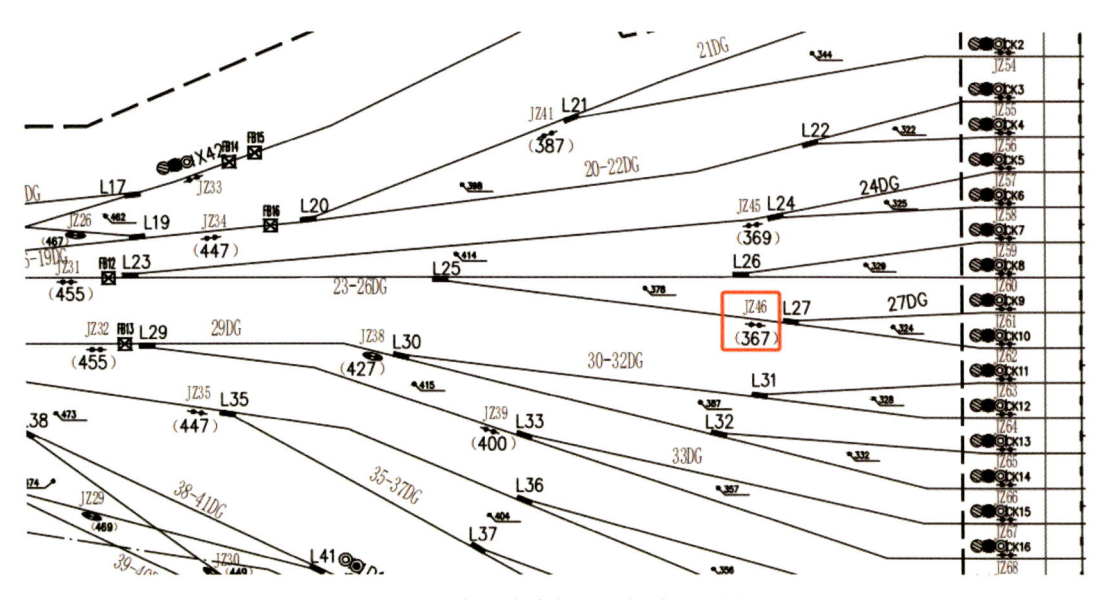

图 1-2　机场东车辆段增加计轴图例

1.2.4　全线设备侵限绝缘核对

信号专业团队审图过程中发现部分计轴区段联锁表设置的侵限计轴与实际现场设备侵限关系不一致的情况，如按照图纸设计信号系统软件，将会导致部分区域联锁失效，存在巨大安全风险隐患。后对全线所有现场设备状态进行核对，共发现存在 10 余处侵限计轴与实际现场设备侵限关系不一致的情况，均已得到整改，将安全风险彻底杜绝。

后续在 12 号线二期工程跟进中针对该案例总结经验教训，在信号设备安装阶段就要对轨行区侵限绝缘进行距离测试，不符合的情况要及时反馈，保证与信号联锁表侵限绝缘设置保持一致。

1.2.5　设备房照明

往期部分设备房照明设置在空调风管上方或设置在设备机柜正上方，设备存在照明不足问题。信号专业团队在设计提资时，要求在设备房的机柜间增设一排照明。尤其在设备集中站，重点审核图纸，能在设计阶段进行的均在设计阶段进行照明数量增加或位置优化。

1.2.6　设备房离壁沟问题

设备房离壁沟在往期经常出现以下三类问题：① 设备室离壁沟内宽、内高不符合排水要求，导致设备室出现积水隐患。整改措施：离壁沟建造须按图施工（内宽 80 mm，内高 130 mm），避免对排水沟排水造成影响；若离壁沟施工不符合要求的必须整改。② 设备室离壁沟地漏过高造成设备室出现积水隐患。整改措施：在后期的新线建设工程跟时中关注地漏设置高度，不合理的及时要求整改。③ 设备房离壁沟非整体浇注导致向设备房内渗水。整改措施：设备房离壁沟整体浇注，不存在渗水隐患；离壁沟应保证一定高度差，确保排水顺畅；离壁沟非整体浇注的要做防水层。

1.2.7 电缆引入孔封堵问题

若设备房地面、墙上、吊顶上部随意引孔，会造成封堵困难；若设备房孔洞封堵不严或不全，则可能会引起老鼠进入咬断线缆，严重时直接造成电源短路、烧坏设备。对于此类问题，前期应严格控制和介入检查，发现设备房内所有电缆引入孔洞均须封堵良好。另外，设备房离壁沟处安装有插座，易发生离壁沟渗水造成插座短路等问题，应在现场介入时联系相关专业进行整改。

1.2.7.1 重点审核隐蔽工程、通风空调等

对信号设备房隐蔽工程、房间消防、设备房净高、通风空调位置等后期难以整改内容进行重点审核跟进。

1.2.7.2 审图记录

确定图纸审核责任人，责任人对图纸审核质量负责，建立审图记录档案，提交的审图意见须经部门负责人审核确认。

1.2.7.3 图纸审核经验交流

安排具有审图经验的人员开展图纸审核经验交流，对审图要素进行说明，培养人员的审图能力。

1.2.7.4 收集既有线所采用的系统的运用情况

从其他线路或地铁中收集新线所采用的系统的运用情况，针对性提出本线需求。

1.3 招标采购阶段

在12号线一期工程信号系统采购项目的建设过程中，信号专业从项目管理、合同谈判、出厂验收、设备验收、备品备件采购等方面进行了经验总结。通过有效的管理和沟通，信号专业在建设过程中成功应对了各种不可预见的因素，实现了设备的顺利安装和稳定运行。在项目管理方面，信号专业制定了可视化的《一页纸项目管理》工具，确保了项目的可持续管理。在合同谈判方面，信号专业通过对合同内容的深入熟悉和掌握，以及积极的交流沟通，达成了合同内容的共识，确保了项目的进展。在出厂验收和设备验收方面，信号专业特别注重工艺的卡控和验收标准的制定，保证了设备的质量可靠性和稳定性。在备品备件采购方面，信号专业根据设备的使用寿命周期和易损件的特点，制定了科学的采购方案。这些经验总结为未来类似项目的建设提供了参考和借鉴。

该阶段主要有以下3个方面工作：

（1）审核招标文件，主要为信号专业技术规格书（作为招标文件用户需求书）审核，从运营实际功能需求提出审核意见。关注各系统功能、设备选型、设备可用性、可替换性、备

品备件是否满足基本生产要求及运营需求。

（2）审核投标文件，重点关注投标文件中技术规格书是否满足招标文件要求。

（3）审核合同文件，参加合同谈判工作，对专业部分细节进行谈判，形成合同谈判会议纪要，业主代表签订合同，形成合同谈判报告。

1.3.1 信号控制价格设置

对于12号线信号设备采购招标控制价的设置，通过采用优化方案进行核减，主要涉及优化设备集中站数量和不间断供电系统（UPS）及蓄电池配置方案。最终招标控制价得以确定，具体思路如下。

1.3.1.1 招标控制价计算方法

以12号线PPP项目信号设备招标概算52 799.66万元为初始值，取消的设备直接从12号线概算中进行核减；优化的设备通过与深圳地铁其他线路设备概算价格进行对比折算后从12号线概算中进行核减或增加；计算得出优化后的价格，将该价格作为设置12号线招标控制价的依据。

计算公式为12号线招标控制价=12号线招标概算价格-优化核减金额。

1.3.1.2 主要优化内容

信号控制价优化内容见表1-2。

表1-2 信号控制价优化内容

序号	项目	优化前	优化后
1	优化设备集中站数量	4个一级集中站、6个二级集中站均设置联锁设备	仅4个一级集中站设置联锁设备，6个二级集中站设置目标控制器
2	优化UPS及蓄电池配置方案	双UPS及蓄电池	取消部分设备、采用单UPS及蓄电池

1.3.2 信号合同梳理

鉴于合同管控初期缺乏项目管控经验。为有效把控建设期项目开展，信号专业团队于2021年9月中旬完成负责项目的《一页纸项目管理》初稿；9月下旬，完成《一页纸项目管理》终稿，并在后续项目管理中持续更新、完善。通过《一页纸项目管理》的梳理，将信号的整个合同进行了充分的熟悉和掌握，同时也有效地、积极地使用《一页纸项目管理》这一可视化、可动态的项目管理工具，在后期项目管理过程中做好了项目管理和风险管控工作。

1.3.3 产品型号和供货商清单

12号线一期工程信号系统集成商是交控科技股份有限公司，信号系统设备的产品型号和供货商清单，具体见表1-3。

表 1-3　信号系统各类产品型号和供货商名单

序号	子系统	设备名称	规格型号	设备说明	供货商	负责采购单位
1	ATS	ATS 分机机柜	标准机柜	配线完成 ATS 低配车站分机机柜	交控	交控
2	ATS	ATS 分机	HP DL380、HP Z4	服务器、高配现地工作站	惠普	交控
3	ATS	KVM 切换器	CKL-922HUA	KVM 切换器	希可尔	交控
4	ATS	中心服务器机柜	标准机柜	配线完成 ATS 中心服务器机柜	交控	交控
5	ATS	数据库服务器、磁盘阵列	HP DL580	服务器、磁盘阵列	惠普	交控
6	ATS	应用服务器	HP DL580	服务器	惠普	交控
7	ATS	通信前置机	研祥 IPC-820JY	工控机	研祥	交控
8	ATS	打印服务器	HP	打印服务器	惠普	交控
9	ATS	绘图仪	HP Designjet T790 及以上	HP T1708P 绘图仪	惠普	交控
10	ATS	A3 激光打印机	HP M706n 或以上	彩色激光打印机	惠普	交控
11	ATS	车辆网关计算机	HP DL380	服务器	惠普	交控
12	ZC/DSU	工控机（带复位板）	BOS-4010-B-FWB	DSU 机柜	凌华	交控
13	ZC/DSU	网络交换机	S3100V3-52TP-EI	DSU 机柜	新华三	交控
14	ZC/DSU	维护 KVM	CL-1008M	DSU 机柜	ATEN	交控
15	ZC/DSU	工控机	IPC-820JY-TT-01	DSU 机柜	研祥	交控
16	ZC/DSU	DSU-6U 插箱	TCT	DSU 机柜	交控	交控
17	ZC/DSU	工控机（带复位板）	BOS-4010-B-FWB	ZC 机柜	凌华	交控
18	ZC/DSU	网络交换机	S3100V3-52TP-EI	ZC 机柜	新华三	交控
19	ZC/DSU	维护 KVM	CL-1008M	ZC 机柜	ATEN	交控
20	ZC/DSU	工控机	IPC-820JY-TT-01	ZC 机柜	研祥	交控
21	ZC/DSU	ZC-6U 插箱	TCT	ZC 机柜	交控	交控
22	轨旁设备	无源应答器	Y.FB	无源应答器	思诺	交控
23	VOBC	应答器传输控制单元 BTM	Y.BTM	应答器车载查询器	思诺	交控
24	VOBC	车载信号机柜	TCT	配线完成 LCF-VOBC-510-C 车载机架	交控	交控
25	VOBC	测速设备	TCT	速度传感器	德意达	交控

续表

序号	子系统	设备名称	规格型号	设备说明	供货商	负责采购单位
26	VOBC	人机交互界面（MMI）司机台显示设备	TCT	MOXA定制款车载MMI	摩莎	交控
27	CI	配线完成的联锁主机机柜	TCT	组装完成联锁机机柜	交控	交控
28	CI	交换机	S3100V3-52TP-EI	组装完成联锁机机柜	新华三	交控
29	CI	工控机	BOS-4010-B	组装完成联锁机机柜	凌华	交控
30	CI	工控机	BOS-4020-A	组装完成联锁机机柜	凌华	交控
31	CI	工控机	IPC-820JY-TT-01	组装完成联锁机机柜	研祥	交控
32	CI	维护KVM	CL-1008M	组装完成联锁机机柜	ATEN	交控
33	CI	配线完成的OC机柜	TCT	配线完成的OC机柜E	交控	交控
34	CI	联锁接口柜	TCT	接口柜	南皮	交控
35	CI	开关柜	450×960×2250	全电子联锁开关柜	南皮	交控
36	培训	培训服务器	DL388	—	惠普	交控
37	培训	ATC培训仿真工作站	DELL 7070MT	—	戴尔	交控
38	培训	模拟驾驶台	定制	—	大象	交控
39	DCS	DRS服务器	DELL	DCS-DRS硬件平台-KVM	戴尔	交控
40	DCS	车辆段DCS设备	—	—	—	交控
41	DCS	NMS工作站	DELL	DCS-NMS硬件平台-塔式	戴尔	交控
42	DCS	NMS工作站	DELL	HP24寸显示器	戴尔	交控
43	DCS	DCS通信机柜	标准机柜		交控	交控
44	DCS	交换机	IKS-6728A-4GTXSFP-HV-HV-T或相当	骨干网交换机	摩莎	交控
45	DCS	光电模块	IM-6700A-4SSC2TX或相当	—	摩莎	交控
46	DCS	NMS工作站	DELL	HP24寸显示器	戴尔	交控
47	DCS	DRS服务器	DELL	DCS-DRS硬件平台-KVM	戴尔	交控
48	DCS	通信设备	定制	装配完成的光电转换组件	交控	交控
49	BDMS	维护工作站	—	—	研祥	交控
50	BDMS	维护服务器机柜	标准机柜	维护服务器机柜	奔泰	交控
51	BDMS	维护服务器	HP DL580	维护服务器	惠普	交控

续表

序号	子系统	设备名称	规格型号	设备说明	供货商	负责采购单位
52	信号集中监测	外电网采集箱	CSM-CL-WDW	外电网采集箱	长龙	交控
53	信号集中监测	温湿度传感器	WB43CK36-02-2W	温湿度传感器	维博	交控
54	信号集中监测	电缆绝缘测试架	—	电缆绝缘测试架	长龙	交控
55	信号集中监测	开关量采集器	WB9131-1	开关量采集器	维博	交控
56	信号集中监测	数据采集机	CSM-CL-CJJ	数据采集机	长龙	交控
57	信号集中监测	直流200 V智能传感器	CSM-CL-ZCG-DC 200PN	直流200 V智能传感器	长龙	交控
58	信号集中监测	集中监测机柜	GNT-A4	集中监测机柜	海鹏信	交控
59	信号集中监测	通信机	CSM-CL-TXJ-Ⅱ	通信机	长龙	交控
60	信号集中监测	交换机	H3C	交换机	新华三	交控
61	信号集中监测	系统电源220 V防雷器件	SSLP-385V	系统电源220 V防雷器件	科安达	交控
62	信号集中监测	网络通道防雷器件	SFLM-H	网络通道防雷器件	科安达	交控
63	信号集中监测	通信通道防雷器件	BVB FLM WJ-RJ45/11	通信通道防雷器件	科安达	交控
64	信号集中监测	绝缘漏流测试机箱	WBT5Q001UT-2H3-1	绝缘漏流测试机箱	长龙	交控
65	道岔健康管理	智能运维监测机柜	标准机柜	智能运维监测机柜	奔泰	交控
66	道岔健康管理	交流道岔室内采集模块	定制	交流道岔室内采集模块	科安达	交控
67	道岔健康管理	二层交换机	H3C	—	新华三	交控
68	道岔健康管理	240 W电源模块	定制	—	交控	交控
69	道岔工况采集	交流道岔室外采集模块	定制	交流道岔室外采集模块	智维	交控
70	道岔工况采集	室外通信转换器	定制	室外通信转换器	智维	交控
71	道岔工况采集	通信集中器	MDS5008	通信集中器	迈安特	交控
72	道岔健康管理	道岔缺口系统主机	SVM-EC	道岔缺口系统主机	铁大	交控

续表

序号	子系统	设备名称	规格型号	设备说明	供货商	负责采购单位
73	道岔健康管理	通信转换器	SVM-EC	通信转换器	铁大	交控
74	电源	地铁直流机柜	PK	—	鼎汉	交控
75	电源	地铁交流机柜	PK	—	鼎汉	交控
76	电源	防雷配电箱	三相	—	华炜	交控
77	电源	稳压器	三相 45K/60K	—	艾普斯	交控
78	电源	电池架	—	—	鼎汉	交控
79	电源	UPS 主机	GD33-0400L	—	鼎汉	交控
80	电源	蓄电池	grid power VRM 12-80	—	荷贝克	交控
81	电源	电池巡检仪	H3G-TA12V30S1CTN	—	华塑	交控
82	信息安全	工控防火墙	xFw/V4.1-7B12	—	立思辰	交控
83	信息安全	运维堡垒机	xOpAudit V2.0-4B20	—	立思辰	交控
84	信息安全	标准机柜	—	—	立思辰	交控
85	信息安全	专用维护终端	—	—	立思辰	交控
86	计轴	车轮传感器	2N59-1R-400RE-40	—	科安达	交控
87	计轴	标准机柜	600 mm × 800 mm × 2 250 mm	—	科安达	交控
88	通用设备	信号机	LED 型	—	通号万全	交控
89	通用设备	电动转辙机	ZDJ9	电动转辙机	天津厂	交控
90	通用设备	紧急停车按钮及箱盒（含安装附件）	HGJT-QR-4-2	紧急停车按钮箱	鸿刚	交控
91	通用设备	人员防护开关及安装附件	560 mm × 315 mm × 130 mm	人员防护开关（SPKS）操作盘	鸿刚	交控
92	通用设备	组合柜	450 mm × 960 mm × 2 250 mm	电气集中组合柜	南皮	交控
93	通用设备	防雷分线柜	450 mm × 960 mm × 2 250 mm	信号监测防雷分线柜	科安达	交控
94	通用设备	段场控制室按钮盘	—	段场控制室按钮盘	鸿刚	交控
95	室外电缆	计轴电缆	—	—	万博	上海通号
96	室内电缆	电源线、控制线	—	—	万博	上海通号
97	室外电缆	信号电缆	—	—	亨通	上海通号
98	室外光缆	信号光缆	—	—	长飞	上海通号

1.3.4 备品备件采购

在往期工程合同设备清单没有细化至可维修更换最小部件进行报价，例如：ATO 控制单元，未细化到每块板卡及组件，造成备品备件验收、小部件增购无合同依据。在合同谈判时，应对各系统设备合同清单进行梳理，要求卖方必须以维修最小更换部件进行细化报价，为后续备件接管、增购备品备件提供依据，并要求合同备件、工器具在承包商未购买前可进行更改，在安装标承包商提供备件情况下，要及时跟进，与安装标承包商确定相关备件。在设备调试过程中，结合设备的表现可对备品备件进行变更。

建设经验有以下 4 个部分：

（1）备品备件的清单梳理，对合同上的设备进行初步梳理，形成一份齐全的清单。

（2）测算设备的使用寿命周期长短判断是否易损件（根据调试设备表现和既有线运营设备经验），考虑故障影响（关键性），结合故障应急保障的需求，决定是否采购和数量。

（3）既要保证生产，也要降低备件的资金积存。

（4）对于合同上没有的设备清单，要求承包商提供工程周转件满足应急需求。

1.4 合同谈判阶段

12 号线一期工程信号系统采购项目于 2021 年 1 月 12 日至 1 月 15 日在侨城东车辆段展开合同技术谈判工作，参与合同谈判的各方为深圳市十二号线轨道交通有限公司（简称：深圳十二号线公司）、深圳地铁建设集团有限公司（简称：深铁建设）、交控科技股份有限公司（简称：交控科技）。在 12 号线信号系统采购项目的合同技术谈判中，信号专业团队通过深入沟通和讨论，形成了详细的谈判纪要。这些纪要涵盖了诸如全线折返功能、安全可靠的传输通道、硬件容量留有余量、系统能力设计和工作站配置等多个方面。此外，双方就测速设备方案、转辙机动静接点、交换机性能提升、入侵防御系统接入范围等问题达成了共识。这一过程表明该项目的工作量饱和、内容涉及面广，对于信号系统的建设具有重要的价值意义。

在设计联络阶段，各方依据 12 号线信号系统招标文件及问题澄清文件、投标文件及投标文件澄清回复文件进行沟通讨论，形成合同文件会签稿，并形成如下纪要：

（1）交控承诺满足招标专用技术要求："1.7.4.4 全线具备折返功能的站台、折返线及存车线均具备休眠及唤醒功能，正线休眠点的具体位置在设计联络时确定"。

（2）招标专用技术要求"3.1.22 信号系统网络应连通控制中心（NOCC）、正线车站、车辆段/停车场、维修中心，联锁、ATP/ATO、ATS、车地通信子系统的网络应采用安全、可靠、冗余的传输通道。ATP 和联锁子系统等涉及行车安全的数据通道应完全独立配置，不应与其他专业或系统共用"。交控承诺上述条款具体实现方案于设计联络时与各方共同确定。

（3）为满足招标文件技术要求，交控承诺在投标技术方案基础上，免费提供以下设备，投标总价不做调整：

ATS 监视工作站，设备型号 HPZ4，数量 6 台；

ATS 维护工作站，设备型号 HPZ4，数量 1 台；

维护工作站，设备型号研祥，数量 1 台；

A3 激光打印机，设备型号 HPM706n 及以上，数量 1 台；

工控防火墙，设备型号 xFw/V4.1-5B11，数量 1 台；

三显示信号机，设备型号 LED 型，数量 3 架。

（4）交控承诺满足招标要求"3.1.29 ATP 计算机控制区域应根据列车运行间隔及管理列车数量确定。车辆段/停车场 ATP 计算机管理控制列车能力应大于车辆段/停车场远期列车存放数量的要求"。

（5）交控承诺满足招标要求"3.1.18 设备的硬件容量配置（如 ATS 核心服务器、LTE 接口设备、线路控制器、网管设备、维护支持子系统服务器、采集控制容量、插槽等）留有不小于 30%余量、软件容量配置（如系统处理能力等）须留有不小于 30%余量"。

（6）交控承诺满足招标文件对系统能力的要求，在设计联络会阶段结合场景实际需求确定计轴、应答器布置方案。

（7）双方约定按照工期节点要求在设计联络会阶段确定测速设备方案。

（8）交控承诺可满足转辙机动静接点使用一体式恒压接点要求，具体接点要求设计联络会确定。

（9）交控承诺将报价清单中型号为"D-Link DES-1016R"的交换机，更换为性能更高的 H3C 两层交换机（交换机性能对照表见附件），同时承诺免费承担差价。

（10）交控承诺满足招标要求"信号系统所有工作站须设计足够的软硬件能力，保证在操作过程中流畅、无停顿。同时所有工作站、服务器需配置防毒、杀毒软件，并封闭不使用的各类端口"。

（11）设计联络会期间明确入侵防御系统接入范围。

1.5 设计联络阶段

信号专业团队共组织召开了四次设计联络，技术细节都是在此期间讨论确定。由于是四期工程项目，所以在已开通的线路的经验和教训上，对功能的具体细节需求和实现方式更加清晰并落实到位，并充分考虑运营在使用过程中的合理新增需求，在此阶段信号专业团队安排专人跟进，全程参与，耗时三个多月完成信号设计联络工作。

1.5.1 设计联络新增需求

1.5.1.1 增加中央数据库服务器故障情况下运行图人工加载功能

深铁运营既有线路信号系统存在数据库服务器故障后无法自动加载列车运行图，且无法人工手动加载运行图的隐患，需行车调度人工办理全线列车运行进路。

经信号设计联络讨论确定，12 号线信号系统在中央数据库服务器故障的情况下，可通过人工在应用服务器中加载最近一周的列车运行图，保证列车运行图能够通过后备方式加载，提高了设备可用性。

1.5.1.2　增加列车数据远程下载功能

深铁运营既有线路列车在正线运行时出现故障,需要列车回库后信号专业人员申请作业点上车,人工拷贝列车运行日志进行分析,一方面设备故障分析及处理进度滞后,另一方面设备运行日志拷贝不够智能化,增加信号专业人员上车拷贝工作量。

经信号设计联络讨论确定,12 号线信号系统在列车回库后可远程下载列车运行日志,提高信号设备故障处理实效,减少信号专业人员上车拷贝工作量。

1.5.1.3　增加计轴预复位成功状态显示功能

深铁运营既有线路信号计轴设备出现施工干扰、故障,车站站务人员操作计轴设备预复位后并不能确定信号计轴机柜上预复位操作是否成功,待列车运行至该区段压车时,计轴设备不能恢复正常,耽误设备故障处理。

经信号设计联络讨论确定,12 号线信号系统在 ATS 工作站界面上增加计轴预复位状态成功显示信息,便于操作人员、维护人员及时了解计轴设备状态。

1.5.1.4　优化 12 号线信号系统关键设备位置处所

深铁运营既有线路信号系统区域控制器(ZC)、数据存储单元(DSU)设备均按照在一级集中站进行设备布置,在目前深圳十二号线公司岗位融合、工班合并、大幅度减少信号维护人员的背景下,如仍按照既有原则进行设备布置,将影响设备故障处置效率,且与"减员增效"的公司原则相冲突。

经信号设计联络讨论确定,将左炮台东站 DSU 设备调整至黄田站,南头古城站 ZC 机柜调整至左炮台站,海上田园东站 ZC 机柜调整至黄田站,为后续延长线路开通后信号工班合并做好预留条件。

1.5.1.5　增加信号培训平台中心级设备故障模拟功能

深铁运营既有线路信号培训平台仅能实现车站联锁设备后备级别的设备故障模拟功能,无法实现模拟中心级、车站现地级、联锁后备级别的故障模拟功能,影响培训平台设备学习效果和故障测试验证工作。

经信号设计联络讨论确定,在 12 号线信号培训平台增加了中心级、车站现地级、联锁后备级别的设备状态显示,并能完成各个控制级别的切换,更加完整、全面地还原了现场设备的实际状态,为培训平台的设备学习提供了良好的设备基础及条件。

1.5.1.6　增加信号 ATS 调度工作站回放功能

深铁运营既有线路信号 ATS 调度工作站不具备界面回放功能,在设备故障情况下不利于操作人员对设备故障处置流程进行复盘,进而影响对设备故障的及时分析,不利于操作人员业务技能提升。

经信号设计联络讨论确定,在 12 号线信号 ATS 调度工作站增加设备状态回放显示功能,便于操作人员对设备故障处置流程进行复盘,及时进行设备故障分析,为提高操作人员业务技能提供条件。

1.5.1.7　增加信号 OC 机柜备用线缆

深铁运营既有线路信号目标控制器（OC）机柜至组合柜间未预留 OC 微机备用线缆，当出现故障时，现场需要重新配线、焊线，影响信号设备故障处置效率。

经信号设计联络讨论确定，在 12 号线信号 OC 目标控制器机柜至组合柜每层间均预留一根 OC 微机备用线缆，保证出现 OC 线缆级问题时，能第一时间恢复故障，降低故障延时。

1.5.1.8　转辙机动静接点选用一体式恒压接点

深铁运营既有线路信号转辙机均采用普通动静接点，但一方面选用普通型接点会在部分线路频繁出现道岔因接点接触不良导致道岔故障的情况，另一方面在转辙机动作频繁的折返站需要周期性更换，增加了维护工作量。

经信号设计联络讨论确定，在 12 号线信号转辙机采用一体式恒压接点，这样降低设备发生故障概率，也减少了周期性更换动静接点工作量。

1.5.1.9　转辙机二极管及电阻选型

转辙机二极管及电阻受列车振动、道岔动作时电流冲击等影响，易发生故障。

根据往期经验，得出以下总结并在 12 号线一期工程建设中进行应用：

（1）转辙机二极管应双并双串配置，在任一个二极管发生故障时，能保证电路的正常工作。

（2）转辙机电阻应使用并联电阻，在任一电阻发生故障后，可保证电路正常工作，并可通过电路电压变化发现问题，及时处理。

（3）二极管及电阻应安装在电缆盒里，便于检查维护（这是由于 3 号线设置在转辙机配线端子座内，无法维护，且设备有缺陷不能及时发现）。

1.5.1.10　中央调度员工作站批量释放/获取站级控制权的功能

深铁运营既有线路在夜间天窗点作业时间内，行车调度员需逐个站点对站级设备控制权进行获取/释放，耗时较长，行车调度员工作量也较大。

经信号设计联络讨论确定，在 12 号线信号调度员工作站上增加一键批量获取释放/获取站级控制权的功能，减轻行车调度员工作强度。

1.5.1.11　全站及单个维修点灯功能

在基于列车通信控制（CBTC）模式下，联锁具备强制点灯功能，可对单个信号机执行维修点灯。维修点灯情况下进路仍按照 CBTC 模式检查条件办理。

全线正常运营结束后，操作人员可办理全站点灯，检查信号机是否完好。联锁收到全站点灯命令后，将会无条件驱动室外点灯电路，可将本设备集中站管辖范围内所有信号机强制为亮灯状态。

1.5.1.12　试车线设置方式

试车线配置独立的 ZC 及网络系统，可完整实现正线功能，且与正线不在同一网络。12 号线选用此种方式。

优点：正线与试车线信息完全隔离，相互不会干扰；备件紧缺情况下，试车线 ZC 设备可替换至正线，保障正线系统运行。

缺点：需另行配置试车线网络系统，成本较高。

1.5.2 设计联络决议

为方便经验总结，对信号专业四次设计联络会议的决议进行了详细整理，以供后期参照，具体内容见表 1-4。

表 1-4 信号系统历次设计联络会议纪要整理

会议纪要汇总			
序号	会议决议	负责人	完成时间
1	建立提资流程，以工联单方式，主送监理，抄送双方与业主	交控、市政院	—
2	明确交控设计范围：所有所提供设备—备品备件—专用工具和测试设备的系统集成设计、室内图纸施工图设计（包含控制中心、正线及段场以分线盘为界）	交控	—
3	市政院需优先提供警冲标公里标和道岔布置图	市政院	2021-2-10
SZL12-TB1-1 信号系统设备配置连接总图			
4	NOCC 大厅内调度工作站设有车辆调工作站 1 台、调度员工作站 4 台、值班主任工作站 1 台	交控	—
5	确认设置网管室，在网管室内布置信息安全终端、NMS 终端、维护工作站、ATS 维护工作站、A3 激光打印机、运行图显示工作站（NOCC 大厅设备移设）	交控	—
6	大屏接口计算机待后续确认接口情况再决定设置方式	建设	二联会确认
7	确认云平台所涉及范围	市政院	二联会确认
8	试车线设备室中 1 台现地工作站移至段场车厂控制中心（DCC）	交控	—
9	正线除线路两侧终点站外，确认是否设置轮乘室、出勤室	建设	二联会确认
10	NOCC 打印室内 A4 打印机与机场东车辆段 DCC 派班室内 A3 打印机互换位置	交控	—
11	车辆段通信前置机需预留接口用于工程车系统	交控	—
12	机场东车辆段、赤湾停车场 DCC 控制室需各增加 1 台车辆调工作站，段场派班室内 ATS 派班工作站与打印机移至 DCC 控制室内	交控	—
SZL12 信号系统设计说明书			
13	道岔、计轴、信号机、应答器、轨道区段编号以站为单位进行独立编号	交控	—
14	深圳地铁企业标准中所涉及的设备按企业标准进行编号，企业标准由建设提供	交控、建设	2021-2-10
15	出入段线不布置休眠唤醒应答器	建设	—

续表

序号	会议决议	负责人	完成时间
16	正线取消左炮台站下行存车线休眠唤醒应答器、增加南油站下行、灵芝站下行、臣田北站上行、怀德站上行休眠唤醒应答器	建设	—
17	在 45 km/h 运行速度下，联锁级运行能力满足 4 min 间隔	交控	—
18	应答器布置间隔待后续说明后确认	交控	二联会确认
SZL12-TB1-17 车辆段信号设备平面布置图			
19	市政院提供段场内道岔坐标资料	市政院	2021-2-10
20	段场进路办理暂定以按钮式排列进路（此方式下无进路预览功能）	交控、建设	二联会确认
21	人员防护开关（SPKS）开关节点预留无人区管理系统采集条件（SPKS 被采集）	交控、建设	—
22	段场调度工作站设置回放功能	交控	—
23	交控研究段场内设置临时限速功能	交控	三联会确认
24	交控确认远程人工驾驶（RRM）的适用范围：正线适用，段场不适用	交控	—
25	为满足非全自动区域收发车作业，后续确认方案	建设、交控	二联会确认
26	段场内工程车库库前信号机设置位置在满足设计规范下，尽量靠近警冲标	交控	二联会确认
27	合理编制股道号码，并在界面上显示编号。信号机号码与股道编号应尽量一致对应	交控	二联会确认
SZL12-TB1-16 正线信号设备平面布置图			
28	明确段场转换轨进段方向增设停车点。交控确认自动驾驶模式下回段可设置为不需要停车	交控	—
29	为便于 21 号线联络线接车作业，在同乐站下行站台增加反向信号机	交控	—
30	钟屋站中线站台开门侧顺序由建设提供	建设	二联会确认
其他			
31	交控评估跳停列车回库，进路触发方式（保护区段建立方向）	交控	二联会确认
32	交控明确正线与段场在界面显示范围内具备信号告警信息提醒或故障信息显示功能，分别在控制中心（OCC）或车场控制中心（DCC）工作站显示提醒	交控	—
SZL12-联锁系统技术规格书			
33	正线不设置引导总锁闭功能，段场设置引导总锁闭功能	交控	—
34	明确站台门控箱内设有站台开门按钮、站台关门按钮、清客确认按钮（均采用自复式）	交控	—
35	站台门控箱安放位置待确认	建设、市政院	二联会确认
36	明确联锁系统具有信号机封锁、区段封锁、道岔封锁功能	交控	—
37	明确道岔可单操单显	交控	—

续表

序号	会议决议	负责人	完成时间
38	明确联锁系统具备联锁自动触发进路功能	交控	—
39	明确正线计轴复位采用车站综合后备盘（IBP）按钮进行预复位	建设	—
40	段场计轴采用预复位方式，采用现地工作站操作	建设	—
41	明确正线需设置道岔强扳功能，需用户提供设计输入	建设	二联会确认
42	明确段场不设置道岔强扳功能	交控	—
43	明确设置软件扣车功能和硬件扣车功能	交控	—
44	明确试车线联锁系统独立设置	交控	—
45	站台紧急关闭按钮按照非自复式设计，并设置表示灯	交控	—
46	IBP上紧急关闭按钮（含旁路按钮）、扣车按钮（含旁路按钮）、SPKS开关（含旁路开关）按照非自复式设计，设置表示灯	交控	—
47	IBP盘紧急关闭旁路按钮、扣车旁路按钮需设置铅封	交控	—
48	明确紧急关闭按钮、站台关门按钮、站台开门按钮、清客确认按钮电路采用串联采集方式	交控	—
49	明确站台不设置无人自动折返按钮	交控	—
50	正线道岔防护信号机具备引导功能，段场仅进场信号机具备引导功能	交控	—
51	SPKS开关设置于车控室IBP盘、车辆段—停车场DCC控制室的SPKS控制盘上	交控	—
52	交控评估信号机维修点灯控制范围是否具备单个信号机独立点灯功能	交控	二联会确认
53	联锁技术规格书内应补充系统开发所遵循的计算机联锁设计规范	交控	二联会确认
54	交控分析反向直通进路实现CBTC列车反向追踪方案	交控	二联会确认
55	DSU从左炮台站移至钟屋站放置	交控	—
56	要求计轴系统在IBP盘具备预复位成功显示信息	交控	二联会确认
SZL12-ATP子系统技术规格书			
57	交控评估按压扣车后，对正在进站列车不会触发紧急制动的方案	交控	二联会确认
58	ATP系统具备防溜功能	交控	—
59	明确ATO按钮为双按钮设置（按钮之间为"与"关系）。区间自动驾驶（AM）模式下停车后，需再次按压ATO按钮才可启动	交控	—
60	明确蠕动模式（CAM）驾驶模式限速为25 km/h	交控	—
61	明确退行最大距离为5 m，退行次数不限	交控	—
62	经讨论，交控再次明确线路运行方向反向跳跃功能需锁闭列车后方邻近区段，以保障后续邻近列车的安全	交控	—
63	交控评估出段时第一次轮径校准失败后，避免影响行车组织的解决方案	交控	二联会确认

续表

序号	会议决议	负责人	完成时间
64	交控评估在线故障列车故障信息远程下载的实现方案	交控	三联会确认
SZ12-ATO 子系统技术规格书			
65	交控评估在列车晚点情况下，提高列车赶点能力的对策	交控	二联会确认
其他			
66	根据交控需求，市政院协调赤湾停车场列检库 A、B 股两车车间距由 18 m 调整为 20 m，以满足系统功能要求	交控、市政院	—
SZ12-车载 MMI 人机界面设计说明书			
67	明确 MMI 上车次号为 T+5 位数字显示（"TXXXXX"），目的地号为 D+3 位数字显示（"DXXX"）	交控	—
68	交控评估人机界面（MMI）上车次号、目的地号、司机号在无效情况或无需情况下进行区别显示	交控	二联会确认
SZ12-牵引计算图纸			
69	交控评估左炮台站、机场东站每条折返轨折返能力以及交替折返能力	交控	二联会确认
SZ12-DCS 骨干网配线图			
70	交控明确需求：上下行各 18 芯光缆接入 NOCC	交控	—
71	交控需建设落实南山至 NOCC 线缆路径长度	建设、市政院	二联会确认
SZ12-房间至信号设备室线缆路径距离统计表			
72	交控提供各房间至信号设备室线缆路径距离统计表后，市政院根据房间布置补充统计表内线缆路径距离	交控、市政院	二联会确认
SZ12-IP 规划原则			
73	明确 IP 规划原则按交控技术文件执行	交控	—
SZ12-DCS 子系统技术规格书			
74	明确左炮台站、机场东车辆段、维修中心采用塔式 NMS 网管工作站	交控	—
SZ12-培训设备技术规格书			
75	建设方要求培训中心在试运行前一个月前具备功能	交控、建设	—
SZ12-试车线实施方案说明书			
76	试车线与 LTE 接口布置防火墙	交控	—
其他			
77	列车紧急制动后在行调界面上显示紧急制动原因	交控	—
78	室内机柜空开有明确电源标示指向	交控	—
79	评估培训中心实现中心级和车站级故障模拟功能	交控	三联会确认
SZ12-ATS 子系统技术规格书			
80	编图软件具备离线编辑功能	交控	—

续表

序号	会议决议	负责人	完成时间
81	交控评估 ATS 系统具备现地工作站、监控工作站、监视工作站账号管理功能	交控	二联会确认
82	交控评估 ATS 服务器机柜内部各设备布局的合理性	交控	二联会确认
83	NOCC 大屏只显示正线区域，不显示段场区域	交控	—
84	OC 站显示本 OC 区站场图和 OC 区边界相邻站，非集中站显示本站站场图与相邻站	交控	—
85	交控评估 NOCC 调度工作站供电分区具备可调显功能	交控	二联会确认
86	交控评估在运行图实现车次号搜索定位（界面跳转至被搜车次运行线）功能	交控	二联会确认
87	头码车运行等级为最高运行速度等级	交控	—
88	列车运行速度等级分为五级，其中"1"代表最快等级，"5"代表最慢等级	交控	—
89	ATS 在早、晚点 5 min 范围内进行运行图自动调整	交控	—
90	在车站级控制下，控制中心可强行收回控制权	交控	—
91	交控评估中控级转控级可直接转到 OC 站级的方案	交控	二联会确认
92	列车车组号为两位线号+三位车组编号，如"12001"	交控	—
93	交控评估列车识别号组合方式	交控	二联会确认
94	供电分区最大列车数量需由一致性协调供电专业给出	一致性	二联会确认
95	交控评估在不可排列进路时，进路列表灰显的方案	交控	二联会确认
96	交控评估批量释放—获取站级控制权的方案	交控	二联会确认
97	交控评估 ATS 回放调取时间可自选开始与结束时间的方案	交控	二联会确认
98	交控评估在中央数据库服务器故障情况下,具备运行图人工加载功能	交控	二联会确认
99	运行交路说明书中所含交路纳入运行图编辑软件可选交路	交控	—
100	明确 ATS 不同级别控制权交权指令有效时间设置为 30 s	交控	—
101	交控评估 ATS 界面显示计轴区段公里标信息的方案	交控	二联会确认
其他			
102	试运行前一个月提供 ATS 界面回放软件、ATS 模拟培训软件、VOBC 数据分析软件、运行图编辑软件	交控	—
103	联锁维护工作站按塔式设置	交控	—
SZL12-BDMS 子系统技术规格书			
104	评估 BDMS 子系统具备显示维护网络接口子系统拓扑图功能，且能显示 ATC、ATS、MSS 交换机端口状态	交控	二联会确认
105	评估维护工作站具备 ATS 界面实时、回放显示功能，且能显示列车车次号	交控	二联会确认
106	BDMS 可显示各站电源稳压器的信息	交控	—

续表

序号	会议决议	负责人	完成时间
107	评估BDMS可显示非集中站UPS的信息	交控	二联会确认
108	评估BDMS具备按照时间、站点、设备（某单个关键设备）、报警类别进行历史报警信息检索	交控	二联会确认
	SSZL12-信号集中监测子系统技术规格书		
109	评估站台门开关门、门关闭锁紧、门旁路信号采集方案	交控	二联会确认
	SZL12-道岔健康管理子系统技术规格书		
110	交控提供CPHM道岔健康度评分依据，需符合现场实际	交控	二联会确认
111	评估道岔缺口监测温湿度传感器集成到采集分机,不单独设置	交控	二联会确认
	其他		
112	评估联锁界面具备设置灯丝断丝报警上、下限电流值功能	交控	二联会确认
	SZL12-BDMS子系统界面说明书		
113	BDMS现地管理权限支持定期更改账号、密码	交控	—
114	评估BDMS列车通信丢失后如何统计在线时间	交控	二联会确认
115	评估BDMS子系统维修专家库更新方式，现场更新权限	交控	二联会确认
116	评估BDMS采集计轴电压、复位成功信息、计轴占用监测等信息方案	交控	二联会确认
117	BDMS维护监测、微机监测、缺口监测、道岔健康管理系统各工作站须使用Windows 10及以上操作系统	交控	二联会确认
	SZL12-TAZII-S295+JC计轴设备技术规格书		
118	科安达提供各类电压标准值说明、电磁兼容相关资料、计轴通信板等相关资料	交控	二联会确认
	其他		
119	为缩小故障影响范围，在停车场L30—31道岔（如无侵限情况则优先布置于L30）增加一个计轴点，在车辆段L26—27道岔（如无侵限情况则优先布置于L26）增加一个计轴点	交控	—
120	全电子联锁实现熔丝报警、灯丝断丝报警、电源屏报警采集	交控	—
	SZ12-信号系统机柜设计方案		
121	交控评估机柜上走线进线孔的封堵措施	交控	二联会确认
122	所有站机柜采用网孔门，在运营开通后配备薄防尘棉（预留）	交控	—
123	机柜底座配置单独接地点	交控	—
124	待建设确认机柜前柜门丝印内容	建设	二联会确认
125	组合柜、接口柜、分线柜、OC机柜等柜内设备标识需体现具体所控信号设备名称	交控	—
	SZ12-信号系统室内线缆使用说明书		
126	岔站及段场各点配置一根OC机柜至接口柜专用线缆（预留）	交控	—

续表

序号	会议决议	负责人	完成时间
127	接地线截面积规格、接地方式按深圳地铁标准执行	交控	—
\multicolumn{4}{c}{SZL12-电源屏技术规格书}
128	蓄电池需贴明顺序标识	交控	—
129	单块蓄电池需配备独立绝缘托盘	交控	—
130	蓄电池正极连接线缆需增加红色标识	交控	—
131	电池架开关连线正极采用红色线缆，负极采用黑色线缆	交控	—
132	电源屏监控系统需采用 Windows 10 或以上	交控	—
\multicolumn{4}{c}{SZ12-应答器系统技术规格书}
133	交控评估应答器与固定支架采用双螺母的紧固方式，以满足运营"四防"要求	交控	二联会确认
134	应答器分析软件赤湾停车场与机场东车辆段均配有加密狗软件	交控	—
\multicolumn{4}{c}{其他}
135	所有工作站采用万可端子接线	交控	—
136	信号系统各级用电设备空开容量严禁"倒挂"	交控	—
137	已梳理确认各工作站及打印机的布置情况，具体详见附件《深圳12号线工作站及打印机统计表》	交控	—
138	评估机柜内部是否可配备带有测试孔的万可端子，并保证"一线一孔"	交控	二联会确认
139	转辙机采用一体式恒压接点	交控	—
140	明确车载测速设备采用"速传+雷达"方案	交控、建设	—
141	取消发车计时器	建设	—
\multicolumn{4}{c}{SZL12（XH）-3001 信号系统设备配置连接总图}
142	交控确认在下述维护工作站实现实时、回放显示功能和列车车次号显示功能： （1）左炮台站、钟屋站、海上田园东站、机场东车辆段、赤湾停车场信号值班室维护工作站。 （2）南头古城站、海上世界站、南油站、上川站、臣田北站、机场东站、会展南站信号设备室维护工作站	交控	—
143	南头古城站 ZC 机柜调整至左炮台站，海上田园东站 ZC 机柜调整至钟屋站	建设、交控	—
144	明确正线各站、机场东车辆段、赤湾停车场、试车线、培训中心、维修中心信号设备室机柜均采用上走线方式，控制中心信号机房机柜采用下走线方式	建设、交控	—
145	暂定控制中心大厅和段场布置的 DCS 机柜（宽×深×高为：600 mm×800 mm×1 250 mm）采用下走线方式	建设、交控	2021-4-15

续表

序号	会议决议	负责人	完成时间
146	1. 正线及控制中心： 所有工作站均采用24英寸（1英寸=2.54厘米）显示器（显示器单双屏配置详见《信号系统设备配置连接总图》）。 2. 机场东车辆段： （1）主用调度员工作站采用40英寸单屏显示器。 （2）备用调度员工作站采用32英寸单屏显示器。 （3）两台现地控制工作站均采用32英寸单屏显示器。 （4）车辆调工作站和智能调度工作站均采用24英寸双屏显示器。 （5）ATS派班工作站采用24英寸单屏显示器。 3. 机场东车辆段试车线： 现地控制工作站采用24英寸双屏显示器。 4. 赤湾停车场： （1）主用调度员工作站采用32英寸单屏显示器。 （2）备用调度员工作站采用32英寸单屏显示器。 （3）两台现地控制工作站均采用32英寸单屏显示器。 （4）车辆调工作站和智能调度工作站均采用24英寸双屏显示器。 （5）ATS派班工作站采用24英寸单屏显示器	建设、交控	—
	SZL12（XH）-ATS子系统技术规格书		
147	ATS子系统技术规格书： （1）补充ATS系统服务器、工作站日志删除机制内容。 （2）补充ATS系统判断满足进路触发条件的内容。 （3）补充列车载客、不载客属性显示内容。 （4）补充列车特殊车次号命名规则的内容。 （5）补充ATS系统主备机切换机制的内容。 （6）完善ATS工作站遥控、站控转换场景内容。 （7）完善ATS系统校时机制相关内容。 （8）完善段场派班工作站自动派班功能的相关内容。 （9）完善ATS系统判断进路冲突的相关内容	交控	—
148	ATS维护工作站具备现地工作站、监控工作站、监视工作站账号管理功能	交控	—
149	调度工作站具备设置临时限速功能，可按照起止公里标设置、起止逻辑区段设置以上两种方式实现	交控	—
150	列车识别号的组合显示方式分为： （1）服务号+序列号+车组号+目的地码。 （2）服务号+车组号+目的地码。 （3）服务号+序列号+目的地码。 （4）服务号+序列号+车组号。 （5）序列号+车组号+目的地码。 （6）服务号+序列号。 （7）车组号+目的地码	交控	—

续表

序号	会议决议	负责人	完成时间
151	中央通过工作站实现软件扣车功能，车站通过IBP盘实现硬件扣车功能	建设、交控	—
152	明确交控提供大屏接口计算机，实现与大屏专业的接口功能	建设、交控	三联会
153	按照《深圳市地铁集团有限公司地铁信号系统ATS工作站人机界面标准》的要求，实现进路（含保护区段）侧防道岔的相关显示功能	交控	—
154	明确线路终端车站ATS工作站不实现远程开关门功能	交控	三联会
155	控制中心调度工作站正线站场显示界面的供电分区区域及其附属说明文字具备可调显功能，文字说明由建设提供	交控、建设	三联会
156	交控评估段场供电分区显示方式	交控、建设	三联会
157	鉴于ATS系统进路办理条件与联锁系统进路建立的检查条件存在差异，不设置进路灰显功能（不可排列进路时）	交控	—
158	控制中心调度工作站实现批量释放—获取站级控制权功能	交控	—
159	为解决调取回放时加载时间较长的问题，交控继续评估减少回放加载时间的方案（由第一次设联纪要"交控评估ATS回放调取时间可自选开始与结束时间的方案"变更）	交控	三联会
160	交控明确设置头码车后，能根据新的头码信息联动乘客资讯系统（PIS）、广播系统（PA）	交控	—
161	车站分机正常运行时，若发生应用服务器故障，计划车在折返换端后能正常领取车次号	交控	—
162	交控明确在具备休眠唤醒功能的折返轨上具备跳跃对标功能	交控	—
163	交控评估ATS维护工作站设备拓扑图具备显示通信前置机对外接口设备双通道状态和数据库服务器双系工作状态	交控	三联会
164	ATS工作站报警记录具备显示故障设备名称的功能	交控	—
165	通信列车正常运行时，ATS界面以"米级"精度显示列车位置	交控	—
166	交控评估调度工作站操作权限是否可分为行调权限、车辆调权限和行调加车辆调权限，每名调度员分配三种账号对应相应的权限。调度员登录相应的账号后，工作站具备相应的显示界面和操作功能	交控	三联会
167	交控评估在系统具备进入远程RM模式运行的条件后再向调度员工作站弹出确认的对话框	交控	三联会
168	交控提供ATS系统看门狗软件部署范围	交控	三联会
169	交控评估在列车具备进入蠕动模式、远程RM模式的条件下，除弹出对话框进行的确认的方法外，还需具备人工主动设置进入相应模式运行的操作方法	交控	三联会
	SZL12-BDMS功能列表		
170	BDMS系统调试须与信号系统其他子系统同步开展调试，保证信号系统调试阶段发现的问题得到及时解决	交控	—

续表

序号	会议决议	负责人	完成时间
171	交控评估 BDMS 系统是否具备预留与工单管理系统接口条件	交控	三联会
172	交控评估 BDMS 系统是否可以区分双机牵引 A—B 机故障报警	交控	三联会
173	交控评估 BDMS 系统是否具备远程查看全线（含段场）道岔电压、电流、动作曲线、功率曲线、表示状态等信息	交控	三联会
174	交控评估 BDMS 系统具备显示车载设备温度信息	交控	三联会
175	BDMS 系统维修专家库中内容采用独立账号进行更新	交控	—
176	为避免增加道岔电路故障点，交控评估 BDMS 系统道岔采集模块的安装位置	交控	三联会
\multicolumn{4}{c}{SZL12-道岔健康管理系统评分表}
177	优化道岔健康管理系统评分表	交控	三联会
\multicolumn{4}{c}{SZL12-ATP 子系统技术规格书}
178	ATP 子系统技术规格书： （1）补充速度传感器和雷达计算列车实际速度的方式及故障下设备运行的场景描述。 （2）补充检查安全靠站的条件	交控	三联会
179	交控明确列车具备在段场内数据远程下载的功能	交控	—
180	明确车载雷达安装在列车首尾车厢第一轮对后方	交控	—
181	交控评估车底设备增加防松措施的可行性	交控	三联会
182	车载机柜配线配置标识套管	交控	—
183	交控评估具备车地通信的 RM 模式列车，在完整通过因计轴故障而判定非通信车占用的区段后，ZC 具备判断区段为不可切除区段（ARB）功能，不影响后续 CBTC 模式列车正常通过	交控	三联会
184	车载设备具备远程重启功能	交控	—
185	交控评估车底设备线缆在拐角部位绑扎绝缘胶垫进行防护	交控	三联会
186	为避免雨滴残留时渗入速度传感器，速度传感器出线方向设置为水平向下	交控	—
187	交控评估 VOBC 与 ATS 的时钟同步误差小于 3 s 的实施方案	交控	三联会
188	交控评估在列车晚点情况下，通过优化列车目标速度与实际速度的牵引触发阈值，提高列车赶点能力	交控	三联会
189	交控评估 ZC 机柜内部电子单元（PU）与通信板的信息传输由单通道改为双通道的实施方案	交控	三联会
190	列车在备端驾驶室工作正常，且头尾通信通道正常情况下，列车关闭主用驾驶室钥匙再开启后，车载 VOBC 仍可保持列车位置不丢失	交控	—
191	车载系统具备自学习精确对标功能，并提供介绍方案	交控	三联会
192	交控所供车载机柜门采用合页门，并确认打开角度超过 90°	交控	—

续表

序号	会议决议	负责人	完成时间
193	明确应急场景下ZC主动建立防护分区的防护范围为列车前后500 m	交控	—
194	交控评估区域控制器维护机（ZCM）软件日志压缩功能	交控	三联会
	SZL12（XH）-SPKS设置方案		
195	段场增加设置列检库SPKS总开关和列检库SPKS总旁路开关。列检库SPKS总旁路开关只能旁路列检库SPKS总开关设置的防护区域	交控	—
196	正线与段场设置的每路SPKS开关对应设置SPKS旁路开关	交控	—
197	1. 明确段场SPKS防护范围 （1）洗车轨单独设置一个SPKS开关进行防护。 （2）列检库内每个隔离分区设置一个SPKS开关进行防护。 （3）除洗车轨、列检库的全自动段场区域整体设置一个SPKS开关进行防护。 （4）设置一个列检库总SPKS开关对段场列检库整体进行防护。 2. 明确正线SPKS防护范围 （1）出站SPKS负责本站出站（含站台轨）至下一站进站计轴之间的区段。 （2）进站SPKS负责本站进站计轴（含站台轨）至上一站出站计轴之间的区段。 （3）线路上下行间仅有一条存车线时，按上下行都进行防护处理。 （4）线路上、下行若有两条存车线时，若现场存在隔离墙，按照上行存车线由上行正线一起防护，下行存车线由下行正线一起防护。 若现场不存在隔离墙，则按照上下行存车线由上行、下行正线一起进行防护。 3. 钟屋站（特殊站型）设置4个SPKS开关的防护范围 （1）下行SPKS1出站：本站下行进站计轴点至下一站下行进站计轴点、含站台间存车线（T122203、T122207）。 （2）下行SPKS3进站：上一站下行出站计轴点至本站下行出站计轴点、含下行出入场一段线、含站台间存车线（T122209、T122207）。 （3）上行SPKS2进站：上一站上行出站计轴点至本站上行出站计轴点、含站台间存车线（T122203、T122207）。 （4）上行SPKS4出站：本站上行进站计轴点至下一站上行进站计轴点、含上行出入场一段线、含站台间存车线（T122209、T122207）。 4. 出入段线不单独设置SPKS开关，归属正线上下行进行防护	交控	—

续表

序号	会议决议	负责人	完成时间
	SZL12（XH）-联锁系统技术规格书		
198	联锁子系统技术规格书： （1）补充保护区段触发原则的相关描述。 （2）补充联锁执行板卡灯位显示信息	交控	三联会
199	联锁与ATS时钟同步精度可达正负3 s	交控	—
200	交控评估现地工作站设置两块电流表： 在单独操纵道岔时分别显示道岔第一牵引点、第二牵引点转辙机实时动作电流。 在进路排列时分别显示所有带动道岔第一牵引点、第二牵引点转辙机实时动作电流总和	交控	三联会
201	交控提供联锁维护工作站的所有报警列表及其释义	交控	三联会
202	交控评估联锁维护工作站具备按照时间、设备（某单个关键设备）、报警类别进行历史报警信息检索	交控	三联会
203	交控确认OC电子执行板卡（主机板、信号机板、转辙机板）具备主备人工倒切功能	交控	—
204	交控评估联锁机柜、OC机柜是否存在单点设备故障导致联锁系统不可用的情况	交控	三联会
205	在机柜正面右上角丝印机柜名称	交控	—
206	明确段场进路办理以按钮式排列进路（此方式下无进路预览功能）	交控	—
207	明确尽头式无岔区段占用，可排列调车进路	交控	—
208	明确库内并置信号机不可同时开放	交控	—
209	明确正线采用计轴预复位方式，计轴预复位功能设置和计轴预复位成功显示信息均在现地工作站上设置	交控	—
210	明确段场采用计轴直接复位方式。设置IBP盘计轴总复位按钮（铅封自复式），操作IBP盘计轴总复位按钮，同时鼠标点击现地工作站计轴区段复位按钮实现计轴直接复位	交控	—
211	正线站台正、反向出站信号机开放检查扣车条件	交控	—
	SZL12（XH）-DCS子系统技术规格书		
212	DCS子系统技术规格书： （1）补充DCS骨干网冗余功能描述。 （2）补充网络风暴的成因和处置措施	交控	三联会
	其他		
213	机柜内内配的不同类型线缆分开绑扎	交控	—
214	ATC网、ATS网、MSS网的网线水晶头分别对应采用红、蓝、紫、橙、绿不同颜色的网线水晶头护套	交控	—
215	所有未使用的设备网口、串口、USB口均使用专用防尘塞	交控	—
216	转辙机二极管模块采用双并三串—双并双串的电路结构	交控	2021-4-15
217	交控评估机柜万可端子孔径应满足OC执行单元转辙机模块1.5 mm² 驱动线缆插入要求	交控	三联会

续表

序号	会议决议	负责人	完成时间
218	交控向设计院提供施工图输入资料，包括信号平面布置图（正线、车辆段、停车场、试车线）、信号系统设备配置连接总图、分线柜配线表、信号机房设备布置图、电源需求表、室外信号设备安装预留要求、安装图纸资料、转辙机正式安装图、全线设备电磁兼容和防雷及接地要求、光纤配线架（ODF）端子配线图、电路原理图、光电缆技术条件。按施工图出图时间要求，设计院需要交控在4月15日前提供信号平面布置图（正线、车辆段、停车场、试车线）输入，4月30日前提供其余输入资料。交控需在4月9日前确定资料输入时间计划，评估是否满足设计院需求实现情况，明确是否可按照设计院需求产出文件	交控、设计	2021-4-30
219	12号线出入场线（车辆段、停车场）信号机需设置电话线，其余信号机（正线、联络线、车辆段、停车场、试车线、培训线）均不设置电话线	交控、设计	—
220	12号线转辙机电缆终端盒、信号机电缆终端盒、计轴电缆终端盒、分向盒均采用复合材料	交控	—
221	交控提供基于目前电源设计方案，是否会造成电源单点故障导致信号系统不可用的情况和范围	交控	三联会
222	车辆段、停车场阻挡信号机编号原则按照由列检库往咽喉区方向进行编号，库内编号贴合股道编号，由小里程往大里程顺序编号，试车线最后进行编号	交控	—
223	为方便人员进出客室，将试车线虚拟站台1停车点往大里程（右方向）调整30 m	交控	—
224	设计院明确9号曲尖轨道岔区段侧向列车通过顶棚限速为40 km/h，站台区段列车通过顶棚限速为67 km/h	设计	—
225	本项目采用型号为"HPZ4"的工作站需在4月3日前到货，并进行适应性测试	交控	—
226	针对全线各车站房间的需求，建设与设计根据现场实际情况进行梳理	建设、设计	2021-4-2
227	为避免段场漏发车，交控评估对于同一转换轨，ATS系统具备按列车出厂顺序触发进路及发车功能	交控	三联会
228	试运行前一个月提供ATS界面回放软件	交控	—
229	人工操作备用现地工作站时，交控评估备用现地工作站界面具备提示无法操作功能	交控	三联会
230	机场东车辆段：吹扫线、静调线、定修线、临修线、工程车线调车信号机变更为列兼调信号机，且车挡位置增加阻挡信号机。 赤湾停车场：工程车线、平板车及材料线调车信号机变更为列兼调信号机，且车挡位置增加阻挡信号机	交控	—
231	机场东车辆段洗车线为通过式洗车线，方向由北向南，单向洗车。 赤湾停车场洗车线为通过式洗车线，方向由西向东，单向洗车	交控	—

续表

序号	会议决议	负责人	完成时间
232	与既有线的联络线方案需通过建设和相关承包商确定,并尽快推进与5、9号线联络线接口文件稳定	建设、交控	2021-4-15
全电子联锁工厂检查			
233	完成全电子联锁系统设备工厂检查	—	2021-4-7
234	交控评估电源系统机柜统型可行性	交控	2021-5-14
235	明确NOCC、正线4个联锁集中站、6个OC集中站采用双母线双UPS电源方案	交控	—
236	签署《SZL12-3030-信号系统机柜设计方案 V1.0》、《SZL12（XH）-3002 信号系统设计说明书-V1.0》	交控	—
运营能力分析报告			
237	补充折返能力分析图说明，并核实折返能力	交控	2021-7-30
时钟同步方案			
238	针对信号系统内部校时机制,补充异常情况下的校时机制说明	交控	2021-7-30
远程重启方案			
239	明确车载设备远程重启确认操作是由行调工作站执行	交控	—
240	《远程重启方案》增加操作界面示意图	交控	2021-7-30
车载定制化需求			
241	交控明确列车第一次轮径校正失败后可继续以当前驾驶模式运行	交控	—
242	交控明确车地通信正常的RM模式列车,在完整通过因计轴故障而判定非通信车占用的区段后,ZC具备判断该区段为ARB功能，不影响后续CBTC模式列车正常通过	交控	—
243	交控明确ZC机柜内部PU与通信板的信息传输为双通道	交控	—
244	交控明确当列车蓄电池断电恢复后,不能自动升级为全自动运行模式（FAM）	交控	—
245	交控明确（ZC维护终端）ZCM可实现日志压缩功能	交控	—
246	列车在正线自动唤醒过程中,如不满足前后端筛选条件,应具备本地或远程前后端筛选功能	交控	—
247	交控确认MMI上的车次号、目的地号、司机号在无效情况或无需情况下可进行区别显示	交控	—
248	交控确认列车在反向跳跃时,系统保证安全情况下可不锁闭列车后方邻近区段	交控	—
249	交控确认ATS子系统具备自动调整功能,可根据列车运行计划和实际列车运行情况的比对，进行早晚点状态判断，并根据判断结果采用改变列车停站时间和列车站间运行等级的策略来调整列车运行	交控	—
250	交控明确车载系统具备自适应精确对标功能,并提供相关说明文件。	交控	—

序号	会议决议	负责人	完成时间
	ATS 定制化需求		
251	明确段场进路办理以菜单式排列进路，此纪要由第二次设计联络会纪要："明确段场进路办理以按钮式排列进路（此方式下无进路预览功能）"调整，交控进一步研究兼具菜单式与按钮式的排列进路方案。由此对文件做以下调整： （1）机场东车辆段。 ① 调整以下信号机名称： 　Z32 调整为 Z41；Z33 调整为 Z43；Z34 调整为 Z44；X1 调整为 X41；X2 调整为 X43；D1 调整为 D44；X11 调整为 X40；X3 调整为 X42；Z28 调整为 Z42；D9 调整为 D37；Z31 调整为 Z37；X4 调整为 X33；X5 调整为 X34；D16 调整为 D35；D17 调整为 D36；Z29 调整为 Z33；Z30 调整为 Z34；Z23~27 调整为 Z24~28；X6~X10 调整为 X24~28；D18~21 调整为 D29~32；D15 调整为 D23；D3 调整为 D1；D5 调整为 D3；D6 调整为 D5；D8 调整为 D6；D10 调整为 D9；D11 调整为 D8；D13 调整为 D11；D14 调整为 D10；D22 调整为 D13；D24 调整为 D14；D23 调整为 D15；D25 调整为 D16。 ② 调整以下轨道编号： 　X1G 调整为 X41G；X2G 调整为 X43G；X3G 调整为 X42G；D1G 调整为 D44G；D9G 调整为 D37G；X4G 调整为 X33G；X5G 调整为 X34G；D16G 调整为 D35G；D17G 调整为 D36G；D15G 调整为 D23G；X6G 调整为 X24G；X7G 调整为 X25G；X8G 调整为 X26G；X9G 调整为 X27G；X10G 调整为 X28G；D18G 调整为 D29G；D19G 调整为 D30G；D20G 调整为 D31G；D21G 调整为 D32G。 （2）赤湾停车场。 ① 调整以下信号机名称： 　Z28 调整为 Z27；X2 调整为 X27；X27 调整为 Z29；X1 调整为 X29；X6 调整为 X26；X3 调整为 X1；X4 调整为 X24；X5 调整为 X25。 ② 调整以下轨道编号： 　X1G 调整为 X29G；X2G 调整为 X27G；X4G 调整为 X24G；X5G 调整为 X25G；X6G 调整为 X26G	交控	—
252	交控确认正线站场 ATS 界面的供电分区具备可调显功能	交控	—
253	明确段场 ATS 界面不显示供电分区	交控	—
254	交控确认 ATS 维护工作站界面上可显示通信前置机对外接口设备双通道状态，无法显示数据库服务器双系统工作状态	交控	—
255	对于同一转换轨，交控确认 ATS 系统具备按列车出厂顺序触发进路及发车功能	交控	—
256	交控明确 ATS 触发进路时由 ATS 触发保护区段的锁闭方向	交控	—

续表

序号	会议决议	负责人	完成时间
257	明确车站 ATS 工作站不实现远程开关门功能	交控	—
258	交控明确 VOBC 与 ATS 的时钟同步误差小于 3 s	交控	—
259	交控确认在运行图可实现车次号搜索定位功能	交控	—
260	交控确认在中央数据库服务器故障情况下,具备运行图人工加载功能	交控	—
261	鉴于本线路除有道岔的区间外,计轴均布置在站台两侧,在 ATS 界面上不宜显示计轴区段公里标	交控	—
262	因 ATS 系统内部逻辑关系,ATS 功能绑定行调权限或车辆调权限,无法同时绑定行调+车辆调权限,交控确认同一个调度软件只能执行行调或车辆调中的一种权限	交控	—
263	交控确认在列车具备进入蠕动模式、远程 RM 模式的条件下,除弹出对话框进行的确认方式外,还需具备人工主动设置进入相应模式运行的功能	交控	—
264	交控提供 ATS 服务器机柜内部布局说明文件	交控	—
265	交控确认备用现地工作站界面可显示本机为备机,人工操作备用现地工作站时提示备机无法操作	交控	—
266	建设与交控确认实现"强制站控转中控"功能	建设、交控	—
联锁定制化需求			
267	交控明确具备单个信号机维修点灯的功能	交控	—
268	交控明确联锁维护工作站具备灯丝断丝报警上、下限电流值的设置及调整功能	交控	—
269	交控明确现地工作站设置两块电流表: 在单独操纵道岔时分别显示道岔第一牵引点、第二牵引点转辙机实时动作电流; 在进路排列时分别显示所有带动道岔第一牵引点、第二牵引点转辙机实时动作电流总和	交控	—
270	交控明确联锁维护工作站具备按时间、设备(某单个关键设备)、报警类别进行历史报警信息检索的功能	交控	—
271	交控明确联锁系统无单点故障导致系统不可用的情况	交控	—
BDMS 定制化需求			
272	交控确认 BDMS 终端可显示 DCS 骨干网拓扑图状态	交控	—
273	交控确认 BDMS 终端可显示 ATC、ATS、MSS 交换机端口状态	交控	—
274	交控确认 BDMS 终端可显示各站电源稳压器状态	交控	—
275	交控确认 BDMS 终端可显示集中站、非集中站 UPS 报警信息	交控	—
276	交控确认 BDMS 终端具备按时间、站点、设备(某单个关键设备)、报警类别进行历史报警信息检索的功能	交控	—

续表

序号	会议决议	负责人	完成时间
277	BDMS 终端在列车通信丢失后，统计在线时长的功能实现方式在《BDMS 子系统技术规格书》补充	交控	—
278	交控确认 BDMS 子系统维修专家库的更新方式支持现场调整、导入、导出操作	交控	—
279	交控确认 BDMS 子系统具备采集计轴电压、复位成功信息、计轴占用监测信息的功能	交控	—
280	BDMS 维护监测、微机监测、缺口监测、道岔健康管理系统各工作站使用 Windows 10 及以上操作系统	交控	—
281	BDMS 系统不预留与工单管理系统的接口	交控	—
282	BDMS 系统可分别显示转辙机 A、B 机故障报警信息	交控	—
283	BDMS 系统可查看全线（含段场）道岔电压、电流、动作曲线、功率曲线、表示状态等信息	交控	—
284	BDMS 系统可显示车载机柜温度信息	交控	—
285	通过监测型防雷分线柜实现道岔电压、电流采集	交控	—
286	交控提供电缆定位监测设备工作原理说明文件，并包含特殊情况（如：电缆进水、破损、鼠咬、线缆盘圈等）的相关说明	交控	2021-7-30
287	交控提供道岔健康管理系统轨旁箱盒到传感器的线缆	交控、市政院	—
288	市政院在图纸中体现转辙机 A 机到工况箱盒的 4 芯屏蔽（PTYA）线缆和 4 芯屏蔽线	交控、市政院	—
289	正线、试车线、培训线的转辙机 A 机、转辙机 B 机、道岔工况设备终端盒均使用 XB-1 箱盒	交控、市政院	—
290	市政院核实段场转辙机 A 机、道岔工况设备终端盒是否均可使用 XB-1 箱盒	市政院	2021-7-13
291	道岔健康管理系统轨旁终端盒与转辙机终端盒采用不同外观颜色	交控	—
292	道岔温湿度传感器独立设置，不集成到道岔缺口监测采集分机内	交控	—
其他			
293	站台门开门按钮、站台门关门按钮和清客确认按钮在现地工作站上设置旁路功能，站台门 PSL 箱盒内不设置硬件旁路开关	交控	—
294	明确转辙机二极管模块采用双并三串的电路结构	交控	—
295	交控确认机柜万可端子孔径满足 OC 执行单元转辙机模块为 1.5 mm^2 驱动线缆插入要求	交控	—
296	交控提供本项目车载 MMI 的应用情况说明	交控	四联会
297	交控提供 ZDJ9 转辙机安装杆件、螺栓的强度检测报告	交控	四联会
298	交控确认车载 ATO 启动按钮灯采用磨砂设计	交控	—
299	交控提供 OC 执行单元可靠性测试报告	交控	四联会

续表

序号	会议决议	负责人	完成时间
300	明确车站站台监察亭内设置本站台上下行站台开门按钮、站台关门按钮、清客确认按钮,侧式站台监察亭设置本侧的相关按钮	交控	—
301	明确联络线接口车站 IBP 盘设置的联络线道岔旁路及道岔旁路恢复按钮采用自复位方式,联络线道岔旁路及道岔旁路恢复共用一个表示灯,表示灯为红色	交控	—
302	单个信号机维修点灯的状态可以通过"取消全站维修点灯"功能实现灭灯	交控	—
303	战场界面增加联锁区边界示意	交控	—
304	列车进入远程 RM 模式的流程遵循既有方案	交控	—

1.6 出厂验收阶段

在设备出厂验收前,需要熟悉设备安装标准并制定相应的验收方案、验收标准和验收表格。提前组织施工单位进行施工工艺的交底工作,让施工单位清楚作业标准和要求。

全面验收设备并发现问题,督促施工单位及时整改。同时,参与信号专业安装工程的首件关键节点验收、分部分项验收、单位工程验收和竣工验收,发现施工问题并督促承包商整改。具体可按如下步骤开展相关工作:

(1)在设备验收前,熟悉设备安装标准,制定验收方案、验收标准,形成验收表格,对设备进行全面验收,发现问题进行汇总,督促施工单位整改。

(2)参与信号专业安装工程首件关键节点验收、分部分项验收、单位工程验收和竣工验收,发现施工问题,督促承包商整改。

(3)对信号联锁系统进行联锁试验,验证联锁关系正确,同时培养员工对联锁关系的掌握,参与室内外一致性核对。

(4)参与信号设备三权移交,完成设备清点、资料移交及遗留问题梳理。敦促承包商按时提交三权移交、备品备件到货、遗留问题整改等盖具各方公章的资料。关键点:三权移交包括钥匙交接清单、备品备件清单、技术资料清单,设备主体系统交接表等。

(5)开展备品备件及工器具的到货清点及入库工作。

(6)接管信号设备,开展设备检修。

(7)开展试运营开通前专家评审工作。编制试运营开通前专家评审信号专业系统功能测试方案及测试脚本,督促施工单位及承包商在开通前完成遗留 A 类问题的整改。关键点:载客试运行前,需提交第三方安全认证。

1.6.1 出厂验收

产品的出厂验收(简称:厂验)是确保产品质量达标的重要环节,其涉及软件和硬件两方面,并需要严格按照技术标准进行落实。为了保证质量,信号专业人员奔赴各厂家进行出厂验收工作,其中包括信号电缆、计轴电缆、道岔缺口监测设备、转辙机等多种设备。在验收结束后，承包商需要在现场条件准备完善后将设备及时进场，以充分保护成品并保证工期进度。精准的供货排期和与土建施工单位沟通是必不可少的环节。对这部分工作的认真负责，对于确保产品质量和工程进度具有重要的作用。

在设计联络之后，需要进行严格的厂验再进行规模投产，厂验期间要落实设计联络阶段定的技术标准是否达到，包括整个的生产流程是否符合安全生产的标准。验收的设备包括：信号电缆、计轴电缆、道岔缺口监测设备、转辙机、ATS/ZC/DSU/VOBC/CI/OC 设备。其他设备因其他因素影响，采用了视频厂验的方式进行。出厂验收标准示例如图 1-3 所示。

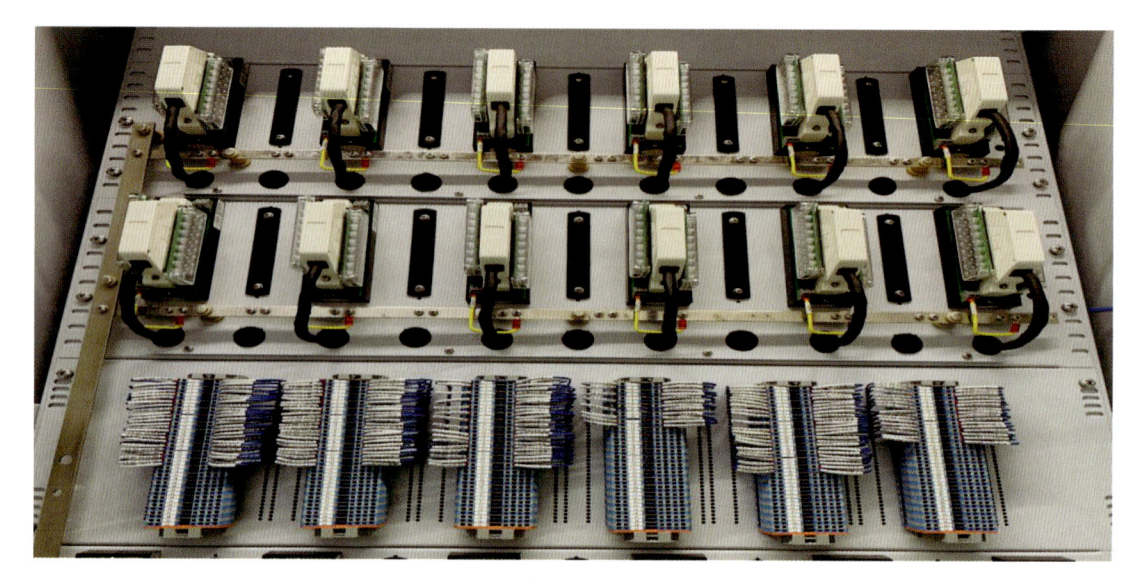

图 1-3　出厂验收标准示例

厂验结束需求系统承包商必须按照现场条件安排好设备进场，既不能在设备房不具备条件时候进场，这样不利于成品保护，也不能现场具备条件时等待设备进场耽误本来就紧张的工期。要对供货的排期精确到天，在此期间需要反复与土建施工单位沟通，保证实时了解现场土建实际进度以将供货管理做到精准化。

1.6.2　首件（样板）工程验收

首件定标是施工全面铺开前的一个必要环节，先把各设备的安装的具体要求由设计和承包商落实到位并做好技术交底，由建设、设计、监理、承包商、施工单位五方一起去现场对第一次安装的设备现场监督和确定标准，以此为样板标准展开安装工作。主要包括设备机柜安装、线缆敷设、信号机、转辙机等设备安装，及时对安装不规范、材料不达标、施工工艺差的地方提出整改需求。可为后续设备安装确立标准，规避出现类似问题，保障施工质量。

关于首件（样板）工程验收的经验分享如下：

（1）工艺上的卡控。开工前要对施工方进行工艺交底，要借鉴深铁运营既有线好的工艺精益求精。现场要排好计划保证现场的工艺卡控，对每个设备的内部布线要"横平竖直"做到美观，对不合格工艺要及时反馈，比如样板站联锁机柜的内部布线凌乱反复沟通后工艺仍不达标，最后对此重视并对机柜重新改造，工艺得到了很大的提升版本。

（2）对施工余料的卡控。在室内施工余料验收中用火点燃发现多种余料不阻燃、不符合要求的立即退场。

（3）隐蔽工程的卡控。隐蔽工程存在暴力施工、不按图施工、电线露铜、"一孔多线"、电源线母插头不匹配容易松脱、防雷 UP 值不达标等问题，应按计划安排好人员卡控现场施工。

（4）标准的卡控。涉及不同级别标准不同专业验收标准时，以高标准的要求，对于现场不满足条件时要组织相关单位推进整改，如计轴磁头安装位置不满足应进行相应整改。

（5）网线压接不良的卡控。在深铁运营既有线路的建设期及运营初期，均会出现网线水晶头压接不良，导致设备故障影响设备的正常使用的情况。在 12 号线建设期也出现了多起网线压接不好引起设备故障的问题，对于此类问题信号技术组将其列入专项整治项目，安排 ATS 专业与施工方对全线网线进行排查，发现存在折痕严重、弯曲半径较小、水晶头压接不彻底、线序不对等问题，发现一处整治一处。

1.6.3 设备安装验收

设备安装验收的经验分享如下：

（1）提前做好验收标准的工作，根据国家标准、企业标准、承包商方案制定安装验收表和功能验收表，按设备、按机柜做到验收标准要清楚明晰不含糊，功能验收要全、要彻底，对于不满足条件进行抽测验收的后续还要补测。

（2）做好验收标准的培训，对工班员工进行在现场验收的标准、步骤进行操作和解读。

（3）落实具体验收人的责任，设备验收要签字落实对验收结果负责。

1.6.3.1 设备房走线方式

深圳地铁既有线部分室内机柜柜间布线采用下走线方式，走线槽布置在地板下，环境潮湿、鼠害难防，容易导致线缆绝缘破损，影响设备使用，如图 1-4、图 1-5 所示。当雨季设备房积水，电缆将被积水浸没而损伤。

建议线缆布局应采用上走线。软线在机柜顶部上走线，硬线电缆在墙壁上采用电缆架走线。整齐美观的上走线设备如图 1-6 所示。

图 1-4 下走线电缆布置凌乱

图 1-5　下走线线缆被水浸泡

图 1-6　上走线设备房整齐美观

1.6.3.2　电缆间电缆预留及摆放

深圳地铁往期工程正线信号设备室未设电缆间。不设电缆间，电缆余量只能盘放在静电地板下面，既不符合信号验收标准的规定，也不利于故障查找和电缆梳理。预留电缆盘放杂乱如图 1-7 所示。

图 1-7　预留电缆盘放杂乱

根据《铁路信号工程施工质量验收标准》8.6.2 条规定："储备的电缆要盘放在电缆（井）间内，电缆盘放应有托架，不应直接叠放。"要求信号专业在设备室旁设置独立电缆间，备用电缆要求盘放在电缆盘上，不得直接堆置在地上，排放应整齐有序如图 1-8 所示。

图 1-8　线缆整齐有序

1.6.3.3　线槽、走线架、走线要求

线槽、走线架、走线设置不合理会对检修工作造成影响。

12 号线安装阶段检查标准如下：

（1）电缆桥架多层敷设时，各层管线应保持 200 mm 的净检修空间，检查标准示例如图 1-9 所示。

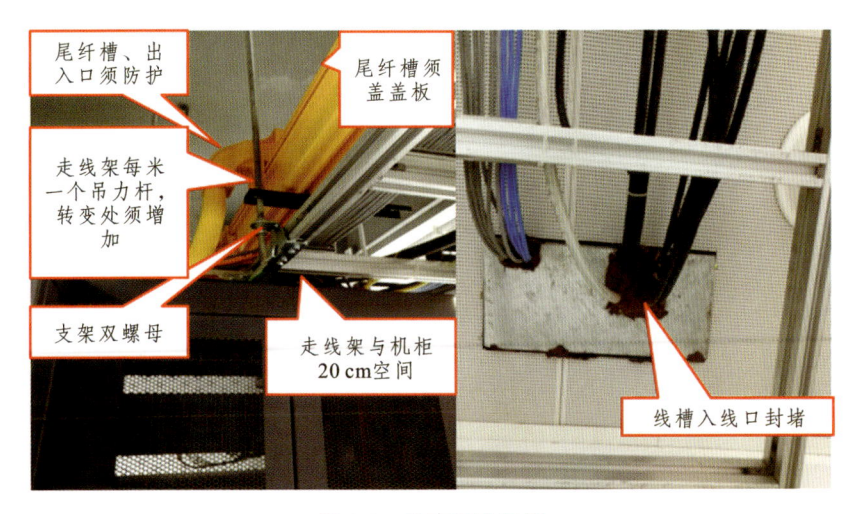

图 1-9　检查标准示例

（2）金属线槽可用螺栓或接地卡等方式连接导线及接地线，以专用接地卡跨接的两卡间连线应为截面面积不小于 4 mm² 铜芯或软导线或铜编织网。

（3）标签标识要做好。

（4）线槽须加盖板，孔洞用防火板封堵牢固。

（5）竖立的走线架必须垂直，与地面垂直度偏差不超过 3 mm；平放的走线架必须水平，水平度每米偏差不超过 2 mm。

（6）电源线在走线架（槽）内布设时，按设计要求分开敷设不应与设备配线交叉，布放应自然顺直，拐弯处留有适当余量。

（7）走线架上布放线缆的绑扎线在横铁下，线缆不应有交叉。

（8）线槽内布放线缆时，交、直流电源的馈电电缆，必须分开布放，检查标准示例如图1-10所示。

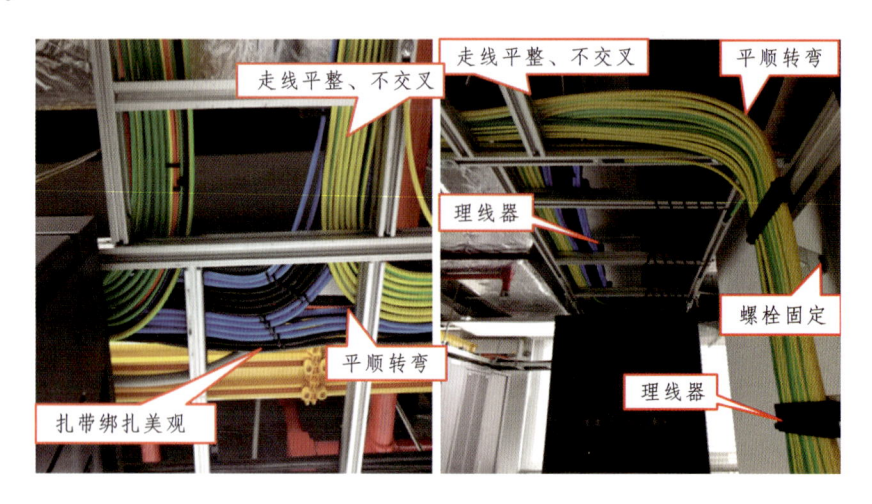

图 1-10　检查标准示例

（9）采用镀锌钢管、金属软管敷设时，也应采取信号线和电源线分开敷设。

（10）线缆应成束绑扎，不同规格、型号的线缆应分别绑扎并有标识，检查标准示例如图1-11所示。

图 1-11　检查标准示例

（11）接地排电阻为≤1Ω。

（12）接地箱/排接地排、螺丝、螺帽材质为铜质，安装稳固好画红线标识。

（13）机房接地网接地扁钢需接入接地箱接地母排，检查标准示例如图1-12所示。

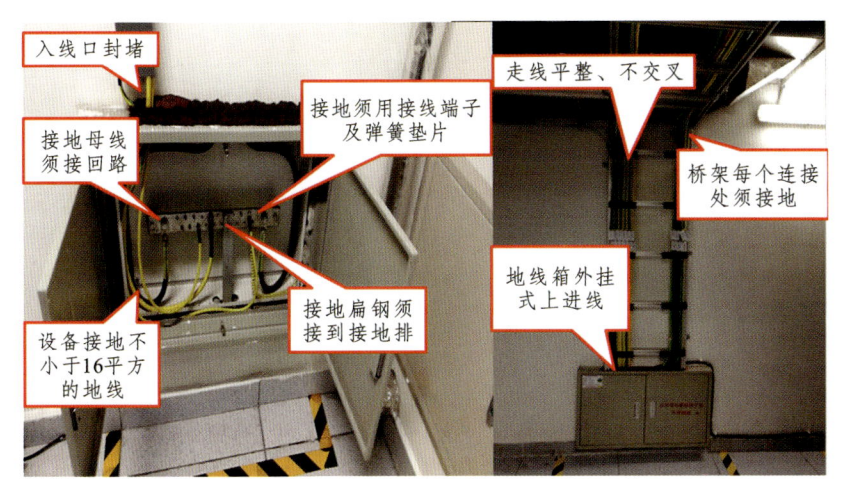

图 1-12　检查标准示例

（14）接地箱要求用外挂式。
（15）每个设备都必须接地，与接地箱的地线必须做标识，检查标准示例如图 1-13 所示。

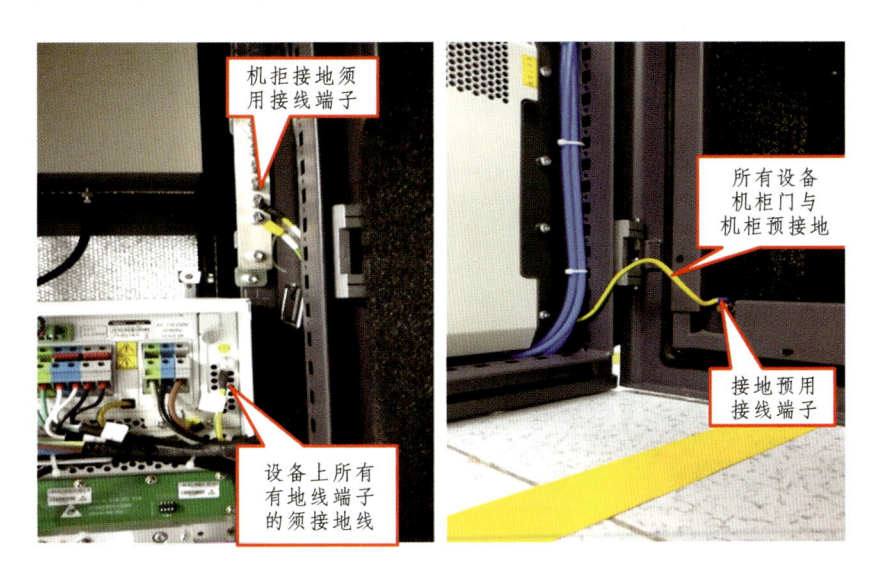

图 1-13　检查标准示例

1.6.3.4　区间接地要求

区间接地要求如下：
（1）接地扁钢任一点的接地电阻不得大于 1 Ω，以便各种信号设备的各种地线可靠接地。
（2）接地扁钢与区间弱电电缆桥架用不锈钢螺栓连接。
（3）接地扁钢连接螺栓固定好后须画红线做好标识。
（4）接地扁钢与设备接地端子的连接线采用 16 mm² 的多股裸铜缆，接地线和接地扁钢采用不锈钢螺栓连接，钢和铜线不能焊接的，接地线铜端头采用焊接或压接，焊接时焊接长度不小于 100 mm，并套 150 mm 长热熔热缩带保护，检查标准示例如图 1-14 所示。

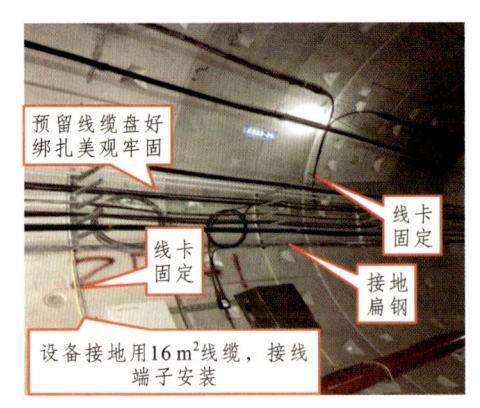

图 1-14 检查标准示例

1.6.3.5 设备室空调/风口位置问题

部分设备房设备机柜上方应避免安装空调或风口，风口容易形成冷凝水，滴落至机柜易引起设备短路。首先，应在设计时提资设备房的设备摆放位置。同时，在 12 号线设备进场安装前，每个设备房都要进行现场定测安装，避免发生上述问题。另外，对于设备房面积紧张，回风口为靠墙落地设计方式，占用了较大的机房面积的问题，一方面，可协调相关归属专业将回风口移至机房角落，不占用机柜及过道空间；另一方面，可协调在通风空调出风口加装防尘滤网。

1.6.3.6 万可端子检查验收问题

由于信号的线缆数量较多，室内外配线工作较为耗时，工作量大，对后期的检查验收也带来了随机性。信号专业检查人员在抽查时，发现在分线柜线缆存在异常中断后，线缆重新接续的情况，并将接续电缆隐藏在了线束中间，目测检查时无法发现。针对此问题，应对施工单位进行罚款处理，并开展万可端子的全面检查工作。万可端子安装问题如图 1-15 所示。在分线架、接口柜等室内机柜检查选用规格、型号合适的万可端子，避免出现一孔多线及小孔粗线现象。同时，在分线架、信号机、电动转辙机、电缆箱盒将未配有测试孔的万可端子全部更换为配有测试孔的万可端子。

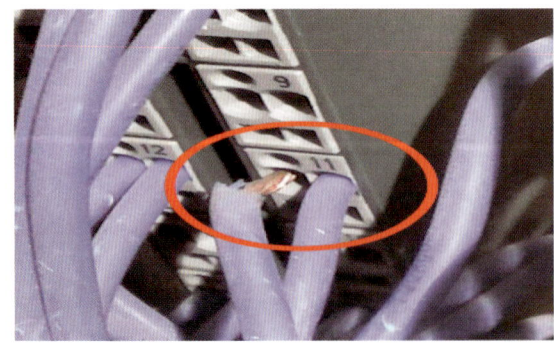

图 1-15 万可端子安装问题

表 1-5 所示是信号设备使用较多的 279-681 系列 3 线普通接线端子说明书摘录内容，其中最小最大剥线长度是保证接触良好的前提，解释见备注栏。

表 1-5　万可端子安装标准

序号	项目	标准	备注
1	最小可接导线截面积/mm²	0.08～1.5	该类端子允许接线面积，实际应用必须在范围内，否则接触不良
2	配线方向	正面接线	侧面方式，如计轴机柜内后背板端子
3	可接导线数量	3	3个接线孔，按需选用，不得一孔多线
4	最小剥线长度/mm	8	安装重要参数，导线露出金属最小长度
5	最大剥线长度/mm	9	安装重要参数，导线露出金属最大长度
6	安装	TS35	标准 35 mm 金属导轨安装

万可端子安装要求如下：

（1）根据每个连接点线缆数量，选用正确的万可端子型号，每个接线孔仅可安装一根线缆，不得一孔多线。

（2）使用合适规格的螺丝刀开启端子弹簧，不可使用其他不符合规格的工具使劲撬开，以免造成端子弹簧损坏。

（3）在剥线长度符合标准的前提下，必须将导线完全插到万可端子配线孔底。安装后的导线端头与万可端子壳体应垂直，线缆端头不得有任何金属露出端子孔外。

1.6.3.7　白蚁防治问题

车辆段/停车场易出现白蚁，对信号设备会造成严重影响。12号线电缆槽、沟、地面电缆井及工作平台预留电缆的要求如下：

（1）电缆沟的垫层、两侧土墙 0.3 m 范围内进行施药处理，并对电缆槽的底部、顶部及两侧共四个面进行施药处理。

（2）对有电缆套管的电缆，主要处理套管的接口处，对电缆连接点的箱、井都要作严格的预防处理。

（3）白蚁防治的保质期内，根据《深圳市新建房屋建筑白蚁预防工程施工规范》的要求，工程竣工后，前5年每年派人配合业主复查2次，以后每年复查1次。

（4）在地铁工程本身的检查维修时进行复查，如果发现白蚁，及时进行治灭，并重新采取预防措施，防止复发。

白蚁防治如图 1-16 所示。

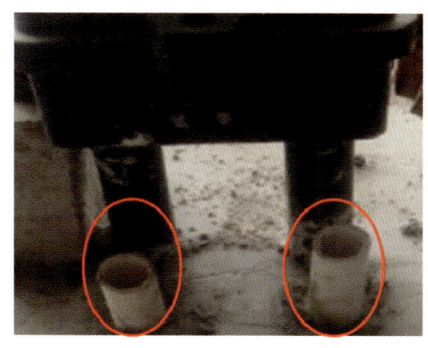

图 1-16　电缆槽、沟、地面电缆井白蚁防治

1.6.3.8 验收实物与图纸一致性核对

在既有线维护中发现存在图物不一致、空开位置在图纸上未体现、板卡上跳线设置与图纸不一致、继电器超期使用等问题,且验收记录未保存,无法查明具体验收人员。12 号线按照以下措施进行执行:① 验收前工程师对相关验收标准、方法宣贯,制定验收表格。② 落实专人检查责任制度,验收表格保留存底,以备后续查验。③ 对有跳线设置的板卡进行拍照存底,并与图纸逐一核对。

1.7 施工调试阶段

信号现场调试遵循的原则及技巧如下:

(1)要求承包商提交调试大纲,跟进设备单体调试及设备联调,记录调试问题,并定期对调试进度及存在的问题进行反馈,督促承包商整改。

(2)开展设备安全功能测试,记录测试问题,督促承包商整改。

(3)配合完成系统内部及外部接口调试。要求承包商完善单系统调试报告及系统联调报告。

(4)调试过程中,安排人员跟踪学习调试,与承包商多交流学习,学习系统设备功能及结构原理、系统间接口关系、系统调试步骤以及软件安装配置等,并形成经验总结文档。

1.7.1 全自动运行测试平台搭建

深圳十二号线公司牵头全自动运行系统一致性协调工作,并组织搭建了 12 号线机场东车辆段全自动运行(FAO)室内测试平台。全自动测试平台在工期紧的情况下,联合全自动运行系统五大核心专业(车辆、信号、通信、综合监控、站台门)发现全自动专业接口问题 135 项,并组织各专业 24 h 不间断开展场景联调,累计组织夜间调试推进会议 62 余次,协调解决了专业间接口场景问题。在短短不到 100 d(场景测试仅 32 d)的时间里,高质量完成了全自动运行系统的各项调试工作。

全自动运行测试平台高度集成了各专业机柜及设备,设计之初考虑了机柜设备区、车站及轨旁设备展示区、中心测试区的物理位置和各专业设备清单、额定功率用电需求、机柜及设备布置需求、硬线及网线线缆连接需求、调试(测试)需求,结合各专业工程现场正线施工图纸接口连接方式及计划布置房间的原有工程设计图纸,整个过程由信号工程师会同深铁建设以及一致性协调方牵头协同完成平面设备布置图、电气改造图、施工图设计。

在车辆段综合楼原信号培训中心安装车辆、信号、通信(含 PA、PIS、安防)、综合监控、站台门系统机柜及设备,在车辆段综合楼信号培训中心旁原物资仓库房安装信号、通信(含 PA、PIS、安防)、站台门系统的站台及轨旁设备,在车辆段综合楼信号培训中心旁原信号理论培训室安装车辆、信号、通信(含 PA、PIS、安防)、综合监控系统的测试终端设备。其平面设备布置(包括机柜设备区、车站及轨旁设备展示区、中心测试区)如图 1-17 ~ 图 1-19 所示。

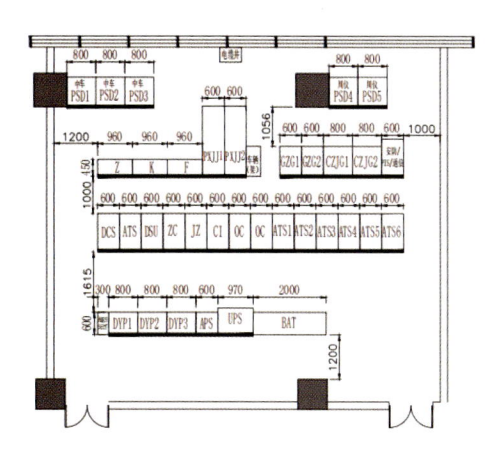

图 1-17　全自动运行系统全自动运行测试平台（机柜设备区）

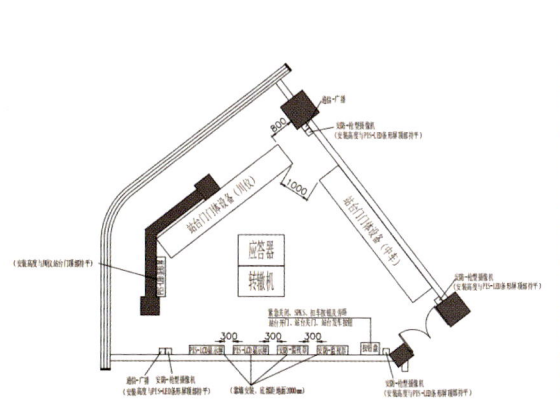

图 1-18　全自动运行系统全自动运行测试平台（车站及轨旁设备展示区）

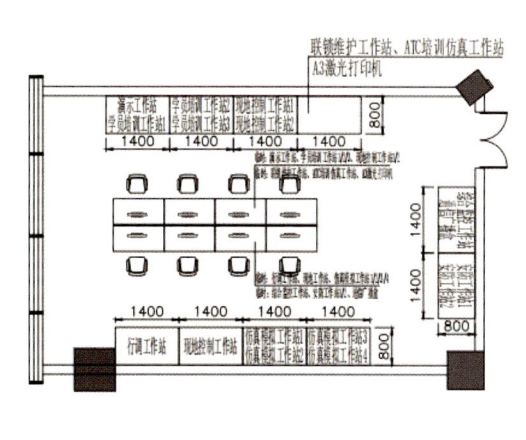

图 1-19　全自动运行系统全自动运行测试平台（中心测试区）

深圳地铁12号线全自动运行系统测试平台重要意义具体如下：

（1）有效缩短现场动车调试工期，提高现场问题修复效率。可以对全自动运行系统场景联调功能及系统间接口功能进行测试，提前验证全自动运行系统功能、性能、接口及系统稳定性。

（2）避免现场测试初期外部环境影响故障原因难以定位的问题。项目现场组织场景功能联调联试时，外界主客观干扰因素较多且具有不确定性，可能出现测试不充分，甚至导致测试失败，缺乏多专业集成测试培训平台测试佐证及问题复现，需要耗费大量资源定位故障原因。

（3）提前验证全自动运行系统各专业场景联动功能的完整性。模拟全自动运行系统各种运营场景，实现对信号、车辆、通信、综合监控、站台门、PIS等系统的实验室多专业联调平台功能测试验证。通过12号线全自动运行系统综合测试、培训平台的实际工程应用，可以明显看见实验室平台发挥了显著的功能和作用，有效地缩短了工程现场的场景联调动车调试时间。

（4）12号线FAO实验室多专业全自动运行测试平台巧妙利用信号、车辆、通信、综合监控、站台门、PIS、安防专业培训中心、维修中心、备品备件设备以及各专业提供的软件仿真系统完成平台搭建，有效地提高培训设备的利用率。

（5）12号线FAO实验室多专业全自动运行测试平台巧妙利用既有的工程建筑对既有的信号设备培训室、值班室及备品备件室进行合理改造完成平台建设，有效地实现了国有资产投资的降本增效。

1.7.2 单体调试

在2021年8月至2022年3月期间是系统设备单体调试阶段，主要涵盖设备系统上电检查、软件安装及系统单体功能运行正常的各项调试及检查工作，其中VOBC子系统的单体调试按各列车分别进行静态调试及动态调试。

1.7.3 一致性测试及设备联调

在2021年12月至2022年3月期间，信号系统一致性测试主要涵盖联锁室内外一致性测试、应答器-联锁一致性测试及ATS-联锁一致性测试，主要测试联锁室内外设备真实状态一致及联锁与应答器及ATS系统接口码位信息对应关系一致内容。

12号线设备联调是参照交通运输部发布的《城市轨道交通初期运营前安全评估技术规范 第1部分：地铁和轻轨》（交办运〔2019〕17号）要求开展系统联调工作，通过设计周全的系统联调科目及功能测试项，逐项验证各系统设备功能是否满足国家标准规定，对全自动运行功能、场景联动功能进行重点核验，并结合中城协发布的团体标准《城市轨道交通全自动运行系统规范》(T/CAMET 04017.1—2019)，建立深圳地铁12号线开通的系统性及服务性目标。信号系统安全测试径路如图1-20所示。

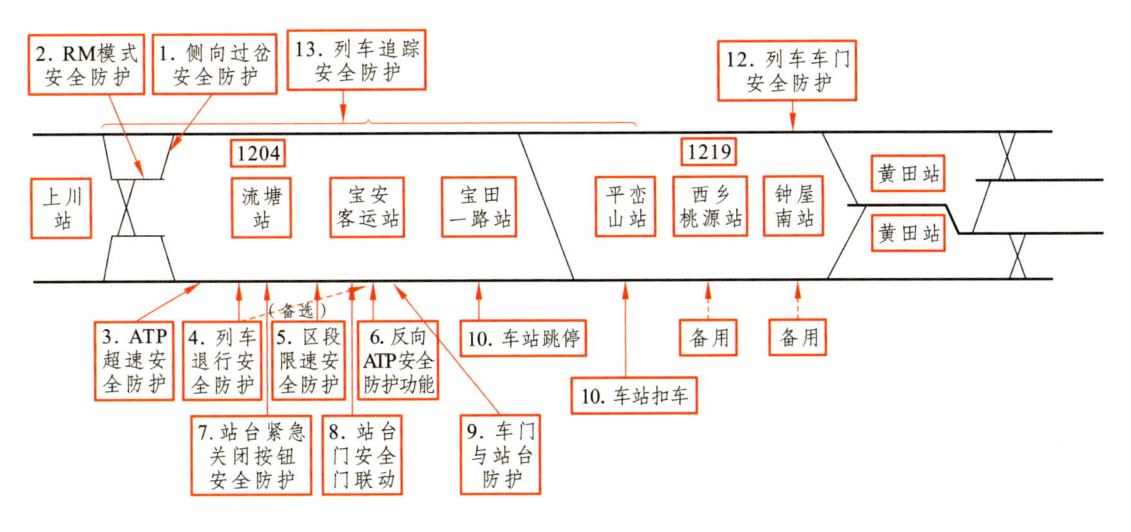

图 1-20　信号系统安全测试径路

联调主要是对功能进行验证，验证一定要科学合理，不然验证数据就会失真。如对于列车折返能力测试，选取影响远期运输能力的车站折返线作为测试对象，核实测试条件，并要求测试列车必需的数量一般 6 列车，且运行状态良好；每列车头尾端各安排一位司机；编制好列车折返能力测试专用列车运行图，列车驾驶员严格按图行车，并按照站台指示间隔发车；根据测试数据分析，列车折返能力应符合设计要求。列车折返能力测试线径路如图 1-21 所示。

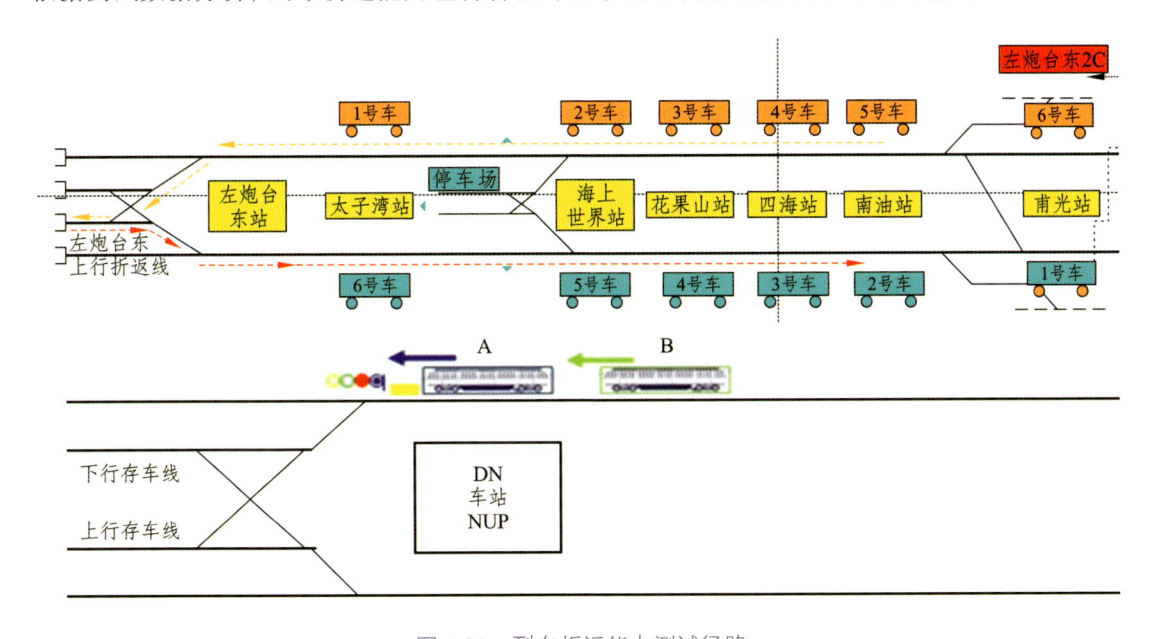

图 1-21　列车折返能力测试径路

测试参照图 1-21 进行，只组织单轨折返的测试，具体步骤如下：

（1）列车按运行图时间点到达终点站，停站预定时间后，按点发车，开始折返。记录 A 车下行停站、发车时间。

（2）列车 A 执行 ATB 折返。当列车 A 离开车站 N 时，开始计时器 1 的计时。

（3）列车 A 离开车站 N 后，运行至折返轨换端。记录下列车到折返点停车、换端后发车的时间。

（4）列车 A 折出后在上行站台停稳，停止计时器 1 的计时。停站到预定时间后，正常发车。

（5）列车 B~G 按时刻表定义时间到达车站 N，按照步骤一到步骤四执行测试。

（6）比较各列车的折返时间。

选取左炮台东站测试，经过测试，平均折返间隔为 118.2 s，满足远期运营需求（满足合同要求指标）。12 号线其他折返站也按照上述方法进行测试。

1.7.4 动车调试及场景联调

在 2021 年 1 月至 2022 年 9 月期间，信号系统开展动车调试及场景联调，具体工作如下。

1.7.4.1 动车调试

12 号线动车调试开始时间较晚，分多区域、阶段开展动车作业，动车调试涵盖内容按作业顺序分为电子地图打点测试、无线 LTE 测试、点式 ATP 测试、CBTC-ATP 测试、点式-ATO 测试、CBTC-ATO 测试、ATS 功能及数据测试、综合测试、专项测试、故障冗余测试、特殊场景测试、性能测试、显示及需求类测试。

通过动车配合，进行 ATS、ATP、ATO、CI、DCS 等系统各项场景下的功能测试，确保 CBTC 系统功能完备性。

1.7.4.2 场景联调

12 号线整体设计 47 个场景。在 2022 年 7 月 11 日至 7 月 17 日的第一轮场景测试中，已累计执行 36 个场景测试（图 1-22），未执行 7 个场景测试（早间上电、清扫、洗车、车站火灾、线路积水、接触网零件脱落、救援）。

8 月 3 日至 8 月 12 日完成了第二轮场景联调，8 月 18 日至 8 月 19 日，完成第二轮场景联调复测。全自动运行总测试项目 1 763 项，第二轮场景测试累计并通过 1 738 项，截至目前整体场景通过率 98.58%。8 月 26 日已经启动第三轮场景测试。利用此阶段测试对站务、乘务、厂调、行调执行操作进行实操培训，系统设备供应商进行陪伴指导操作与问题解答。12 号线信号系统动车调试计划如图 1-23 所示。

联调问题管理经验总结：

（1）测试管理方（一致性协调方）负责管理测试问题，每天 18:00 将当日测试问题与测试进度一起以日报形式发送至"深圳 12 号线一致性协调工作交流群"，同步线上更新《深圳 12 号线 FAO 实验室场景联调问题管理表》表格，并本地存档。

（2）测试管理方更新《深圳 12 号线 FAO 实验室场景联调问题管理表》时，如果问题已修复，只能更新问题状态，禁止删除，以便问题追溯。

（3）测试管理方负责现场协调各专业解决测试问题。测试管理方现场无法协调解决的问题，须反馈至"深圳 12 号线一致性协调工作交流群"，由一致性协调方、各专业监理和业主代表协调解决。

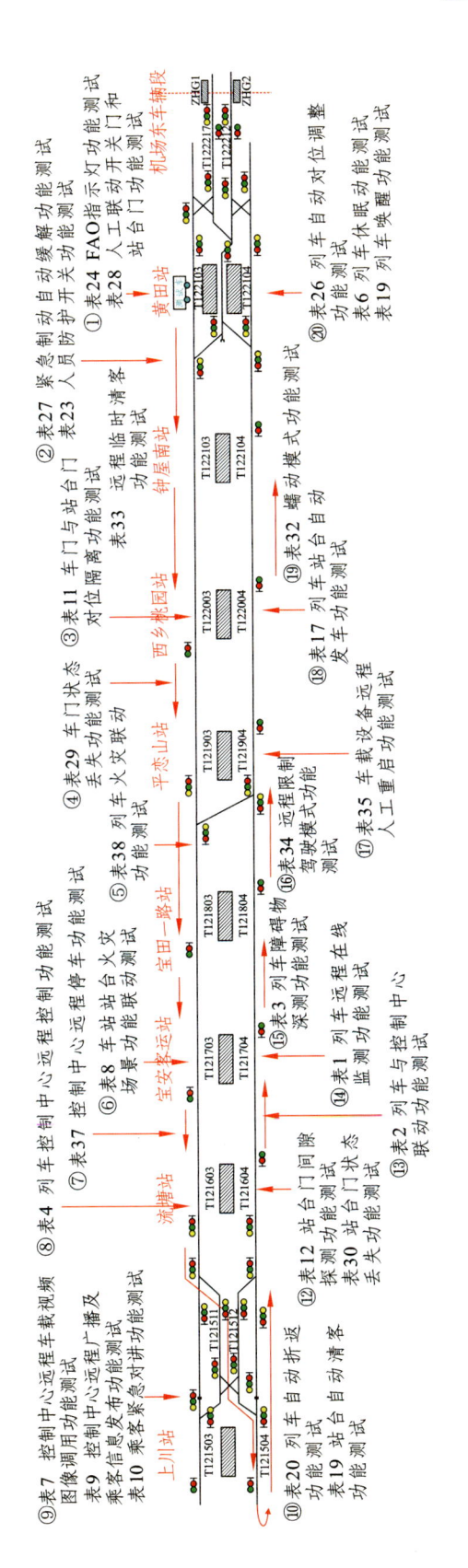

图 1-22 12 号线 36 项功能测试

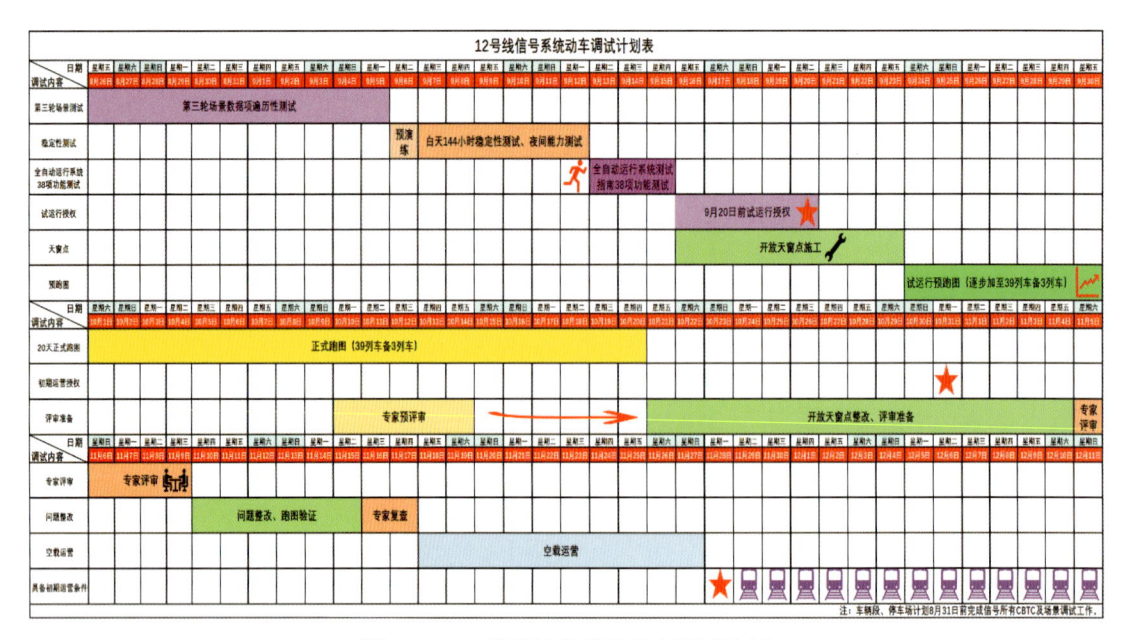

图 1-23　12 号线信号系统动车调试计划

（4）一致性协调方负责组织会议，协调解决全自动运行系统接口技术问题、全自动运行系统场景功能联动技术问题。

（5）监理负责监督各专业，按照计划解决影响测试的问题。

（6）业主代表负责督促本专业集成商投入足够的资源，按照计划解决影响测试的问题。

1.7.5　接口调试

在 2022 年 5 月至 2022 年 6 月期间，集中开展接口调试工作。信号外部接口较多，与 PIS、广播、综合监控、电力监控（SCADA）、大屏、时钟、无线均有接口，为保障工期提前熟悉信号与非信号系统接口协议，与非信号厂家提前沟通施工方案，确保调试效率。12 号线自开始联调起，测试周例会也同步进行，具体相关经验总结如下：

（1）监理负责组织和主持实验室联调管理周例会，各专业业主代表、监理、集成商项目经理、集成商测试人员、一致性协调方参与会议。

（2）由测试管理方（信号专业）负责汇报实验室 FAO 接口与 FAO 场景功能测试进度、测试问题及其他实验室测试相关问题；由测试管理方（综合监控专业）负责汇报实验室 FAO 接口测试进度、测试问题；由测试管理方（安防专业）负责汇报实验室 FAO 接口测试进度、测试问题。一致性协调方负责协调解决 FAO 接口技术问题、FAO 场景功能联动技术问题。

（3）业主代表负责对会议中的问题进行决策，督促本专业集成商投入足够的资源，按照计划时间，解决影响测试的问题。

（4）各专业集成商负责按照会议决议，在计划修复时间内，解决影响测试的问题。

（5）监理负责监督各专业，按照计划时间，解决影响测试的问题。

（6）测试管理方（信号专业）负责完成会议纪要，并提交给监理，同步线上更新《深圳 12 号线 FAO 实验室场景联调会议纪要管理台账》表格，并本地存档。

12号线接口测试验证见表1-6。

表1-6 12号线接口测试验证

序号	日期	接口测试验证内容	测试专业	测试管理方
1	2021.12.6—2021.12.6	ATS-乘客信息系统接口协议	主导：信号 配合：地面PIS	信号
2	2021.12.6—2021.12.7	综合监控-站台门系统接口协议	主导：综合监控 配合：站台门	综合监控
3	2021.12.9—2021.12.14	VOBC-车辆TCMS接口协议	主导：信号 配合：车辆	信号
4	2021.12.14—2021.12.17	综合监控-安防系统接口协议	主导：综合监控 配合：安防	综合监控
5	2021.12.15—2021.12.15	ATS-通信广播系统接口协议	主导：信号 配合：通信广播	信号
6	2021.12.16—2021.12.20	ATS-站台门对位隔离接口协议	主导：信号 配合：站台门	信号
7	2021.12.18—2021.12.21	车地乘客信息系统-安防系统接口协议	主导：安防 配合：通信	安防
8	2021.12.20—2021.12.23	综合监控-通信广播接口协议	主导：综合监控 配合：通信广播	综合监控
9	2021.12.20—2021.12.24	综合监控-乘客信息系统接口协议	主导：综合监控 配合：地面PIS	综合监控
10	2021.12.21—2021.12.24	CI-站台门接口协议	主导：信号 配合：站台门	信号
11	2021.12.25—2021.12.29	ATS-综合监控系统接口协议	主导：信号 配合：综合监控	信号
12	2021.12.31—2022.1.9	车辆调-综合监控接口协议	主导：信号 配合：综合监控	信号
13	2021.12.20—2021.12.29	车辆调-车辆TCMS接口协议	主导：信号 配合：车辆	信号

1.8 运营筹备阶段

采用站间包保方式对全线进行区域划分，实行包保制度责任落实到人，可有效解决新线建设中出现的问题。结合以往在新线建设中发现的问题，信号技术组提前制定措施，要求信号组全员学习国家标准及企业标准中的施工要求，并严格按照要求执行，全面管控现场施工质量。

1.8.1 现场安全管理

安全管理工作是工程管理工作中的重中之重，工程开工前要求所有施工单位、承包商、监理编制相关安全管理办法，建立安全生产责任制，结合现场实际制定有效的安全管理措施，使工程施工有条不紊地进行。

进场介入人员做到100%全覆盖执行经培训考核合格后上岗，施工中危险性较大作业严格做到领导现场带班，每站配备现场安全员，现场安全员每天巡查，每月、每周定期召开安全例会，不定期组织作业人员进行安全专项培训，严格控制现场作业人员、施工设备的不安全行为和不安全状态。

在施工前要做好充分准备工作也是施工质量把控的源头，当现场具备施工条件的时候就可以迅速全面地进入状态。

1.8.1.1 工程施工前

工程施工前先进行设计图纸会审及设计交底，这样一方面确保了施工图纸的正确性，另一方面通过设计交底充分了解设计意图。施工单位依据设计图纸、施工规范以及以往成熟的施工经验，编制分部分项工程专项施工方案，并上报监理、业主审批，审批完成后用于指导现场施工。

接着，要求施工单位技术人员对每道工序都制定了专项施工技术要求，对施工班组进行有针对性的施工技术交底与安全技术交底。并在实际施工过程中进行跟踪检查，加大质量控制力度，严格把关，发现问题及时跟进解决。

施工前，对于设备到达现场的运输、吊装也是把控安全风险的环节，在开始进场前制定详细的方案并要求有监理旁站监督完成。

1.8.1.2 介入前安全措施

（1）介入条件：介入人员应完成三级安全教育培训且精神状态良好，介入前必须与属地联系妥当，现场满足介入条件方可进入施工现场。

（2）劳保用品：介入人员必备三件套（安全帽、荧光衣、劳保鞋），可备手电、防尘口罩、防蚊液、防暑药、饮用水等。

（3）介入方案：由带队负责人负责宣贯现场介入方案，内容包含现场的安全检查标准、现场的危险源清单、安全的检查事项等。

（4）通信方面：明确带队负责人并做好行程报备，须做到至少两人进行现场介入，做到同进同出。

（5）交通方面：在新线初期的建设阶段已采集全线33个站点的出入位置，结合天气状况合理优化出最短、最便捷的路线，若介入站点比较偏远，须相互提醒注意安全。

（6）特别宣贯：若涉及动火、借电、登高、吊装、有限空间等高风险作业，须对危险因素、防范措施进行安全交底，同时指派专人在现场全程盯控防护。

1.8.1.3 介入中安全管控

（1）凭个人工作证、工地出入证和轨行区施工作业令等与属地承包商办理进入施工区域的登记手续后方可进入施工现场。

（2）介入时需使用水印相机拍照留底，防止串岗、擅自介入。

（3）在介入过程中应注意成品保护，严格执行"三不动"（未联系登记好不动，对设备性能、状况不清楚不动，正在使用中的设备不动）。

（4）不得触碰、擅自挪动施工人员使用的电闸、阀门、开关等施工设备，不得违规使用施工现场的设备设施。

（5）现场的施工安全是需要格外注意多专业共同施工，人员构成比较复杂，防止存在外部人员尾随进入施工现场的问题。

1.8.1.4　介入后安全管控

在介入过程中，做好现场的危险源辨识工作，做到及时更新，不断修正，将检查发现的安全问题录入系统闭环整改。

1.8.2　现场质量管控

会议组织和现场检查在施工期间是了解现场和解决现场问题最为常见的管理手段。要求监理组织信号参建单位全部参会的工地例会、安全宣贯会等至少两周一次；现场踏勘每周至少两次并出具踏勘报告；及时了解现场情况和解决遇到问题。安全检查根据现场情况进行抽查每周一次，并要求各单位自查自检将施工安全、施工质量、施工及调试进度落实到位。

结合以往在新线建设中发现的问题，在工地例会上提出现场施工优化管控方案。

1.8.2.1　确定室内信号设备进场前置条件

设备安装介入原则如下：

（1）安装前期编制工程介入手册，参照相关标准、施工图纸、施工经验编写工程介入手册，且须写明标准来源，做到有理有据。

（2）设备安装前期，熟悉站场路线和预留预埋工作。主要针对土建问题，如离壁沟设置、预留预埋、接地电阻进行检查与核对，形成问题汇总表，并要求施工方整改。

（3）对设备安装实行首件定标制度，每种设备先做安装样板，待施工、设计和运营多方确定安装方式后，再全面推广。须关注安装工艺，确保设备安装质量。

（4）介入人员跟盯检查施工单位施工作业，结合介入手册和工作经验，发现问题及时反馈，每天介入填写现场介入日志，并将问题录入问题库。

（5）参加由监理定期组织召开的工地例会，将施工问题及要求建议向施工单位提出，重点问题写入会议纪要，要求施工单位整改。

深铁运营既有线路信号设备未检测设备房环境在符合标准的前提下即安排设备进场，建设阶段设备房孔洞未封堵灰尘较多、设备房漏水、环境潮湿等不利因素，均会影响设备在开通运营后的可靠运行。

1.8.2.2　确定轨行区信号设备安装要求

深铁运营既有线路信号设备前期未考虑设备防松、封堵、绑扎、标识等要求，在进入运营阶段后频繁出现线缆脱落、异物掉入轨行区、设备松动、设备侵限等安全隐患。

现场施工优化管控方案大致内容如下：① 设备房温湿度达标。② 设备房灰尘浓度达标，且信号设备在进场后做好防尘成品保护措施。③设备分阶段进场，设备房外部环境未达标时延迟进场。④设备房孔洞必须全部封堵完毕后，方可安排信号设备进场。⑤信号设备进场后要安装临时空调，保持室内温湿度持续达标。

具体如下：设备限界，设备同期安装、同期进行测试、同期做好记录，对不符合限界要求的设备进行整改；电缆支架安装高度提前与设计院进行沟通，避免后续影响电缆维护；轨旁信号设备安装均采用双螺母紧固，并使用螺纹胶及铁丝防松，圆形隧道墙壁托架安装弧度与盾构片弧度相吻合，避免出现安装不牢固的情况；信号电缆均按照每个支架进行绑扎，选用高强度黄色扎带（黄色便于后续区分），间隔10 m采用绝缘钢扎带进行加固；信号电缆引入处、轨行区百米标处挂牌；过轨电缆使用PE或者PVC硬质管防护，外部使用卡扣固定；信号机安装高度不宜超过地铁集团标准；设备安装前要确保现场安装位置满足条件，提前发现是否存在消防水管、电缆支架影响设备安装，以免后续各专业设备均安装完毕而影响设备维护的情况；信号设备安装前要对轨行区侵限绝缘进行距离测试，保证与信号联锁表侵限绝缘设置保持一致。

1.8.2.3 工序质量是施工质量控制的基础

施工质量的优劣关键在于施工过程中的质量控制，建立包括材料采购、验收、储存管理办法；建立施工过程质量自检、互检、专检；建立隐蔽工程验收及涉及安全和功能的抽查检验等各项质量检验制度。通过质量检验，及时对施工质量进行测评，寻找质量缺陷和薄弱环节，并制订措施加以改进，使产品质量完全处于受控状态。

对工序质量控制着重抓好"三个点"的控制：

（1）设立控制点，使其在操作中能符合技术标准要求；

（2）设立检查点，以验证所采取的技术措施是否有效，有否失控，以便及时发现问题，及时调整技术措施；

（3）设立停止点，在施工操作完成一定数量或某一段时，在作业组自行检查的基础上，由专职质检员作一次全面检查，确认某一作业层面操作质量是否达到有关质量控制指标的要求，对存在的薄弱环节和倾向性问题及时纠正，为单位工程的质量验收打下了坚实的基础。

施工过程质量控制的关键是做好隐蔽工程的质量验收。凡需隐蔽的工序完成后即将进入下道工序前，均应进行隐蔽工程验收。

施工单位设质检工程师和专职质检员，跟班检查验收。每道隐蔽工程未经监理工程师的批准，不得进入下一道工序施工，确保监理工程师对隐蔽工程进行检查，监理工程师确认隐蔽工程验收合格后进行下一步工序。

1.8.3 遗留问题管控

截至2022年10月11日，信号专业共发现问题5 004项，共消缺问题4 645项，未整改问题359项，累计整改率为92.8%。信号专业遗留问题整改情况见表1-7，如图1-24所示。

表 1-7　信号专业遗留问题整改情况

序号	区域	问题项	已整改项	未整改项	整改率/%
1	左炮台东联锁区	610	596	14	97.7
2	南头古城联锁区	1 166	1 097	69	94.1
3	黄田联锁区	553	507	46	91.7
4	海上田园东联锁区	1 492	1 326	166	88.9
5	机场东车辆段	895	871	24	97.3
6	赤湾停车场	175	174	1	99.4
7	深云 NOCC	113	92	21	81.4
8	全线	5 004	4 677	341	93.5

图 1-24　信号专业遗留问题整改情况

1.9　难点与应对措施

1.9.1　经验教训

本节阐述了一期信号系统建设中存在的一些问题，涉及 UPS 设备实际用电量负载率不足、灯位、空调及进出风口布置不合理、紧停按钮安装位置不足、功能测试未全覆盖、转辙机杆件不匹配、监测功能跟进力度不够等方面。建议未来应加强设计、施工和调试环节之间的协调与沟通，同时做好设备检查和备件质量把控，以确保信号系统安装进度和运行质量。

1.9.1.1　UPS 设备实际用电量负载率不足

经排查，海上田园东站 UPS 设备实际用电量负载率为 18.8%；国展站 UPS 设备实际用电量负载率为 24.5%；黄田站 UPS 设备实际用电量负载率为 29.8%；南头古城站 UPS 设备实际用电量负载率为 26.2%；南油站 UPS 设备实际用电量负载率为 22.7%；海上世界站 UPS 设备实际用电量负载率为 21.5%；左炮台东站 UPS 设备实际用电量负载率为 25.6%；机场东车辆段设备房 UPS 设备实际用电量负载率为 74.4%。合同要求卖方应根据设备用电量确定信号设备各用电点的 UPS 容量（包括转辙机等所有信号供电），考虑转辙机启动的瞬时冲击，并根据设备后备时间要求选定电池容量。全线 UPS 容量规格应不多于 3 种，卖方应按此原则配置 UPS 方案，且设备实际用电量负载率应达到 UPS 容量的 50% 至 70%。

1.9.1.2　灯位、空调及进出风口尽量避开设备机柜顶部

在设计阶段信号设备房布置图会及时提交给相应的动照及通风设计，按设计原则合理设计灯位和出风口，并尽量避开设备机柜顶部，以免照明不足和对设备产生损伤。

1.9.1.3　紧停按钮需装修专业预留安装开孔位置

紧停按钮为站台的重要信号设备，但需要装修专业预留安装开孔位置，个别站会在安装时发现并不具备安装条件，会因为信号设计预留安装位置提资给装修设计后是否落实在装修图纸中以及装修施工是否按图施工或装修材料供货周期是否具备设备安装条件等问题，影响该设备的安装及调试进度。安全类设备调试不完整会影响整个系统安全认证的进度，后续需加强两专业设计之间的图纸会签流程，以及现场专业间的及时沟通。

1.9.1.4　功能测试未完全落实 100% 全覆盖

在综合联调阶段，赶调试工期，导致部分功能（临时限速、人工设置站停时间、SPKS 防区测试）采取抽样测试，及"ZC 宕机测试""联锁运行压力测试"等故障场景下功能测试未做到 100% 全覆盖测试。目前部分功能已进行补测，其他功能正在进行测试。

1.9.1.5　转辙机杆件不匹配影响安装工期

在转辙机备件到货后受经验主义影响，未彻底检查杆件型号、设备质量，认为出厂的设备型号、质量都是正常的，导致首批杆件安装好后无法使用、部分内部配件（防尘罩、接点）等存在瑕疵，造成转辙机杆件安装返工、重新替换备件，延误安装工期。

1.9.1.6　监测功能跟进力度不够导致 BDMS（集中监控）卡滞

由于在设备调试期间对监测功能的跟进力度不够，在发现 BDMS 卡滞的情况下未引起足够的重视，未在调试阶段解决该问题，导致目前集中监测功能卡滞，设备回放、监测功能使用不便，严重影响运营维护人员进行设备巡视、故障处理等日常操作。

1.9.2 难点及应对措施

一期工程存在多个难点，如存在轨行区分段施工、轨行区渗水漏水、信号设备通信等方面问题，对动车调试进度产生影响。为应对这些难点，采取了多种措施，如制定动车调试方案、加强人员投入和沟通配合、严格安全管理、及时调整方案和指挥设备临时搭建等。这些措施保证了动车调试的有序进行，提高了工作效率。

1.9.2.1 轨行区分段施工进度不一致

难点：全线分多段热滑，导致具备动车调试条件的时间不一致，影响整体调试。

应对措施：为了尽快开展动车调试工作，最终正线动车调试分为三段开展。按照正线分三段动车制订动车调试方案，明确分段动车安全防护措施，提前同相关配合单位组织交底会交底；重新制定信号系统调试计划，采用不同分段同步开展调试活动方式，优化动车调试、联锁测试测试序列，使各段调试顺序可无缝衔接；同联合调度室、乘务等相关配合单位密切联系，根据整体计划开展调试工作，成立动车调试沟通小组，提高沟通效率；加大人员投入，满足分段调试人员需求。

1.9.2.2 轨行区渗水漏水影响动车调试

难点：轨行区渗水漏水影响动车调试。

应对措施：组织内部调试人员学习轨行区安全管理办法，并通过双人双岗互控等方式确保调试人员严格遵守相关规定；动车调试方案中明确动车注意事项，每天动车调试前由调试负责人向司机进行交底，明确当天调试内容及注意事项；加强与联合调度室联系，确定沟通机制及责任人，确保信息快速流转至现场；根据现场调试情况，及时调整调试方案及计划，将外部影响降至最低。

1.9.2.3 正线与 NOCC 骨干网接通时间较晚

难点：正线信号骨干网组网需经由 9 号线通信设备房光缆通道至 NOCC，造成 NOCC 信号设备无法启用，影响全线动车。

应对措施：动车调试期间，将控制中心信号设备临时搭建在机场东车辆段，成立临时中心，指挥动车调试；多方协调相关单位推进 NOCC-正线光缆通道建设进度；同动车调试配合单位交底，明确临时控制中心设置地点，便于信息传达。

1.10 二期工程优化建议

通过总结 12 号线信号系统一期建设的若干个建议，包括建议施工合同中纳入分体空调、选用恒压动静接点、增加冷备计轴磁头、采用绝缘钢扎带等措施提高设备运行质量和可靠性，增加站台紧停按钮、门控箱开关门、清客按钮增加按钮指示灯等措施提高操作便利性，统一设备机柜摆放、划分信号 SPKS 分区等措施提高设备布局规范性和行车组织效率。同时建议将设计联络纪要转化为用户需求书条款要求,以保持一、二期信号设备选型、备品备件型号的统一。

1.10.1 二期工程建设信号设备房分体空调纳入施工合同

在新线建设阶段,设备房温湿度、环境对后期设备运行质量也有非常大的影响,在既有线路新线建设过程中,因为前期不重视设备房环境、温湿度,后期运营开通后,设备出现一系列问题。因此,12号线二期工程建设中,建议将分体空调纳入到合同概算中来。在新线建设阶段,当设备房做好孔洞封堵,无房屋结构渗漏水,设备房灰尘浓度达标时,即可安排分体空调安装,后续信号设备方可进场安装。

1.10.2 建议转辙机恒压动静接点写入用户需求书

12号线二期工程建设建议根据12号线一期工程建设情况,将转辙机选用恒压动静接点纳入用户需求书,以下为恒压接点与普通接点对比,如图1-25~图1-30所示。

图1-25 恒压静接点   图1-26 普通静接点

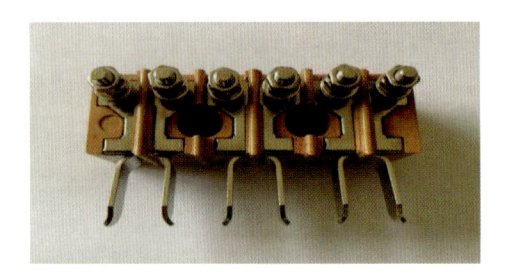

(1)恒压动接点环中间加隔分隔条防止打磨过程中粉尘污渍影响接触。另外采用双卡簧双保险、接点柱采用钢柱设计、动接点环加厚,保证了开口销及滚轮不会断裂,并且使用特殊材质,不易长黑斑,避免转辙机开裂。

图1-27 恒压动接点   图1-28 普通动接点

(2)普通动接点采用的是开口销和卡簧式结构(如断裂后会影响动接点环脱落,会引起断路表示)。

(3)恒压静接点片加厚不易折断,接点片的侧面弹力体,使用弹力体防止生锈氧化,动接点打入后弹力体给力,保证了永久衡压。出厂时接点压力与接触面积已调整,使用期间无需调节,有效节约了现场人员的作业检修时间。另外,每一组静接点片之间的底座采用了格挡设计，有效防止了短路故障。

（4）普通接点在使用过程中需要去现场手动维护，可能会导致接点压力值偏大、偏小和接点片变形（压力值偏大会造成卡阻；压力值偏小会造成闪断；变形后会造成电接触及接点片拉弧现象）；老式接点片材质较薄，容易折断。

（5）恒压静接点底座与固定螺丝加深了一定的距离，避免了爬电及底座击穿问题。

图 1-29　恒压静接点底部　　　　　　　图 1-30　普通静接点底部

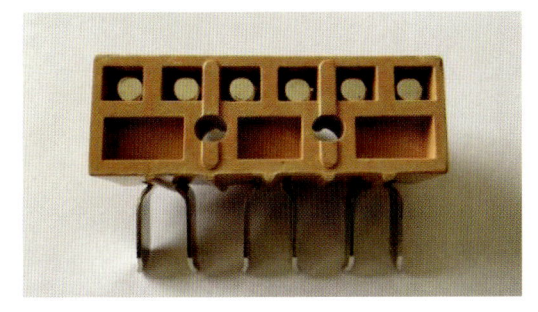

1.10.3　关键计轴区段增加冷备磁头，降低故障影响

以海上田园东站 T123308 区段示例，当 P123302 道岔处于定位位置时，重新设置 T123308 区段计轴故障，此时 T123308 区段显示粉红光带占用，再设置其相邻区段 T123306 计轴故障，此时 T123306 区段显示为粉红光带占用，此时将会影响列车正常排列进路及折返，如图 1-31 所示。

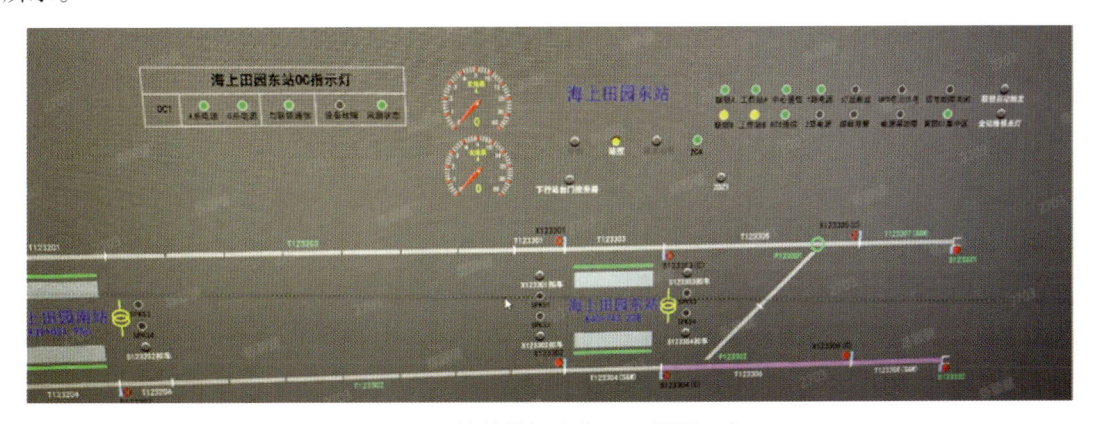

图 1-31　计轴粉红光带 ATS 界面示意

12 号线二期建议在关键计轴区段增加冷备计轴磁头，当主用计轴磁头出现故障时，可快速切换到冷备计轴磁头使用，降低设备故障影响。

1.10.4　轨行区电缆绑扎使用绝缘钢扎带绑扎

普通塑料电缆扎带，在既有线路轨行区经常发生因电缆扎带老化、断裂导致的电缆脱落、侵限等安全事故。12 号线一期工程在建设过程中按照每 10 m 加绑电缆绝缘钢扎带，绑扎更牢固，且使用寿命远远超过普通绝缘塑料扎带。12 号线二期信号工程中建议轨行区信号电缆全部采用绝缘钢扎带进行绑扎。

1.10.5　明确合同备品备件清单

在合同谈判阶段即要明确合同备品备件及专用工器具清单，以采购实际现场维护需要的备品备件及专用工器具，将现场无实际使用需求的专用工器具删除。另外根据 12 号线一期信号设备运行情况，重点配置转辙机、全电子 OC 执行单位备品备件，同时需要保持一、二期设备选型、备品备件型号统一，保证一期工程备件与二期工程备件通用。

1.10.6　增加站台紧停按钮

全自动运行场景下，站台站务人员应急处置车门站台门夹人夹物等突发情况的概率明显增加，为保证操作紧急停车按钮的便利性，建议 12 号线二期工程将每侧站台由目前的 2 个紧急停车按钮增加至 4 个紧急停车按钮。

1.10.7　UPS 不对称双母线电源系统纳入二期信号用户需求书

深圳地铁三期及以前线路信号系统均采用单 UPS 设计方案，该方案无法有效避免 UPS 故障导致信号系统失电的问题。为提升电源设备的冗余度，提高信号系统供电的可靠性，12 号线一期工程建设中，深圳 12 号线公司多次组织设计院、系统承包商召开会议，专题研究 12 号线信号系统电源设备配置方案。经过对行业内在用的多种配置方案进行比选，从现场安装空间、设备可靠性、经济性等各个角度综合比较，决议采用"不对称双母线"方案。12 号线二期信号工程建设建议正线集中站、东宝河停车建议仍按照不对称双母线电源系统（图 1-32）进行配置。

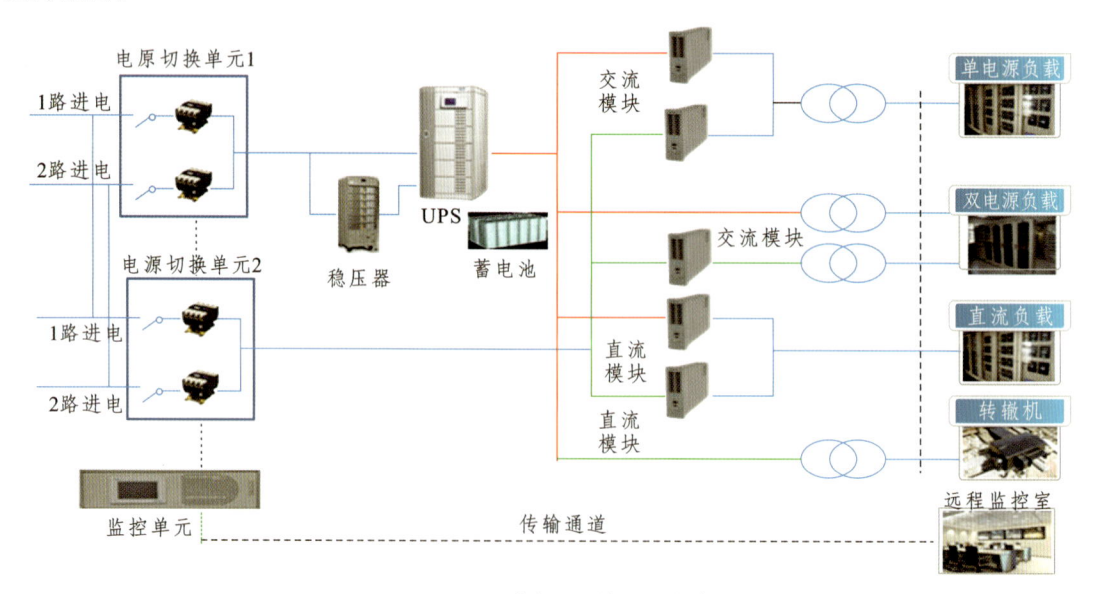

图 1-32　不对称双母线电源方案

1.10.8 站台门控箱开关门、清客按钮增加按钮指示灯

12号线一期信号工程站台门控箱开关门、清客按钮未设置按钮指示灯，站务人员操作相关按钮后，需观察站台门动作情况、列车运行情况方能确认按钮按压有效，使用较为不便。建议12号线二期工程建设中，参照一期ESB紧停按钮灯设计方案，增加门控箱按钮指示灯，当按压联锁成功采集到门控箱按钮按压状态后，即可输出对应按钮指示灯驱动信号，方便站务人员使用。

1.10.9 信号设备机柜统型

12号线二期信号工程建设建议将信号设备房电源系统机柜、组合柜、系统机柜按照一期设备标称尺寸提前在设计层面做好统型，并且后期做施工图设计时，综合考虑房屋面积、设备机柜摆放等因素，将同类型机柜摆放在统一排面，做好信号设备机柜统型工作。

1.10.10 东宝河停车场停车列检库按实际物理隔离划分SPKS分区

12号线一期信号工程建设中，机场东车辆段双周三月检线路实际是按照每条股道做的物理隔离分区，因前期设计原因忽略了该处信号SPKS分区的调整，实际仍然按照每两条股道设计一个信号SPKS分区，降低了机场东车辆段行车组织效率，建议二期信号工程设计中，按照东宝河停车场实际的物理隔离分区设计信号SPKS分区，提高行车组织效率。信号SPKS分区设置如图1-33所示。

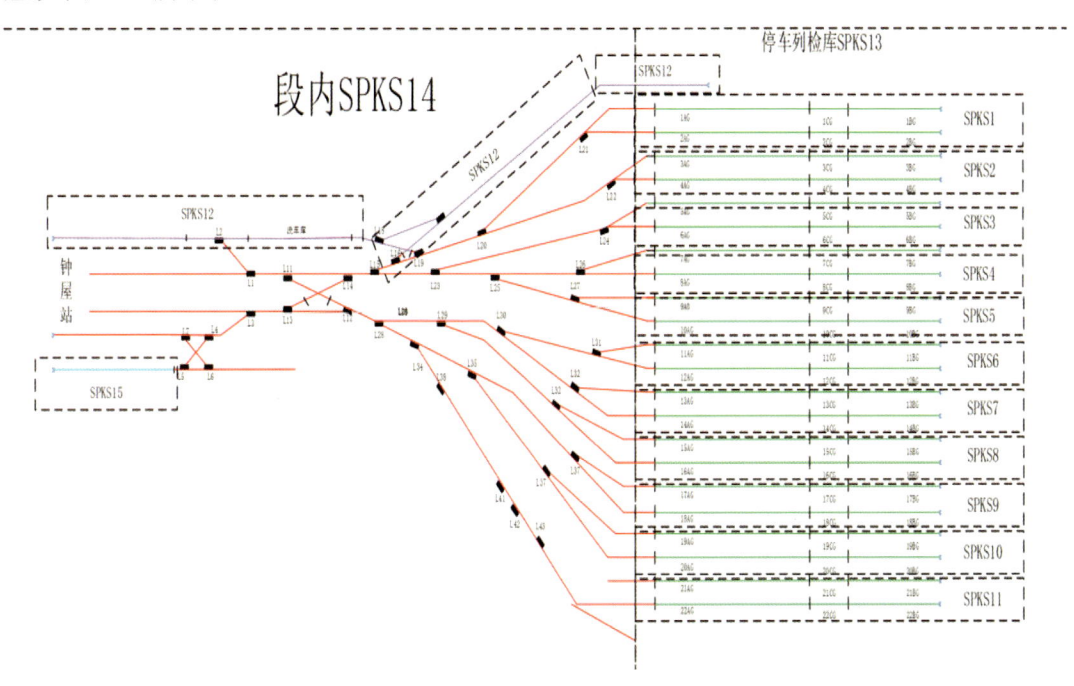

图1-33 信号SPKS分区设置

1.10.11　一期信号设计联络相关纪要转化为二期信号用户需求书条款要求

12号线一期信号工程设计阶段自2021年1月开始，持续至2021年9月，共召开4次设计联络会，共产生设计联络会议纪要304条。按照一期、二期信号系统设计统一的原则，避免在二期建设过程中出现与一期信号工程设计明显偏差的情况，建议将一期所有被采纳的纪要、要求，均尝试并考虑体现在用户需求书的内容当中。

1.10.12　信号非集中站ATS监视工作站、接口工作站类型统一

全自动运行系统中增加了车门站台门对位隔离接口，一期信号工程信号非集中站分别设置了ATS监视工作、ATS接口工作站。ATS监视站安装ATS工作站软件具备站场界面显示功能，也安装了对位隔离软件具备车门站台门对位隔离功能。ATS接口工作站仅安装了对位隔离软件，因硬件配置原因未安装ATS工作站软件。建议二期信号工程建设将非集中站监视工作站、接口工作站硬件类型保持统一，按照每台工作站均具备ATS站场界面显示及车门站台门对位隔离功能。

1.10.13　车控室IBP盘信号电源冗余设计

12号线一期信号工程设计未将IBP盘上下行扣车/SPKS电源分开供电，设备冗余性较低，建议二期信号系统设计将IBP盘上下行扣车/SPKS电源分开供电，并且将SPKS开关、扣车按钮电源、ESB按钮电源以及SPKS旁路、扣车旁路、ESB按钮旁路电源分开供电，确保设备功能激活与设备旁路电源分开供电，提高设备供电冗余度。

1.10.14　二期建议增项内容

新增车辆调工作站2台，设置于深云车辆段A塔1001（信号综合工班值班室）及东宝河停车场信号值班室。增加休眠唤醒应答器。增加停车场通信前置机、大屏接口需设置防火墙。增加正线平面布置图具备折返的车站需设置清客确认按钮，与一期设置保持一致，且开门按钮、关门按钮、清客确认按钮增加提示灯（使用部门反馈无法辨别是否按下）。供货范围的专用线缆中增加网线（包括但不限于专用网线），网线使用6类带屏蔽网线。松岗站轮乘室、出退勤室增加设置ATS显示终端工作站。二期每个车站设备房（正线、段场）均需放置一张桌子（铁质防火）、一把防火椅子。打印机需配置A3激光彩色打印机（东宝何停车场值班房，耗材不包含）。

1.10.15　二期建议优化内容

（1）东宝河停车场的电缆间、电源室、设备室、微机室需毗邻设置，并设置联通门。蚝乡站和松岗站前端门外寻求一个设备房，用于放置转辙机维修器件等。

（2）信号结构示意图，工作站需标明类型及数量，车控室工作站由双机四显示器24寸缩减为双机双显示器24寸（换乘站车控室空间有限）。

（3）电源系统二期使用电池柜。电源屏空开与设备空开，设备内部空开的上下级电源禁止倒挂。尽量争取室内走线架，设备线与电源线分隔开走线。

（4）IBP 盘面上，SPKS 按钮、紧停激活按钮、扣车按钮电源需与相应旁路功能的电路分开设置，同时，道岔电源上下行分开设置。

（5）机柜的绝缘手环安装方向应与门锁方向错开，安装至面向机柜的右手边。

（6）车控室工作站的键盘鼠标接口统一采用 USB 口进行连接，如使用延长线接头，须在连接头准备交叉绑扎带。

（7）轨行区电缆绑扎需使用过塑绝缘钢扎带。室内走线架，设备线与电源线分隔开走线。

（8）机柜的硬件设计的文件中，开关柜需增加 380 V、220 V、110 V 备用的滤波器。

（9）出入段线划分与供电分区的划分需明确、错开。

1.10.16　二期其他建议

（1）ESB 每侧各设置 4 个（暂定）写入功能需求，待设联明确具体事宜。

（2）明确信号机检修平台（含材料）包含在交控供货的整套信号机内。

（3）计轴 AC1233904 和 AC123908 是侵限计轴，核对二期所有侵限计轴的位置。

（4）电缆拟采用防火等级 B1 级。

1.11　小　结

作为深圳城市重点工程，12 号线一期工程在信号系统的建设过程中，在招标采购管理、设计图纸审核、设计联络阶段、设备验收管理、现场调试管理、现场安全质量管控、经验教训及难点解决、12 号线信号系统二期建设建议等方面发挥了先锋模范作用，信号团队专业积极牵头设计单位、供货商、施工单位、监理等各合作单位的工作，确保信号系统工程的质量、进度和安全。

首先，招标采购管理方面，信号团队专业严格按照国家法规和政策的规定，根据市场价格和供应商情况，对招标供应商资质进行细致的审核和评估，并实施规范管理，确保招标的透明度、公正性，充分保障工程建设的质量和效益。

其次，在设计图纸审核和设计联络阶段，信号团队专业注重文件的完整性、准确性和专业性，并重视设计需求和后期运营维护需求的协调和沟通工作，使设计方案符合实际需要，并满足国家和行业标准要求。同时，通过对设计原理的介绍，增强承包商的技术实现和应用思路，提高了设计的效率。

在设备验收管理和现场调试管理阶段，信号团队专业严格遵守验收标准，对设备进行严谨的检测和测试，并制定合理的调试计划和方案，确保调试工作的有序进行，保障施工现场的安全和环境，以确保工程的顺利完成。现场安全质量管控方面，信号团队专业强调施工安全和质量问题，加强现场的安全监管和环保，落实安全生产标准和防范措施，从而确保工程的安全和质量。在经验教训及难点解决方面，信号团队专业注意对工程建设过程中出现的问题进行分析和总结，并通过经验学习不断完善和提高工程建设的管理水平和施工质量。

最后，深圳地铁 12 号线一期工程建设信号系统的成功实施，充分彰显了信号专业团队的实力和素质，在日后的工作中，将继续注重提高技术和管理水平，为深圳城市底层设施建设和城市发展贡献力量。

第 2 章

通 信

深圳地铁12号线一期工程开通以来，通信专业设备运行稳定，各关键系统设备运行稳定，未发生故障晚点事件。这样的成果离不开通信团队在一期建设中的辛勤付出，同时也展示出一期建设中通信团队的实力和素质。在此对深圳地铁12号线一期工程通信系统建设工作的经验做一个总结。

回顾一期建设过程，通信团队充分利用业主角色，团结深铁建设，加强对设计、监理、施工以及设备供货商四方的整体管控，有效推进工程进度，卡控工程质量。建设初期，吸取深铁运营以来的各种经验教训，在总结、借鉴全国轨道交通工程质量丰富管理经验的基础上着手编写质量管控方案，从设计审图、设备招采、合同谈判、设计联络、出厂验收、施工工艺交底、现场介入、工程验收、功能测试等各方面，充分对影响工程质量的各种因素进行认真分析，并制定针对性的预控措施。建设中通信团队深度介入各个环节中，以合同为导向，以国家标准、行业规范、企业标准和既有经验为标尺对工程问题进行查摆，发现问题立即督促落实整改，同时协调各方解决建设中遇到的难题，有效推进建设工作。建设的同时，也在同步开展运营筹备工作，进行委外维保单位的进场管理、人员培训管理以及各项文本制度的编写，开展班组设置和工器具等物资的筹备等工作，保障建设期向运营期平稳过渡，保障12号线高质量如期顺利开通。

2.1 工程介绍

深圳地铁12号线一期工程主要包括33个车站、2个主所、赤湾停车场和机场东车辆段以及深云控制中心。其中通信系统工程主要包括专用通信（包含传输、LTE、无线800 M、UPS、公务电话、专用电话、广播、时钟、信息安全、车载PIS、车地Wi-Fi6、OA、集中告警、集中录音各子系统）、综合安防（包含门禁、视频监控、求助电话、周界防护、防盗报警各子系统）和乘客资讯系统（PIS）三个合同项目设备的招采、施工安装和功能实现，还有实现与其他专业系统设备之间的接口功能，以及与既有线的相关系统设备的互联互通功能。施工工程还包括全线的弱电综合线槽安装、光电缆敷设、各设备线管敷设安装以及轨行区弱电侧线缆支架和漏缆的安装等工作。

2.2 设计审图阶段

通信团队吸取既有深圳地铁运营前三期工程的经验，结合12号线全自动运行的特点以及通信专业设备的功能需求，对通信传输、LTE、无线800 M、UPS、门禁、视频监控、求助电话、周界防护、防盗报警、公务电话、专用电话、广播、时钟、信息安全、PIS和车载PIS、车地Wi-Fi6、OA等各系统的设计送审图纸进行审核。主要审核设备安装位置是否合理、设备布线是否合理、设备是否按合同及设计联络提出的方案进行设计安装、电源空开容量是否合理以及是否存在上下级倒灌问题、传输网络拓扑结构是否正确、安防摄像头布局是否合理、无线天线布局是否合理、广播扬声器布局是否合理。通信专业团队对每册图纸都认真审核，共提出问题72项，设计单位已经全部采纳，主要问题有：

（1）传输组网未按隔站跳纤组网，未充分利用隧道左、右线冗余特性组网，既不利于系统安全性，又不利于后期维护。

（2）UPS 双电源电路输入只设计了单电源电路输入。

（3）LTE 系统轨行区漏缆未设计直流隔断器，且未通过设置合路器的方式使两条漏缆达到冗余的作用。

（4）广播系统出入口扬声器终端设计未成环。

（5）设计联络达成的一些设计方案未在设计图纸上得到落实。

（6）图纸上遗漏部分安装配件说明。

（7）关于轨行区设备安装及固定要求未体现等。

2.3 招标采购阶段

设备招采，进度是保障。通信专业团队充分利用沟通协调能力和周围的资源，按设备招采流程制定详细的采购方案和计划，严格卡控时间节点，解决了 12 号线通信设备招采工作任务重，时间紧的难题，如期完成了各系统设备招采工作。

设备招采，成本是效益。通信专业团队亲临现场踏勘，以理论和现场相结合，精确测算设备清单，再根据合同采购招标范围，以 PPP 投标报价为基础，制定合理的招标控制价，投资实现效益的大幅提升。专用通信系统通过对无线 800 M、LTE、UPS 等系统配置进行优化，综合安防系统通过对摄像机等终端配置进行优化，乘客资讯系统根据商业电子媒体屏策划方案，优化车站显示屏布置，拟定了招标控制价，减少近 6000 万元投资。

设备招采，质量是关键。通信专业团队充分利用自己的专业技术能力和轨道交通设备维保经验，细化各专业招标用户需求书，规避既有线路的隐患，从设备供货的源头抓起，筛选优质的供货商。专用通信系统承包商为深圳市海能达技术服务有限公司（简称：海能达）、乘客资讯系统承包商为中铁电气化局集团有限公司（简称：中铁电气化局）、综合安防系统承包商为北京声迅电子股份有限公司（简称：声迅），12 号线通信各子系统主要设备的产品型号和供货商清单具体见表 2-1。

表 2-1　12 号线通信系统各类产品型号和供货商名单

序号	子系统	设备名称	规格型号	供货商
1	传输	传输网络节点机（100 G）	OptiXtrans E6616	海能达
2	传输	传输网络管理终端	ThinkStation P 系列	海能达
3	传输	BITS 网络同步设备	CJ-BITS-SERVER	海能达
4	LTE	LTE 核心网设备	eCNS 核心网	海能达
5	LTE	时钟服务器	SYNLOCK T8010	海能达
6	LTE	LTE 调度服务器	2288H	海能达
7	LTE	核心网三层交换机	S7706	海能达
8	LTE	接入交换机（三层）	S5731-H24T4XC	海能达
9	LTE	基带处理单元（BBU）	BBU3910	海能达

续表

序号	子系统	设备名称	规格型号	供货商
10	LTE	射频处理单元（RRU）	eRRU3232b	海能达
11	LTE	手持终端	EP821	海能达
12	LTE	录音录像服务器	PowerEdge R 系列	海能达
13	LTE	调度台终端	ThinkStation P 系列	海能达
14	专用无线800M	网管数据库	NDB	海能达
15	专用无线800M	IPN 服务器	SR250 系列	海能达
16	专用无线800M	三层交换机	S7503E-M	海能达
17	专用无线800M	PTP 时钟服务器（准确时间协议时钟服务器）	5420	海能达
18	专用无线800M	基站控制器	Base Station Controller Unit	海能达
19	专用无线800M	信道机	Channel Unit	海能达
20	专用无线800M	互联互通设备	HTT 系列	海能达
21	专用无线800M	光纤频直放站（近端机）	YHCX-DP-860F	海能达
22	专用无线800M	光纤频直放站（远端机）	YHCX-DP-860F10	海能达
23	公务电话	软交换系统主机	OpenScapeVoice	海能达
24	公务电话	24 口接入交换机	RG-S2928G-E V3	海能达
25	专用电话	交换系统主机	OpenScape4000	海能达
26	广播	数字广播主机	BHP-DBM-3000-S12	海能达
27	广播	交换机	S3600V2-28TP-EI	海能达
28	广播	广播控制盒	BHP-C-101-S12	海能达
29	广播	功率放大器	BHP-A-2500	海能达
30	时钟	中心一级母钟（主备）	CJ-M9300Ⅲ	海能达
31	时钟	一级母钟接口箱	CJ-CBS-A217-2W	海能达
32	时钟	北斗、GPS 接收设备	CJ-TS8019	海能达
33	时钟	NTP 服务器	CJ-NTP-16	海能达
34	时钟	二级母钟（主备）	CJ-E9300Ⅲ	海能达
35	集中录音	数字集中录音仪	在线录音系统 V1.0	海能达
36	集中告警	高凯 COM-CN-MON 地铁专用集中告警软件 V5.0	COM-CN-MON	海能达
37	车地乘客资讯	无线局域网中央控制器	WX5540H	海能达

续表

序号	子系统	设备名称	规格型号	供货商
38	车地乘客资讯	无线AP（无线接入点）	EWP-WA6628X-FIT	海能达
39	车地乘客资讯	乘客资讯车载网管	乘客资讯系统网络管理软件 3.0.0.0	海能达
40	车地乘客资讯	司机室监控主机	E38T	海能达
41	车地乘客资讯	客室监控主机	DVR-D35	海能达
42	车地乘客资讯	车载视频监控解码器	DS-6908UD	海能达
43	信息安全防护	安全管理平台	TSOC-USM-SW	海能达
44	信息安全防护	终端防护系统	ESM-DISC	海能达
45	信息安全防护	防病毒软件	JC-SVR-Standard	海能达
46	信息安全防护	堡垒机	OSM-6600-M	海能达
47	信息安全防护	中心防火墙	USG-FW-4000-T-NF3610	海能达
48	信息安全防护	车站防火墙	F4000-2820	海能达
49	信息安全防护	入侵防御设备（IPS）	NGIPS5000-M1	海能达
50	信息安全防护	日志审计	L6500	海能达
51	UPS及配电系统	UPS主柜体（120 kVA）	FR-UK33120-SZSQ	海能达
52	UPS及配电系统	UPS主柜体（10 kVA）	FR-UK3310-SZSQ	海能达
53	UPS及配电系统	蓄电池	8G8DA	海能达
54	智慧供电	局端设备	15 kW	海能达
55	智慧供电	RRU远端设备	1 kW	海能达
56	智慧供电	智慧供电系统管理平台		海能达
57	视频监控	安防集成管理平台	TS6002	声讯
58	视频监控	数字视频解码器	DH-NVD0105DH-4K	声讯
59	视频监控	接入交换机	S5130S-52P-EI	声讯
60	视频监控	视频存储服务器主机	DH-EVS7148D	声讯
61	视频监控	万兆防火墙	USG-FW-310-T-NF1800R-SZ	声讯

续表

序号	子系统	设备名称	规格型号	供货商
62	视频监控	车站视频分析服务器	UniServer R4900 G3（30路）	声讯
63	视频监控	工业接入交换机	F6-M8TX4FX4G	声讯
64	视频监控	数字超清枪型摄像机（4K）	DH-IPC-HFW58XYZF-ABCDE	声讯
65	视频监控	数字超清半球摄像机（4K）	DH-IPC-HDBW58XYZR-ABCDE	声讯
66	视频监控	球型一体化数字超清摄像机（4K）	DH-SD-8A18BCDE-XYZ-XYZ	声讯
67	视频监控	低照度球型一体化超清摄像机（4K）	DH-SD-8A18BCDE-XYZ-XYZ	声讯
68	视频监控	低照度数字超清枪型摄像机	DH-IPC-HFW58XYZF-ABCDE	声讯
69	视频监控	全景摄像机	DH-IPC-PFW88XYZI-BD	声讯
70	视频监控	电视墙视频控制主机	DH-M70-4U-E	声讯
71	视频监控	汇聚交换机	LS-Z+M-26	声讯
72	门禁	中央门禁管理平台	AXV-ENT-4096	声讯
73	门禁	台式授权读卡器	AX-7CW/FP	声讯
74	门禁	门禁控制主机	UNC-500	声讯
75	门禁	门禁就地级控制器	RC-2-I	声讯
76	PIS	中心多媒体视频服务器	CPIS-MS1000	中铁电气化局
77	PIS	中心音视频切换矩阵	CPIS-VSM1000	中铁电气化局
78	PIS	中心直播数字电视编码器	CPIS-EC1000	中铁电气化局
79	PIS	LED播放控制器	CPIS-BK200	中铁电气化局
80	PIS	LCD播放控制器	CPIS-BK200	中铁电气化局
81	PIS	视频切换设备	CPIS-VSM1000-Fiber	中铁电气化局
82	PIS	OPS接收器（光分组交换接收器）	CPIS-HDMI-OPS-RX	中铁电气化局
83	PIS	49″LCD显示屏（含吊杆及防护罩）	50BDL3451D/93	中铁电气化局
84	PIS	PIS交换机	S7503X	中铁电气化局
85	PIS	高密度全彩LED屏(P1.2,含支架、分屏器、电源、配电箱、防护罩等配套设备)	C0401-P1.25　COB封装	中铁电气化局

续表

序号	子系统	设备名称	规格型号	供货商
86	PIS	高密度全彩 LED 屏（P1.5,含支架、分屏器、电源、配电箱、防护罩等配套设备）	C0401-P1.5625	中铁电气化局
87	PIS	移动 LED 屏（含移动支架、分屏器、电源、配电设备、防护罩等配件）	C0401-P1.47	中铁电气化局
88	PIS	条形屏（含吊杆）	C0401-P2.5	中铁电气化局

2.4 合同谈判阶段

通信团队根据招标文件和澄清补遗文件，对中标候选人的投标文件进行了认真审核，提出了若干需要中标候选人澄清及承诺的问题，并形成了书面的审核意见函，要求中标候选人按照招标文件规定进行澄清与承诺。

2.4.1 乘客资讯系统

（1）招标文件和中铁电气化局投标文件中对业务资源池的规格描述不同，投标文件和招标文件存在差异，要求厂家给予澄清说明。

招标文件中描述为中心 PIS 服务虚拟机标准不低于 16 颗 VCPU、16 G 内存、1 000 G 存储，按照 2 个虚拟机标准配置。应用管理及接口服务虚拟机标准不低于 8 颗 VCPU、16 G 内存、500 G 存储。按照中心 4 个虚拟机标准配置。

承包商投标文件中描述为中心 PIS 服务虚拟机标准不低于 16 颗 VCPU、16 G 内存、200 G 存储，按照 12 个虚拟机标准配置。应用管理及接口服务虚拟机标准不低于 2 颗 VCPU、8 G 内存、100 G 存储。按照中心 6 个虚拟机标准配置。

厂家回复：投标文件满足招标文件中的要求。PIS 中心服务器供应商的中心子系统通过分布式重构，表现为以下特点：一是服务数目较多，二是服务负荷轻载化。根据招标文件中提供的云资源，在不增加资源的情况下厂家将 6 台云服务器拆分成多台，具体拆分见表 2-2。

表 2-2 12 号线乘客资讯系统云资源需求表

服务名称	VCPU/颗	内存/G	硬盘/G	说明
系统管理	2	4	100	
分布式文件系统主机节点	4	4	200	
分布式文件系统数据节点 1	4	4	200	
分布式文件系统数据节点 2	4	4	200	
消息中间件主机节点	8	16	150	
Web 服务主机节点	6	12	50	

续表

服务名称	VCPU/颗	内存/G	硬盘/G	说明
安全管理服务节点	2	4	50	
媒资库管理服务节点	4	4	2 000	
告警管理服务节点	2	4	50	
性能管理服务节点	4	4	50	
设备管理服务节点	2	4	50	
播控管理服务节点	2	4	50	
加载管理服务	2	4	100	
Syslog 管理服务节点	2	4	500	
NTP 服务	2	4	50	
告警接口服务节点	2	4	50	
综合监控接口服务节点	4	4	50	
ATS 接口服务节点	4	4	50	
NOCC 接口服务节点	4	4	50	
资源总量	64	96	4 000	

资源需求总量相对于可提供的资源总量（共计需要 64VCPU，96 G 内存、4 000 G 存储，包含：中心 PIS 服务虚拟机标准不低于 16 颗 VCPU、16 G 内存、1 000 G 存储，按照 2 个虚拟机标准配置。应用管理及接口服务虚拟机标准不低于 8 颗 VCPU、16 G 内存、500 G 存储，按照中心 4 个虚拟机标准配置。）后续云平台系统招标完成后再和云平台供应商确认。厂家承诺满足招标文件要求。

（2）要求车站播放控制器需采用 $N+1$ 备份。

厂家回复：LCD 播控采用 $N+1$ 保护设计。在投标文件中详细说明了 $N+1$ 方案，播控数目按照招标文件要求配置，包含了备用播控。应用组网中 LCD 播控（含主用和备用）都接入到切换矩阵，从而实现 $N+1$ 保护。

（3）要求 LED 灯珠采用的品牌需明确。

厂家回复：中铁电气化局 LED 屏的灯珠品牌采用国星。

（4）要求中铁电气化局所选的主要元器件（如：空开、防雷模块、接线端子等）需选用国际知名品牌，需明确型号及供货厂家。

厂家回复：中铁电气化局主要元器件使用国际知名品牌，确定为施耐德、西门子、德国 wago 等，具体型号在后续设计联络会中确认为施耐德。

（5）要求中铁电气化局需核实大型嵌墙安装的 LED 显示屏技术要求内"安装要求"条款内容，有关防水、防尘、安装配套支架等内容。尤其注意离壁墙内防水措施（建议在 LED 屏背部加防水罩），相关深化措施在设联阶段讨论确定，并由集成商费用兜底包干。

厂家回复：中铁电气化局承诺满足要求，兜底包干。

（6）要求乘客资讯系统按二级网络安全等级保护建设，电气化局负责评测、定级和备案费用。

厂家回复：中铁电气化局承诺满足要求，承担相应费用。

（7）因 2021 年 9 月底 20 号线进行消防验收，要求 12 号线的会展南、会展北站和 20 号线进行 PIS 消防验收联动。12 号线的播控厂家宇翊和 20 号线播控厂家冠华需提前互联互通调试完毕。要求尽快开展互联互通测试。

厂家回复：中铁电气化局按照要求组织这两个站的播放控制器和 LCD 显示屏供货和互联互通调试，满足消防验收要求。

2.4.2 综合安防系统

（1）求补充对视频存储服务的录像完整性统计功能的说明。

厂家回复：安防集成管理平台实时监测车站本地存储和云存储的录像完整性，具体功能说明如下：录像完整性统计分为本地存储录像完整性统计和云存储录像完整性统计两部分。本地存储录像完整性统计是对本地存储设备进行 7 d 内的存储统计，云存储录像完整性统计可以通过线路综合安防平台和 NOCC 云存储系统进行对接，从而实现完整性统计显示。

① 本地存储录像完整性统计。

按一定的时间间隔对本地存储的存储状态进行主动轮巡，采集存储基本的运行信息，系统自动判断录像是否完好，标注每个摄像机录像丢失次数，查看每个摄像机录像丢失的具体时间段，支持按天、按周分时间段对录像进行完整性检查；录像检查报表可以详细显示摄像机实际的录像存储细节，可同时建立多个诊断任务；支持完整显示单个摄像机所有时间段的详细录像报表，并能以列表方式展现录像完整性监控故障报告。

② 云存储（存储状态）对接显示。

本线路综合安防平台本身具备一定事件管理机制，可通过和 NOCC 云存储系统接口采集本线路云存储（存储状态）的所有事件信息。

③ 录像丢失告警。

平台具备录像丢失告警功能，当存储设备出现丢失视频录像时，系统能检测出录像丢失故障，并将故障情况准确及时地显示出来。

（2）要求厂家提供的求助对讲设备需具有盲文。

厂家回复：北京声迅提供的 KNZD-16 型残疾人洗手间专用求助电话和 KNZD-70 型求助电话，均具有盲文（费用已包含在合同总价中），盲文设置在求助按键上。

（3）招标文件在车控室和监察厅中要求布置 99 台 24 英寸液晶显示器，北京声迅在投标文件中报了 99 台 32 英寸液晶显示器，厂家型号为大华 DH-LM32-F200。厂家报的显示器比招标文件中要求的更大，要求厂家承诺不增加合同报价。

厂家回复：北京声迅承诺不增加合同报价。

（4）要求采用安防集成平台综合网管系统实现对综合安防交换机的在线状态监测，通过集成交换机专用网管软件的方式实现对设备的配置和拓扑显示。

厂家回复：北京声迅承诺实现该功能，并且不增加费用。

2.4.3 专用通信系统

（1）投标人所选用的公务、专用电话系统供货商为"Unify"品牌，该产品在深圳地铁专用通信系统中第一次使用。公务、专用电话系统为行车通信及应急安全保障的重要手段，要求投标人承诺本产品能满足招标文件和工程现场的实际需要，能满足公务电话与其他线路互联互通、专用电话的全呼、组呼、会议等功能实现的要求。如因产品的性能和质量问题影响工程建设和后期运营，投标人应免费更换为满足我司建设及运营需要的产品，并承担工期延误给我司所带来的全部损失。

厂家回复：中标人海能达本次所选用的公务、专用电话供货商为"Unify"品牌，Unify前身为西门子企业通信，是一家全球性的通信公司，产品和技术处于全球领先地位，在中国轨道交通得到了广泛应用，客户包括北京地铁、上海地铁、广州地铁、天津地铁、南京地铁、苏州地铁、长沙地铁、西安地铁、大连地铁、常州地铁、无锡地铁、南宁地铁等，深得用户的好评。海能达承诺本产品完全满足招标文件和工程现场的实际需要，满足公务电话与其他线路互联互通、专用电话的全呼、组呼、会议等功能实现的要求。如因本产品的性能和质量问题影响工程建设和后期运营，海能达承诺将免费更换为满足地铁业主建设及运营需要的产品，并承担工期延误给地铁业主所带来的全部损失。

（2）投标文件《12号线工程专用通信系统设备报价表》公务电话系统中机柜内设备电源线和机柜内接地线型号为RVV，非低烟无卤阻燃电缆；UPS及配电系统缆线为线缆阻燃等级B1类，非无卤。要求投标人承诺按照招标文件3.1.2.1基本原则中第22条"投标商所有选用的缆线均应采用低烟无卤阻燃型"的要求进行采购，在澄清文件中予以明确，并提供相应清单（注明线缆低烟无卤阻燃）。如出现与招标文件不一致的情况，投标人应免费更换为满足我司建设及运营需要的产品，并承担工期延误给我司所带来的全部损失。

厂家回复：因机房内线缆招标阶段均为合价包干，具体规格及数量需根据施工图确定，故本次无法提供具体线缆清单。本次海能达承诺按照招标文件3.1.2.1基本原则中第22条"投标商所有选用的缆线均应采用低烟无卤阻燃型"的要求进行采购，如出现与招标文件不一致的情况，海能达免费更换为满足贵司建设及运营需求的产品，并承担工期延误所带来的全部损失。

（3）提出专用电话系统端门话机尺寸过大，安装位置有限，海能达明确端门话机可以通过设置热键方式，实现一机多用功能，减少端门处话机安装数量。

厂家回复：可以通过设置热键方式，实现一机多用功能。

（4）要求信息安全防护厂商需具备二级等保资质，可出具二级等保自测报告，并配合我方进行二级等保评估认证，海能达在会后提供厂商资质文件，并承诺配合我方进行二级等保评估认证。

厂家回复：海能达会后按要求提供厂商资质文件，并承诺配合进行二级等保评估认证。

（5）为了提升施工布线质量，要求将传输系统综合配线柜的空间进行升级，尺寸由600 mm×600 mm×2 200 mm调整为800 mm×600 mm×2 200 mm，设备品牌、材质及技术标准保持不变，空间有所提升，合同单价保持不变。

厂家回复：海能达承诺满足要求，不增加任何费用。

2.5 设计联络阶段

结合深圳地铁运营前三期的经验和教训,在设计联络阶段与设计单位充分沟通 PPP 模式下的全自动运营线路的需求,并充分讨论运营在使用过程中的合理新增需求,在现有技术规格书的基础上,对通信专业在设计联络阶段共提出 308 项建议,已全部通过采纳和实施,详见表 2-3。

表 2-3　12 号线一期通信专业设计联络问题汇总

序号	设备	重点注意事项	备注
1	机架、机柜、机盘	设备机柜应经过 CE 认证,并采用高强度一体滚压成型的九折型材框架,自重不超过 130 kg,承重不低于 800 kg,并提供省级以上检测机构承重测试检测报告。柜体水平偏差尺寸和垂直偏差尺寸均小于 2 mm	
2		无特殊情况下,设备机柜应采用统一厂家,"统一机柜"由集成商负责采购,且采用国际知名品牌产品。机柜的生产工艺、外观及内部设计具有国际领先水平,具有前瞻性。考虑到整体效果,机柜应统一材质、外观、尺寸及颜色。机柜厂家必须通过 ISO 9001 质量认证、ISO 14001、ISO 18001,环保 ROHS 认证	
3		机柜高度为 2 200 mm,其宽度和深度尺寸应符合企业标准规定。前、后门钢板的厚度应大于等于 1.5 mm,侧面钢板的厚度应大于等于 1.5 mm,机柜立柱钢板的厚度应大于等于 2 mm,钢板采用冷轧钢板。各种缝隙不得大于 2 mm,门的开启角度应大于等于 110°。柜漆应采用静电喷涂方式,机柜应采用不锈钢紧固件	
4		MDF(综合配线架)须采用专用的 MDF 配线柜子,尺寸采用 800 mm×600 mm 的。	
5		机柜、机架结构应牢固,装配具有灵活性、一致性和互换性,实现硬件模块化,紧固件无松动。外露和操作部位的锐边倒圆半径应不小于 2 mm	
6		机柜满足机柜顶部或底部进线,方便电源线、双绞线及各种缆线进入机柜	
7		机柜内部走线有走线装置,竖装走线槽或走线用束线环,横向走线架等	
8		机柜内部走线采用走线槽或束线环等走线配件槽	
9		两侧安装垂直理线槽,侧面开进线孔。该理线槽与跳线管理器配合,用于保护跳线,束线环安装在机柜任意位置,方便机柜内电源线等走线	
10		机柜顶部开孔进线应具有防尘装置,机柜室内安装防护等级不低于 IP40	
11		当设备加电运行时,插入或拔出机盘应不引起任何元件的损坏和缩短使用寿命	
12		应在每一个机柜的正面提供描述设备功能的铭牌,机柜铭牌外形尺寸都保持一致。二联会已经确认专用通信系统机柜丝印内容左边为深圳地铁标志,右边为"××系统";颜色暂定为华为 NC 紫灰	
13		机柜设备应考虑阻燃及防尘要求	

续表

序号	设备	重点注意事项	备注
14	机架、机柜、机盘	机柜内设备的散热方式，设备的冷却优选自然通风散热方式，并满足地铁通信机房的使用要求	
15		外形尺寸：长×宽×高=$L×W×H$，国际上通用尺寸选择如下： 长：两端最大尺寸，水平安装时空心距离为 19 英寸长度，垂直安装时可根据机柜高度定制； 宽：插座表面的宽度，小于 89 mm； 高：插座面到插座底的厚度，小于或等于 44.45 mm	
16		产品采用机架式 PDU，产品安装在机柜后门同一侧或两侧，插座面可根据机柜结构调整朝向；产品的输出部分选配为模块化结构，可带电分离母线槽，方便后期扩容和维护；禁止 PDU 接 PDU 的串接取电	
17	专用网络管理电源（智能电源分单元）	外壳：智能 PDU 外壳为铝合金型材，以减少机柜承重。 塑胶：智能 PDU 的插座面板和各功能面板为高阻燃材料，阻燃特性符合 UL94-V0 等级。 铜套：智能 PDU 的插座铜套为磷青铜，具有弹性好、耐腐蚀、耐摩擦的特性。 材料厚度：L/N（相线/零线）=0.6 mm^2，PE（保护接地线）=0.6 mm^2； 内部连接线：电子线，采用主、支路一体化无断点连接方式，主线 ≥4.0 mm^2，支线 ≥2.5 mm^2。 电缆线：可根据负载要求选用不同等级的线径或长度	
18		输入部分： 输入为单路，每一条回路为一条独立的 PDU 产品； 输入电压选配范围：100～240 HVDC，50/60 Hz。 输入电流选配范围：10～32 A。 输入端子选配范围：IEC 工业插头或端子式接线盒。 输出部分： 输出部分加装插头后不得妨碍机柜内设备的进出。 输出电压选配范围：100～240 HVDC，50/60 Hz。 输出支路电流为 10 A 或 16 A。 输出端子为 2P+PE 插座，并带有防脱功能。 输出插座位数可定义，需单独预留 1 个检修插座	
19		PDU 的插孔设计要符合国家最新标准	
20	安装材料	该系统中所有零件采用的材料应具有防腐性能，如无防腐性能应作防腐处理；其物理、化学性能必须稳定；各种材料之间必须相容	
21		所有非金属材料结构件的燃烧性能应符合国家相关标准	
22		所有投标设备机房内之间的信号及光纤软线（包括插头及插座）均由投标人提供	
23		车站设备间的各种配线的参考长度为 20 m；控制中心设备间的配线的参考长度为 40 m。具体长度以施工图为准，不宜过长或过短。光纤采用带铠光纤	
24		随设备必备的专用安装及维护工具由投标人提供	

续表

序号	设备	重点注意事项	备注
25	电气安全	所有设备应具备相应的安全保护，设备内各模块应固定，防止随意移动，所有接头应具有固定措施，接头位置要有明显的警示标志，同时避免接头外露	
26		所有用电设备和机柜应有良好的接地措施保证设备金属外壳不带电	
27		所有设备及通信线路应具备相应的电源保护措施，如防雷、防浪涌等	
28		所有的室外设备均应提供防雷器件，满足设备防雷要求	
29		电源类设备应具备 3C 认证	
30		综合设备室、弱电电源室、网管值班室、车辆段值班室等通信系统设备集中的房间需提供满足试运营规范要求的机房电磁环境检测报告	
31	互换性	各种设备上相同功能的部件可以互换	
32		机械及电子元件尽可能采用通用件	
33		紧固件及标准件采用公制部件	
34		相同功能的软件版本统一，采用开放性的操作系统	
35		设备机械结构可在车站整块拆换	
36		电子线路板的连接采用标准可拆卸接插件	
37		所有电控装置各功能模块可互换	
38		所有应用软件按功能进行参数化、模块化设计，便于更改或升级	
39	安装和拆卸	相同尺寸设备的安装用同一规格的紧固件	
40		所有乘客接触到的设备外壳不得有外露按钮、紧固件	
41		应考虑维修时替换设备的时间，要求不超过 30 min	
42	服务器	服务器应为 19″机架安装服务器，尺寸不大于 2U，并安装有导轨，可以方便检修。承包商应根据柜内设备配置相应端口的 KVM 及鼠标、键盘、显示器等	
43		服务器采用 Windows 或主流操作系统，如使用 Windows 应支持 Windows server 2016 及以上版本	
44		提供完善的操作系统监控、报警和故障处理。配置独立的远程管理接口，配置远程开关机控制、电源管理功能，支持远程操作日志记录和回放	
45		每台服务器应支持 RAID0、RAID1、RAID5、RAID6 和 3 磁盘镜像等高级数据保护功能	
46		每台服务器应提供不少于 4 个千兆以太网接口	
47		冗余配置的服务器应该具备双机热备的功能。热切换必须稳定、有效、快速，同时不影响系统的正常运作	
48	R-UPS 智慧供电系统	R-UPS 智慧供电系统为翠岗工业园至永和站共 4 站 3 区间专用通信、综合监控、安防、及乘客资讯等弱电系统设备的区间设备提供双向冗余供电，确保功能的实现	
49		系统采用 400~800 V DC 传输电压，考虑是采用高压输送，要核实高压在隧道弱电侧是否符合设计标准	

续表

序号	设备	重点注意事项	备注
50	R-UPS 智慧供电系统	应能提供3年内系统在铁路或地铁行业中应用的案例	
51		须提供由国家铁路产品质量监督检验中心出具的产品与《铁路区间通信设备直流远供电源系统总体技术要求》（TJ/DW189—2016）的符合性检测报告	
52	光/电缆、电源电缆及布线	卖方应负责系统机房内所有通信光/电缆、电源电缆、数据/光纤跳线（现场条件具备的情况下应采用铠装跳线）的采购，并负责系统所有布线的规格确定、评估	
53		卖方应明确安装于所有场所的光/电缆附件的需求，如支架、管线、管槽、托盘及其他装置	
54		卖方应对所使用的线缆类型进行论证，线缆应符合有关国家或国际标准，适用于数据处理及传输系统，适合于所敷设的环境	
55		线缆应能避免高温或燃烧所导致的危险。所有线缆应为阻燃、低烟、无卤、防腐、防电蚀、防虫、防白蚁材料制作，其材料应符合相关国家标准。电源电缆阻燃等级不低于 B1 类。整条线缆应被标识，应包括生产商名及商标、生产年份、阻燃/低烟/无卤等标志	
56		线缆敷设时，应在线缆两端及每个检查口处做明确的标识，以方便检修	
57		每台设备内部的电缆必须带有识别标签，其内容包括电缆连接编号、两端连接头编号、线缆的起点位置编号、终点位置编号等，编号规则在设计联络时确定。所有的电缆应按规则排列，方便维修人员辨识。敷设在电缆槽内的光/电缆必须码放整齐，在每个检修口处必须带有识别标签	
58	专用传输子系统	采用 100 G 速率的 OTN（Open Transport Network）帧结构封装，各以太网业务间应支持完全独立管道的物理隔离，每个物理管道最小颗粒不应大于 1.25 Gbps，并支持多个物理管道的绑定	
59		传输速率按不少于 100 GB/s 配置，投标人需描述面向 100 GB/s 带宽的实现方式	
60		系统应具有自诊断功能，可进行性能监测、故障测试、故障管理、系统管理、配置管理等，并向集中告警终端提供告警信息	
61		梳理各专业业务的接口类型、传输方式、传输速率、带宽需求估算，做好接口的配置和预留	
62		确定传输系统的组网方式，采用隔站跨接方式	
63		支持基于 OAM（操作维护管理）和网管命令来触发分组传送路径的保护倒换	
64		当系统检测到信号丢失、帧丢失、告警指示信号、超过门限的误码缺陷及指针丢失时，系统应进行倒换，自动切换时间应不大于 50 ms	
65		设备转发二层以太网包时，单对端口间的稳态吞吐量必须达到限速	
66		投标人应说明设备实现的转发方式，分别提供 64 byte 和 1518 byte 帧的以太网时延，64 byte 帧时延需小于等于 100 μs	
67		引入光缆进入机架时，其弯曲半径不小于光缆直径的 15 倍。纤芯、尾纤无论处于何处弯曲时，其曲率半径应不小于 37.5 mm	

续表

序号	设备	重点注意事项	备注
68	专用传输子系统	ODF配线架要用标准的配线架，配线柜也需要用专用的配线柜	
69		在控制中心、车辆段及停车场的网络配线单元需配置网络配线防雷器	
70		所有备用和预留端口需提供端口光电模块并开通许可证	
71	LTE车地无线通信（综合承载）系统	车地无线通信系统核心网具有多业务接口并考虑一定预留，相应设备及license含在总价中	
72		投标人需在设计联络阶段详细分析其他同频网络对本工程网络的干扰因素及影响，并提出消除或降低干扰所采取的措施。措施涉及的费用及电磁环境测试包含在投标总价中	
73		本线列车最高设计速度为80 km/h。投标人需在分析不同移动场景（如多普勒效应等）对无线性能的影响	
74		需与信号系统相互沟通确认RRU的布置点，小区的切换点必须避开信号的区域切换点	
75		轨行区有很多地方的上下行中间无墙体隔离，该区段的小区需要合并小区，在布置RRU的时候要考虑合并小区后能满足同时6辆车的业务需求	
76		明确LTE系统控制中心调度大厅配置8套调度台（行调3套、电调1套、环调1套、乘客调1套、车辆调1套和总调1套），段场内调度台的数量以一致性协调方的会议结论为准	
77		机柜内基带处理单元（BBU）设备的电源分配单元（DCDU-12B）需主备冗余	
78		BBU上传输的尾纤直接从BBU连至传输系统的ODF架	
79		A网BBU7槽位的主控板接入本站传输系统ODF架，BBU6槽位的主控板接入邻站传输系统ODF架；B网BBU6、7槽位的主控板均接入本站传输系统ODF架。BBU及RRU的电源均采用本站供电方式	
80		12号线与20号线LTE系统A网采用核心网互联方式实现车站级的互联互通，12号线会展南和会展北站厅层不需重复覆盖LTE信号	
81		试车线、段场内停车列检库采用与区间一致的漏缆覆盖方案（A网与800 M合路），咽喉区采用漏缆末端接定向天线方式覆盖，该天线需同时满足800 M和1.8 G频段	
82		LTE甲供线缆包括本系统柜内设备线缆及至传输系统的尾纤	
83		12号线与1、2、3期工程线路换乘站，除覆盖本线范围外，LTE信号还需覆盖本线至既有站车控室的路径范围，及既有车站的车控室、会议室、站长室。南油站除覆盖本线站台范围外，还需覆盖12号线管辖的办公区域和设备房	
84		LTE系统1588V2时钟服务器纳入传输系统网管进行管理	
85		岛式站台采用区间漏缆的覆盖方案；侧式站台优先采用漏缆覆盖，若不具备敷设条件则采用定向天线覆盖	
86		LTE需要在电梯井内信号覆盖，提供可行性覆盖方案	
87		新增一套录音录像服务器及软件，实现热备冗余，在合同数量中进行变更	

续表

序号	设备	重点注意事项	备注
88	LTE车地无线通信（综合承载）系统	在机房面积满足条件的情况下，所有系统的服务器按照2U间隔布置	
89		梳理各业务的带宽需求，根据业务的重要性和可行性来确认哪些业务可以走LTE的A网，同时要有业务的优先级划分	
90		乘客紧急呼叫对讲功能走LTE网络，要求和车辆沟通实现具体场景功能，以及到达图像清晰功能	
91		CBTC每列车每端运行控制业务要求上行传输速率不小于512 kbit/s，下行传输速率不小于512 kbit/s。按单个RRU小区最多6车设计，LTE车地通信系统结合QoS（服务质量）等调度策略，优先保障列控信息的安全传输，须能满足列控信息传输实时性、可靠性及安全性需求	
92		LTE宽带集群各种功能的实现	
93	专用无线800 M	800 M与既有线海能达系统的互联互通采用中心级互联，考虑到互联时间及实施风险，同时设置车站级互联互通设备，并敷设一副天线到既有线车控室，以满足互联互通需求	
94		NOCC的A塔11楼设备室和1号调度大厅的800 M无线覆盖由本线完成	
95		段场列检库、试车线专用无线800 M与LTE的A网合用漏缆，其他区域专用无线800 M与LTE分别覆盖	
96		为避免室内分布场景下系统间的相互干扰，专用无线800 M系统与LTE宽带集群系统室内分布天线位置间距应≥0.8 m，专用无线800 M系统与350 M警用无线数字通信系统室内分布天线位置间距应≥0.5 m	
97		提交优化后的12号线专用无线系统各站频率规划方案和频点隔离方案，由12号线公司和市政院负责审核	
98		海能达提供TETRA系统（基于数字时分多址技术的专业移动通信系统）在电梯井内信号覆盖方案的可行性	
99		尽快提供12号线专用无线800 M TETRA系统的号码编制方案	
100		完善专用无线800 M网管平台，规范告警信息和级别	
101		泄漏同轴电缆与车地无线通信系统合用，由车地无线通信系统提供，车地无线通信系统一并提供车站及区间分合路设备	
102	公务电话子系统	实现语音业务、非话业务、点对点视频多媒体业务，实现新业务功能等。能与1、2、5、6、7、8、9、10、11号线公务电话及深圳市公用电话网联网，实现12号线用户之间及与公网用户间的电话通信	
103		该系统的厂家设备在深圳地铁首用，软交换设备应为最新的、成熟的、已商用的、稳定的产品，请说明商用时间、商用用户资料（投标方必须提供同型号设备在国内任意一家通信运营商或轨道交通稳定运行一年以上的典型应用案例）	
104		中心软交换设备通过NOCC传输系统提供的以太网通道分别接入NOCC和竹子林软交换设备，实现公务电话系统与市话联网；电话出入局中继可通过NOCC软交换设备与市话局相连来实现	
105		投标人应实现与NOCC项目（深云NOCC及竹子林OCC）软交换设备的联网，负责安装、调试及开通，报价中应包含此部分费用	

续表

序号	设备	重点注意事项	备注
106	公务电话子系统	必须实现并设置邻站应急公务电话	
107		铃流和信号音应符合国家标准《电话自动交换网铃流和信号音》（GB 3380—1982）的有关规定	
108		能将"119（火警）""110（匪警）""120（救护）"特种业务呼叫自动转接至市话局的"119""110""120"上	
109		实现与多媒体话机终端或多媒体视频终端的点对点视频会话。例如：SIP 终端、H.323 终端。视频终端用户在建立连接后，相互之间能够实时地传送音频和视频信息	
110		实现新增的业务如下：（1）用户不在线呼叫前转业务；（2）按时间段呼叫前转业务；（3）按主叫号码前转业务；（4）有选择的无条件呼叫前转业务；（5）有选择的遇忙呼叫前转；（6）有选择的无应答呼叫前转；（7）群振呼叫；（8）依次振铃；（9）区别振铃；（10）个人用户号码；（11）一线多号；（12）一号多线；（13）视频会议业务；（14）主叫姓名显示；（15）主叫姓名显示限制；（16）被连接姓名显示；（17）被连接姓名显示限制等	
111		应支持脱机、在线配置，远程配置，数据备份功能，数据升级功能，提供命令行和图形界面两种方式对软交换设备的软硬件数据进行配置，配置记录可在数据库中保存，支持按时间、操作人、操作对象、操作内容等多种条件的查询，并可以打印清单输出	
112		统一有绳电话机和无绳电话机的颜色和型号	
113		无线电话远距离通话范围不小于 50 m	
114		车辆段及停车场的 MDF 采用机柜式，高 2 200 mm，应符合 19″标准机柜尺寸；各车站的 MDF 采用模块式结构，可安装在 19″机柜内	
115		柜式 MDF 采用双面跳线，壁挂式 MDF 采用单面跳线。MDF 设备侧安装测试接线排；接外线侧安装保安接线排，全线控制中心、车辆段、停车场、车站 MDF 均应配置保安模块	
116		共站厅、共站台换乘车站：先期建设车站负责先建成区域公务电话的布置，后期建设车站负责后建成区域公务电话系统的布置	
117	专用电话子系统	专用电话端门话机尺寸过大，安装位置有限，海能达需要明确端门话机通过设置热键方式，实现一机多用功能，减少端门话机安装数量	
118		调度交换机应具有会议功能，方便调度员召开电话会议，会议的参加方能在调度员的操作台上灵活设置，常用会议组也可预先设置。系统支持≥1+48 方会议电话	
119		同理，专用电话和公务电话是同一个厂家，设备在深圳地铁首用，软交换设备应为最新的、成熟的、已商用的、稳定的产品，请说明商用时间、商用用户资料（投标方必须提供同型号设备在国内任意一家通信运营商或轨道交通稳定运行一年以上的典型应用案例）	
120		专用电话接入集中录音系统，录音要完好	
121		需配置邻站应急行调分机	
122		调度交换机本身不应对其他电子设备产生的电磁干扰	
123		共用车控室的换乘站，12 号线独立设置专用电话系统，与其他线路无接口	

续表

序号	设备	重点注意事项	备注
124	广播子系统	供货商应提供本线路广播系统与既有线广播系统覆盖和互联方案。与既有线换乘线路中1号线、5号线广播设备厂家为渤海,2号线、9号线及11号线广播设备厂家为北海	
125		中心广播控制台具有向已设定的固定组合广播区域进行广播功能。任意车站的组合和任意广播区的组合,均可通过编程灵活设定	
126		中心广播控制台具有向全线任意一个车站内的任一区域、多个区域、全部区域进行广播功能	
127		广播系统按用户的需求设置播音优先级,以环控(防灾)广播为最高优先级,排列顺序如下:中心环控(防灾)调度员、车站控制室值班员、中心行车调度员1、中心行车调度员2、中心总调。高优先级能自动打断低优先级的广播	
128		完善噪声探测功能:在站台层和站厅层的旅客公共区域内设置的环境噪声传感器,通过相应的控制设备,可根据回收的背景噪声大小,自动调整输入到功率放大器的输出功率及频率特性,使广播的输出保持一定的声压级,以达到最佳的播音效果。环境噪声传感器中还应有话音识别电路,防止将广播声音当作噪声处理。在站台、站厅播音区等环境嘈杂区域,分别设置噪声感应器。每个广播分区设噪声感应器2个,采用装修顶棚镶嵌方式安装,与广播机柜设备通过广播电缆连接,其通常距离为150 m	
129		广播系统具有自动检测每回路扬声器工作状态的功能。检测状态:1. 正常, 2. 开路, 3. 短路, 4. 阻抗异常。可精确定位故障扬声器回路,并在故障时要求在管理图形界面上自动报警	
130		注意功率放大器的散热功能,机柜内各设备之间要留足够的空间,不能太密集,保持2U以上的间隔	
131		在换乘站,应能将接收到的相应列车信息发送到其他线路广播系统控制器,启动其他线路广播系统自动广播,同时可在任何自动广播播放前插入广告语音词	
132		紧急广播控制具有与区域相对应的火灾报警联动控制端口,与火灾报警设备的区域报警输出联动,自动进行起动、分两个阶段的警报扩声动作,第一阶段为预报警,第二阶段为正式报警、并带有警报解除扩声动作,构成完整、规范的自动火灾紧急扩声控制系统功能	
133		系统具有延时开机功能,能够延时对系统中的功放及重要控制模块逐台加电,以有效防止电网瞬间断、通电时对本系统运行程序的干扰和系统设备开机时对电网的冲击	
134		根据大小交路的需求,增加"大小交路广播设置功能",并开放操作界面供维护人员自主进行添加,实现由系统维护人员通过系统配置来实现大小交路广播	
135		投标人应在投标文件中对网管系统及其设备的构成、中文用户界面、硬件平台、软件平台等做出详细描述	
136		站台广播区扬声器以小功率大密度的方式布置,扬声器功率不大于6W,采用两路跨接方式连接。扬声器以装修顶棚镶嵌方式安装,但也应满足吊挂的安装方式,扬声器应有外护罩	

续表

序号	设备	重点注意事项	备注
137	广播子系统	站厅广播区扬声器以小功率大密度的方式布置，扬声器功率不大于6 W，采用两路跨接方式连接，当一路发生故障时，另一路能够正常工作。扬声器以装修顶棚镶嵌方式安装，但也满足吊挂的安装方式，扬声器应有外护罩	
138		每个车站配置数字功率放大器采用N+1方式	
139		投标人应提供广播系统的功耗指标。列出各设备的功耗清单及中心、各车站、车辆段广播设备机柜的总电源功耗	
140		本系统在换乘车站新设广播系统设备，并通过广播主机互联实现广播系统统一管理。新线的车控室广播控制盒可对既有线所有广播分区进行广播，通道换乘站由12号线在既有站车控室设置广播控制盒实现互控功能	
141	时钟子系统	中心一级母钟设备接收NOCC总母钟（总母钟为烟台持久）提供的标准时间信号，产生精确的同步时间码，通过传输通道向各车站、车辆段的二级母钟传送，统一校准二级母钟。保障NOCC总母钟故障时或与其数据中断时自己的一级母钟设备可以正常工作	
142		时钟与其他各系统的接口梳理和功能实现	
143		供货商应提供地铁时钟系统设备的功耗指标，例如中心时钟设备机柜、车站时钟设备机柜的电源功耗	
144		与既有线路车站换乘站时钟系统分线设置，新设车站二级母钟及子钟	
145		子钟的电源空开要采用符合国家最新标准，质量达标	
146	集中录音子系统	录音系统实现对公务电话、专用电话以及广播系统在内的各重要业务通话的实时语音记录功能	
147		控制中心集中录音系统设备应为双机热备份，在故障情况下可自动转换，并具有手动转换功能，保障所有的重要语音业务记录完好	
148		设备应能满足多信道同时24 h、365 d不间断录音、不漏录的功能。能以数字方式自动记录语音信息，每信道记录时长应为3个月以上，自动覆盖	
149		系统应能与时钟系统定时进行校时服务，确保录音记录与地铁运营时间一致	
150		系统应可实现对各个录音节点录音数据的快速查询回放	
151		录音设备记录的语音文件信息可另存在移动硬盘上，也可定时刻录在可重复使用的光盘上，便于查询管理。通话文件包括用户名、主叫号码、被叫号码、分机号码、通话时长及起止时间等信息。录音设备应具有自动删除、保留、提取和放音的功能	
152		投标人应在投标文件中详细提供通信集中录音系统有关设备的功耗、散热量和散热方式及接地的有关要求	
153		与LTE宽带集群和800 M无线系统接口：控制中心集中录音系统网管终端可调用LTE宽带集群和800 M无线系统录音文件，实现通信系统录音文件统一调用查询	

续表

序号	设备	重点注意事项	备注
154	集中告警子系统	接收通信各子系统及安防系统维护管理终端选择输出的故障报警信息，告警信息必须去各子系统的网管终端同步并准确	
155		集中告警子系统的监控终端界面根据业主的需求布局	
156		集中告警子系统具有自动配发工单功能（手机短信或邮件方式），报告重要故障给相关负责人	
157		故障信息分类统计功能，能对故障信息的性质、类别、发生地点进行分类统计分析，故障处理人员信息统计，根据需要可生成相关的图表、曲线等	
158		集中告警子系统具有实时打印功能	
159		投标人开发的集中告警处理软件，除能处理通信所有子系统的故障告警信息之外，还能接收其他系统的告警信息并处理（如果有需要时），能向其他系统（如综合监控）发送信息	
160		集成商应提供通信集中故障告警终端设备的功耗指标。NOCC 二期生产云综合 UPS 系统对设在深云 NOCC 的通信集中告警终端设备统一供电，供电电源为 AC 220 V±1%/50 Hz±0.5 Hz。	
161	车地无线乘客资讯及列车安防系统	梳理各专业的业务需求，做好带宽规划	
162		AP 天线设备安装必须使用专业的防脱螺母且用双螺母	
163		应根据车地无线传输网基站和天线的性能，以及现场的情况合理地选择 AP 的位置，以保证车地无线传输网的信号场强能够在全线无缝覆盖。在布置 AP 时，应充分考虑系统的可靠性，每个 AP 的覆盖范围应有重叠区，在个别 AP 和其他设备出现故障时，系统应能正常工作。每个 AP 的输出功率和使用的天线，满足国家相关规范要求	
164		车地无线传输网在隧道内的设备必须满足隧道限界和其他方面的要求，所有 AP 要有防直击雷和感应雷的解决方案	
165		所有的无线 AP 均应配置防护箱。防护箱防护等级不低于 IP65；防护箱应考虑光、电缆的引入、引出需求；防护箱内部配置电源接线盒和空气断路器，以满足 AP 配电和检修使用要求；防护箱内配置光纤接续和尾纤收容装置；防护箱需采用防护性能好的专用锁封闭，并确保检修门在任何情况下不能侵入车辆动态限界	
166		车载天线应安放在列车头上，现场跟车辆确认安装形式	
167		投标人须提供车载 AP 掉线率及车地无线传输日志的获取手段方式	
168		天线的安装架子及紧固设备必须采用防腐防锈材料	
169		与车辆专业协调沟通好，实现车辆专业在段场的列车健康数据下载	
170		考虑在段场库里多列车的情况下仍能实现各业务功能需求	
171		卖方应确保系统出现单点故障（指中心设备、网络设备、车载设备、相关接口等的故障）时，不影响系统的整体性能且不应被乘客感知	
172		为确保系统整体可靠性指标的实现，卖方有义务提供设备内部关键部件的具体型号、指标，供买方及监理审查确认	

续表

序号	设备	重点注意事项	备注
173		为快速准确判断系统故障的位置和原因，减少维修次数、时间、费用，本系统应有良好的可测试性。系统设备应充分考虑测试点的设置，对测试点应进行详细的特性描述，所采用的测试手段应易于掌握，测试设备和工具尽量通用，应具备故障自诊断功能。卖方应对系统可测试性做出详细方案	
174		关于视频传输制式，国家标准颁布时，本系统应符合其相关规定。本系统能兼容主流摄像机的控制协议，满足车载视频监控部分的扩容需求和其他系统对车载视频监控的调用功能	
175		车载监控主机应针对地铁列车的应用环境采用针对性产品，其结构应满足车载环境的使用要求；本系统负责招标采购车载视频监控存储设备，其硬件指标应同时满足车载视频监控系统和车载多媒体播放系统的使用需求。投标人应对本项要求进行充分论证，选择满足使用要求的设备。实施阶段，本系统集成商须负责整个车载系统的软件安装、系统调试	
176	车地无线乘客资讯及列车安防系统	车地乘客资讯系统在正常情况下，提供列车时间信息、广告等实时多媒体资讯信息；在火灾、阻塞情况下，提供紧急疏散指示	
177		12号线车地乘客资讯系统与综合监控系统在控制中心互联，实现信息共享	
178		12号线车地乘客资讯系统在控制中心与深圳市轨道交通线网运营指挥中心（NOCC）的综合信息发布平台互联，接收其提供的播放版式、播表素材、节目内容，以及地面交通信息、紧急信息等多种类型的数据，进行格式、协议转换后下发至本线路车辆进行播放显示，投标人应配合NOCC及其他系统承包商实现互联互通	
179		当主干传输网络出现带宽受限或拥堵，利用晚上停止运营后的时间进行传送，可预先将停运时间设置好，到达停运时间后系统自动触发该操作；在运营期间，系统限速接收和下发数据（低速度），在停运期间全速接收和下发数据。系统下载完成后自动更新播放内容，无需人工重启	
180		系统必须支持当前流行应用的各种图像文档格式。包括FLASH、TIF、BMP、JPEG、PNG和GIF等。多媒体信息支持多种数字化节目格式，主要包括MPEG1/2/4、WMA、WMV、ASF、MP3、FLASH、AVI、RM、RMBV、WAV、MIDI等	
181		司机室和客室车载摄像机由车辆专业合同提供，均为4K分辨率，本合约所投监控主机需支持接入4K分辨率车载摄像机	
182		投标人所投产品应满足紧急情况时，车载监控主机在保证播放系统正常工作的前提下，同时满足司机室2路视频监控的实时存储、实时上传及调看的需要，不会出现任何功能短缺、设备过热、CPU负荷超过40%等情况	
183		在正常断电或意外断电情况下，车载子系统和终端设备不应损坏，并应在通电后，自动启动操作系统和运行应用程序，而不需人工干涉。同时，也不允许非授权人员使用除应用程序以外的其他系统资源	

续表

序号	设备	重点注意事项	备注
184	车地无线乘客资讯及列车安防系统	载视频存储设备的记录必须达到4CIF@25 IPS；在发生事件进行图像查询时，可同步回放不低于4路摄像机的记录图像；在车载监控主机存储设备发生故障时，必须转为车载摄像头本地存储，以保证视频存储的连续性和不丢失。实时调看的车载监控视频在车地无线带宽满足要求时，尽量以高画质的图像在控制中心进行存储	
185		视频图像在监视器上解码切换的时间小于10 ms（不包含液晶监视器自身的延时），且不得产生马赛克现象	
186		车地乘客资讯系统应能够在满足不同操作员监控需求的前提下，动态调整码流速率，优化网络带宽资源	
187		采用本地存储、冗余存储和网络存储并的视频流存储方式，存储时间为90 d。车载监控图像存储利用车载司机室/客室监控主机实现每辆车的集中存储，同时在车载司机室监控主机存储全车视频监控图像，实现车辆视频监控图像的冗余存储，当车载监控主机存储设备故障时，应转为摄像头本地存储。控制中心仅存储实时监控的图像。	
188		统除车载外的所需操作系统和应用软件均应采用正版软件，并提供相应授权文件。同时，卖方应向买方提供一套完整的培训系统软件	
189		投标人应承诺与NOCC、大屏幕等系统的接口类型、数量、功能要求及系统各项技术指标均能满足安防及系统的要求，并承诺向上述系统开放控制协议，投标人应对此功能进行详细描述，并充分考虑风险	
190		列车上做好与车辆的接口协商。	
191		车地乘客资讯系统需要接收多路电视台信号、DVD放像机或专业放像机的信号，并以单播或组播的方式向车站、运行中的车辆传输直播信号，为此系统需要配置一台视音频切换矩阵进行信号源及播出信号的调度，同时可通过视音频切换器进行信号源及播出信号的质量监视或者监听。系统同时播放视频数量不小于6路	
192		做好车载乘客资讯及安防等设备的故障数据收集，并把相应的故障分类分级，作为列车是否符合发车条件，然后把相应的指令发送给车辆的TCMS	
193	信息安全防护系统	通信系统应依据下面的标准和规范，配置必要的安全防护设备和安全运维管理措施，达到网络安全等级保护二级要求，并在系统验收时等保二级自测评定	
194		配合12号线通信系统信息安全防护系统的备案和等保评定	
195		投标人应按相应的安全保护等级要求配置安全设备，根据通信系统各子系统的网络结构提供详细的安全等级保护系统方案以及网络拓扑图	
196		制定详细的信息安全防护系统管理制度和相关操作手册	
197		对各子系统的软件进行测试无问题再进行安装，所有现场安装的软件应被证明是不含病毒的软件，防止杀毒软件误杀相关应用程序，导致设备功能瘫痪	
198		应采用主流企业级产品杀毒软件。并为每个服务器配一个杀毒软件客户端（每个服务器单独许可）	

续表

序号	设备	重点注意事项	备注
199	信息安全防护系统	杀毒软件的病毒库可以集中自动下发更新	
200		所提出的防毒杀毒软件授权终端数量应能满足本项目的使用需求，并提供质保期内的软件升级及病毒库更新服务	
201		防毒杀毒软件应采用经过国家认证的通用产品，采用按需要扫描与内存驻留扫描相结合的方式，能够保护服务器、工作站、网络设备等免受病毒和其他恶意软件的侵扰	
202		支持内存病毒监控，可以自动清除或者删除病毒文件，并在隔离区中备份，可以定时查杀，并且对病毒文件进行查毒或查毒，提供功能截图	
203		支持对违规外联支持网络 IP 段和特定 IP，FTP、浏览器、邮件上传文件进行审	
204		支持终端可设置是否允许移动介质使用，如允许记录移动介质的插拔时间、文件的操作记录等信息，规范外设使用	
205		支持 U 盘审计包括文件创建、拷贝、删除、修改等记录上报	
206		各设备的重要端口可以集中监控和管理	
207		防火墙的端口必须满足功能需求	
208		防火墙的设备稳定性要很高，不能影响其各系统设备的使用	
209	专用UPS系统	电源设备具有输出短路保护功能，整体供电回路分配安全保障性应满足逐级保护要求，在单一子系统输出负载短路时，能立即自动关闭该子系统输出，同时发出可闻、可视告警信号	
210		电源设备具有输出过载保护功能，在输出负载超过额定负载时，发出声光告警；超出过载能力时，应转为旁路供电	
211		电源设备的输出电压超过设定的电压（过压、欠压）值时，应发出声光告警，并转为旁路供电	
212		UPS 对电池应提供的保护功能有过放电保护、根据环境温度调整充电电压、限制电池电流等	
213		UPS 电池节数在额定电池电压内可调，保障在一节或两节电池损坏的情况下可通过修改电池接线及修改监控单元的设置参数来保障 UPS 系统的正常工作。UPS 支持在线电池节数调整，方便维护	
214		UPS 厂家提供电池均衡充的方案和实验报告	
215		UPS 内辅助电源（控制电源）冗余设计，确保系统安全；风扇冗余设计并具有故障自动检测功能	
216		为适应地铁特殊运行环境，UPS 的电池自检应在设定地铁可自定义的天窗时间内进行，不得在地铁正常运营时间启动电池自检功能	
217		当外供电源发生严重故障（如：输入电压超限，市电中断等）时，UPS 能启动电池组无间断地继续为负载供电，供电时间应满足各系统要求，投标方应提供详细的电池后备分时断电设计方案	
218		外供电源故障时，交流智能配电柜将根据各个系统的后备供电时间进行供电，各输出回路达到设计后备时间时，由智能配电柜自动断开该回路的输出，后备供电功能的各系统续航时间以及是否启用可以灵活设置	

续表

序号	设备	重点注意事项	备注
219	专用UPS系统	综合UPS系统应具有自检及智能分析功能,当故障发生或各项设定参数出现异常时,调度员工作站应有可闻、可见告警信号	
220		网管系统能在网管监控平台集中监控全线综合UPS系统的交流部件(输入电源、输出电源)、整流部件、直流部件、逆变部件	
221		网管系统能在网管监控平台集中监控全线电池的浮充电压、电流、内阻以及温度等状态信息	
222		高频开关电源设备可向传输设备、专用电话、无线交换机、BBU等直流负载提供直流电源	
223		交流智能配电柜应考虑对UPS上游电网、UPS主机及UPS下游负载的保护,并考虑配电盘与UPS主机的兼容性	
224		每组蓄电池需配置电池保护开关,电池间的连接如采用耐大电流放电的铜排连接,铜排需带有防护措施,电池内部间的连接端子不能裸露在外以防短路	
225		蓄电池的正负极应有明显标志,便于连接。外观不能有变形、漏液、裂纹及污迹	
226		蓄电池的质保期不少于三年(制造商提供原厂质保),质保期内蓄电池正常使用,蓄电池遇火时,内部应不引燃、不引爆。电池上需安装有防酸雾、防火星滤气片装置。投标人须承诺,蓄电池在质保期内发生故障,须整组更换故障电池组,并重新计算质保期	
227		在质保期内,出现大量的电池鼓包严重现象,厂家必须全面更换电池或者免费提供第三方的专业检查报告,确认电池无问题	
228		NOCC二期工程在生产云UPS电源室新设两套500 kW UPS系统,UPS采用并机单输出一路380 V电源供电至本线提供的配电箱(置于NOCC 12号线线路通信机房),该电源容量为40 kVA,接口界面位于NOCC二期工程生产云UPS电源室智能配电柜输出端子处,生产云UPS电源室UPS系统至12号线线路通信机房配电箱距离可暂按照180~230 m考虑	
229	综合安防系统	12号线工程边界条件复杂,投标人应针对本技术要求中工程范围描述,对NOCC二期工程(云存储、云平台和线网综合安防平台)、换乘站、12号线综合监控系统等工程边界条件进行专题研究,细化接口内容并提出接口控制策略以及工程实施风险控制策略	
230		投标人应根据本工程接口说明,结合深圳地铁在建线路云计算应用情况调研,对线路安防系统与工控云接口方案与接口风险控制进行专题研究。投标人应承诺提供完整的接入工控云的实施方案,如在接入工控云实施过程中需增加硬件、软件设备均包含在本次投标报价中,不应增加额外的费用	
231		投标人在设计联络阶段完成12号线工程安防系统深化的网络规划方案,同时配合工控云承包商完成云平台建设和调试	
232		云平台等级保护三级标准目标,安防系统根据工控云的统一要求实施边界与接口配合	
233		投标商在投标文件中应承诺根据云平台特点完成安防系统相关的软件开发,安防系统管理软件应纳入云平台管理软件中,实现云平台对整个安防系统统一的监控和管理,此部分内容的费用已包含在投标报价中	

续表

序号	设备	重点注意事项	备注
234	综合安防系统	投标人应配合 NOCC 二期工程完成接口调试及接入工作，相关费用包含在投标总价中	
235		工控云线路接入系统由综合监控专业实施，通过该系统实现线路侧各专业接入 NOCC 二期工控云，在控制中心、车站和段场做好与综合监控的接口协商	
236		"工控云"根据安防专业需求分配视频云存储资源。线路视频监控系统采用开放接口标准 ONVIF、GB 28181 接入云存储。安防系统车站、车辆段、停车场本地存储设备能被中心云存储设备统一管理。当控制中心与车站、车辆段、停车场通信中断恢复后，车站、车辆段、停车场本地视频存储设备能实现与中心间断点续传和视频图像补录。具体实现方案在设计联络阶段确定	
237		安防系统应具有广泛的兼容性，能够兼容主流品牌的视频监控、门禁和乘客求助及告警等系统设备，兼容主流摄像机控制协议，满足安防系统的扩容需求	
238		设备可抵抗任何电源设备的磁场干扰。安防系统的所有设备，在外界电磁场和静电干扰下，不应出现任何画面跳动和扰动。安防系统的所有设备应具有抗电磁干扰能力，其电磁干扰，在 27 MHz～1 GHz 的范围内小于 20 V/m 的磁场或满足相关的标准和规范要求。设备可抵抗无线电频率为 150 kHz～27 MHz 中的接触性干扰或满足国家相关的标准和规范要求。投标方应提供设备向外辐射电磁场强度和承受外界电磁干扰的电磁兼容指标以及测试方法	
239		安防系统设备必须安全可靠，适应 7×24 h 不间断工作的要求	
240		防杀病毒功能由云平台提供，本系统软件开发应不与其发生冲突	
241		投标人测试期间使用专用设备进行安装、测试，并进行防病毒处理；投标人提供具体实施方案	
242		摄像机的录像存储满足存储 90 d 以上的要求	
243		机柜内部设备架设后应有良好的通风散热，在机柜相应位置留有风扇安装位置，方便后续针对不同机柜散热进行风扇的加装及选择	
244		每个室外摄像机、室外配电箱和相应的设备室机柜内相应设备的两端均应加装数据线保护器、供电电源保护器各一套，地线就近连接至钢构件上，保障本系统设备安全运行。 室外采用立杆安装的摄像机应安装避雷针并可靠接地	
245		具有与系统主时钟同步的功能，可以通过云平台接收通信系统的同步时钟信号，并把时钟信号发到各车站和主变电所，使整个系统的时钟与全线其他系统保持一致。系统内部所有设备（包括录像机、摄像机、解码器、存储设备、门禁设备、乘客求助及告警设备、周界防护设备、防盗报警设备等）的时间应与整个系统时间保持一致。安防系统内部所有设备时间与时钟系统时间误差不大于 1 s	
246		安防系统通过综合监控实现与防灾报警系统的联动，灾害模式下，根据灾害区域释放相应区域的门禁电子锁，并在控制中心显示被释放区域的位置号、车站名称、视频监控图像等信息	

续表

序号	设备	重点注意事项	备注
247	综合安防系统	门禁磁力锁的安装方式要安全可靠，投标人设计好磁力锁的安装方案	
248		机房的安防配电箱的每一路空开做好标识，注明具体负责哪路设备的供电	
249		解码器和编码器等设备需要设置独立的开关	
250		投标人需阐述视频流直存技术的实现原理，以及控制中心和车站存储设备如何实现互相灾备的功能，当存储设备故障或传输网络故障时，如何实现视频图像的存储业务接管。当系统功能恢复后，如何实现录像补录功能，保证视频图像记录的完整性	
251		在客服中心、票务室设拾音器，用于实时监听	
252		可通过快进的方式调取查看录像回放，至少可提供 1/2/4/8 倍快进模式选择。不管采用何种机制、何种文件格式进行录像，例如单个视频文件录像周期为 10 min，在录像周期未结束或视频文件尚未完全生成，也能够实现值班人员回放该视频录像。投标人应详细描述实现该回放功能的机制和措施	
253		视频智能行为分析相关功能的实现	
254		站厅站台以及出入口的安防配电箱及接入交换机需要设置在方便维护的地方，需尽早进入现场踏勘与房建专业沟通协商好	
255		弱电综合设备室电子锁具具有手动机械解锁（玻破）功能，系统应具有机械解锁操作告警	
256		客服中心的 RC 箱需要考虑防水要求，可以采取壁挂方案安装	
257		门禁系统在车站综合控制室 IBP 盘设紧急按钮，紧急按钮由综合监控系统提供，门禁系统将控制电缆连接至 IBP 盘。紧急情况下，紧急按钮启动，应能够将本站所有门禁控制门打开	
258		周界防护设备的可靠性需要认证，厂家需提供测试报告	
259		周界防护子系统设置激光对射探测器，对段场围墙及正线进入段场的隧道出入口位置进行监视，当检测到有人非法翻越围墙时，能够以声、光信号或电子地图的方式显示入侵位置，并通知视频监控系统对入侵现场进行摄像和确认。同时在段场的仓库和财务室等位置设置探测器，用于保护这些区域的安全	
260		与桃园站、灵芝站、南山站、福永站、海上世界站、机场东站等换乘站安防方案：安防系统分线设置，视频监控、门禁及乘客紧急求助告警子系统无接口。视频监控在既有线车控室设置云桌面	
261		与南油站换乘安防方案：安防系统仅对视频监控系统摄像机 12 号线站台区域进行补盲，增加的摄像机接入南油站 9 号线车站平台，并本地存储 90 d。投标人须说明确该扩容方案对应增加的机房设备及软件调试接入费用。门禁系统与乘客紧急求助告警系统无需扩容。12 号线与 9 号线在控制中心互联，调看 12 号线站台区域视频监控图像	
262		与会展中心南、北站换乘安防方案：安防系统分线设置，视频监控、门禁及乘客紧急求助告警子系统无接口。视频监控在既有线车控室设置云桌面	

续表

序号	设备	重点注意事项	备注
263	综合安防系统	与远期规划线路换乘安防方案：安防系统分线设置，视频监控、门禁及乘客紧急求助告警子系统按标准站设置原则建设，预留互联接口	
264		LCD屏的吊杆安装必须牢固，4个孔位的螺丝都必须紧固	
265		投标商所选的主要元器件（如：空开、防雷模块、接线端子等）需选用国际知名品牌，需明确型号及供货厂家	
266		设备安装、调试、试运营将可能在装修没有完成的条件下开始工作。由于PIS设备调试期间现场只提供临时电，安装现场没有空调保证，环境温、湿度，粉尘较大。投标商应充分考虑现场环境并采取一定措施保证调试的顺利进行	
267		在工程实施过程中，因现场环境及临时用电引起设备损坏，由投标商及时免费更换损坏的设备（不应使用备品备件）；由于操作或保护措施不当引起的设备、工具、材料损坏或丢失等造成的一切损失由投标商承担	
268		投标商所有选用的缆线均应采用低烟、无卤、阻燃型	
269		乘客资讯系统应进行完善的防雷保护，配备浪涌保护器。为了方便后期运维，本系统浪涌保护器须选用同一品牌产品，并采用国际知名品牌产品，由集成商统一采购	
270		乘客资讯系统配备自己的光纤配线架，光纤配线架由机架、子架、连接器盘、尾纤存放盘及光缆终端盘以及配线尾纤等组成，配线尾纤数量应满足ODF满配置要求	
271	乘客资讯系统	所有操作系统软件及应用软件、杀毒软件均应为正版软件。服务器、终端都需安装企业级杀毒软件	
272		卖方应负责系统机房内所有pis光/电缆、电源电缆、接地线缆、数据/光纤跳线（采用铠装跳线）的采购，并负责系统所有布线的规格确定、评估	
273		卖方应对所使用的线缆类型进行论证，线缆应符合有关国家或国际标准，适用于数据处理及传输系统，适合于所敷设的环境	
274		投标人应根据本工程接口说明，结合深圳地铁在建线路云计算应用情况调研，对线路乘客资讯系统与工控云接口方案及接口风险控制进行专题研究。投标人应承诺提供完整的接入工控云的实施方案，如在接入工控云实施过程中需增加硬件、软件设备均包含在本次投标报价中，不应增加额外的费用	
275		投标商在投标文件中应承诺根据云平台特点完成乘客资讯系统相关的软件开发，乘客资讯系统管理软件应纳入云平台管理软件中，实现云平台对整个乘客资讯系统统一的监控和管理，此部分内容的费用已包含在投标报价中	
276		乘客资讯系统推荐采用HD-SDI或HDMI标准，实现以4K技术为标准的视频编辑、制作、下发、显示等一系列功能，所有LCD显示终端必须满足4K视频的播放、控制和显示要求。LED满足高清标准要求	
277		LCD显示屏的支吊架、全彩LED显示屏安装配套箱体、条形屏外壳等要求采用304不锈钢材质	

续表

序号	设备	重点注意事项	备注
278	乘客资讯系统	当系统部分设备或线路出现故障，导致显示终端无法接收到系统显示信息内容时，LCD显示设备应当播出预置的（可修改）信息，如"欢迎乘坐深圳地铁"或其他文字、图片信息	
279		在正常断电或意外断电情况下，车站子系统和终端设备不应损坏，并应在通电后，自动启动操作系统和运行应用程序，而不需人工干涉。同时，也不允许非授权人员使用除应用程序以外的其他系统资源	
280		为了节能，所有终端显示设备可以设置定时开关机功能，具体方案由设计联络会确定	
281		LCD屏必须用知名厂家的品牌，质量和性能必须满足地铁环境的使用要求	
282		终端设备的排插必须有3C认证，符合国标最新插孔设计要求	
283		播表、LED滚动信息、紧急信息的下发必须实现集中下发，操作简单方便	
284		LED屏的模块必须阻燃，阻燃性能不应低于B1级	
285		终端设备的安装高度和位置必须符合地铁的设计要求，不能遮挡其他综合信息牌子或者摄像头等，也不能被其他设备遮挡	
286		投标人应保证车站本地的组网方式满足单点故障不影响其他设备正常工作的要求，应对此功能进行详细描述，并充分考虑调整风险，相关费用包含在服务报价中，如因投标人所提方案的设计缺陷而发生的额外费用全部由投标人承担	
287		接收中心下发的列车拥挤度等信息，实现地面通信系统在车站内LCD屏上进行的拥挤度展示。具体实现方式及展示界面于设计联络阶段确定	
288		车站子系统应能实时监视本站设备的运行状态，对于非显示屏类设备，应能够监视CPU使用情况、内存使用情况、磁盘使用情况及CPU温度等。对于显示屏类设备，应能够监视显示屏的开关、故障等信息	
289		车站子系统应能模拟车站设备的布置，图形化地监视车站各种设备的通信状态、运行状态及故障情况。当出现状态变化或故障时，能在屏幕上准确、实时地显示	
290		车站子系统应能根据状态或故障等级不同而显示不同颜色、发出声音及给出报警信息，所有的状态信息应能自动更新	
291		条形屏的播放控制、配置管理、监控管理等功能应集成在PIS系统应用软件内实现。买方不接受未集成的LED播控管理方式	
292		为方便系统维护，车站LCD显示控制器要求必须安装于PIS系统机房内，招标人不接受控制器在终端处就地安装的方式	
293		考虑全彩LED屏整体功耗和瞬时功率较大，投标人对产品必须具备分时上电的设计，低压动照专业为每块全彩LED显示屏提供外部交流380V或220V电源供电回路	
294		室内可移动式LED显示屏须配备相应的LED显示控制器、安装边框、外壳等，边框采棱角处理光滑，配备可拆卸移动支架、信号传输、供电等安装附件	

续表

序号	设备	重点注意事项	备注
295	乘客资讯系统	换乘站以福永站为例,与既有11号线福永站于站厅付费区通道换乘,两条线路的PIS系统分别独立设置。在大长换乘通道两端分别设置显示终端,用于显示两线路车辆到达信息等内容	
296		太子湾站、四海站、创业路站、中山公园站等均为12号线与远期预留线路的换乘车站,暂不明确运营管理范畴和换乘形式,故12号线独立设置PIS系统设备,同时应具备扩容能力,以满足后续线路建设需求	
297		12号线南头古城站与20号线"T"字换乘,在管理上定位为站厅换乘,管理界面以防火卷帘为界,两条线路的PIS系统分别独立设置	
298		室内全彩LED屏的取电必须从PIS设备配电柜里取电,为了方便维修和降低故障范围,因每个设备单独设计供电	
299		PIS系统与其他系统的接口很多,厂家必须与其他各专业充分了解接口内容,实现相关功能,同时做好网管安全防护	
300	其他要求	配电箱上进线的孔洞禁止用防火泥封堵,防止防火泥掉落到线缆或者空开导致短路	
301		轨行区的接地圆钢的焊接点必须加固,防止断裂时弹出侵限	
302		轨行区的光缆和电缆需分开不放,同时做好各层的规划	
303		过轨行区的线槽必须封盖固定好	
304		漏缆必须放入吊夹内,因水管等其他原因放入不了的必须在两端加固,吊夹必须全部正常	
305		机房和设备柜必须做好孔洞封堵	
306		接地排必须做好每一路的接地标识,标明是何设备或者机柜的接地线	
307		机柜与机柜之间的距离要合理,方便现场维修	

2.6 出厂验收阶段

根据通信系统设备的重要性,把重要系统或关键设备及厂家生产地梳理,机动性地安排到各重要设备厂家现场进行出厂验收(以下简称:厂验),充分利用有效时间完成各设备功能测试和设备质量验收,其他设备就采用视频厂验或者要求厂家把相关设备运输到深圳进行验收。

按质量管控方案里的验收标准和验收步骤开展厂验工作,厂验主要检查设备的生产流程、硬件材料是否达标、防火防水是否达标,还有就是测试设备的硬件和软件,查看各设备参数是否符合合同设计要求,各设备功能是否符合合同要求。主要验收工作如下:

(1)LCD屏。首先看设备的接口和使用寿命等资料是否符合设计参数,现场量尺寸是否符合合同设计标准,然后随机抽取几块屏进行播放,使用4K视频源,看LCD屏播放是否流畅、有无马赛克、画面是否清晰等,最后拆开LCD屏看电源、信号板卡、背光条等零件质量。

(2)服务器或各种控制器。上电开机运行,看设备的开启运行速度是否满足合同要求,设备运行起来后,听是否有异响,风扇运行是否正常,然后进行设备硬件管理查看,看CPU、硬盘、内存、网卡等是否符合合同要求。

(3)摄像机。首先看摄像机的装置是否方便拆装维修以及美观,其次进行上电测试,看摄像头的像素是否符合要求，图像是否清晰。

（4）阻燃性能。现场随机抽一个样品，进行明火点燃测试，看样品是否会燃烧。

（5）镀锌层测试。现场抽取一个样品进行刮划测试，看是否轻易刮掉样品的镀锌层。

（6）成品线缆的通断测试。用网线测线仪器测试网线的通断性能，用光纤测试仪器测试光纤跳线的通断性能。

（7）电缆。看电线表面标志：根据国家标准规定，电线表面应有制造厂名、产品型号和额定电压的连续标志，CCC认证标志。看电线外观：注意电线的外观应光滑平整，绝缘和护套层无损坏，标志印字清晰，手摸电线时无油腻感。从电线的横截面看，电线的整个圆周上绝缘或护套的厚度应均匀，不应偏芯，绝缘或护套应有一定的厚度。量导体线径：测量导体线径是否与合格证上明示的截面相符，若导体截面偏小，容易使电线发热引起短路。测量电线的绝缘电阻：用兆欧表进行绝缘线芯间电压实验，绝缘电阻大于 0.5 MΩ 以上。测量电缆的电阻，国际电线的电阻取决于电线的规格与温度，不同的规格或不同的温度，国际电线的电阻都不一样。

（8）光缆。

① 主要是查看工艺外观、测量尺寸是否符合同规格要求、冷弯曲半径测试（找一段样品用力弯曲，查看光缆的最大承受半径）、外壁的硬度测试（用力拉伸或者弯曲）。

② 查看光缆的表面标识，现在用的光纤，基本上都是单模纤，芯数为 2、4、6、8、12、24、48、96、144、288，分别对应 GYTA-2B1、GYTA-4B1、GYTA-6B1、GYTA-8B1、GYTA-12B1、GYTA-24B1、GYTA-48B1、GYTA-96B1、GYTA-144B1、GYTA-288B1。（其中，GY 是室外光缆，T 是填充，S 是钢带铠装，A 是铝带铠装，B1 是光纤的型号）。

③ 用 OTDR（光时域反射仪）测量光纤的平均损耗或者中间是否有断点，选 1 550 nm 波长测试，平均损耗不大于 0.25 dB/km。

（9）漏缆。

查看漏缆的频点使用范围是否符合合同设计要求。漏缆常规检测主要测试驻波、损耗和辐射性能。漏缆主要测试驻波和损耗，可以在生产单位或工地现场测试，但是辐射性能必须要在规定的场地进行测试，如密闭且防信号穿透的隧道内进行。

在各系统设备验收中，一些设备的组装问题已要求厂家进行整改。同时要求厂家完善未按设计联络提出的功能需求以及完善各系统网管软件的各项功能。

2.7 施工调试阶段

根据相关标准再结合既有线运营经验，把好的施工工艺和不好的施工工艺梳理成册，在开工前对施工方进行施工交底，同时打造施工样板站，统一施工工艺要求。其次督促监理落实现场施工工艺质量检查和安全施工卡控。在施工建设期，还制定详细的介入检查标准，整个团队介入现场进行施工质量检查，发现问题立即督促整改并进行全面排查。

根据设备安装进度，制定详细的设备调试计划，要求厂家严格按合同功能需求进行设备调试并做好功能测试记录。设备调试完成后，再到现场与厂家一项一项进行功能测试和整改，直到所有功能都满足合同以及运营功能需求。

2.7.1 施工阶段

（1）开工前，与施工单位进行施工工艺交流，对标准工艺和参数要求进行详细交底，同时对既有线常见的一些施工问题进行讨论和剖析，提出相关的避免措施。

（2）以海上田园东站为施工样板站，要求施工单位按工艺交底的要求进行施工，后续再组织设计、建设、监理等多方到现场一起检查，施工方再根据现场指出的问题进行整改，形成最终的样板施工工艺标准。

（3）要求施工方把样板站的工艺标准做成手册后，对所有施工人员进行宣贯培训，并组织各施工队全员到样板站进行参观学习，熟练掌握现场施工步骤和工艺标准，再开始施工。

（4）要求监理单位严格履行监理职责，对现场的吊装、登高等重点监控作业落实旁站，对现场的施工工艺和安全进行督查和整改，对系统设备进行开箱验收，及时把业主方的相关安全和质量管控文本及通知宣贯传达到施工方并督办落实。

典型案例：安防门禁南段左炮台东站至流塘站前期预埋线管不符合防锈镀锌厚度要求，验收时发现多处生锈现象，立即要求施工单位对已施工的共计 266 个预埋线管全部撬开重新布放，采用符合要求的线管，并要求每一处安装都须经监理验收通过后再掩埋。

（5）与深铁建设共同进行项目建设管理，组织监理单位、设计单位、施工单位及设备承包商定期每周开展一次工地例会，及时掌握现场施工进度和设备到货情况，对进度滞后问题进行分析并提出解决措施；每周定期进行一次施工现场检查，发现问题及时督办整改并对全线类似问题进行梳理整改。根据工程需要，随时组织现场施工专题会，针对现场施工难题制定解决方案和标准，不定期组织现场安全和施工大排查，保障现场施工安全和质量可控。

（6）从开始施工就介入现场检查和指导，进行施工质量和安全卡控，整个建设施工过程中未发生一起安全事件，很多现场施工问题及时发现及时整改，避免了返工。其间多次组织对轨行区和车站设备进行全面排查，累计发现问题 8 384 项，全部录入一体化管理平台跟进整改。同时每月定期组织专题会推进重大问题销项整改，截至目前通信项目已全部完成销项整改。

（7）一期建设较好的施工经验如下。

① 区间支架安装（图 2-1）。

支架吊架安装时应固定牢固、横平竖直、整齐美观。支架安装位置及安装方式应符合设计要求。地下区间支架固定方式，站台区域为后扩底锚栓打孔，支架用锚栓安装前应进行画线打眼，进行标记后严格按照锚栓安装标准进行。区间正线预埋套筒滑槽，水平方向安装间距为 1～1.5 m。安装应坚固、横平竖直、整齐美观，需用双螺母固定。

② 线槽桥架（图 2-2）。

线槽安装切口处不应有卷边，表面光洁，无毛刺，尺寸准确，固定牢固，整齐美观。电缆线槽不宜敷设在有腐蚀性气体管道上方以及腐蚀性液体管道下方，否则应采取防腐、隔热措施。线槽的安装应横平竖直，排列整齐，采用螺栓连接应牢固，金属线槽接缝处应有跨接地线，两列线槽拼接偏差不应大于 2 mm，线槽的直线长度超过 30 m 时、设置伸缩节、跨越建筑物或变形缝处应设置补偿措施。

前期检查发现样板站的线槽安装切口处有毛刺时，应立即要求施工方进行整改，并强调其他站以整改后的工艺为标准进行施工。

图 2-1　支架安装　　　　　　　　图 2-2　通信综合线槽桥架安装

③ 线管明敷安装（图 2-3）。

线管明敷安装要求明敷保护管使用 U 形卡固定在墙内，保护管明敷时应整齐美观，减少弯曲和重叠交叉。用管卡固定时，管卡间距应均匀；直径 20 mm 及以下的保护管，管卡间距不大于 1 m；直径 25 mm 及以上的保护管，管卡间距不大于 1.5 m。保护管明敷在终端、弯头中点或柜、台、箱、盘等边缘的距离 150～500 mm 范围内设置管卡。和线槽连接时，连接牢固，使用接地线互联，电气连接可靠。

图 2-3　通信线管明敷安装

④ 线管暗敷安装（图 2-4）。

线管暗敷安装要求暗敷保护管埋入墙或混凝土内时应提前进行画线开槽，开槽大小应根据线管大小来定，开槽横平竖直，整齐美观，离表面的净距离不应小于 15 mm，预埋的保护管引出表面时，管口宜伸出表面 200 mm。预埋钢管敷设时应横平竖直、排列整齐，和线槽连接时，连接牢固，电气连接。

⑤ 光电缆敷设（图 2-5）。

光电缆敷设要求光缆施工中应按照设计要求整盘敷设，不得随意切断光缆增加接头。光、电缆在支架上敷设位置应满足设计要求，依据强弱电线缆分布在不同支架层。每层支架的光电缆需进行绑扎固定，扎带颜色选择黑色（与线缆颜色一致）。敷设完成后每隔固定距离悬挂线缆标识牌。区间线缆盘留需做到横平竖直，弧度统一美观。线缆用卡箍等间距固定牢固。

（a）开槽埋　　　　　　　　（b）划线定位

图 2-4　通信线管暗敷安装

图 2-5　通信光电缆敷设

⑥漏缆敷设（图 2-6）。

漏缆敷设要求漏缆卡具按照膨胀螺栓打孔方式进行固定，每隔 10 m 安装一个防火吊夹。安装时应固定牢固、横平竖直、整齐美观。安装位置偏差不宜大于 50 mm。漏缆应固定牢靠，开口方向应符合设计要求，漏缆接头应与固定卡具保持适当间隔（50 cm 为宜）。漏缆敷设中，在隧道壁落差较大地段，采用适当长度的角钢将漏缆架设越过拐弯处（跨度小于 6 m）；若落差大则采用吊索卡具安装，同时均应保证漏缆弯曲弧度大于其最小弯曲半径。

在施工检查中发现部分区段未按每隔 10 m 安装一个防火吊夹以及个别漏缆吊夹破损或未夹紧，已要求施工方进行全面整改。

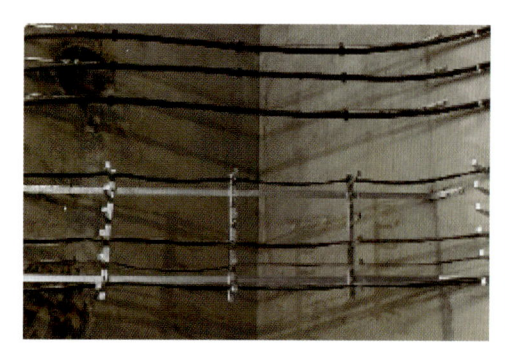

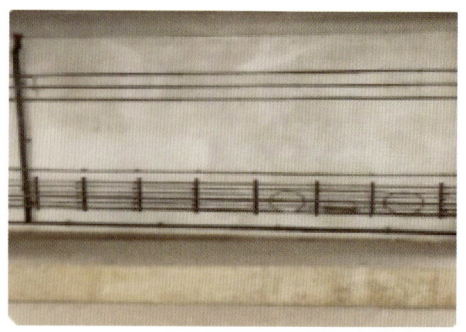

图 2-6　通信漏缆敷设

⑦ 漏缆接头制作（图 2-7）。

漏缆接头制作要求使用锯弓锯断电缆，界面要求平整、干净无毛刺，避免接头损坏过大。削去 150 mm 漏缆标志线，环切外护套 25～30 mm，套入连接器后外壳，固定前外壳，拧紧后外壳。漏缆敷设中，在隧道壁落差较大地段，采用适当长度的角钢将漏缆架设越过拐弯处（跨度小于 6 m）；若落差大则采用吊索卡具安装，同时均应保证漏缆弯曲弧度大于其最小弯曲半径。12 号线全线轨行区无线 800 M 和 LTE 信号稳定，开通运营来未发生一起故障。

图 2-7　漏缆接头制作工艺

⑧ 光缆固定（图 2-8）。

光缆固定要求光缆引入室内时，需在弱电井制作绝缘节，室内室外金属护层及金属固件之间彼此绝缘，并在机柜内用卡箍将光缆固定牢固整齐，将加强芯固定在机柜卡箍架上。光缆开剥起点为加强芯固定件上，同时各开剥光缆位置一致整齐美观。每根光缆需挂牌或者贴标签，标明来向、去向以及用途功能。

图 2-8 光缆固定

⑨ 区间设备安装（图 2-9）。

区间设备安装要求区间设备应与隧道壁紧密贴合，设备应连接牢固，可靠，设备外立面与轨平面垂直，不得侵入设备限界。区间设备所有引出线缆均应套管防护，且应由下向上引入设备，引出孔必须做防水处理，设备或终端线缆接头外露时，用防水胶带缠绕紧实。配线前应先在单侧进行盘留排线，盘留前需喷涂白色圆形油漆作为盘留标记，预留线缆需弧度一致。完成后应整齐对称美观。

图 2-9 轨行区区间设备安装

⑩ 机房机柜及设备安装（图 2-10）。

机房机柜及设备安装要求室内机柜应尽量统一规格为标准机柜 19 英寸高度一致，安装排列整齐，相邻机柜间用连接片相连接，不应有缝隙。机柜表面应保持清洁，机房施工过程中注意不要刮擦机柜表面。柜内设备安装应横平竖直、端正稳固，安装高度及位置按照设计要求，不能随意更改。设备安装牢固、平稳，同时做好接地，接地符合规范要求。

图 2-10　机房机柜及设备安装

⑪ 线槽及配线（图 2-11）。

线槽及配线要求机房走线架分为两层，采用上走线架方式，走线架应处在同一水平面，并安装牢固，吊装在机柜正上方或以机柜为支撑。电源线与信号线应分开布放，当平行布放时，相互间的距离应符合设计要求。走线架上线缆固定使用固线器，前需根据设计图纸提前规划线缆的数量和大小，固线器卡箍线缆间距 30 cm 为宜，所有线缆整齐排列，无交叉。

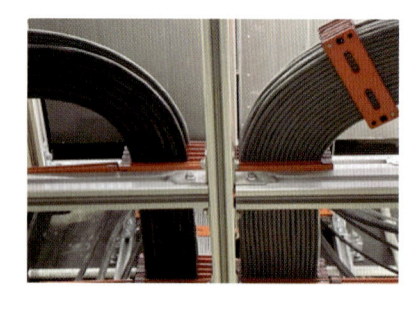

图 2-11　线缆布线

⑫ 柜内业务配线（图 2-12）。

柜内业务配线要求配线电缆排列整齐，绑扎匀称，直线部分横平竖直，转弯处电缆弯曲均匀、圆滑，弯曲半径要满足施工规范要求。线缆层次分明，电源、数据线缆尽量分开布放，并按规定作适当预留。地线和机架连接良好，接地电阻满足施工图设计要求。标签张贴朝向一致，统一选用黄底黑字机打标签，线缆本端和对端信息简单明了，样式统一。

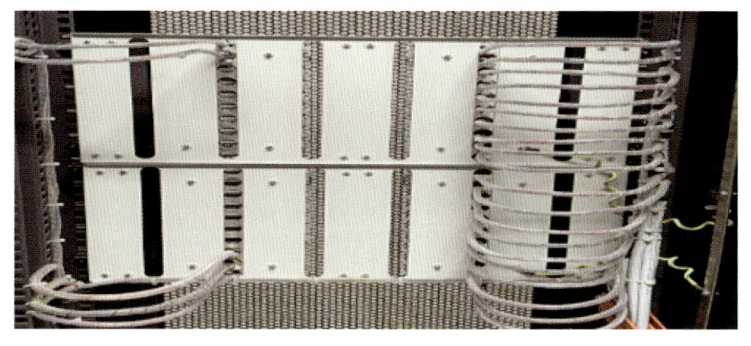

图 2-12　柜内业务配线

⑬ 防雷接地（图 2-13）。

防雷接地要求机房内所有设备需接地，且应满足接地电阻≤1Ω的要求。地线布放由走线架固定线缆，横平竖直、弧度优美统一，弧度间距一致。线缆布放完成后悬挂线缆标识牌，注明地线的用途。地线引入接地箱后，应与接地排连接固定牢固，用固线器将线缆统一固定，固线器间距统一，标签朝向一致。

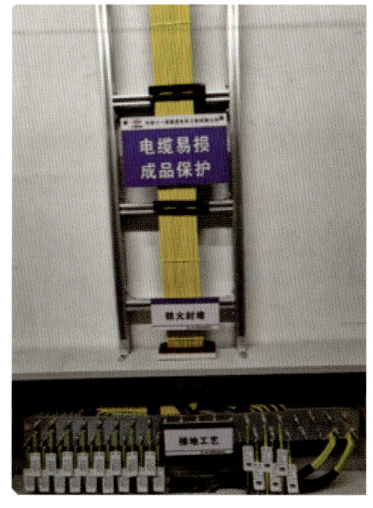

图 2-13　接地箱接地

⑭ 防火封堵（图 2-14）。

要求电缆井内孔洞封堵，剪裁切割钢板（铁板），用螺栓将铁板固定在地面，针对通气的孔洞使用防火泥进行封堵。对墙面孔洞进行封堵，要求填充阻火包，在外围增加阻火板进行加固，之后使用防火泥全面抹平修复。机房内箱柜使用固定环进行加固之后填充防火泥，达到工艺美化。机柜顶部上方防火封堵使用阻火板，比对剪裁后封堵顶部开孔，最后使用中性玻璃胶进行覆盖封孔。

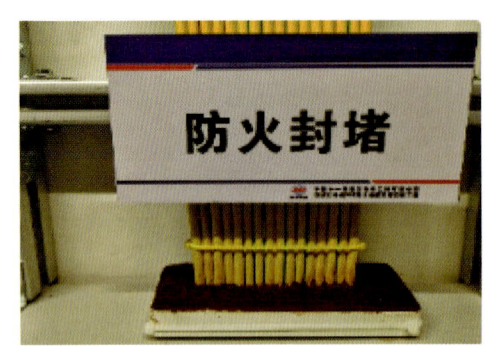

图 2-14　防火封堵

2.7.2　调试阶段

2.7.2.1　单体调试

通信专业各子系统设备多且覆盖面广，根据通信专业各设备的特性，制定了各系统设备的详细调试计划，首先根据功能需求，优先安装调试 UPS、传输、无线 800 M 和 LTE 设备，保证无线 800 M 功能启用为各专业前期施工调试提供无线通信功能，同时保证 LTE 功能启用为信号的 CBTC 提供车地无线通信功能。其他系统根据特性按先系统后单站、先中心后车站、先设备房控制设备后终端硬件设备的模式进行调试，同时结合现场实际环境，随时调整设备的调试计划，有些车站不具备安装功能的时候采用临时方案等模式。正是根据实际情况随时调整设备调试计划和跟进设备功能调试进度，可以及时解决现场问题，保障所有设备功能都能正常如期投入使用，保障了 12 号线如期开通。

2.7.2.2　接口调试

通信专业外部接口较多，与信号、综合监控、既有运营的公务电话、既有运营的无线 800 M、NOCC 二标的 LTE 和云平台等均有接口。通信团队多次组织相关专业开展接口协调会，详细探讨接口协议和相关设计问题并提出解决方案，解决了通信专业接口多，调试复杂难度大的问题，保障接口调试顺利开展进行。正式调试工作中，结合一致性调试和综合联调联试这两条主线，制定详细的测试计划，提前确保设备的单体功能和接口点位都正常，大大提高了调试效率。

2.7.2.3　甩项工程管理

12 号线一期甩项工程主要包括南头古城站 C 口、同乐南站 C 口、上川站 J 口、流塘站 B1

口、宝田一路站 A 口、黄田站 A 和 B 口、兴围站 A 和 B 口、怀德站 B2 口等工程，通信专业甩项工程主要是出入口的弱电线槽、广播扬声器、无线天线、PIS 条屏、安防摄像头和安防配电箱以及 2 台求助电话。为了防止后期甩项工程施工影响运营服务质量，通信团队在一期建设的时候要求施工方统一布线，已经把相关甩项工程设备的线缆从机房敷设到站厅各口的预留开口位置，并把线缆绑扎隐藏好在线槽上方，并定期进行巡视。同时利用通信设备委外维保单位和现场通信工区施工单位是同一家的优势，让通信委外维保团队对甩项工程的安装施工进行全程卡控，每周汇报工程进度和施工情况。出口设备安装完成后，立即组织厂家进行设备功能调试，调试完后联系站务一起确认设备功能，根据站务的需求进行功能完善然后签字确认。最后配合开展已具备开通运营的甩项工程验收工作，通信专业基本无问题，各项功能测试正常，可投入运营使用。

2.8 运营筹备阶段

为了保证 12 号线一期工程开通后达到运营要求，在建设期同步开展相关筹备工作，主要如下：

（1）提前搭建好 OA 系统，为各专业办公提供便利。

（2）提前安装调试完专用无线 800 M 设备功能，为各专业发放 800 M 手持台，为各专业建设期提供了通信保障。

（3）开通前基本完成设备首保工作，对设备的功能进行测试并开展了所有设备板卡拆卸除尘，保障设备运行环境正常和功能正常。

（4）开通前已要求厂家将所有设备的备件供货到位，确保设备故障后有备件及时更换。

（5）编写检修规程、工艺卡、应急预案、处置方案以及操作手册，并对全员进行了宣贯培训，确保维保人员具备故障处理能力和应急抢修能力。

（6）引入委外维保单位，进行人员培训和班组建设，制定班组管理制度和措施，并提前进行值班保障工作，班组提前进驻到车站，保障设备运行。

2.9 难点与应对措施

通信团队以各个关键节点为目标导向，遇到困难多方协调沟通，集思广益，解决了因工期紧、施工环境复杂等给施工建设带来的各种难点和挑战。主要难点和措施如下：

（1）因前期南头古城、南光等多个车站的设备房未建设好，设备无法进场安装，从而影响传输系统设备的环网结构搭建。

应对措施：为了保障其他车站的传输设备启用，保障整个传输环网结构搭建不受影响，对南头古城、南光站等几个车站采用临时方案，先用光纤直熔跳过本站的方式，后续等车站设备房建设好后再接回设备。

（2）花果山、平峦山等站多处通信线槽与机电的风管安装位置相互冲突，导致通信线槽无法安装。

应对措施：工程师组织设计和施工单位到现场实际考察研究，与多方沟通协调，重新制定线槽的布放路径，要求设计单位出新的设计方案。

（3）福永—桥头西左线一段隧道为钢板结构，间距过大，超过 10 m，导致该区域电缆支架无法安装。

应对措施：工程师组织施工单位和设计单位以及桥隧专业一起探讨整改方案，确定把电缆支架通过三面焊接至钢结构上并对焊接处喷涂防锈漆，最终解决了该难题。

（4）因部分不可抗因素，导致部分供货进度滞后。

应对措施：设备招采签订合同后，就要求承包商尽快安排设备投产，不可抗因素，力保设备到货进度，保障了部分设备未受到影响，如期到货。因不可抗因素导致的相关系统设备供货滞后，要立即协调各方采取措施，根据各系统设备反馈的到货周期，结合施工单位设备安装需求，合理调整设备到货计划和施工计划，通过每周反馈到货进度，确保设备按施工计划供货到位，不影响整个施工进度。

（5）实行委外维保，建设期新线介入有经验的人员少。

应对措施：通信团队实行分段包保制，每一位通信工程师包保几个车站的建设管理，同时每位工程师负责包保相应委外人员的培训和指导。编写通信现场介入大纲，细化每个施工环节的检查标准和关注问题，对委外维保人员进行宣贯培训。然后通信工程师带领委外人员到现场一起检查并指导，逐渐提升委外人员的技能和现场查摆问题能力，很快委外维保人员就能独自现场介入进行施工质量监管，大大提升现场施工质量卡控面。

2.10 二期工程优化建议

一期建设过程中，从各环节严格把控工程质量，协调各方推进施工进度和解决施工难题，保障了 12 号线高质量如期开通，但是还存在很多不足，下面提出一些优化建议，希望能在 12 号线二期建设以及其他各地铁建设中得到完善。

2.10.1 技术类

深圳地铁 12 号线一期建设有较多设计问题导致现场设备安装冲突，还有些功能设计缺陷等，希望在后续各地铁建设中得以避免和改善。

（1）供电的隔离开关设置在弱电侧，导致弱电线缆与旋转钢管紧挨，造成部分电缆皮磨损，影响弱电设备功能。该问题的主要原因是前期设计阶段，未充分考虑空间问题，导致把强电的隔离开关安装在弱电侧。前期发现该问题已经无法改变，土建已经完成施工，没有其他位置给供电设置隔离开关，对此做了一些防护措施，确保弱电线缆与旋转钢管隔开。隔离开关与弱电线缆安装位置冲突如图 2-15 所示。

二期建议：设计阶段发单至设计院，强电隔离开关尽量安装在强电侧，如强电侧无法满足要求，须安装在弱电侧，强电专业与弱电各专业确定线缆防护方案。

图 2-15　隔离开关与弱电线缆安装位置冲突

（2）电话点网线成端至网络配线架，再用鸭嘴跳线调至 110 配线架，由于网络配线架与 110 配线架端口比例为 1∶1，网络配线架为八线制，110 配线架为二线制，导致电话点位无法满足实际办公需求。为了满足现场实际办公需求，重新改了配线架，重新制作端口，增加了很多工作量。公务电话配线如图 2-16 所示。

二期建议：为便于后续使用，在电话系统设计联络时，明确网络配线架与 110 配线架端口比例为 1∶4 配置。

图 2-16　公务电话配线

（3）全线多处 UPS 电池空开箱采用上进线进箱子，同时用防火泥封堵，由于现场环境比较潮湿，防火泥已经稀释滴落到电源接头端子上，存在严重安全隐患。对此已经进行了全线整改，去掉了防火泥，并且采用防火板和结构胶进行封堵。

二期建议：施工交底时，要求施工单位用防火板和结构胶进行封堵，不能采用防火泥封堵，在设计联络时，要求 UPS 蓄电池空开柜采用下进线方式，不能用上进线。

（4）设计未设计尾纤线槽，施工单位自己安装了尾纤线槽，但是未加盖板，易造成坠落物损坏及鼠害导致光纤受损。对此已要求施工单位重新采购尾纤线槽盖板并完成了封盖。

二期建议：要求设计增加尾纤线槽，且尾纤线槽需要安装盖板，在审核图纸时要认真审核设计是否落实到图纸上。

（5）全线发现多处摄像机、PIS 屏和导向牌相互遮挡问题。导向牌和 PIS 屏被遮挡，导致乘客无法看全导向等相关信息，影响客服质量。摄像机被遮挡，影响监控画面，如图 2-17、图 2-18 所示。对此已经采取挪动位置等方式解决了部分遮挡问题，但是有些问题暂时已经无法整改。

二期建议：设计阶段时，需摄像机与导向牌相结合设计，尽量避免相互遮挡。施工阶段时，优先级按摄像机>导向牌>PIS 屏，对遮挡的设备进行位置调整。

图 2-17 摄像头被导向牌遮挡

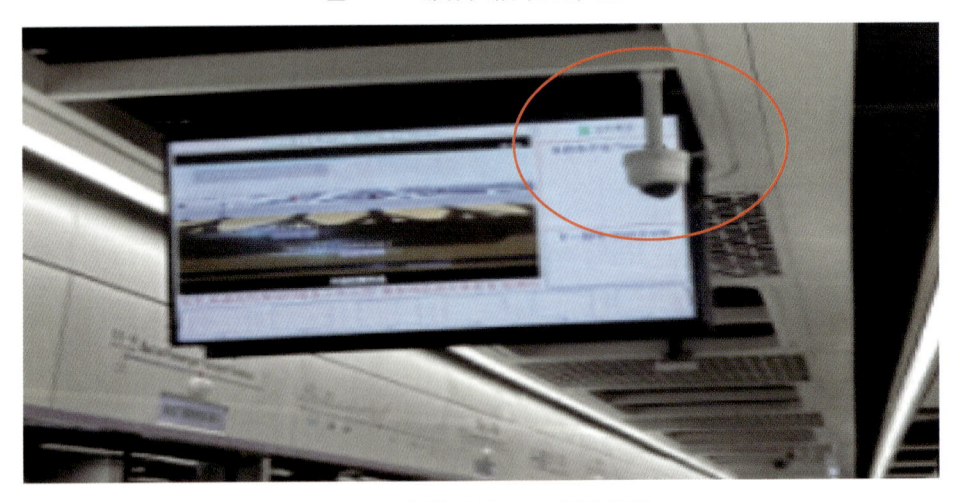

图 2-18 摄像头被 LCD 屏遮挡图

（6）车控室（特别是换乘站）各设备布放位置不合理，比较杂乱，如图 2-19 所示，不方便站务人员工作，不方便换乘站的集中管理，后期整改工作量非常大。12 号线一期其中 9 个换乘站，对此花了很多人力和物力进行了一体化布局整改。

二期建议：设计阶段各专业设计需要对接好；设计阶段站务与设计需做好沟通交流；换乘站需要设计到现场实际考察再结合站务的需求进行出图设计。

图 2-19　车控室布局杂乱

（7）OA 设备室里的安防配电箱和 OA 柜（图 2-20）设计不合理，OA 设备室里的安防配电箱厚度大，OA 柜设计成墙上安装箱子方式。不方便安装，同时安装在墙上不美观，影响整个设备房的布局。检查发现问题时已晚，设备已投入安装。

二期建议：把 OA 柜子设计成竖立安装的 600 mm×600 mm×2 000 mm 机柜，同时把 OA 设备室里的安防配电箱也一起设计安装在 OA 机柜里。

图 2-20　OA 设备室里的安防配电箱和 OA 柜

（8）OA 设备室布局（图 2-21）不合理，OA 设备室需要安装安防设备、OA 设备、公网设备、安检设备，房间小，设备多并且各家设备柜子不统一。设备安装空间小，个别站基本无检修空间，整体不美观。

二期建议：建议设计前期需根据设备安装实际需求向土建提资；各设备厂家统一机柜安装大样图及颜色。

（9）多处弱电电源室及弱电综合设备室的照明灯在桥架上方以及灯管被风管挡住，导致设备房照明不足，影响检修作业。

二期建议：设计阶段提前与机电和环控协调沟通，将光源安装在合适位置，不要相互冲突。

图 2-21　照明灯管被遮挡

（10）全线共计 17 个车站的弱电综合设备室或者弱电电源室的机柜或电池柜上方正对着 VRV 空调（变频多联机空调），如图 2-22 所示。空调冷凝水滴落到设备或电池上，导致短路造成故障或者设备损坏。对此已要求机电环控专业加装了接水盘，但还是无法从根源上解决问题。

二期建议：设计前期与机电环控专业就机柜布局进行协调，确保 VRV 空调安装位置不在设备上方。

图 2-22　VRV 空调安装在设备上方

（11）全线车站部分区域如洗手间、环控机房、设备区头端等未设计覆盖 LTE 和专用无线 800 M 信号，导致无信号或者信号弱，如图 2-23 所示，紧急情况下无法与车控室通话，影响应急处理。对此已经对全线车站进行测试，把无信号或者信号弱的地方统计成清单发单给设计院，要求设计出设计方案，重新加装天线覆盖。

二期建议：设计阶段应搜集站务的工作需求，根据其工作需求的必要性对相关区域进行无线信号覆盖设计。

图 2-23　无线信号存在盲区

（12）因现场实际工作需要，多部门反映需要加装摄像头、门禁以及电话等，如图 2-24 所示，新增相关设备的工作量很大，严重影响既有工作的开展。

二期建议：设计阶段应尽量搜集齐全各单位的工作需求，根据其工作需求的必要性设计加装相关通信设备。

图 2-24　现场摄像头新增需求

2.10.2　管理类

（1）业主方要具备经验丰富，由熟悉整个系统业务的人员进行建设统筹管理，做好全方位质量管控，做好施工工艺交底和施工质量检查，特别是典型问题一定要跟进落实整改。同时业主方需前期组织各运营单位提出业务功能需求，汇总设备功能需求发给设计单位，避免后期各项设计新增问题。

（2）设计方要多到现场实际踏勘，多与其他接口设计方沟通，减少未提资问题或现场施工冲突问题，同时把 12 号线一期建设期间的设计问题梳理出来，在二期或其他地铁中进行改进完善。

（3）监理方要多到现场跟班作业监督，及时发现问题和协调解决问题，发现有隐患的问题一定要督促整改到位，不能拖延。对一期建设出现的问题要对施工方进行施工交底宣贯，杜绝类似问题发生。

（4）设备厂家需根据现场施工节点制定详细的设备供货计划表，做好风险预控，保障设备按时供货，不影响施工进度。与各接口专业一定要做好接口协议商讨，保障联调联试顺利开展。设备功能一定要在出厂前做好详细测试，保障设备功能满足合同要求。

（5）施工方需加强现场施工管理，做到施工工艺统一，施工质量达标，做好现场成品保护。认真总结一期建设的经验，对好的施工工艺进行借鉴和保持，对一期建设的施工问题进行全面汇总，做好整改方案和管理措施，后续工程施工中杜绝类似问题发生。

（6）各方以业主方为主导，团结协作，多沟通多交流，把一期建设优秀的地方继续保持下去，把问题协调解决掉，充分利用二期建设人力充足的优势，把二期项目建设好，做到设备安装和功能测试达到 100%，打造优质工程。

通信团队与深铁建设同事团结一心，目标一致，以每个关键节点为工作目标导向，对设计、监理、施工和设备供货商四方进行协调管控，严抓工程进度、工程安全、工程质量，同时也根据实际工作情况对这三个指标进行平衡处理，出色地完成了每个关键节点工作，保障 12 号线如期高质量开通。

一期建设的成果是有目共睹的，但是整个建设中还是有很多细节不足，针对通信一期建设期间的问题进行了全面总结，希望二期建设过程中继续发扬优秀经验，正视不足，从技术设计到人员管理等各方面完善整个工程建设管理，争创更优质的工程。

2.11 小 结

深圳 12 号线通信工程与深铁建设同事团结一心，目标一致，以每个关键节点为工作目标导向，对设计、监理、施工和设备供货商四方进行协调管控，严抓工程进度、工程安全、工程质量，落实设备安装和功能测试达到标，出色地完成了每个关键节点工作，保障 12 号线如期高质量开通。

一期建设的成果是有目共睹的，但是整个建设中还是有很多细节不足，本章针对通信方面一期建设期间的问题进行了全面总结。希望二期建设继续发扬优秀经验，正视不足，完善整个工程建设管理，争创更优质的工程。

第3章

车 辆

本文旨在总结12号线一期车辆采购合同执行过程中的经验，优化设备采购流程，提升12号线二期采购列车的质量和性能，为后续列车调试验收质量管控、流程优化、安全管理奠定坚实基础。深圳地铁12号线一期车辆采用的6辆编组的A型车，最高运行速度为80 km/h，车辆承包商为南京中车浦镇城轨车辆有限责任公司。本章重点从车辆采购全流程管控进行明确要求，梳理了采购招标、合同谈判、设计联络、出厂验收、接车调试、综合联调等部分经验总结，对后续地铁车辆采购项目具有较好的指导及借鉴意义。

3.1 招标采购阶段

本部分重点介绍招标管理及合同谈判，其中招标管理部分重点分享了车辆采购控制价的制定以及一页子合同管理的执行，主要经验总结如下。

3.1.1 招标管理

为了符合公司的经济效益，组织对车辆采购控制价的设定进行优化。在参考既有全自动车辆采购中标价，并考虑在保证车辆整体功能完整的情况下，对部分设备数量进行核减，包括轨道巡检系统、限界巡检系统、隧道巡检系统、弓网检测设备等，最终确定12号线车辆采购控制价设定为852.5万元/辆。

12号线车辆系统招采，投标概算价为29.22亿元，折合每列车单价为869万元，经过车辆设备配置优化后，招标控制价单价设置为每列车852.5万元，车辆厂最终报价为28.61亿元，折合每列车单价为851.5万元，最终共计为公司节省6 100余万元。

3.1.2 车辆合同梳理

鉴于合同管控初期，公司运营筹备人员缺乏项目管控经验。为有效把控建设期项目开展，应用了《车辆项目一页纸项目管理》，通过对合同执行的全面梳理，将车辆采购流程汇总到一张表格中，利用数字化、可视化的方式明确各节点要求，在后期项目管理过程中发挥了重要的管控作用。一页纸项目管理图例及内容如图3-1、图3-2所示。

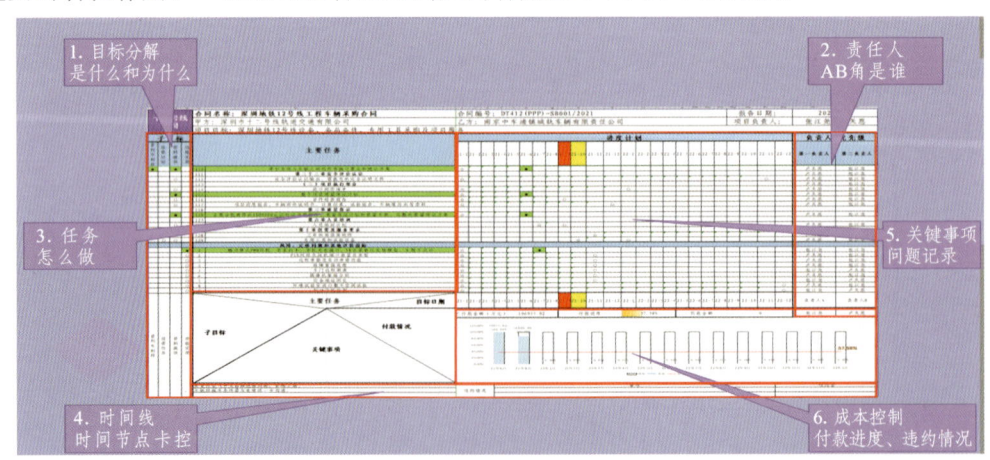

图3-1 一页纸项目管理图例

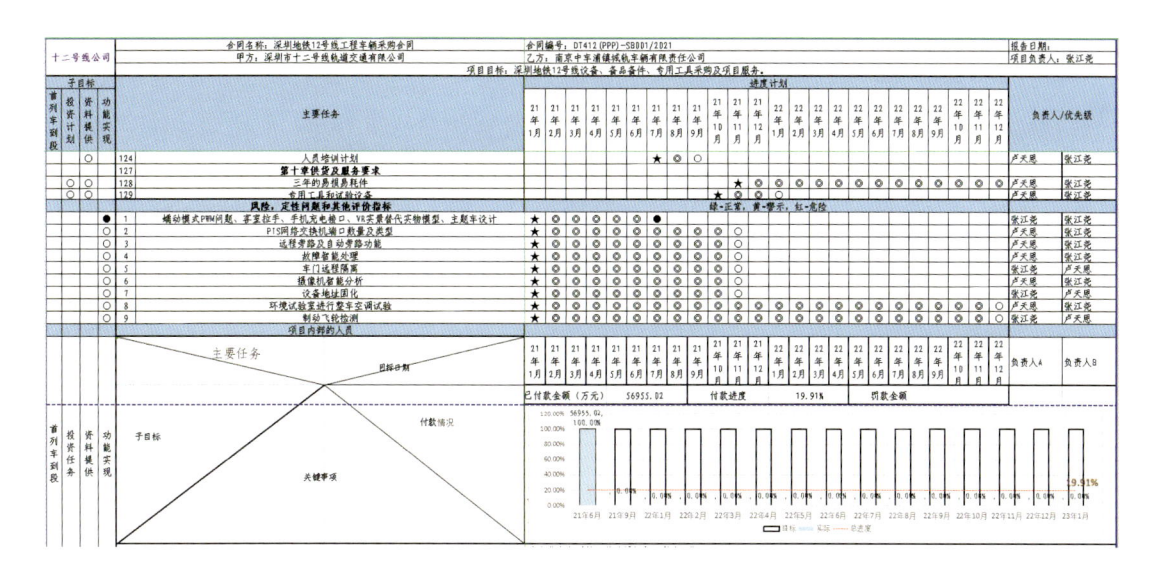

图 3-2　一页纸项目管理内容

3.1.3　车辆质量管控方案

在合同完成招标后，组织各技术人员开展编制车辆质量管控方案，明确车辆在各阶段需重点注意事项，包括合同谈判、设计联络、驻厂监造、出厂验收、接车调试等。方案中重点吸取既有线路车辆发生的重大问题、设备缺陷、材料选择，便于后续跟进人员熟悉了解，避免类似问题在 12 号线重复发生。

3.2　合同谈判阶段

合同谈判则主要从运营需求出发，明确此阶段应提出的重点项及要求。主要经验总结如下：

车辆采购项目在 2020 年 12 月 14 日至 12 月 18 日在深圳塘朗城君璞酒店开展合同技术谈判工作，参与合同谈判的各方为深圳市十二号线轨道交通有限公司、深圳地铁建设集团有限公司、南京中车浦镇城轨车辆有限责任公司（以下简称：中车浦镇）、新誉轨道交通科技有限公司。

各方依据 12 号线车辆系统招标文件对问题澄清文件、投标文件及投标文件澄清回复文件进行沟通讨论，重点从列车性能提升、提升运维水平角度出发，对合同内容进行补充完善，主要有以下关键要求。

3.2.1　合同条款

3.2.1.1　阻尼片

在地板转向架区域、顶部空调安装座区域粘贴高性能阻尼贴片。

3.2.1.2 贴　膜

车体外部彩带采用贴膜，表面贴膜牢固可靠，具有优良的耐久性，应能耐清洗。防火性能达到 EN45545 或 BS 6853 标准的要求，使用寿命在 10 年及以上。

3.2.1.3 标准调整

明确焊接缺陷的检查验收准则，采用 ISO 10042（铝合金）、ISO 17636（X 射线）、ISO 17640（超声波试验）、ISO 17637、ISO 3452-1、ISO 17638 等标准；列车采用辗钢整体车轮，其技术性能必须分别满足《城市轨道 A 型车用辗钢整体车轮行业技术规范》等要求。

3.2.1.4 气密性要求

空气系统的气密性应符合 IEC 61133 的要求，当各种使用压缩空气的设备处于最大正常工作压力下，系统（主风缸、制动管路、风动门、空气悬挂等）所有用风装置处于风压下，但不工作，在 5 min 内系统风压下降不应超过 20 kPa。

3.2.1.5 休眠延时

列车休眠时应考虑具有延时功能，至少 30～60 s。

3.2.1.6 IP 等级

车门电机的防护等级 IP54。电气车钩的连挂防护等级达到 IP56，解钩防护等级达到 IP54、半自动车钩连接完成后的密封性能不低于 IP65。

3.2.1.7 低油量显示

轮缘润滑装置具备低油量报警功能并在 HMI 显示。

3.2.2 承包商选择

在合同谈判阶段，要重点对承包商的选择进行审核，主要通过两个方面进行考虑：

3.2.2.1 在我司有应用业绩的

在我司有应用业绩的，通过应用深圳地铁集团供应商清单，包括"黑名单"和"白名单"清单。前期产品在深圳地铁/行业内曾经发生重大安全事故、出现重大故障、出现诚信问题的供应商纳入"黑名单"；而产品在深圳地铁已通过车辆中心互用互换工作小组验收、达到我司应用要求的，纳入"白名单"内。

3.2.2.2 在我司无应用业绩的

在我司无应用业绩，为首次使用的需对供应商资质进行重点审核。要求此类承包商提供不少于 3 份行业内产品应用业绩及应用情况说明；同时供应商生产管理需通过 IRIS（国际铁路行业标准）、轨道交通业质量管理体系等体系认证，取得相应认证证书；另外产品有认证强制认证要求的，需取得相应认证证书，如 CURC（城轨装备认证）、CCC 认证等；属于国外代理/授权生产、销售的，要提供授权材料、原产地证明等。

通过以上综合考评，结合品牌知名度、产品质量、质保体系、售后服务等因素，确定最终的供应商。

3.3　设计联络阶段

车辆设计联络会主要审核主机厂及各分包商提供的具体技术方案，设计联络作为车辆的源头管控，要重点结合既有线路存在问题，并将最新技术标准、企业标准、国家标准纳入设计中，设计联络问题流程如图 3-3 所示。

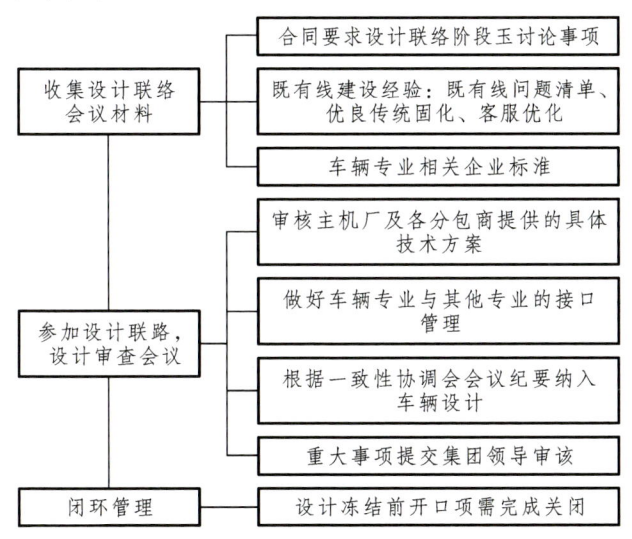

图 3-3　设计联络问题流程

根据合同要求，在设计联络阶段讨论前对需在此阶段确定的事项进行梳理，总共梳理共 113 项；在设计联络前，整理合同内规定设计联络阶段讨论确定事宜，在设计联络阶段能明确提出需求。设计联络现场如图 3-4 所示。

图 3-4　设计联络现场

根据既有线建设经验，按低压、高压、机械三个专业进行分类，从既有线列车发生的问题、优良传统固化、客服优化等方面收集出 848 项设计标准，在设计联络阶段重点关注。

为确保中车浦镇提供的技术方案/设备功能满足合同条款要求，对于不符合合同要求的偏离项需提供说明文件，向分管领导进行汇报，明确具体要求。

重点审核主机厂车辆设计是否满足深圳地铁企业标准要求（如《深圳地铁车辆专业企业标准》），重点关注车辆 6S 标准、无触点控制单元技术标准及牵引控制系统技术方案。

重点审核车辆专业与其他专业的接口管理，主要包括与轨道、接触网、供电、信号、通信、隧道限界、站台门、车辆段内登车梯、洗车机、架车机、不落轮镟床、车间电源等设备系统的接口。

根据一致性协调会会议纪要的要求，对涉及车辆部分的全自动运行要求，统一纳入 12 号线车辆设计。

针对列车工业设计、客室涂装方案等重大设计方案，这方面的决策需提交地铁集团领导班子审核，防止后期有较大变更。

在设计联络阶段需重点做好闭环管理，设计冻结前设计联络阶段的所有开口项需完成关闭，设计联络会议纪要作为后续设备验收的依据。

3.4 出厂验收阶段

地铁列车出厂验收，是在地铁车辆制造组装、试验完成并通过制造商的自检后，由监理组织、业主参加的、按照列车发运前检验大纲的内容，对地铁车辆进行全面检查试验。出厂验收的目的在于验收列车各系统基本功能能够正常运转，发现生产、装配过程中可能出现的质量缺陷、疏漏、外观破损问题，以及工厂是否有遗失零件或者是功能失效情况，尽可能地在发运前排除这些问题。对于此阶段的经验总结如下。

3.4.1 监理审核

出厂验收前，要求监理人员对主机厂相关纸质材料进行审核，提前准备好列车静态、动态调试试验记录，车体总成、转向架落成、整车落成、称重、淋雨试验记录、列车履历表、出厂合格证复印件等相关资料，做好列车出厂验收前的准备工作。

3.4.2 资料审核

到达现场进行验收时，重点审核资料情况，并检查需随车交付的资料，重点检查资料中涉及检测数据、检测日期、检查人员、印章是否齐全、技术资料、计量工具、质量检验文件或相关报告等内容是否符合相关规定要求。

3.4.3 检查记录

对于检查发现的问题要进行全面记录，在出厂验收会议时，要求厂家对所有问题给出具体解决方案和时间，并对其整改完成后进行确认工作，对于某些在现场不易整改的问题（如淋雨试验不通过、需架车处理问题等）需在厂内完成整改后方可同意出厂。出厂验收要求见表 3-1。

表 3-1 出厂验收要求

产品设计图纸	相关图纸有检验要求
主要零部件、外购件进货单证明及内部检查文件，进口件要求有报关单	材质单、合格证、性能测试报告、进口证明（含出厂合格证、进厂检验证明、报关单等）
设备自检报告	资料齐全、符合产品技术条件及相关标准
车体、转向架的焊接检查报告及焊缝探伤记录	资料齐全、符合产品技术条件及相关标准，焊接、探伤人员签字确认
型式试验报告	资料齐全、符合产品技术条件及相关标准
例行试验报告	资料齐全、符合产品技术条件及相关标准
随车履历簿	资料齐全、符合产品技术条件及相关标准，相关部件序列号齐全。重点检查是否存在让步放行条款，如存在需厂家重点说明
其他	车辆各系统软件版本信息；检查关键质量问题解决过程记录

3.4.4 现场测试

出厂验收重点是开展现场测试。现场测试检查项目包括外观检查、有电检查、动态检查。通电检查是列车在激活状态下的静态功能测试；动态检查是列车在试车线上的功能检查。

3.4.4.1 外观检查

外观检查是列车在未上电状态下目测检查，主要检查车体和各设备的外观、接线和安装等情况；外观检查时列车必须处于无电状态，而且有可靠的接地保护。厂家必须为检查人员提供所需的设施、设备及工具，包括地沟、地沟灯、手电筒、安全帽、相关图纸、工作人员用升降平台或梯子等。验收时，需要对机械、电气接口以及接线进行重点检查，一般包括以下内容：

机械走行部及其附属部件状态检查；车下电缆的布置、连接、固定方式、防护方式、状态检查；车下管路各部件的安装、固定、连接状态检查；车下各吊挂箱体外观、密封、内部各部件状态检查；各电器部件的绝缘防护状态检查；车体外观、状态检查；车上客室内装、贯通道状态检查；客室车门系统、空调系统、PIS、信号及通信系统、牵引控制系统、照明系统等车上各系统部件外观、紧固状态检查；车上各开关、继电器、指示灯、雨刮器、司机台、设备柜内各部件及其接线等状态检查；车顶空调、受电弓、废排、贯通道及天线等各系统部件外观、紧固状态检查。

3.4.4.2 有电功能检查

列车由车间电源供电，接触网处于无电状态。有电功能检查需准备手电筒、秒表、压力计、防夹块、张力计、烟火报警用发烟枪、万用表、噪声仪、点温计、管型测力计、安全带等工器具。一般检查内容包括：电动门系统检查、空调系统检查、PIS 系统检查、牵引系统检查、照明系统检查、车上各电器部件动作检查、各指示灯功能检查、车上各仪表指示状态检查、蓄电池电压检查、空压机打风时间测试、受电弓升降功能检查等项目。

3.4.4.3 动态检查

动态检查内容可分为运行性能检查和安全保障电路检查两大部分，一般包括：两个司机室重复操作进行一次正反向运行；常用制动、快速制动、紧急制动距离检查；洗车模式；退行模式、司控器警惕按钮、车门安全联锁功能检查；列车运行过程中紧急开门检查，备用模式运行；停放制动；各旁路功能检查。

3.5 接车调试阶段

接车调试阶段重点在于管理权限已从中车浦镇厂房转移至段场现场，因此在此部分内容中应重点管控现场安全管理、项目进度管理、人员作业质量管理等方面。这部分主要经验总结如下。

3.5.1 列车装卸及现场接车

列车装卸及现场接车主要经验总结如下：

为了保证地铁车辆能够顺利运抵现场，需对生产厂家在运输前所做的包装工作和运输方案进行审查，检查地铁车辆是否满足装卸、运输的条件，以及相关随车文件、备品备件是否齐全。首先，需确保地铁车辆在吊卸操作过程满足国家相关标准，装卸形式及装卸位置准确，避免发生安全事故。其次，承运单位要拥有相关大件运输资质，运输设备要满足运输要求，对运输方案中所涉及的准备工作、人员安排、运输线路、运输时间、运输方式、设备固定方案等进行审查；最后要检查车辆交接场地是否满足装卸要求，及时发现安全隐患。

列车到达卸车场地后，由中车浦镇聘请的装卸单位负责列车卸车工作，中车浦镇售后人员及 12 号线员工配合做好卸车工作，编制卸车方案。卸车前做好安全交底，防止人员站在吊车底下、推车时需做好呼唤应答，听从指挥，不盲目操作。查看相关天气情况，天气状况良好方可开展卸车作业。卸车前需对列车外观状态进行检查，列车无划伤、玻璃无破损、部件无缺失、牵引电机限位装置良好。提前准备好卸车用的铁鞋、红闪灯、解钩绳、力矩扳手、照明灯等工器具，人员穿戴好防砸鞋、反光衣等劳保用品。卸车前检查卸车人员特种设备执业资质，对装卸单位的吊具进行检查，相关检验合格证明在有效期内。现场车辆吊装如图 3-5 所示。

单节车卸到钢轨上后，推到指定位置并完成车辆联挂工作，再与工程车联挂后，所有车辆完成连挂后拖到指定股道进行存放。推车过程中需做到呼唤应答，听从指挥；列车连挂过程中需打好铁鞋，防止溜车；动车前需撤除铁鞋。整个过程要做好防护，防止人身伤害。

图 3-5　现场吊装车辆

3.5.2　开箱检查

列车及相关备品备件运抵现场后，需进行开箱验收，主要经验总结如下。

3.5.2.1　检查内容

开箱检查主要包括地铁列车无电检查和随车到段备品备件、履历本等到货核对。

3.5.2.2　检查要求

检查列车车上、车下和客室的部件外观是否缺失、损坏和生锈等。现场检验中发现诸如数量、型号和外观尺寸与合同要求不符，设备、材料和密封包装物本身的短少和损坏，需补齐、更换或修理完毕并经重新检验合格后，才视为开箱检查通过。

3.5.2.3　闭环管理

开箱检查发现的问题纳入开口项清单，以便后续调试验收阶段跟踪管理和销项。

3.5.3　调试验收

地铁列车预验收工作主要是为了检查列车功能是否符合相关要求、发现列车制造缺陷、保障列车正线运营安全。只有完成预验收的列车，才能签署列车 PAC（初步验收）证书、满足正线运营条件。主要经验总结如下。

3.5.3.1　验收大纲编制

编制列车验收大纲，可以让操作者了解每个检查项目，提高预验收工作效率，及时发现车辆存在的问题，保障员工人身安全和设备财产安全，保证预验收工作科学合理地展开。

地铁列车预验收大纲主要依据《车辆采购合同》《车辆设计联络和设计审查会议纪要》，以及列车技术参数等文件进行编制，内容包括检查范围、检查标准、检查方法、使用的工器具和场地、作业记录表格等。

列车预验收内容主要包括外观检查、尺寸测量、静态功能检查、安全功能检查、动态性能检查及列车试验。具体要求见《12号线车辆预验收大纲（初稿）》，首列车调试过程中发现的问题将对预验收大纲初稿进行修订。调试流程如图3-6所示。

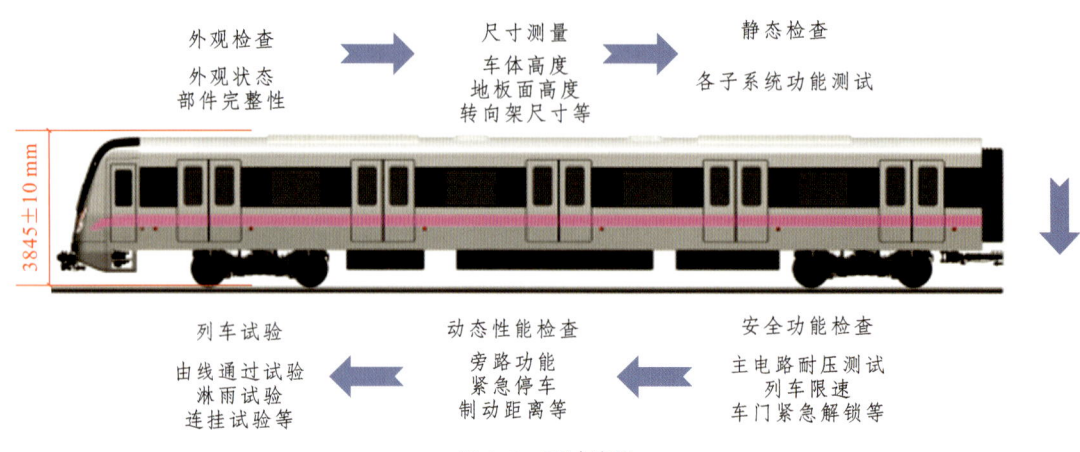

图 3-6　调试流程

3.5.3.2　组建预验收小组

按照列车到车计划，预计每月到段5列车，计划组建3个调试验收小组，每组15人，采取"以老带新、新旧结合"的班组结构，要求每组至少1人有既有线列车预验收经验。

参与预验收人员需提前参加预验收作业培训，对12号线全自动运行车辆专业知识、预验收大纲及安全注意事项等进行培训。提前安排到12号线进行跟班学习，对列车预验收内容进行全流程学习。

正线调试作业人员需取得行车施工负责人证件，熟悉正线施工计划申报及正线施工作业注意事项。

列车进行试车线动态调试、正线调试时需乘务司机配合，提前做好沟通协调。现场调试作业如图3-7所示。

图 3-7　现场调试作业

3.5.3.3 预验收物资准备

根据预验收作业要求,需提前采购预验收使用的工器具;涉及紧急需用的物料,采用与深圳地铁运营、承包商借用方式进行应急使用。

3.5.3.4 再调试验收规范

为确保地铁列车承包商调试人员作业规范可靠,车辆设备组监护人员卡控到位,可编制车辆设备组地铁列车再调试验收文件及再调试验收内容及监护要点,以重点对再调试过程验收进行规范要求。

3.5.4 联调试验

3.5.4.1 列车试验

根据合同、全自动运行、国家相关法规要求,列车在正式上线运营前需完成列车型式试验、例行试验、弓网轮轨试验、安全功能测试和 2 000 千米运行等,在试验过程中需注意以下内容:试验前 1 个月,需要求主机厂提供型式试验方案(应包含试验内容、测试方法、测试设备、场地及人员要求等),并对试验方案进行审核、协调;需保留拷贝联调联试数据,以便后续列车架大修后进行数据对比参考;AW3 加载试验时装车的沙子应为河沙,不能采用湿海沙,防止对电缆等造成腐蚀。根据《交通运输部办公厅关于印发城市轨道交通初期运营前安全评估技术规范》(交办运〔2019〕17 号)要求,开通运行前需邀请有资质的第三方开展转向架平衡性测试、弓网、轮轨试验等,完成车辆超速保护、紧急制动距离测试等安全功能测试;试验前需对列车及试验设备状态进行检查,确保安装良好;试验过程要注意安全,列车运行速度应从低到高逐渐提高,发现异常需立即停止试验,防止发生事故障。现场测试如图 3-8 所示,列车连挂如图 3-9 所示。

图 3-8 现场测试    图 3-9 列车连挂

3.5.4.2 综合联调

综合联调主要目的是全面、系统地检验各系统的实际功能是否达到全自动系统试运行的标准,验证各系统间是否可按设计要求协同运作。主要经验总结如下:

车辆专业主要跟信号、通信、站台门涉及接口问题，在综合联调过程中主要通过提前与其他专业对接调试方案、主动开展车辆功能完善、重点做好配合调试工作等方式，确保调试效率。

3.6 运营筹备阶段

运营筹备阶段作为新线开通评判性的关键环节，紧密围绕《交通运输部办公厅关于印发城市轨道交通初期运营前安全评估技术规范》（交办运〔2019〕17号）及《城市轨道交通全自动运行系统运营功能测试指南》的通知要求，从人员架构、规章制度、设备功能测试等模块梳理295项工作清单，根据专家评审时间，制定倒排工期及责任人，并定期对筹备进展进行评估汇报，对滞后项目安排专人帮扶，完成295项工作任务，顺利通过专家评审，确保12号线如期高质量高标准开通。初期运营评估准备工作表单如图3-10所示。

图 3-10 初期运营评估准备工作表单

3.7 难点与应对措施

12号线车辆项目总体执行情况良好，但过程中仍存在许多困难，如工期问题、安全管理问题。但可通过采用多种途径，积极处理问题，确保车辆项目顺利按期推进。

3.7.1 工程周期短

车辆合同中标到首列车到段仅间隔12个月，且后续列车交车任务繁重，7个月完成40列车的交车任务；同时12号线为全自动运行线路，列车设备繁多、接口复杂、新技术使用等方面影响，导致 12 号线列车在试运行及正式运营后问题较多。主要有以下应对措施：

3.7.1.1　重点优化调试流程

重点优化调试流程，形成流水线作业，提高调试效率，从无电、有电和动态调试三阶段来梳理、优化和整合厂家再调试、车辆预验收及信号通信调试等流程，实现每列车车-信全调试周期由 21 天压缩至 13 天。

3.7.1.2　合理安排人员

合理安排人员，压实调试内容，提高调试质量，根据人员技术水平，配置 7 个专业融合调试工班（成员覆盖车辆、通信、信号三大专业调试人员），以老带新，按计划落实调试内容，并利用下班时间组织召开项目协调会和故障专题会议推进故障处理及开口项整改，提高调试质量。

3.7.1.3　工作机制调整

采用"5+2"及两班倒工作机制，争取调试时间，保质保量完成调试目标。

3.7.2　调试安全管控

因调试考虑不周、思虑不全，未能有效制定调试过程中的安全卡控措施，导致出现因列车升弓而接触网跳闸的事件。主要有以下应对措施：安排专项工作小组负责列车调试工作；重新制订调试工作监护重点指引，规范现场监护及调试作业手法及要求。

3.8　二期工程优化建议

3.8.1　既有问题整改优化

考虑到 12 号线一期项目发生的问题，在二期车辆招标及合同中明确相关要求，避免问题再次发生。经各专业共同对二期车辆技术规格书进行审核优化，共计提出 99 条意见优化，主要优化意见如下。

3.8.1.1　电压标准

明确列车高电平定义要求 65～137.5 V，低电平电平定义要求 0～54 V。

3.8.1.2　受电弓绝缘漆

明确要求安装受电弓的车顶位置应采取相应的绝缘及防电弧措施，并采用带一定厚度、耐磨且防滑的橡胶涂层的方式。

3.8.1.3　空调平顶

明确空调平顶设计需考虑避免回风口及出风口区域存在下沉情况，需采用上挠的空调平顶设计方式。

3.8.1.4　应力分析

要求在设计审查前提供所有车底部件安装支架的应力分析报告，确保支架前强度满足实际需求。支架需设置二次防脱。

3.8.1.5　司机室盖板

要求司机室盖板优先采用滑动隐藏式盖板，并应有足够的强度和刚度，能承受运营中有可能施加的载荷，同时盖板应轻便、方便开合。

3.8.1.6　车门防脱

车门门扇连接承力部件的连接板、携门架、下摆臂，安装前需提供出厂探伤合格报告，并随车门子系统纳入各列车履历簿中。

3.8.1.7　部件干涉问题

转向架上的及其附近的所有线缆不得在任何工况下与构架或转向架部件摩擦；转向架上线缆固定禁止采用扎带固定的方式。

3.8.1.8　轮缘润滑喷油逻辑

轮缘润滑装置喷油控制需避免在进站前触发。

3.8.2　项目进度优化管理

一期项目建设中工期压力大，每月需生产 7~8 列列车，导致列车生产质量下降，存在的工艺问题较多，出现较多接错线、漏接线、紧固件松动、技术参数不符合要求等情况。为优化项目进度，尽量留足列车生产时间，在 12 号线二期项目中需重点从以下两个方面进行优化。

3.8.2.1　招标策划

协调深铁建设，尽快推进二期项目招标采购，确定列车供应商，为后续列车生产留有充足时间。

3.8.2.2　沿用设计

确保设计功能完整的情况下，二期列车基本沿用一期列车的设计理念，尽可能减少设计阶段时间。

3.8.3 生产质量管理强化

一期列车生产过程中,由于介入生产质量管控力度较少,未能把列车驻厂监造时间用好、用足,同时在设备监理管控方面未能做到精细化管理,导致列车生产质量整体较差。在二期项目中,将通过如下两方面进行强化现场生产质量管控:

(1)重点开展各部件的首件检查工作。在一期项目中,仅参与了个别部件的首件检查,但从整体质量看,空调系统、LCU 系统(可编程逻辑控制单元)、牵引系统、疏散门系统等暴露的生产质量问题较多,建议二期项目中需重点审核此类系统的首件检查工作。

(2)重点开展现场驻厂监造工作。安排经验丰富的车辆检修人员到主机厂进行驻厂监造,及时发现生产工艺、设计缺陷等问题,及时修正设计及工艺,避免将问题带到现场处理。

开展设备监理人员专项培训。长期驻厂监理是列车整体生产质量的重要管控手段,部分监理人员素质不佳、技能不达标,导致现场生产质量管控较差,二期项目需重点开展监理人员的专项车辆培训,对常见问题及故障进行培训,提高监理人员现场检查作业的水平。

3.9 小　结

本章对深圳地铁 12 号线一期车辆合同全流程执行情况进行总结,梳理出较好的优化建议,为后续12号线二期建设及其他线路建设起到良好的参考示范作用。车辆采购项目主要就是对地铁车辆采购项目进度、车辆设计、调试和验收、车辆交付、售后服务等多项工作进行管控。

(1)做好项目招标阶段的合同谈判工作。

合理划分技术和商务两部分。商务谈判工作会涉及合同商务条款、价格;技术谈判工作则是指双方要对标产品的技术性能和要求等多项因素,进行细致完整的描述。根据谈判需求,合理设置商务谈判组和技术谈判组,并要明确这两个谈判小组分别负责的内容。

(2)科学设计审查阶段的设计联络。

设计联络审查主要指合同双方。确认初期阶段的设计方案,进行深层次、细致性的研讨。在合同谈判阶段,没能确定和解决技术问题,就要对设计审查阶段的各项工作进行深入研究,在逐条厘清之后,明确其中表达的内容;设计审查阶段,主要就是逐项讨论和审核合同文本中技术规格条款。充分利用最终的审定结果,严格按照修缮技术规格书中的各项要求执行每一项工作。

(3)提升生产制造阶段的质量管理水平。

在生产地铁车辆期间,会涉及首件检查、首列车生产制造和验收、批量车生产制造和验收工作。需要重点开展驻厂监造及强化监理管理,在做好"全过程"质量监管工作的基础上,指派专业能力强的技术人员进驻到现场,更好地对合同设备和主要部件的制造、组装、调试等各个工作状况进行监督和管控。

(4)加大全过程监督与管理力度。

在完成地铁车辆生产制造工作之后,需要对列车进行厂内调试和现场试验,并和监理方高效、安全、有效地开展地铁车辆预验收工作,保障现场调试安全及进度要求。

地铁车辆采购项目管理工作具有较强的复杂性，需要从"全局"角度出发，精准把握项目管理要点，在不断拓宽管理思路的基础上，做好质量控制、采购项目进度管理等多项工作。整体上在一期车辆采购项目中推进较为理想，也实现了12号线的如期开通运营；但在项目策划、招标、执行、验收等方面存在较多的问题，通过本次的经验总结，全面对前期工作进行梳理，并制定相应控制措施，为二期项目管理工作打好坚实的基础。

第4章

轨　道

随着隧道洞通，12号线进入站后工程，首当其冲的就是轨道工程，后续紧接着是站后系统设备工程。轨道工程作为承上启下的重要一环，面临着巨大的挑战和压力，工期短、安全质量要求高、各方协调工作量大均是前所未有的挑战。同时，轨道工程需要担负着整个12号线轨行区地盘管理单位的责任。即便如此，无论是建设期间，还是开通运营至今，12号线轨行区内不管是轨道工程还是站后其他系统设备专业，均未发生安全质量事件，轨道设备稳定性和乘客舒适性评价较高，这成绩离不开轨道团队的努力和付出。

回顾整个过程，从设计审图、招标采购阶段到设计联络阶段，公司组建了专业队伍，轨道团队快速找准角色和定位，总结以往运营的经验教训，并同设计单位、建设咨询服务单位一道深入交流、探讨并深度优化功能、型号和参数等设计，还常常奔赴现场比对尺寸、材料的匹配性等，以从根源上避免设计缺陷，提升设备的可靠度和可用性。当12号线轨道工程进入施工调试阶段和运营筹备阶段，为了建设高品质轨道工程，一方面专业工程师利用前期编制的一整套质量管控方案，扎根于现场，同时和材料制造厂家积极沟通，对施工方案、施工流程和施工材料执行高标准、严要求，另一方面轨道团队与建设咨询服务单位携手组成专业化管理队伍，联合监理单位、设计单位团队积极采用高科技装备，做好安全质量两手抓和进度整体可控。与此同时，积极开展委外队伍建设、规章文本建立以及开通物资、工器具筹备等工作。

4.1 工程介绍

轨道工程正线、辅助线及出入线铺轨长度为92.556 km，预制板道床长69.283 km（其中，普通预制板道床长42.000 km，中等减振道床长12.477 km，高等减振道床长7.491 km，特殊减振道床长7.315 km），现浇整体道床长21.197 km（其中普通现浇体道床长8.810 km，中等减振现浇整体道床长1.308 km，高等减振现浇整体道床长0.887 km，特殊减振现浇道床长2.868 km，机场东车辆段出入段线长2.434 km，赤湾停车场出入场线长3.846 km，5-12号线联络线长1.044 km，9-12号线联络线长0.05 km）。正线及辅助线60-9#单开道岔50组（其中普通单开道岔32组，中等减振道岔1组，高等减振道岔13组，特殊减振道岔4组），60-9#5 m交叉渡线9组。

钢轨由鞍钢集团提供，道岔厂家为中铁宝桥集团有限公司（正线）、中国铁建重工集团股份有限公司（段场），轨道板厂家为中电建南方建筑科技公司提供。DT-Ⅲ常阻力扣件厂家为中铁隆昌铁路器材有限公司和沧州华煜铁路器材有限公司（正线）、林州市工务铁路器材制造有限公司（段场）。双层非线性扣件厂家为北京铁科首钢轨道技术股份有限公司、沧州华煜铁路器材有限公司。减振垫厂家为北京道尔道振动控制设备有限公司。轨枕厂家为乐昌市安捷铁路轨枕有限公司、惠州市亚龙轨枕器材有限公司。钢弹簧厂家为北京道尔道振动控制设备有限公司、上海同研城铁减振技术有限公司。道砟厂家为广东羊城铁路实业有限公司提供。车挡厂家为吉林市宏远铁路运输科技开发有限公司（正线）、三门峡铁恒机械设备有限公司（段场）。

12号线作为深圳地铁四期工程，轨道设备、工艺、材料选型已经步入了非常成熟的阶段，但建设经验不足，委外维保团队成立较晚，新线介入经验不足。因此，在负责轨道工程建设过程中，采用编制质量管控方案、专业融合等方式，不断尝试、不断学习、不断总结经验和教训，致力于建设一条高质量、高标准、高水平的地铁。接下来，将会重点介绍设计审图、招标采购、设计联络、施工调试、运营筹备这几个阶段，并阐述过程中遇到的难点以及采取的措施，最后总结一些优化提升建议，以便后续建设能够做得更好。

4.2 设计审图阶段

设计审图在工程建设中是一个开端，技术上，一般需要对照初步设计文件和国家、行业规范以及公司相关规定，重点关注设备功能、结构、性能、材料选型、可行性以及施工图纸中的问题和施工难点等，为后续如何有效地预防和控制做好铺垫。制度上，遵循《深圳市十二号线轨道交通有限公司施工图设计管理办法（试行）》，编制了《建设期施工图管理指引》，提出了图纸会审管理要求和流程，从而确保有效按图施工，减少施工差错。经过对需求的深入分析和对细节的把握，图纸审核方面提出了以下几种优化方案：

（1）将高等板减振垫的固定方式由 L 型密封条改为 U 型密封条，一端黏接固定于板底，一端固定于减振垫。道床铺设后被自密实混凝土及轨道板上下压缝，从而保障了减振垫侧面不脱落。

（2）排水方面也做了一些改进，如水沟水篦子要求材质统一改为铸铁、排水设计图坡度需根据调线调坡后的线路坡度值更新、圆形隧道预制板下中心排水暗沟上方增加钢盖板并采用锚栓固定、防水密封胶嵌缝防止自密实混凝土流入中心水沟等。

（3）通过增加了人防门处的扣件垫板的厚度，并将人防门处道床改为短轨枕整体道床，解决了扣件直接固定在道床上没有承轨台的问题，也减少钢轨荷载对道床的冲击力。

（4）降低前后与预制板道床衔接的普通道岔区两侧的回填混凝土基础面，使其低于转辙机安装平台，同时取消了转辙机基坑，这样可从源头上解决转辙机基坑积水问题。

（5）在高等特殊减振道岔区，仍设置转辙机基坑。但道岔转辙机范围的排水一方面采取道床上设横沟绕避的方式，使转辙机基坑不与水沟连通，防止道床侧沟水进入转辙机基坑；另一方面在转辙机基坑旁设置独立转辙机集水坑，转辙机基坑涂刷高性能防水涂料，防止转辙机坑内渗水积水问题。

4.3 招标采购阶段

轨道施工合同隶属于施工总承包合同，包括施工、设备采购和备品备件采购。根据《深圳市十二号线轨道交通有限公司轨道专业质量管控方案》，主要以招标文件审查、供应商筛选及认定、厂家考察三种形式，此外，轨道备件一直也是运营单位关注的焦点。

4.3.1 招标文件审查

（1）审查招标文件内容有无遗漏，重点审核轨道新材料、新工艺是否已纳入招标文件，尤其涉及第三方的部分。

（2）审查供应商的资质设定是否合理、全面，如轨道板、扣件的生产资质和交货期的条件是否满足，审核设备的质保期范围和时间，如涂油器、车挡设备。

（3）对投标方提出的技术澄清意见进行充分沟通，无法达成统一意见的应向分管领导进行汇报。

4.3.2 供应商筛选及认定

（1）在深圳地铁有应用业绩的供应商，建立"黑名单"和"白名单"管理制度。

① 在深圳地铁/行业内曾经发生重大安全事故、出现重大故障、出现诚信问题的供应商纳入"黑名单"。

② 产品在深圳地铁已使用并达到我司应用要求的，纳入"白名单"内。

（2）在我司无应用业绩为首次使用的，需对供应商资质进行重点审核。

① 原则上要求提供不少于3份行业内应用业绩及应用情况说明。

② 供应商是否具有国内城市轨道交通集成供货业绩和用户出具的使用良好的情况证明，如为正线设备，需具备正线供货业绩。

③ 产品有认证强制认证要求的，具有有效期内的ISO9000系列质量管理体系认证证书及中铁检验认证中心（原中铁铁路产品认证中心）颁发的CRCC（中国铁路建设公司）产品认证证书。

（3）综合考虑品牌知名度、产品质量、质保体系、售后服务等因素，确定最终的供应商。

4.3.3 厂家考察

材料经过设计后，为了使实际生产的材料满足设计和施工要求成立考察组，启动对拟供应厂家的实地考察。考察前应提前了解厂家的资质、业绩、合同履约情况、经营情况等，为后续的厂家实地考察做好充分准备。厂家考察主要是了解厂家是否能够落实设计文件、设计联络阶段定的技术标准。考察后主要发现以下几点问题：

（1）发现轨道板厂《生产工艺细则》各项工艺细则不够细化，未结合12号线技术规格书的要求编制，未提供其他地铁线路的供货业绩证明材料。

（2）现场检查轨道板的模具数量不足，设备检测报告和维护记录不全，原材料厂家未在地铁公司名录内。

（3）轨道板厂的CRCC未在供应前申办认证。未安装堆放区的喷淋装置。

（4）道尔道钢弹簧厂家在试生产后，进行标准状态下及最大调高状态下的组装耐疲劳试验检测，提供能体现隔振器轴线组合静刚度、隔振器阻力比、隔振器疲劳性能试验检测报告。

（5）轨枕厂家不得将没有生产年份、制造厂名、编号等永久性印压标志的轨枕应用在12号线轨道工程中。

（6）轨枕表面气孔数量较多会影响设备使用寿命，因此轨枕厂家加强生产工艺水平的提高，加强生产工序的质量管控，控制混凝土浇筑振捣时间。

（7）在查阅轨枕细骨料砂的检验报告中，发现氯离子（Cl-）含量接近临界值上限的情况，要求轨枕厂家加强原材料管控，选取质量好的采砂场，并且所有进场的原材料均需要送第三方检测，合格后方可以使用，检测报告随混凝土轨枕一并进场查验，以确保轨枕产品预制生产质量。

（8）初次自密实混凝土揭板试验中发现个别边角未充盈的情况，提出了后续改进要求。一方面优选高质量粉煤灰和矿渣粉等外掺料，优选减水剂并通过试验取得与水泥匹配良好的效果；另一方面加强控制自密实混凝土原材料碎石粒径大小和砂子细度模数。

（9）由于自密实混凝土等待浇筑的时间较长，出现了一定的离析情况，导致在揭板试验中，试验切块有个别切块断面局部呈现粗骨料碎石偏于集中的情况，提出后续要控制商品混凝土拌和站混凝土发货时间、运输过程时间，现场组织安排应合理到位，各个过程环节衔接紧密，混凝土到现场后几组测试检验同步进行，待所有现场试验数据且检测结果满足要求后，才能进行自密实混凝土浇筑。

此外，为了弥补施工经验的不足，我们通过参加公司组织的业代分享交流会，学习到了一些现场经验，提出了浇筑自密实混凝土前应对模板、模具进行固定，避免浇筑过程中出现侧向滑移情况。浇筑过程中应采取抗上浮技术措施，防止浇筑自密实混凝土过程中因浇筑速度影响造成轨道板上浮情况出现。

4.3.4 备品备件采购

与其他专业不同的是，轨道备品备件并非开通运营前在预算允许的范围内提出清单进行采购，而是在初步设计文件时就已列出项目、型号和数量。一般情况下，如未进行设备变更，应按初步设计清单直接采购。

不同设计院的设计清单存在差异性，如备件型号不通用、钢弹簧隔振器等不常用设备备件的数量过多、尖轨和辙岔心等易损件的配置数量不满足运营需求等，需重点关注和留意。第一步要根据以往既有线设备表现，梳理一份清楚详细的备品备件清单，包括规格型号和技术参数。第二步是根据既有线运营设备经验测算设备的使用寿命周期长短，判断是否为易损件，如道岔尖轨、辙岔心、滑床板、钢轨、扣件等，考虑故障对于运营安全的影响，结合故障应急保障的需求和采购周期长短，决定是否采购和采购数量的多少。

4.4 设计联络阶段

经过前面深圳地铁一、二、三期的经验和教训，已对功能和实现方式进行了细化。在设计联络阶段，与设计单位充分沟通和讨论，在现有技术规格书的基础上，新增运营在使用过程中的合理需求和全自动运营线路需求，具体如下：

（1）钢弹簧浮置板道床进行了3次设计联络，充分考虑了12号线（9号线支线）的限界条件、线路条件、速度和轴重等，且由于12号线轨道道床型式变化较多，因此还要考虑钢弹簧浮置板与其他道床型式的过渡，所以厂家要提供验算曲线图，避免断崖式的过渡方式。对于新开线路，还应依据《城市轨道交通正式运营前安全评估技术规范第 1 部分:地铁和轻轨》，完成静态、动态安全检测试验。

（2）减振垫需满足系统功能和安全的需求，提供标准区段、刚度过渡段及道岔区等不同地段的列车-轨道-路基（隧道）系统耦合动力学检算分析报告，包括浮置板轨道的稳定性、安全性、行车舒适性、减振效果、固有频率、钢轨垂向位移、横向加速度、轮轨力及基底振动加速度等重要指标。

（3）减振垫提前进行板、垫黏结试验，通过质量验收后，方可进行大面积板、垫黏结作业。减振垫浮置板轨道相关材料试生产后，需委托行业权威机构进行轨道板、减振垫组装疲劳试验。

（4）设计单位需明确轨枕、岔枕进场伤损修补标准，作为进场验收、接收、退货标准。

（5）减振扣件系统须与 12 号线适用工况相互匹配。轨下垫板的橡胶板不得使用再生料。批量生产前，应与配套轨枕及预制板进行预组装，核实接口无误，且需提供单件组装疲劳报告。

（6）为提高车辆过岔的平顺性，正线及配线 9 号曲尖轨单开道岔及交叉渡线采用了一系列高新技术：弹性夹扣压、辊轮装置、新型轨撑、辙叉爆炸预硬化处理、尖轨和基本轨在线热处理、调高垫板和扣件刚度均匀化成果等。在道岔供货前，提供岔区扣件刚度均匀化成果证明报告、滑床板焊接件探伤检测报告。

（7）道岔及道岔前后缓冲区接头螺栓设置开口销，道岔拉杆、拉杆与接头铁采用螺栓自下而上安装，为防止胶垫上拱造成辊轮卡阻，辊轮滑床板下胶垫需开孔。

（8）为避免顶铁与转辙机安装装置冲突，靠近转辙机的第一对顶铁设置在 13、14 号岔枕之间。

4.5 施工调试阶段

为强化工程建设质量，规避既有线在运营管理中发现的质量问题，充分发挥"建设、运营"双身份作用，秉承"全过程、全方位"的全生命周期管理思路和"标准化、表单化、可视化"原则，综合考虑既有线运营维护管理的痛难点，提前编制《深圳市十二号线轨道交通有限公司轨道专业质量管控方案》，明确质量管控职责、流程和标准，并以此为抓手，全力推进质量管控工作落地，执行"跨专业、全覆盖、无死角"检查，及时发现问题，暴露问题，督促责任单位进行整改，并对发现问题实行闭环式管理。除此之外，轨道专业承担着地盘管理单位的角色，轨行区安全管理也是重中之重，主要体现在以下五个方面。

4.5.1 狠抓设备与材料质量的源头控制

在设备生产及交付过程中加强质量监控，严格落实"进场检验""三检制"，针对技术规格书规定的轨道专业专用材料送检标准、项目、方法，开展全面系统梳理，不定期开展专项检查，对不合格材料进行清退，确保材料质量合格率达 100%。此外，全过程参与铁科院 CRCC 认证中心的临时监督检查，跟踪轨道板厂供应质量和钢弹簧浮置板 CRCC 资质范围，及时发现轨道板厂钢弹簧浮置板生产资质问题。

对轨道板、轨枕等重要设备进行驻厂监造，对设备生产过程中的重要工序、重要实验、重大节点等采取专项验收措施，及时排查并整改高等减振轨道板和钢弹簧轨道板批量生产前未做型式试验及钢筋笼松脱、轨道板养护条件不达标、自密实混凝土和现浇道床外观不达标、扣件安装不达标等一系列质量问题，防止出现由于材料及设备性能不满足设计要求而造成的质量缺陷问题。

4.5.2 强化"样板引路"的管控作用

为避免质量缺陷引起的大面积返工,对轨道现浇道床、预制板道床、减振垫道床、钢弹簧浮置板道床等重点施工工艺和工序分别设置样板段,实施样板工程管理。通过树立施工作面交接样板、施工工序样板、施工工艺样板,强化"样板引路"在工程质量中的管控作用,实现工艺操作的标准化和规范化。

(1)施工顺序上的卡控。开工前要对施工方进行工艺交底,尤其是操作层的关键工艺要交底到位,如凿毛的深度和间隔、钢筋网片的间距、土工布的粘贴、扣件扣板的安装、浮置板道床顶升顺序等,严格按照首件验收顺序和流程进行,现场要排好首件验收计划和施工协调进行,避免出现首件过早或晚于施工的情况。

(2)统一标准、统一管理。轨道专业有三个标段,且每个标段项目较多,我们按照同一套标准对待,每个项目逐一交底、逐一验收,如发现其中一个标段或一个项目不符合要求,立即停止,组织施工单位分析原因,调整方法,施工单位重新制作首件(样板),重新报请验收至建设单位,经验收合格后方可进行该部分下一道工序和该道工序其他部分的施工。

(3)隐蔽工程的卡控。现场可能存在不按图施工、养护不到位、凿毛不彻底问题,要按计划安排好监理卡控现场施工,检验批和分项工程未经监理现场签字验收并留存影像资料,不得进入下一道工序。

轨道工程样板验收项目见表 4-1。

表 4-1 轨道工程样板验收项目

序号	样板工序内容	样板工序代表数量	备注
1	自密实混凝土填充层钢筋网片铺设/m	50	
2	预制隔离式减振道床板铺设/m	50	
3	扣配件安装/m	50	
4	60 kg/m 钢轨铺设/m	50	
5	一般及中等减振现浇整体道床/m	50	
6	9 号曲尖轨单开道岔整体道床/组	1	
7	一般及中等减振预制板式无砟道床首件/m	50	
8	钢弹簧浮置板减振道床/m	50	
9	9 号曲尖轨单开道岔隔离式减振道床/组	1	

4.5.3 常态化检查

为打造 12 号线精品工程,定期组织各参建单位对施工现场进行专项检查,发现施工中存在较多的施工过程监管不到位、半成品及成品质量不达标、成品保护不到位等质量问题。一旦发现此类问题,应第一时间要求施工单位采取措施进行整改闭环,并对该问题在会议上通报,以点带面对其他作业面排查同类型问题。同时,要求施工单位传达交底至一线,要求领导带班作业,落实隐蔽工程施工监理全过程旁站,日常检查安全文明施工质量等。以下是一些日常检查的问题：

（1）基底凿毛深度和间距未落实设计标准，导致基底混凝土与上方自密实混凝土无法牢固地契合。基底凿毛后效果如图 4-1 所示。

图 4-1　基底凿毛后效果

（2）底座竖向钢筋高度过高或过矮、变形或塌陷，未按设计要求布置，无法起固定上方轨道板作用，如图 4-2 所示。

图 4-2　底座钢筋未按设计要求布置

（3）材料、设备在铺轨基地现场未做好半成品保护，导致钢筋生锈，影响轨道使用寿命，如图 4-3 所示。

图 4-3　桁架式轨枕生锈

（4）轨道板存在本身开裂或土工布粘贴不牢固、不平顺、边缘不平整等问题，影响轨道整体受力特性，如图 4-4 所示。

图 4-4 轨道板质量问题

（5）混凝土污染扣件和钢轨表面，导致扣件难以拆卸安装，钢轨表面坑洼，影响使用寿命和日常使用，如图 4-5 所示。

图 4-5 扣件污染

4.5.4 抓关键设备关键节点验收

（1）提前做好关键节点施工前条件验收，如轨行区移交前验收、铺轨（调试）行车前验收、铺轨基地验收。在轨行区移交前的验收要重点检查现场是否存在基底渗漏水、基底标高不足或侵入建筑限界、基底垃圾未清理等问题，严重的话会影响轨道工程施工质量，因此须全部问题整改完毕，且移交方和接收方的施工、监理和业主单位均签字才能正式移交。

（2）提前做好验收标准确立工作，根据企业标准、国家标准、企业标准、承包商方案制定安装验收表和功能验收表，标准要求清楚不含糊，功能验收全面彻底，对于不满足条件的进行抽验补测。对于某些标准不统一的，则按照合同要求，以时间近者为准。轨道专项材料进场检测时，发现部分项目在地铁行业中未明确检验方法，经过专题会议决策，可参考同行业标准，取要求较高的标准检测。诸如此类原则，提前开展标准梳理，防止出现无标准盲目开展工作的现象。

（3）做好验收标准的培训和交底，确立标准后，一般利用会议组织线上或线下交底和培训,尽量在施工前对监理单位、施工单位管理层、带班人员和一线施工人员,将现场操作步骤、操作标准和验收标准进行解读,当面手把手宣贯,做到人人懂标准、用标准。

(4)最关键的是需要强调验收人的责任,设备验收要签字,落实整个施工过程对验收结果负责。

4.5.5 加强现场安全管控

4.5.5.1 基于"精细化"管理思路下的网格化安全管理

通过"建设单位、监理单位、总承包单位、施工单位"四级监管,强化地盘管理对单元格中工程、场地、人员的巡查,建立监督及处置相协调的一种工程动态管理方式。

(1)制定网格化安全管理责任牌,并设置在铺轨基地出入口及车站指定位置,责任牌上的网格员必须与现场当值网格员一致,如责任牌人员与实际在岗人员不同,视为责任牌上网格员未在岗履职。同时,每日应根据施工内容及具体工序要求,在作业面设置的公示白板上用简明易懂的语言填写风险提示,风险提示与作业内容同步更新。

(2)在铺轨基地出入口、轨行区铺轨小吊、车辆段、停车场、主所及车站等指定地点设置打卡记录本,各方网格员巡查时按顺序依次签到,不得代签和为其他单位网格员预留补签空位。

(3)各参建单位结合自身工程特点,编写网格员工作手册,指导网格员开展监管工作,提升其安全管控能力和水平。监理单位、总承包单位、施工单位网格员上岗期间应佩戴网格员胸牌(含照片、单位、姓名等信息),各参建单位应为网格员配置喇叭、耳麦、袖标、胸牌、口哨、对讲机等网格员标配的物品。

(4)各单位在执行网格化安全管理模式时,或多或少存在一定的问题,甚至在模式推行过程中,也存在一定的阻碍及困难。究其根本,主要是管理人员及网格员对网格化安全管理认识不足、部分内部管理不规范、职责划分不清晰、安全监管存在缺漏、工作执行粗糙、按经验处事等。对此,自 2021 年 9 月起,先从思想意识层面切入,多次组织召开网格化安全管理制度宣贯会,加强各单位对制度执行要求的理解,并提升网格化安全管理意识,同时约谈个别阻力较大单位的管理人员,使其充分认识网格化安全管理模式的本质及推行的必要性,从而带动基层员工积极推进该项工作。再从实际操作层面深入管理,日常检查中增加对网格化安全履职情况的检查,同时定期开展专项检查,并对检查结果以发通报、奖优罚劣等方式,强化各单位履职管理意识。

4.5.5.2 专业调度超前介入、专业化管控轨行区安全

安排专业调度员提前介入,以专业的行车组织及施工管理经验进行两方面管理:一是管理轨行区施工作业,包括优化作业申报及审批流程、协调各施工作业、审批周施工计划等;二是管理二级调度室,包括人员培训,提升现场调度员的专业素养,在调度室增设"模拟板",强化轨行区安全管理,常态化检查调度室工作,压实调度员工作职责;三是管理施工现场,包括轨行区出入管理、施工现场管理等。

12 号线工程有三个轨道工区,每个轨道工区设立一个轨行区调度室,每个调度室负责各自管段内的轨行区管理工作,全线设立一个联合调度室,负责统筹全线的轨行区工作协调。3 名运营行车调度员加入到建设期的轨行区管理工作。3 名运营行车调度员作为联合调度室成员

统筹全线管理，同时每人分管一个轨道工区，且作为该轨道工区轨道专业的网格员。

（1）轨行区规章制度建立。

相比于运营期的轨行区管理，建设期的轨行区所面临问题的复杂性远远大于运营期。建设期轨行区的人、机、具都充满种种不确定性，当这些不确定性交织在密闭空间时，必然会导致危险源的产生。所以对于进入轨行区的作业标准和流程必须建立清晰、严明的规章制度，让轨行区管理有章可循，对违章作业进行处罚时有规可依。当运营专业调度介入轨行区管理后陆续发布《深圳市十二号线轨道交通有限公司工程建设期轨行区管理办法》和《深圳市十二号线轨道交通有限公司工程建设期轨行区管理实施方案》，以此作为轨行区管理的基本准则。

（2）调度人员面试、笔试。

在轨行区管理过程中，轨行区调度员负责现场作业条件确认、作业的请销点、设备监控、工程车辆的运行、应急处理等工作。轨行区调度员对轨行区管理有着不可替代的重要作用。而一名合格的轨行区调度员必须具备扎实的业务基础、高度的责任心、丰富的工作经验等必要条件。

在运营专业调度介入轨行区管理后，先后组织了两次轨行区调度员的笔试和面试工作。笔试的主要内容包括轨行区规章文本的基础知识以及施工作业组织情景模拟；面试的主要内容包括轨行区日常管理要求、突发事件处理以及轨行区管理建议。结合笔试和面试的最终成绩来选拔一批能承担轨行区管理重任的调度员。

选拔结束后运营调度将运营的轨行区管理经验与建设期轨行区管理现状相结合，对调度员开展日常培训和安全交底，对调度员工作职责、安全职责、应急处置等方面进行加强培训，促使各工区调度员对轨行区进行严格管理，降低轨行区作业风险。

（3）设备功能完善。

人，掌握轨行区管理的安全核心；系统，实时记录和更新轨行区作业情况。一套完善的轨行区管理系统有助于调度员更高效、更直观地开展相关工作。在运营调度介入轨行区管理工作后，对轨行区管理系统功能做了如下改进：

① 新增作业冲突检测功能。动车作业与非动车作业在请点时必须保持 200 m 及以上的距离，否则后加入的作业则无法请点。以此达到在轨行区内实现人车分离的效果，降低作业风险。

② 优化批点流程。每一项作业的审批都必须经过专业监理、业主代表和调度员的审批方可施工。一项作业，多方卡控。

③ 增加行调确认请点功能。施工负责人通过扫描二维码（作业票二维码）请点。但请点并不代表具备施工条件，只有当调度员根据现场情况判断具备作业条件后在系统上进行确认请点，同时生成带有联合调度室的印章，此时施工负责人方可凭带有印章的作业票进入轨行区到达指定的作业区域开始作业。

④ 超时作业显示。此功能可监测已超出作业时间的作业，以此对相关作业作出提醒，避免影响其他作业的进场。

⑤ 规范作业的安全注意事项。针对动车作业、非动车作业、带电作业、停电作业等不同作业类型作业提出不同的安全注意事项，提醒施工负责人和作业人员做到有针对性的安全防护。

（4）轨行区作业计划管理。

建设期轨行区作业计划受影响的因素较多，变化较多，所以对轨行区作业计划实行周计划和临时计划管理，督促各专业按计划开展作业，使工程进度按照工程需求有序推进。各工

区每周三提报下周作业需求,每周五召开轨行区调度例会,各工区相关负责人参会。联合调度室根据工程进度现场协调冲突作业,在确保安全的前提下保障各工区作业的顺利开展。

根据调度例会的作业协调结果于每周六发布《12号线轨行区作业周通告》,各工区根据施工通告将下周作业计划录入轨行区管理系统,联合调度室按时按需审批。在周计划施行过程中如有突发情况导致作业无法按计划开展,或者需要新增临时计划,此时由相应工区填报临时计划申请单,由本项目经理审批和监理审批后上报联合调度室,联合调度室根据实际情况进行审批。

（5）轨行区检查。

运营调度介入轨行区管理后,在联合调度室成员和轨道工区网格员双重身份下,每周至少进行3次现场检查。检查范围包括作业安全防护、作业票是否按规办理、是否按计划请销点、现场作业隐患以及轨道专业施工质量等。在实时掌握工程进度的同时也对检查过程中发现的安全隐患和工程质量问题进行记录,并向相关单位提出整改要求。对于一再发生的惯性违章或是严重的安全隐患或质量问题,对相关责任单位予以罚款和通报,甚至约谈项目相关负责人。

每周汇总轨行区检查问题并对上周发现的问题进行闭环管理,形成《12号线轨行区管理周报》发送至各单位,在对问题单位提出整改要求的同时也对其他单位进行提醒,避免同样问题的发生。

4.5.5.3 借助"全覆盖"的视频监控系统及"精准定位"的定位模块为轨行区安全管理助力

（1）视频监控系统（图4-6）。

要求在铺轨基地、散铺基地、下料口、站台区域、联络通道等施工关键、重点位置或龙门吊、铺轨小吊、轨道车、铺轨机等机械设备上安装视频监控系统。一是可以通过远程监控,为施工安全加一道保障;二是通过视频记录,便于突发情况下的事件分析。

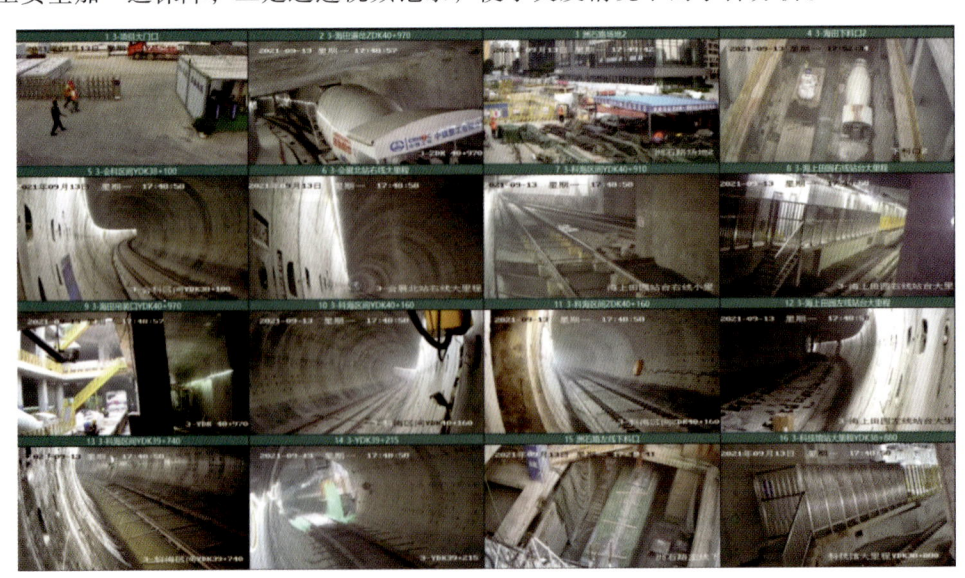

图4-6 视频监控系统

① 高清录像。

系统不仅支持抓拍高分辨率图片，还能在白天或夜间实现 24 h 高清视频录像功能，分辨率可达 1 920×1 080。

② 数据存储。

系统将前端采集的数据保存在后端中心的硬盘录像机，数据可以保存 15 d 以上，以便发生材料丢失或安全事故的时候可以随时调取查看。

③ 数据防篡改。

系统支持从前端摄像机对视频录像添加水印，也就是从数据的源头加密，防止在传输、存储、处理等过程中被人为修改，断绝了数据篡改的可能性。

（2）人员定位系统（图 4-7）。

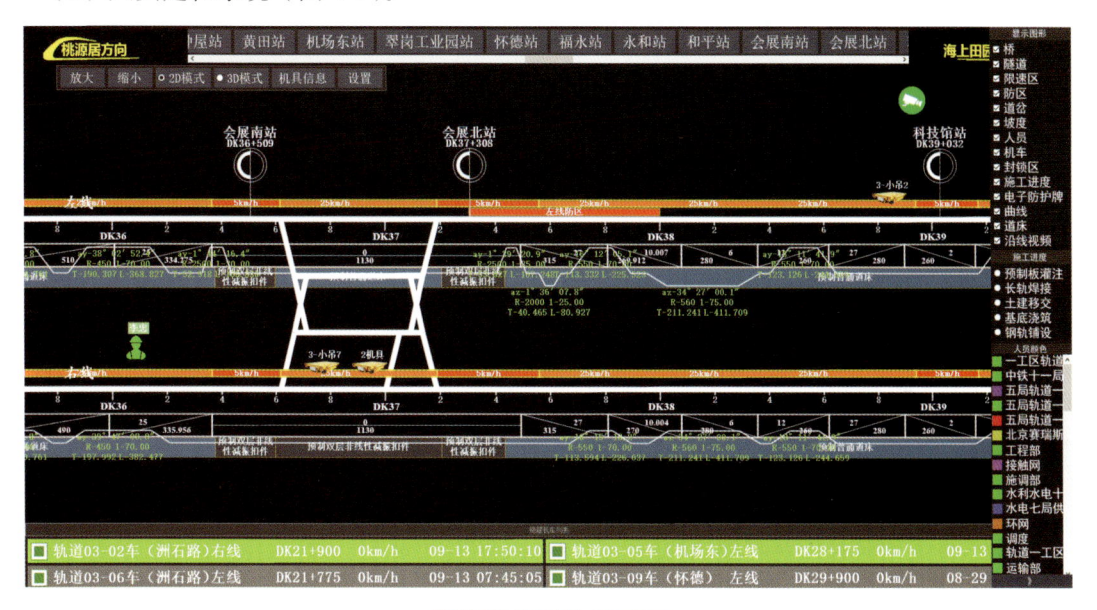

图 4-7　人员定位系统

要求在施工作业负责人、轨道车司机、铺轨机作业人员的安全帽上配备定位模块，实时监控人员位置信息，实现施工作业远程卡控。

采用在隧道安装人员定位基站、工作人员佩戴人员标签的方式，可实现人员实时定位，并生成相应的统计表格以供查询。当人员经过基站时，自动检测人员定位标签进行人员角色分级并用不同颜色标注在调度监控大屏上实时显示。隧道人员定位管理系统可以集隧道施工人员具体位置定位、人员考勤日常管理等功能于一体，使管理人员能够随时掌握施工现场人员、机具的分布状况，便于进行更加合理的调度管理以及安全监控管理。当发生事故时，救援人员可根据该系统提供的数据，迅速了解有关人员的位置情况，及时采取相应的救援措施，提高应急救援的工作效率。

4.5.5.4 首创轨道车障碍物防撞系统，保障轨行区作业安全

建设期的轨行区作业场景复杂，站后工程开始铺轨作业、供电作业、信号作业等各项施工全面铺开，轨行区作业面交叉施工多、人员管理难度大，安全风险高。从保障轨行区作业安全的角度出发，我们团队首创了一套适用于建设期的轨道车障碍物防撞告警系统。障碍物防撞系统安装在轨道车两端，端面处安装摄像头、雷达两位一体机，该系统结构简单，拆装便捷。在行车时，该系统能精确识别轨行区行车限界范围内前方 100 m 的障碍物，实时检测前方机车、行人，判断与前方机车、行人之间的距离、方位及相对速度，当存在潜在碰撞危险时，系统会发出语音播报信息，提醒司乘人员及时刹车和避让，有效保障轨道车的行车安全，提升轨行区的安全管理能力。

4.6 运营筹备阶段

为了尽早发现问题、尽早解决问题，提高设备运行可靠度，轨道团队组建了运营委外维保队伍。为了快速提高委外维保队伍发现问题的能力，公司制定了网格化管理办法和章程，并将以往的运营维护经验总结成培训课件和专项检查表，开展了新线介入人员培训和考核，利用飞行检查、网格化检查和专项检查，对轨道设备进行开通运营前介入检查。在运营筹备期，主要检查钢轨接头焊接质量、道床表面质量、轨道几何尺寸、浮置板道床外观、扣件安装情况和标志标牌紧固情况等重点问题，发现问题后，提出相应的整改要求和改进措施，并安排专人对照整改方案跟进和闭环管理。具体发现问题如下：

（1）赤湾停车场和机场东车辆段库内部分轨道立柱与钢轨位置存在严重偏差，导致立柱受力不均运营后可能会导致立柱开裂，如图 4-8 所示。

措施：因轨道立柱与钢轨紧密相连，为提高车辆段库内施工质量及精度，首先检查施工单位在混凝土浇筑前是否根据设计资料定位测量；然后检查施工前是否做好设计交底，施工过程中，模板安装偏差是否在误差范围内，并安排责任心强且技术过硬的人员现场检查，以及时发现问题，以免混凝土浇筑后才发现；接着检查浇筑混凝土时混凝土中砂石的粒径、钢筋间距以及混凝土浇筑后振捣是否密实、是否移位，浇筑混凝土前要做好扣件保护，避免扣件污染。最后还需要进行测量校核，介入发现的问题，最好设置专业人跟进闭环。

图 4-8　立柱道床偏斜

（2）钢弹簧浮置板道床板侧应采用钢丝网、板端采用玻璃纤维布进行密封，避免杂物进入钢弹簧浮置板道床底部，玻璃纤维布采用 M8 螺栓进行固定，运营过程中发现全线钢弹簧浮置板地段密封胶条、钢丝网翘边，极易出现破损，存在人员绊倒的安全隐患，一旦破损，如图 4-9 所示，浮置板板缝将有异物进入，影响浮置板的正常功能。

措施：针对钢弹簧浮置板道床密封条及两侧钢丝网，提出在原设计中密封条的固定要求上，对密封条、钢丝网增设压边条并且明确压边条的尺寸，确保固定牢靠不出现翘边。

图 4-9　钢弹簧浮置板密封条破损

（3）存在道岔区域无独立照明导致照明不足的问题，如图 4-10 所示，影响设备检修维护。

措施：应尽早发现此类问题并提出整改要求，将其录入一体化平台系统，做好全线和段场排查，整理出专项问题清单，对照清单整改和验收。

（4）道砟不足问题（图 4-11）。停车场和车辆段、出厂线、入场线、道岔区位置等多股道道砟不足、边坡薄弱，导致线路整理后反复下沉，出现欠超高、钢轨接头处明显下沉、滑床板空掉等病害，线路整理后反复下沉导致多处曲线出现欠超高，道床维修工作量大。

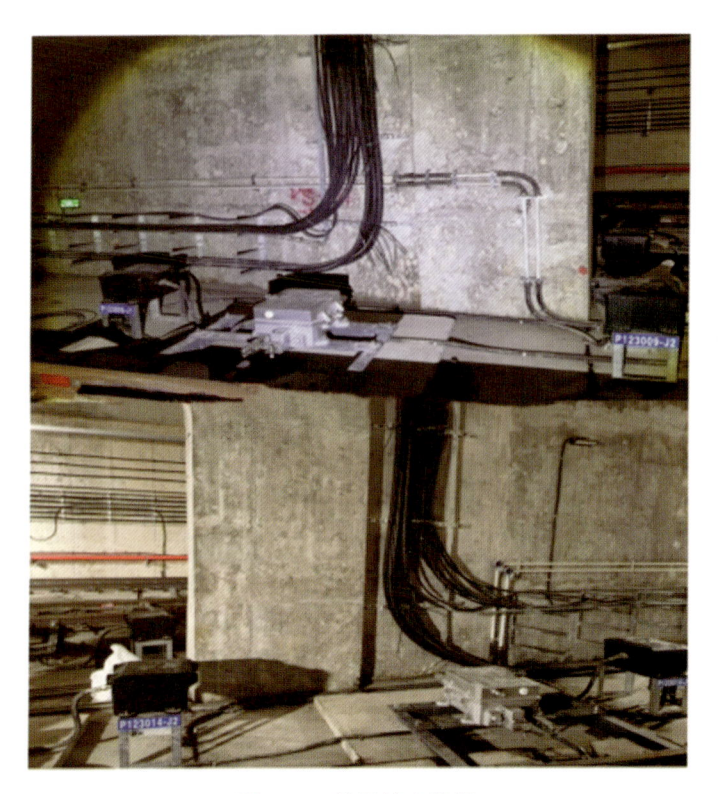

图 4-10 岔区缺少照明

图 4-11 道床缺砟

措施：段场缺砟是新线开通前存在的共性问题。首先是参与各种验收前，检查路基压实度是否满足要求；其次，查看道砟到货数量是否与设计一致，如发现数量相差太大，可以与项目总工、业主代表沟通或在会议上提出；最后，跟紧段场工程车压道后轨道几何尺寸检查和道床外观检查结果，压道后施工单位要及时起道、补砟、捣固和整道，安排维保队伍复验，道砟不足应提前计划购买。

（5）立柱标志牌不稳固标志牌安装不到位、缺失或未安装（图4-12）。一度停车标、停车位置标、股道标等底座固定不牢固，部分底座未浇筑。立标标志牌卡扣固定不牢且未作防锈处理，标志牌缺失，螺栓缺失未处理。

措施：发现该问题后立即组织排查同类型问题，确定是个案还是共性问题，统计问题清单后，监理组织会议确定整改方案，针对底座未浇筑的情况，要求重新植筋浇筑混凝土，标志牌更换为不锈钢的材质。

图4-12 立柱不稳

（6）平胶道口问题（图4-13）。平胶道口橡胶块施工质量不符合要求，反复下沉或翘起，影响行车安全。

措施：检查橡胶块材质是否按照设计要求提供。如不符合，要求施工单位更换；如符合，则要求施工单位打开橡胶块，重新补砟、捣固、覆盖道口橡胶块，不平整的地方切割或填缝。

（7）道岔精调不到位（图4-14）。道岔尖轨尖端不密贴，道床下沉导致道岔几何框架变形。

措施：检查尖轨本身是否有质量缺陷，钢轨是否有硬弯，滑床板是否有裂纹或缺陷，检查道岔转辙部分的轨道几何尺寸，如有超限则按验收标准整改道岔几何尺寸。如发现严重质量缺陷，应做好标记，要求施工单位更换，确保轨道设备正常不影响行车。

图 4-13 道口不平整

图 4-14 道岔精调不到位

（8）钢轨扣件地脚螺栓套筒失效问题（图 4-15）。正线、车辆段存在多处轨道扣件地脚螺栓套筒失效，造成轨道几何尺寸超限，影响轨道结构稳定。

措施：安排全线、段场排查并做好交底，发现类似问题做好标记，按照工作量设定完成时间节点，现场需要安排人员复核，确保所有失效螺栓套管已更换。

图 4-15　扣件地脚螺栓套筒失效图

（9）全线区间存在过轨铁质管线及前期铁质过轨管线绝缘整改不到位（图 4-16）。

措施：由总承包单位牵头组织各专业施工单位对照清单全面排查及整改。整改需一次整改到位，最后由轨道专业人员验收。

图 4-16　管线绝缘整改不到位

（10）区间备用轨未采取加固措施，列车振动导致轨料移位侵入限界（图 4-17）。

措施：在道床上安装吊环膨胀螺丝，用铁丝固定牢靠，确保备轨不侵限。

图 4-17　备用轨料未固定

（11）正线车挡线缆问题（图 4-18）。车挡信号线采用的过轨管不符合要求，出现过轨管破损、信号线裸露、保护不到位、线缆为紧贴结构走线在道床与隧道壁的拐角处存在悬空状态等情况。信号线缆破损导致车挡信号传输中断。

措施：总承包单位牵头各施工单位，排查管线保护套管材质，更换耐用材质的过轨管，保护车挡信号并对裸露的信号线加装过轨管进行保护。

图 4-18　车挡线缆问题

(12)全线轨道动态检测超限问题。经动态轨检车检查发现,全线Ⅳ级轨向超限 2 处,Ⅲ级轨向超限 5 处,添乘线路状态,存在明显晃车现象,影响乘客舒适度。

措施:施工单位在开通前加强线路精调,至少保证精调 3 遍,尤其是曲线地段和道岔地段。

4.7 难点与应对措施

土建工程施工完毕后,轨道工程处于承上启下的阶段,施工进度和质量对后续站后系统设备专业有着一定的影响。轨道工程具有点多、面广、环境复杂、大型设备工器具多等特点,对质量卡控和安全卡控要求高,管理人员综合素质要求高。在建设 12 号线轨道工程中,遇到了一些困难,这些困难主要来自外部因素和内部因素。主要如下:

(1)轨行区移交时间不确定性,给轨道专业进场施工和全面铺轨带来了诸多困难。

应对措施:每周召开轨道推进会,公布轨行区移交进度、节点卡滞原因和相关措施落实情况。提前根据轨行区移交进度,与相关单位沟通协调,安排设计图出图、材料到货、人员进场等工作,尽可能无缝对接。加大人员投入,满足轨行区移交后的大面积施工需求。

(2)轨行区小散工程多、人员安全意识差、流动性强,给轨道施工及地盘管理带来较多安全隐患。

应对措施:组织进入轨行区施工人员学习轨行区安全管理办法,设置专人负责管控轨行区出入口,出入口处和轨行区设置明显标识,指导施工人员正确使用工器具和劳保用品,要求施工负责人带班,进出轨行区与联合调度室联络并做好登记,防止人员随意进入轨行区,加强与联合调度室联系,确定沟通机制及责任人,确保信息快速流转至现场。

(3)轨道板生产厂家资质不齐全、生产经验不足、资源调配能力不足,阻碍了全面铺轨的进程。

应对措施:安排专业人员对厂家进行检查和指导,严格落实国家 CRCC 资质的要求,业主单位驻场检查厂家生产设备情况、生产工艺流程、操作人员专业能力以及整改问题的落实情况,安排专业监理常驻轨道板厂,对日常生产和出厂情况进行检查,保证生产质量。通过协调总承包单位和设计院,合理安排轨道板厂的生产计划和资源供应计划,保障现场和板厂供需关系平衡。

(4)轨道监理人员数量不足,缺乏专业经验,管理能力薄弱,造成业主方管理轨道施工的难度增大。

应对措施:前期梳理合同相关条款,对监理单位申报的人员对照合同,安排专项考评,不满足合同要求和工程需求的人员一律清退,不足人员要求监理单位按期补齐。后续加强对监理人员现场管理能力和责任心的考查,定期组织季度考核和日常检查,其中包括网格化检查、周检、月检等,定期召开周会和月度会,考察和指导监理单位的工作成果,及时与监理单位沟通,做到监理单位和业主目标达成一致。

(5)机铺基地位置局限性较大,其面积小、狭长,上方有高压线,导致作业面无法施展,散铺基地局促,不利于下钢轨和存放设备材料,影响作业面的全面铺开,导致效率低下。

应对措施:与土建工区协调散铺基地的存放范围,并划定区域,尽量避免交叉施工,防止发生安全事故。充分规划机铺基地,充分思考和规划利用基地的面积,功能分区合理,排水和消防位置适宜，钢轨、轨道板存放时间不宜太长，尽可能缩短存放时间，减少周转占用周期，安排基地位置向两侧延伸铺轨，充分利用铺轨基地。了解基地封口时间，切勿在封口后才开始运料和施工。

（6）总承包单位介入管理深度不足，前期站前站后协调力度不足，重站前轻站后，导致土建工程结束后轨道施工局面被动。

应对措施：加强与 A 包业主单位的沟通，召开大型调度例会，说明站前、站后受制约问题以及需要协调解决的事项，通过会议促进总承包单位了解站后专业凸显问题，从上级层面、思想上、目标上，与站后各专业达成一致。

虽然施工过程中出现一些状况，但经过探寻和摸索，我们团队采取了相关措施协调和解决，与深圳地铁集团签订建设管理咨询服务委托合同，充分借力深铁建设的管理经验和对设备供货商的考核管理权限，强化项目公司在这方面的短板。运用 Project 项目管理软件，编制切实可行的工期网络计划，制定"年、月"施工计划，严格按计划组织施工。实行经济承包责任制，充分调动全体员工的积极性和创造力。强化项目经理部责任，抓好施工中的统筹、协调和控制工作。充分利用现有成熟工法，积极推广应用"四新"技术，合理调配资源，结合工程实际适时调整施工方案和工艺，不断提高劳动生产率。

4.8 二期工程优化建议

四期工程总体上在以往前三期线路基础上有很大的进步，如自密实混凝土技术、扣件应用技术、减振降噪技术等。经过 12 号线一期工程的应用，发现有些设备功能和细节处理方面存在漏洞，需要技术上不断优化和完善，具体如下：

（1）钢弹簧浮置板道床板侧采用钢丝网、板端采用玻璃纤维布进行密封，避免杂物进入钢弹簧浮置板道床底部，玻璃纤维布采用 M8 螺栓进行固定，运营过程中发现全线钢弹簧浮置板地段密封胶条、钢丝网翘边，极易出现破损（图 4-19），存在安全隐患。建议提高密封条及钢丝网的材质要求，明确防火要求，延长使用寿命。

图 4-19 浮置板道床密封条破损

（2）钢轨涂油机目前已具备可远程监控、调节、报警等多种功能，如图 4-20 所示，在线路运营过程中便于管理和监控，但目前设备管理权限及信息仍掌握在厂家手中，存在信息泄露等安全风险。建议将钢轨涂油机的远程监控系统在后续建设接入公司综合监控系统，并进行统一管理，保护网络信息安全。

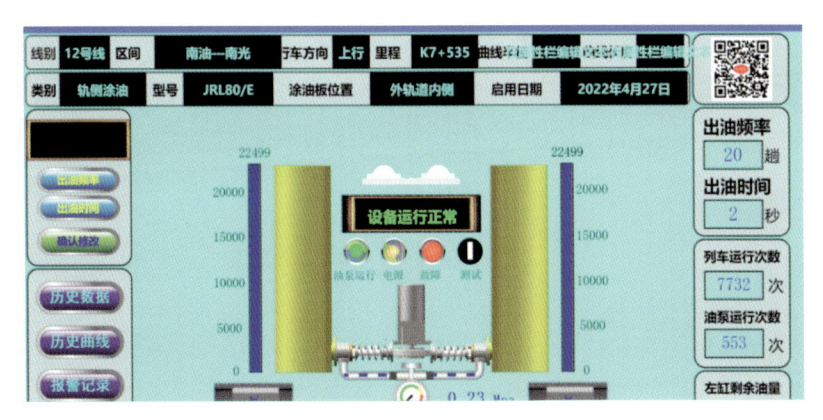

图 4-20　涂油机在线监测

（3）轨道线路标志牌加固使用单螺母，后期运营存在脱落风险，如图 4-21 所示，影响行车安全。建议设计文件中明确采用双螺母固定，防止松脱。

图 4-21　标志牌螺栓缺失

（4）轨道备品备件作为运营期间应急抢修使用，特别是在运营初期，运营单位轨道备件主要来源于建设合同移交，目前设计文件中的备品备件清单，在项目及数量上与运营生产需求存在很大偏差，后期协调、变更存在一定困难，影响运营安全。建议在设计阶段充分采纳运营的意见，细化规格型号、数量。

4.9　小　结

轨道工程于 2021 年 4 月开始进场施工，至 2021 年 12 月全线轨通，历时 9 个月。在此过程中，我们与建设管理单位、设计单位、施工单位、监理单位各方团结密切协作，通过定期召开会议、管理人员包保、跟踪协调问题、制定详细稠密的进度计划、质量计划、安全管理方案和风险管控方案等，最终解决了一个又一个技术难点、资源短缺、工期紧张的难题，达成了一个又一个目标任务，同时积累了一些成功经验，为深圳地铁轨道交通建设运营增添了浓墨重彩的一笔，为后续二期工程和行业内其他地铁线路轨道工程建设提供改进建议。

第5章

接触网

深圳地铁12号线开通以来，接触网专业设备运行稳定，各系统关键设备从未发生故障，从未造成运营晚点和客服影响。这样的成果离不开接触网专业团队在一期线路建设施工介入过程中的辛勤付出，同时也展示出一期线路建设中接触网专业团队的实力和素质。在此供电项目组对深圳地铁12号线一期线路建设工程中接触网专业系统的介入工作经验进行总结。

本章回顾了深圳城市重点工程12号线一期工程接触网专业系统建设过程中接触网专业团队的实力和素质。从设计图纸审核、招标采购管理、合同谈判、设计联络、出厂验收、施工调试、运营筹备、施工难点、应对措施、优化建议这十个方面进行介绍，可以看出接触网专业团队在各个环节中取得的成果及发挥重要作用。

接触网专业团队在一期建设工程中积累了许多经验教训，总结分析并解决了一系列问题和困难，接触网专业团队在深圳12号线一期工程接触网系统建设中展示了出色的实力和素质。接触网专业团队在各个环节中的努力和成果为深圳地铁及深圳的发展做出了重要贡献，为今后的二期接触网专业工程建设提供了重要参考，接触网专业也将在12号线二期工程的建设过程中汲取了一期经验教训，严把质量关，以质量管控方案为核心，力争将二期接触网系统工程打造成示范工程。

5.1　工程介绍

深圳地铁12号线一期工程主要包括33个车站、2个主变电所、赤湾停车场、机场东车辆段以及深云控制中心（NOCC）。其中轨行区中接触网系统工程涉及正线、机场东车辆段、赤湾停车场均采用DC1500 V架空刚性接触网供电，设备安装包括支持悬挂安装、汇流排、接触线架设、架空地线架设、隔离开关安装、分段绝缘器安装等施工工程，同时在设备使用过程中与其他专业系统设备之间的接口关系数据需正常实时反馈，推进实现与既有线联络通道的互联互通的救援功能。

5.2　设计审图阶段

接触网专业在设计审图阶段，为有效解决图纸审核问题，避免现场重复返工，对各阶段图纸审核要点清单化、责任化，明确图纸审核接收及反馈机制、审核方式、审核依据及过程材料收集等9项工作，做到有效闭环管理。

（1）接触网专业及时提醒设计单位应在设备安装前将设备安装施工图和有关文件提交建设单位，由建设单位转交监理项目部，监理项目部下发至承包商，明确了图纸审核的流程顺序，提高了图纸审核的效率。

（2）设备安装施工前，接触网专业及时跟进由建设单位或监理组织"设备安装施工图技术交底会议"。由设计人员及有关单位人员向承包商进行设备安装施工图技术交底。其主要内容应包括：设备安装工程概况、工程特点、设计内容、技术规范和标准、施工图纸组成情况及图纸清单、安装技术要求、与相关专业接口、质量控制点等，做到了工作清单化，提高了工作的连贯性。

（3）接触网专业及时跟进，由设计单位负责填写"施工图交底记录"，并由参加施工图技术交底会议的各单位代表签认后,分发各单位存档备案,保证了图纸审核交底的有迹可循,明确了供需,避免了后续的施工阶段的反复争议。

(4)接触网专业及时跟进设计单位对设备安装施工图交底说明后,与承包商一起就安装施工图与现场实际情况(包括:设备安装基础、进出口接口位置、尺寸、标高、与其他专业设备接口等),逐一进行检查,并做记录。如发现图纸或安装现场有问题应请有关部门及时解决,如此解决了设计与现场存在严重不符的问题,降低了后续施工可能出现的风险。

(5)接触网专业及时跟进可视化接地装置、隔离开关、分段绝缘器、单向导通装置、限界门等设备设施的图纸更新,核查图纸的细节问题,降低施工和运营故障率以及成本。

(6)接触网专业及时跟进会科区间、科海区间保持旋转腕臂安装方向一致,即底座安装在隧道同一侧,保证了安装与图纸一致,提高了接触网设备的稳定可靠性。

(7)接触网专业及时跟进以保持与变电所图纸中设备编号一致,对应可视化接地系统带电显示灯编号调整如下,钟屋站 DDX-2151 调整为 DDX-存 1;钟屋站 DDX-2171 调整为 DDX-存 3;钟屋站 DDX-2161 调整为 DDX-存 2;钟屋站 DDX-2181 调整为 DDX-存 4。解决了接触网可视化系统图纸复杂的问题,简化了现场设备的辨识程度。

(8)接触网专业及时跟进核实现场马蹄形隧道锚段关节处预埋槽道情况,如与图纸设计不一致,则应尽量多考虑利用预埋槽道,部分悬挂点可进行相应调整,调整后的相邻跨距比不应大于 1∶1.25。解决了接触网实际现场施工与图纸不一致的问题,及时提出解决困难的办法,降低设备安装困难程度以及建设成本。

在前期设计审图阶段中,接触网专业及时跟进核实施工图进度,审查把控应在设备进场安装之前全部完成,为施工提供有利的前提条件,避免现场因等图纸而影响整体的施工进度。

5.3 招标采购阶段

(1)接触网专业为了使实际生产的材料满足设计和施工要求,需要对拟供应厂家进行实地考察,考察前还必须掌握厂家的资质、业绩、合同履约情况、经营情况等,为后续厂家考察准备充分。接触网专业考察主要了解厂家是否能够落实设计文件、设计联络阶段定的技术标准,其中主要包括:

① 审查投标人资格要求。要求投标人具有有效期内的 ISO9000 系列质量管理体系认证证书及检验认证中心颁发的产品认证证书。

② 审查投标人是否具有国内城市轨道交通集成供货业绩和用户出具的使用良好情况证明,如为正线设备,需具备正线供货业绩,通过工商登记网站、企业网站等,查询合同主体目前实际的企业规模、经营情况。

③ 投标人是否具备一定的接触悬挂系统集成组装设计能力。

④ 投标人配套合作的其他零部件生产厂家是否满足用户需求,如:生产许可资质、注册资金、质量管理体系、供货业绩等,审查发包人涉税涉诉纠纷等风险情况,施工所需资金是否已经落实或可能落实,全面掌握其履约能力、信誉状况。

⑤ 审核供应商是否为联合体投标。

⑥ 审核投标人是否存在《中华人民共和国招标投标法》《中华人民共和国招标投标法实施

条例》禁止投标的情形。

⑦审查供应商银行资信、商业信誉，财务状况是否良好，没有处于被责令停业，财产被接管、冻结、破产的状态。

⑧审核供应商的履约能力和交货进度保证措施。在有限的工期节点内，考察供应商是否具有具体、完整、合理的组织生产、供应的能力，满足每月最大供应量的供应措施。特别是接触线、分段绝缘器、绝缘子等体量大的关键设备。

（2）在接触网设备招标过程中，接触网专业结合自身运营需求和设备表现可对备品备件清单进行梳理。

①接触网专业进行备品备件的清单梳理，对合同上的设备和初步设计文件概算清单进行初步梳理，形成一份接触网专业需求齐全的清单，如备件清单中是否包括汇流排防雨罩、刚性分段绝缘器铜滑道、尖轨和隔离开关摇把等，需重点关注和留意。

②接触网专业根据以往设备表现和既有线运营设备经验测算设备的使用寿命周期长短判断是否易损件（可用性），如隔开电机、辅助开关、行程开关、传感器及交流接触器等易损件，考虑故障对于运营安全的影响（可靠性），结合故障应急保障的需求和采购周期长短，决定是否采购和数量。

③在接触网设备招标过程中，接触网专业梳理了接触网系统设备的产品型号和供货商清单，具体见表5-1。

表5-1 接触网系统设备的产品型号和供货商清单

序号	子系统	设备名称	规格型号	设备说明	供货商	负责采购单位
1	接触网	电动隔离开关不带接地	GW-1.5/4000 ZDT	正线	长澳	水电七局
2	接触网	电动隔离开关带接地	GW-1.5/4000 ZDTD-JY	段场	长澳	水电七局
3	接触网	手动隔离开关带接地	GW-1.5/4000 ZDTD-JY	段场	长澳	水电七局
4	接触网	手动隔离开关不带接地	GW-1.5/4000 ZDT	正线、段场	长澳	水电七局
5	接触网	可视化自动接地装置	EPD-1500系列	正线、段场	普创	水电七局
6	接触网	降压所通信设备箱	EPD-TCGL系列	正线、段场	普创	水电七局
7	接触网	可视化接地站级监控主机	EPD-2000系列	正线、段场	普创	水电七局
8	接触网	中心级可视化接地管理工作站电脑	EPD-OCC系列	正线、段场	普创	水电七局
9	接触网	中心级可视化接地管理工作站服务器	EPD-OCC系列	正线、段场	普创	水电七局
10	接触网	带电显示装置	EPD-VA系列	正线、段场	普创	水电七局
11	接触网	分段绝缘器	F.4262.150	正线、段场	富雷尔福莱	水电七局
12	接触网	单向导通装置	NZDD1-3000	正线、段场	南自	水电七局
13	接触网	回流箱	JLX	正线、段场	南自	水电七局

续表

序号	子系统	设备名称	规格型号	设备说明	供货商	负责采购单位
14	接触网	均流箱	HLX	正线、段场	南自	水电七局
15	接触网	接触线	CTA150	正线、段场	康远新材料	水电七局
16	接触网	架空地线	JT120	正线、段场	江阴电工	水电七局
17	接触网	1500 V 直流电缆	FYS-WDZA-GEY3-DC1500 V 1×150	正线、段场	南大	水电七局
18	接触网	汇流排	HL2213（12 m）	正线、段场	中铁高铁电气	水电七局
19	接触网	机械预弯汇流排	半径 45 m	正线、段场	中铁高铁电气	水电七局
20	接触网	汇流排终端	7.5 m	正线、段场	中铁高铁电气	水电七局
21	接触网	汇流排中间接头	铝合金	正线、段场	中铁高铁电气	水电七局
22	接触网	刚性悬挂用针式绝缘子	GJ-1.5A，瓷	正线、段场	道麦逊	水电七局
23	接触网	防爆绝缘子	316 L	正线、段场	道麦逊	水电七局
24	接触网	复合绝缘子	GJL03A-D，硅橡胶	正线、段场	广水市高强度电瓷	水电七局
25	接触网	悬式绝缘子	FGM-1.5/70-370，硅橡胶	正线、段场	广水市高强度电瓷	水电七局
26	接触网	中心锚结绝缘棒	350 型，GD（ZM）-2001，硅橡胶	正线、段场	广水市高强度电瓷	水电七局
27	接触网	中心锚结绝缘棒	500 型，GD（ZM）-2001，硅橡胶	正线、段场	广水市高强度电瓷	水电七局

为有效把控建设期项目开展，接触网专业在招标采购阶段开展跟进工作以便为后期项目管理过程中做好了项目管理和风险管控工作，招标采购阶段顺利完成。

5.4 合同谈判阶段

接触网专业成立合同谈判组，在接触网系统设备公开招标采购前期，走访调查供货设备厂家，了解他们中标后，将会如何应对各种施工节点的供货规划及材料准备，对设备图纸、技术规范等施工中可能存在的问题提出运营建议，综合考量设备厂家是否能保证工程建设的设备质量和施工进度。同时根据招标文件和澄清补遗文件，对中标候选人的投标文件进行了认真审核，提出了若干需要中标候选人澄清及承诺的问题，要求中标候选人按照招标文件规定进行承诺。

5.4.1 可视化接地系统合同谈判

（1）接触网专业要求刚性悬挂分段绝缘器绝缘体采用高强度玻璃芯棒和硅胶材质的复合

材料，以具有滑板的耐磨性能。要求设备使用高强度复合材料，可进一步保证设备的长期可靠使用。

（2）接触网专业要求刚性悬挂分段绝缘器本体的紧固件采用高强度材料，其防松措施采用双叠垫圈，满足了长期振动的要求。

（3）接触网专业要求刚性悬挂分段绝缘器滑道初始耐磨厚度为 9 mm，当其厚度小于 4 mm 时，需更换滑道。要求质保期间满足设备分毫必争的磨耗要求，大大保障了运营期间的厂家质保可靠程度。

（4）接触网专业要求刚性悬挂分段绝缘器本体在正常安装维护情况下，使用寿命不小于 20 年（设备长时间运行会出现机械性金属疲劳导致设备老化），并进一步要求厂家，提高了材料的质量，提高了接触网设备的可靠性。

5.4.2 隔离开关设备合同谈判

（1）接触网专业要求电动操动机构的操作电源额定电压为 DC220 V，当操作电压在额定电压的 85%～110%范围内波动时，应保证隔离开关能可靠分、合闸；开关的操作时间应不大于 4 s，满足开关分、合闸的速动性条件。

（2）开关柜操动机构应设表示分、合闸位置的指示器，隔离开关分、合闸位置应准确，且终端具有可靠的定位装置。通过添加机构的分合指示，大大提高了设备工作的可靠性。

（3）接触网专业要求卖方提供的 GW-1.5/4000ZDT 型电动隔离开关的隔离断口最小开距 ≥180 mm，可保证隔离开关一侧的接线端子到另一侧任何一个接线端子间不能有危险的泄漏电流通过。对泄漏电流做到提前预想，保障设备本体和人员维保时的安全。

（4）接触网专业要求卖方提供的 CJW-IB 型电动操作机构的安装尺寸适合隧道或支柱上安装；隔离开关整体安装完毕后，其最外端凸出墙面不大于 550 mm。通过限制设备限界，压缩设备的尺寸，降低了后期运营过程中设备侵入轨行区的可能性。

合同谈判阶段中，接触网专业积极跟进，了解和审查施工规划和各种措施、施工准备情况，保证工程的进度推进。对图纸、技术规范等工程施工可能存在的问题进行强调，保证了设备进场安装前材料要求。

5.5 设计联络阶段

接触网专业共经历两次设计联络，设备安装及实际使用中面对的技术细节都是在接触网专业设计联络会讨论确定。设计联络讨论结果，是要求厂家对设备功能具体细节需求和实现方式明确并落实到位，并充分地考虑运营在使用过程中的合理需求。设计联络需求如下：

（1）要求防爆绝缘子安装在锚段关节、线岔、露天、隧道渗漏水、中心锚结及最大（最小）拉出值悬挂点处，具体参考数量如下：防爆绝缘子 2 546 个；左炮台—臣田北（含车站）1 155 个；臣田北（不含车站）到终点 1 317 个；机场东车辆段 74 个。提高接触网绝缘子的性能要求，以降低设备故障率。

① 要求四海站车站范围内左右线轨顶风道底板厚度为 150 mm，车站中部 8 个悬挂点风管下锚栓安装时应采取措施避免将风道底板打穿。车站范围内其余悬挂点处轨顶风道底板下净

空高度不小于 5 000 mm，Y27-13 悬挂点中心锚结安装图号调整为参照 4/12/D01/S/L00/DCO/QT/040033/A，将 040033/A 图中零件 8"中心锚结悬挂定位装置"改为"水平腕臂抱箍"。因地制宜，降低了接触网建设难度及成本。

② 区间调线调坡后与线路专业和结构专业核实后，要求左太区间的一段隧道原设计图中为矿山法区间（YDK01+179.994～YDK01+350.000）变更为盾构区间，现将平面图中相关悬挂点安装图调整为预埋槽道安装，具体如下：悬挂点 Y04-13～Y04-23 图号更改为 4/12/D01/S/L00/DCO/QT/040011/A，悬挂点 Y04-24～Y05-10 图号更改为 4/12/D01/S/L00/DCO/QT/040012/A。由于调线调坡后悬挂点 Y04-13 处轨上净空高度不满足中锚安装，因此 Y04 锚段中锚由悬挂点 Y04-13 调整至 Y04-12，相应的调整控制点拉出值至 Y04-12。因地制宜，降低了接触网建设难度及成本。

③ 接触网专业要求南头古城及灵芝站分段绝缘器数量：南头古城站为 3 台，灵芝站为 3 台。通过明确设备数量，保证设备安装不易出错，降低设备安装错误率。

④ 接触网专业要求会展南站 D10-4 悬挂点处补充中心锚结安装一处。通过增加中心锚节，提高了接触网悬挂支撑的可靠性。

⑤ 接触网专业要求钟屋站 D01-6 中锚调整至 D01-9 处。通过修改中心锚节定位点位置，保证了接触网悬挂支撑的可靠性。

⑥ 由于土建施工误差，接触网专业调整南头古城站（含）至中山公园站接触网平面布置图。因地制宜，保证设备连贯安装，提高接触网系统稳定性、降低设备后期运营维护难度。

（2）接触网专业要求设计联络议题主要围绕进一步了解合同中建设单位的需求，明确合同设备与其他专业的接口，对地铁工程专用设备的产品技术设计进行审议认可为目的展开工作。其主要内容如下：

① 接触网专业通过工程设计总体单位向设备供货商或集成商介绍地铁设备工程的设计情况，进一步明确建设单位的需求。

② 接触网专业明确设备安装与土建接口问题，为设计单位进行施工图设计提供必要的数据和技术资料，减少后期运营和设计的中间联络环节，提高沟通效率。

③ 接触网专业明确合同设备与相关系统设备之间的接口问题，方便后期运营维护。

④ 接触网专业直接与供货商或集成商沟通，介绍设计方案、设备性能、技术参数及要求、产品技术条件、出厂验收标准。对设备质量要求直接管控，降低后期设备故障率以及设备修改成本。

⑤ 接触网专业确认设备关键材料、主要元器件、外协件供货商资质的审查及对供货商或集成商企业质量管理体系的。保证供货资质的可靠。

⑥ 接触网专业审查供货商或集成商提供合同设备的产品技术设计是否满足合同文件技术规格书的要求，确保设计符合要求。

⑦ 接触网专业及时解决在技术澄清阶段的遗留问题，以免将问题遗留到开通运营阶段，方便后期的运营维护。

⑧ 接触网专业明确设计接口、安装施工接口、预埋件供货（采购）和安装辅材等要求，能在施工期间做到有条不紊。

⑨ 接触网专业对设备投产前技术准备工作的审查，提高系统稳定性、降低设备故障率。

⑩ 接触网专业对非标准机电设备的产品设计审查，按《设备产品设计审查管理程序》执

行。做到有章可依，有据可依。

⑪ 接触网专业明确合同技术规格书中"在设计联络会上确定"的相关内容，保证了问题争议项闭环销项，提高了工作的可靠性。

技术细节都是需要在设计联络会上讨论确定。由于是四期工程项目，所以接触网专业在以前的经验和教训上，对设备功能的具体细节需求和实现方式可以更加清晰并落实到位，充分考虑到在后期实际运营使用过程中的合理新增需求。

5.6 出厂验收阶段

接触网专业根据采购合同以及技术规格书的标准，对设备进行出厂验收，对发现的不符合标准的问题及时要求厂家进行整改。出厂验收结束后，要求承包商制定设备到货进场计划表，严格按照工期节点进行供货，并要求施工单位在设备到现场安装后特别要注意成品保护，防止设备损坏以及被盗事件的发生。

出厂验收主要检查设备的生产流程、硬件材料是否达标、防火防水是否达标，还有就是测试设备的硬件和软件，查看各设备参数是否符合合同设计要求，各设备功能是否符合合同要求。出厂验收的目的在于验收接触网系统各零部件是否能够正常运转，生产、装配过程中是否出现质量缺陷、疏漏、丢失、破损等问题，以及工厂是否有遗失零件或者是功能失效情况，尽可能地在发运前排除这些问题。

同时在可视化接地系统设备验收中，发现设备的组装问题应要求厂家进行整改，并要求可视化接地厂家对软件的各项功能进行了升级完善，提高了接触网系统的可靠运行。

5.7 施工调试阶段

接触网专业在接触网系统设备现场调试阶段，主要涵盖接触网设备安装位置校核、测量、导高及拉出值定值调整、平推、限界检测、冷滑、热滑等试验，可视化接地软件安装及系统单体功能运行正常的各项功能测试及检查的工作。接触网专业的施工调试阶段总共分为4项，具体如下。

5.7.1 接触网限界检测

接触网专业为了确保无设备侵限现象，设备基本限界满足列车安全运营要求。限界检测是对安装的所有设备及相关建筑物限界进行测量。在接触网安装调试完毕后，对各专业固定的或非固定的轨旁设备进行检测，以确认所有设施无侵入列车动态包络线现象。经过前后近十次的限界检测，对全线的超限结构、临时设施等完成了清理，为接触网的热换提供了充足条件。

5.7.2 接触网冷滑

（1）接触网专业检测接触网在受电弓作用下的技术参数，确保接触悬挂拉出值、接触线高度、关节和线岔过渡等关键技术参数满足设计要求。

（2）接触网专业第一次往返速度为 5 km/h，对每一处悬挂点、电连接、过渡关节、线岔、分段绝缘器、开关及引线连接、金具接地等所有部件，检查每处安装状态、绝缘距离、限界、过渡状态、导高、拉出值等。

（3）接触网专业第二次往返速度为 20 km/h，在第一次冷滑检查缺陷全部克服完成后进行，主要检查拉出值、硬点、关节过渡、线岔过渡、分段绝缘器过渡状态。

（4）接触网专业第三次往返速度为 60 km/h 或设计速度。在第二次检查缺陷全部克服完成后进行，检测快速冷滑弓网运行状态，受电弓与导线接触是否良好，只检查试车线。

（5）接触网专业冷滑试验后，按问题记录单逐项检查调整，对存在问题的关节、分段绝缘器等过渡状态，用受电弓检测调整，直至受电弓往返过渡平稳顺滑。

（6）接触网专业从首调段开始，机场东车辆段、赤湾停车场到全线冷滑，前后经过十余次，发现问题主要为接触网的技术参数由于时间关系未得到仔细调整的部分，经过冷滑检测后完成了整改，为热滑提供了必备条件。

5.7.3　接触网热滑

（1）接触网专业确保电动客车受电弓有良好的工作状态，接触网专业热滑试验由业主组织，由业主、运营公司、监理单位组成热滑试验小组，各相关施工单位参加，热滑试验由运营列车进行，在列车适当位置装设摄像装置，便于在车内通过监视器观测、记录受电弓的运行状态（特别是通过锚段关节、分段绝缘器、刚柔过渡元件及道岔处的运行状态）。

（2）接触网专业热滑试验分三次进行，第一次为 15 km/h，第二次为 45 km/h，第三次为列车正常运行速度，遵守线路限速条件进行。对产生火花的位置做好记录，热滑后进行检查处理。试验后填报相应的热滑试验报告。

（3）接触网专业最后经过首调段、机场东车辆段、赤湾停车场、全线冷滑共十余次的热滑试验，确保了列车的受电弓均处于良好的工作状态。

5.7.4　接触网设备功能验证

接触网设备主要有隔离开关、分段绝缘器、可视化自动接地装置及单向导通装置。接触网专业在整改设备调试期间，联合业主、监理单位、施工单位等相关单位进行了联调联试，发现的主要问题如下。

（1）隔离开关：缺少副螺母或者螺栓未紧固、隔离开关刀闸卡滞或中心线未重合、远程分合闸失败等问题均在调试期间完成了整改，保障了全线隔离开关设备的可靠运作，提高了设备运行期间的可靠性。

（2）分段绝缘器：冷滑时发现部分有轻微碰弓现象，经过仔细调整后完成整改，保障了全线分段绝缘器设备的可靠精调，提高了设备运行期间的正常功能。

（3）单向导通：部分电缆设计时无电缆支架、单导上级电源（监控子站的空气开关）失电无报警信号等问题，目前已完成整改。通过自主改造增加继电器点位保证了失电报警信号的正常上传，弥补了设备运行期间的缺失报警功能，提高了接触网系统的可靠性。

（4）可视化自动接地装置：接触网专业在测试期间发现机场东车辆段两台装置的一次电缆接错，导致电压采集错误，已完成整改；验电按钮、防视频卡顿呼吸灯、电压传感器故障较多，今后的设计可以考虑在这方面加强；停车场及车辆段出入线靠近正线的装置，操作权限归车站，可操作设备却安装在 DCC；出入线的装置，对应的闭锁隔开为各自的上网隔开，现场却是对应最近的联络隔开。通过排查整改，接触网专业修复了接触网可视化接地系统的所有故障问题，提高了系统稳定性、降低了设备故障率及设备隐患。

经过接触网专业的施工调试阶段设备的充分调试和推进，有效缩短了现场调试工期，提高了现场问题修复效率。对后续列车全自动运行预留了充分的时间去动车调试。

5.8 运营筹备阶段

接触网专业结合网格化检查和专项检查，运营筹备中主要发现以下接触网专业问题，并提出了整改要求和改进措施。接触网专业的运营筹备阶段问题总共分为 3 项，具体如下。

5.8.1 单向导通装置未动作导致烧伤钢轨

接触网专业发现机场东车辆段出入段线单向导通装置失效，绝缘节前后存在的电压差，列车长期经过导致钢轨烧伤，如图 5-1 所示。其原因为单向导通装置上级电源失电无报警信号，单向导通的消弧装置长时间未启动导致钢轨烧伤。

图 5-1 单向导通装置失效后钢轨烧伤

改进措施：建议新线建设时，接触网专业建议单向导通装置增加上级电源失电报警信号。

5.8.2 可视化接地装置硬件闭锁不合理

机场东车辆段及赤湾停车场 8 台可视化接地装置，硬件闭锁对应的是就近隔刀，缺少最近来电方向的闭锁。在正常供电模式下，KL1-黄 E 等 8 台可视化接地装置若高压闭锁故障，会有带电合闸接地的隐患。车辆段 KL1、KL2 四台可视化接地装置硬件闭锁如图 5-2 所示，赤湾停车场 KL1、KL2 四台可视化接地装置硬件闭锁如图 5-3 所示。

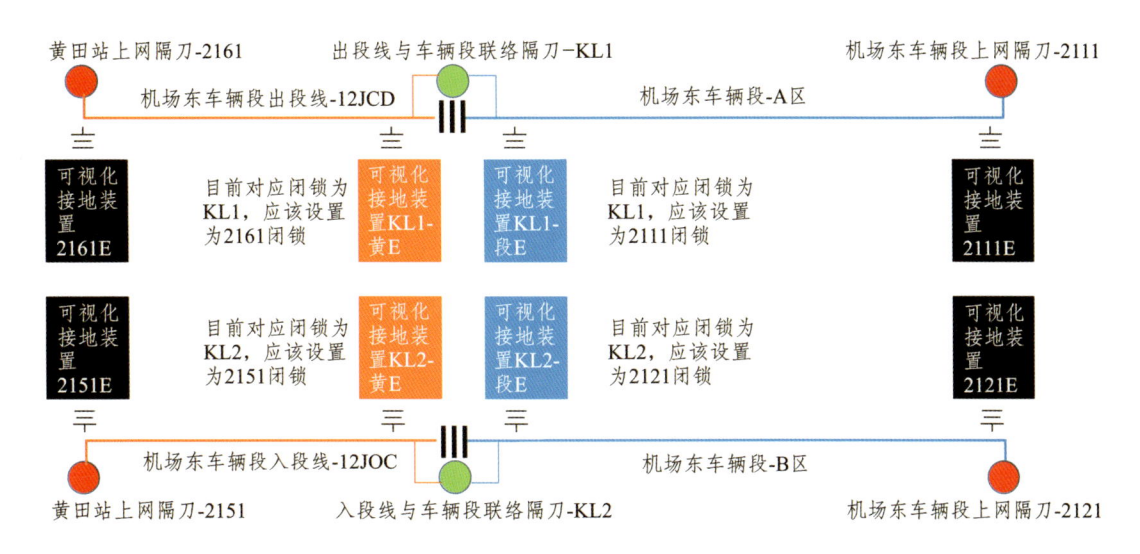

图 5-2　车辆段 KL1、KL2 四台可视化接地装置硬件闭锁

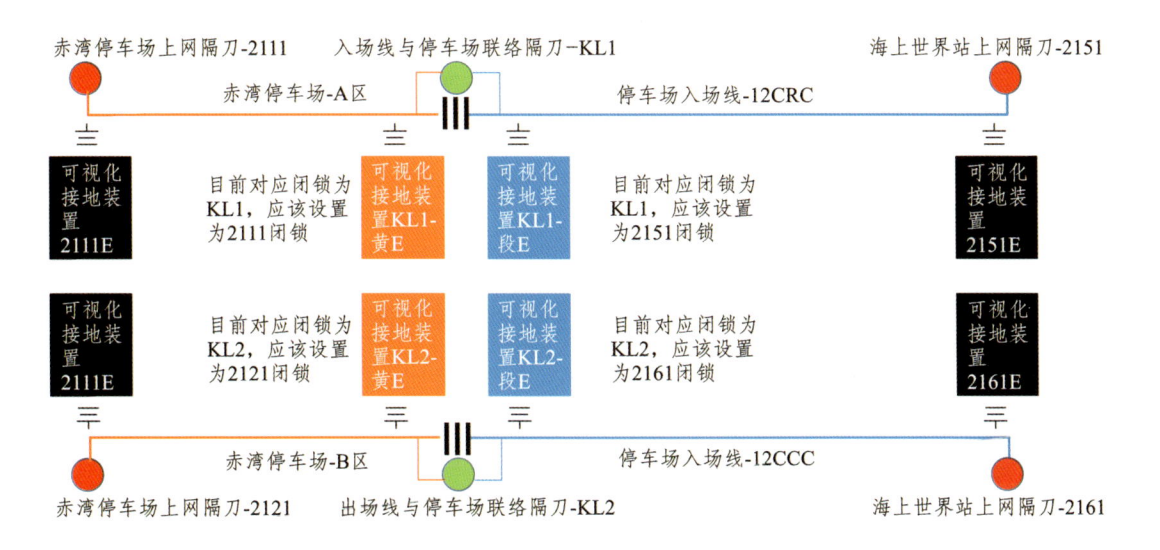

图 5-3　赤湾停车场 KL1、KL2 四台可视化接地装置硬件闭锁

改进措施：接触网专业后续跟进修改此 8 台可视化接地装置对应来电方向隔开的硬件闭锁。

5.8.3　可视化接地装置站控终端位置不合理

机场东车辆段可视化接地装置 KL1-黄 E、KL2-黄 E，可视化终端控制权限在黄田站，但操作机构在机场东车辆段 DCC。机场东车辆段 2 台可视化接地装置控制权限如图 5-4 所示。

赤湾停车场可视化接地装置 KL1-海 E、KL2-海 E，可视化终端控制权限在海上世界站，但操作机构在赤湾停车场 DCC。赤湾停车场 2 台可视化接地装置控制权限如图 5-5 所示。

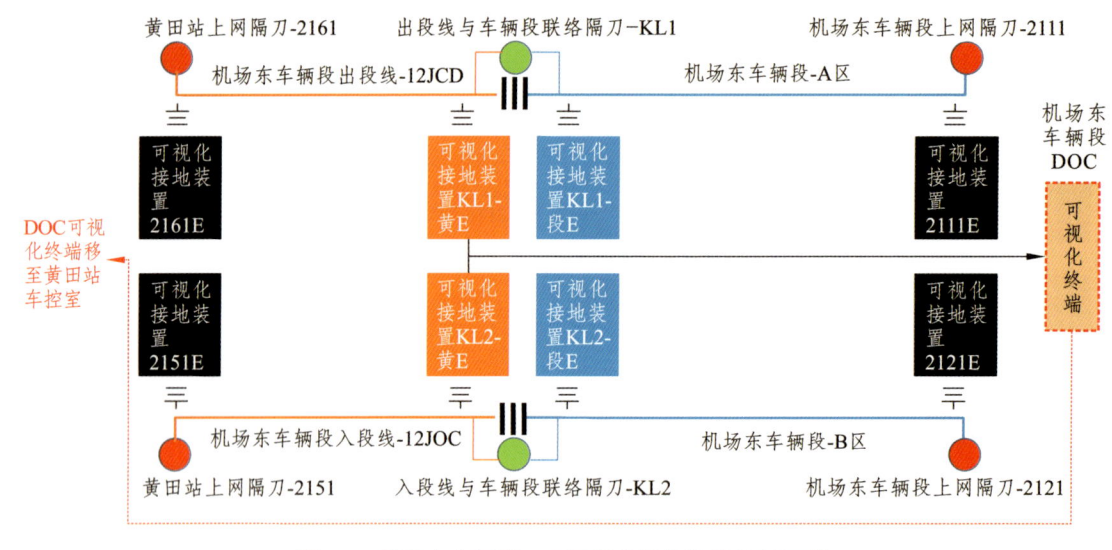

图 5-4　机场东车辆段 2 台可视化接地装置控制权限

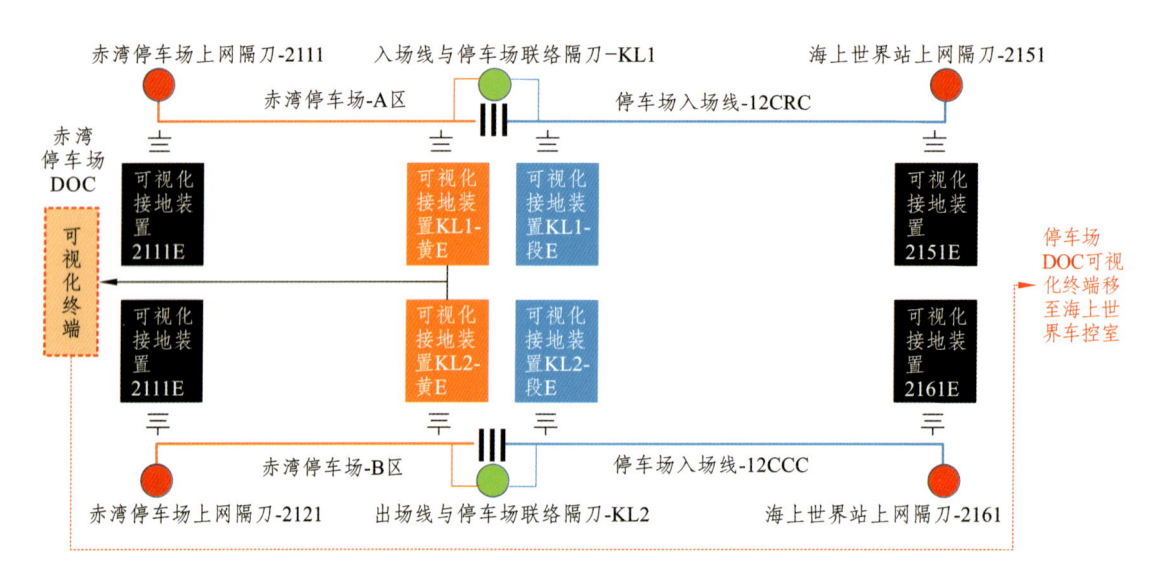

图 5-5　赤湾停车场 2 台可视化接地装置控制权限

改进措施：接触网专业现在需跟进并将 4 台可视化接地装置的操作机构、软件加装在临近段场最近的黄田车站及海上世界车站。

接触网专业在运营前的筹备期间，利用会议组织及现场检查，在施工介入期间加强对现场了解和及时解决现场发现的施工问题。保证每月组织召开接触网系统设备安装的参建单位按时参加工地例会、安全宣贯会等；每月至少两次现场踏勘并输出踏勘报告，及时了解现场情况和解决遇到的问题；每周一次安全检查；要求各单位自查，保障了接触网设备落实施工安全、施工质量、施工及调试进度各项要求。正是通过这些筹备期间施工工艺质量和标准的不断要求，使得接触网专业才能对现场所属设备运行状态更加熟悉，能及时了解设备运行状态，提高了设备在后续运营期间工作的可靠性。

5.9 难点与应对措施

本工程正线、段场轨行区分段施工进度不一致,分多段冷滑、热滑。针对热滑前后的难点进行工作梳理。接触网专业的难点与应对措施阶段问题总共分为 5 项,具体如下。

5.9.1 接触网悬挂

接触网悬挂存在以下现象:
(1)化学锚栓外露部分歪斜,导致运营期间难以调整。
(2)168 mm 型吊柱安装歪斜,导致运营期间难以调整。
(3)悬挂 T 型螺栓无外露,无法进行导高定值调整。
(4)汇流排上方有胶水,腐蚀汇流排,堵漏未进行防护措施。

接触网专业针对以上问题进行整改,盾构缝、轨顶风道堵漏的专业对接触网做好防护措施后再进行作业。这样在堵漏前要求加强外部保护,可减少人为损坏。

5.9.2 均回流电缆

均回流电缆存在以下现象:
(1)均回流螺母松动、未做防松标记,如图 5-6 所示。

图 5-6 均回流电缆螺母缺少、松动及未做防松标记

(2)钢轨侧铜牌未安装胀钉。
(3)机场东车辆段均回流电缆无支架、未做防护措施,且被水泥浇筑。

针对以上问题进行整改,对全线均回流螺母松动进行排查、划线,如图 5-7 所示;对缺少胀钉的铜牌及时更改并加强巡视;地面铺设电缆应有防护套,防止电缆磨损。及时进行现场排查跟进螺母等相关问题,对运营前期出现的问题及时排除,降低故障率的同时也方便后期运营维护。

5.9.3 隔离开关

接隔离开关存在以下现象:
(1)隔离开关传动杆与电缆互磨,如图 5-8 所示。

（2）隔离开关手动开关摇把与墙面距离过近。

图 5-7　全线均回流螺母松动进行排查、划线

图 5-8　接触网隔开传动杆距离近与电缆互磨

针对以上问题进行整改，督促相关专业将电缆进行绑扎固定，与隔开保持一定的距离；对摇把长度进行改进。保证设备与线缆的位置距离，提前发现设备的不合理现象，及时跟进处理，在磨破导致相关专业设备异常报警前完成整改，降低故障率的同时也方便后期运营维护。

5.9.4　导高拉出值

导高拉出值存在12号线运营开通后接触网部分区间导线磨耗异常的现象，影响较大的问题主要有：

（1）部分隧道净空限制，接触网导高无法按设计值调整。

（2）采用的底座+槽钢型式，但由于净空高度限制，导致槽钢与底座紧靠，无法调整导高。

（3）由于预留滑槽位置不合理，导致拉出值无法调整。

针对以上问题进行整改，根据实际情况，调整悬挂形式，及时选择可靠的设备型式，可大大提高接触网系统的可靠性。

5.9.5 化学锚栓问题

化学锚栓问题存在化学锚栓变形、试剂填充不密实、化学锚栓生锈、化学锚栓边距不足的现象,如图 5-9 所示。

图 5-9　接触网化学锚栓问题

针对以上问题进行整改,对化学锚栓的埋深、铅锤度等严格按照施工工艺进行施工,化学锚栓边距保证与渗水、结构缝处有足够的距离。提高了安装工艺要求,避免了施工缺陷导致的设备安装不良,降低故障率的同时也方便后期运营维护。

难点与应对措施的持续跟进,保障了在前期建设介入期间尽可能发现问题,后续能及时推进隐患整改工作,降低因设备安装调试隐患导致在运营期间出现故障。

5.10　二期工程优化建议

接触网专业对二期建设的优化建议总共分为 2 项,具体如下。

5.10.1　可视化自动接地装置投用严重滞后

可视化自动接地装置开通运营时未同步投入使用,接触网专业的很多精力都用在人工挂拆地线中,接触网的设备普查、施工遗留问题整改等工作相应地投入减少。

应对措施:今后在接触网进行冷滑时,将全部的可视化设备安装到位;冷滑后对可视化设备进行调试,与隔离开关在接触网热滑后投入使用。提早能在开通前投入使用,将会大大便利各专业的轨行区的整改工作,提高挂拆地线的工作效率。

5.10.2　化学锚栓的安装不规范

盾构隧道、明挖车站等需要安装化学锚栓的地方存在偏斜、埋深不足、变形等情况。

应对措施:① 首先是盾构区段,接触网专业在悬挂安装时,对预埋滑槽进行前期的检查,若存在不能使用的情况,优先由工建单位对预埋滑槽进行处理。② 化学锚栓的安装,施工单位要严格按照工艺进行把控。对悬挂安装前的检查并严格按工艺标准安装化学锚栓的要求,能够及时发现接触网施工过程中出现的化学锚栓的偏斜、埋深不足、变形等情况,以保障设备的可靠安装，降低设备故障率。

5.11 小　结

　　一期建设中，接触网专业运营团队与深铁建设同事团结一心，目标一致，以每个施工关键节点为工作目标导向，对设计、监理、施工和设备供货商四方进行协调管控，严抓工程进度、工程安全、工程质量，同时也根据实际工作情况对这三个指标进行平衡处理，出色地完成每个施工关键节点工作，保障12号线能高质量地开通。

　　12号线开通后，接触网设备系统运行稳定，保障了地铁的运营安全。12号线一期施工建设的成果是各方有目共睹的，但是整个施工建设中还是有很多细节存在不足，以上便是接触网专业针对一期建设施工期间的问题进行了全面总结，也希望在后续12号线二期施工建设中，接触网专业团队能够借助一期流传下来的优秀经验，正视一期施工过程中发现的不足之处，争创更优质的地铁建设工程。

第 6 章

变 电

变电系统是为城市轨道交通运营提供所需电能的系统，不仅为城市轨道交通电动列车提供牵引用电，而且还为城市轨道交通运营服务的其他设施提供电能，如照明、通风、空调、给排水、通信、信号、防灾报警、自动扶梯等，应具备安全可靠、技术先进、功能全面、调度灵活和经济合理等特点。

一期工程建设过程中，变电团队全面贯彻执行国家、地方政府的法律法规和上级的有关工程质量的方针、政策、规范和标准，对建设工程质量进行管控，建立健全建设单位质量管理制度，设置质量管理机构，配备与建设规模相适应质量管理人员，对设计、施工、监理等单位进行质量管理。

变电团队也同步在开展运营筹备工作。城市轨道交通新线运营筹备组织管理工作具有重要意义，能够及时发现各种问题，提升运营质量和效率，确保轨道交通安全、运行稳定。因此，需要引起相关人员的重视，不断对这一环节进行改进与完善，切实发挥出筹备组织管理的作用，为后续的运行奠定良好的基础。

本章总结一期工程建设以来变电方面的各种经验教训，有利于在以后的工作中扬长避短，更好地做好技术管理工作。下面从设计审图、设备招采、合同谈判、设计联络、出厂验收、施工工艺交底、现场介入、功能测试、工程验收等方面对一期建设的技术管理工作进行总结。

6.1 工程介绍

12号线一期变电工程建设包括：主变电所110 kV及35 kV电气一、二次系统和变电所综合自动化系统工程的设备采购、安装及调试工程，主变电所电源侧（供电局侧）接入系统工程，主变电所110 kV及35 kV进出线电缆通道工程的电缆及电缆支架的采购、安装及试验工程，同时负责主变电所施工安装工程的电力质监、与市供电部门签订调度并网协议和供用电合同等。车站及车辆段变电所（牵引降压混合变电所、降压变电所、跟随变电所）、环网电缆（含环网电缆支架）、杂散电流防护系统的设备采购、安装及调试工程。

6.2 设计审图阶段

在12号线一期设计审图阶段，根据以往运营经验，提出了4项改进问题，大大减少了运营维护成本，极大地方便了运营的维护管理工作，为安全运营打下了基础，同时也为后续工程建设图纸审查阶段提供了经验。

（1）号线设计单位在设备安装前将设备安装施工图和有关文件提交建设单位，由建设单位转交监理单位，监理单位发至承包商。

（2）号线设备安装施工前，由建设单位或监理组织"设备安装施工图技术交底会议"，必要时可邀请质监站参加。由设计人员及有关单位人员向承包商进行设备安装施工图技术交底。其主要内容应包括：设备安装工程概况、工程特点、设计内容、技术规范和标准、施工图纸组成情况及图纸清单、安装技术要求、与相关专业接口、质量控制点等。

（3）号线"施工图交底记录"由设计单位负责填写，并由参加施工图技术交底会议的各单位代表签认后，分发各单位存档备案。

（4）号线设计单位对设备安装施工图交底说明后，与承包商共同就安装施工图与现场实际情况（包括：设备安装基础、进出口接口位置、尺寸、标高、与其他专业设备接口等），逐一进行检查，并做记录。如发现图纸或安装现场有问题应请有关部门及时解决。

设计审图阶段熟悉拟建项目的基本情况、设备孔洞尺寸及施工图中容易出错的问题，在项目正常施工前，对可能发生的问题进行提前预防管控，为施工的顺利开展提供有利的前提条件，避免因施工图纸问题影响整体的施工进度。

6.3 招标采购阶段

12号线一期设计审图阶段，根据以往运营经验，主要从招标文件审查、供应商筛选及认定两方面进行。根据《工程材料管理办法》《甲控乙购设备材料建议品牌库管理办法》相关规定，按一类乙购（甲控乙购）设备材料进行管理。

6.3.1 招标文件审查

6.3.1.1 审查流程

材料供应商的资格审查应当以招标文件中所确定的技术规格和要求为依据，包括投标人所供材料的主要技术参数、性价比和供应商实力等。施工总承包单位应按合同约定的方式进行材料招标，一类乙购材料或用量较大的材料招标前应将招标文件报送建设单位审核，由建设管理部门组织招标文件评审会并出具审核意见，施工总承包单位根据审核意见修改后方可进行招标工作。

6.3.1.2 审查要点

（1）法律的符合性审查，主要看招标内容有无违反法律法规规定的内容，重点是运作程序、时间规定、报价方法、评标办法和合同主要条款等。

（2）审查实际的可操作性，根据前期用户需求书的要求，针对专用条款的内容，要充分考虑其合理性，审查招标文件的制定是否与招标项目的实际相吻合，是否易于操作。

（3）招标文件用语是否明确，是否存有歧义。

（4）审核评标办法是综合评标法还是最低价中标法，是否满足业主要求，评标办法是否合理。评标办法须严格符合国家有关法律、法规、规章及规范性文件的规定，符合招标投标的基本特性。判断标准和评分设置是否合理，指标是否量化，是否合规，加分项是否有特殊限制，分值设置是否合理，不能设置一些与采购不匹配的要求。

（5）供应商的资质设定是否合理、全面，资质、相应付款方式和条件（如交货地点、交货期、质保期、售后、技术参数允许偏差）等审核时，不能与法律法规相违背，不能构成歧视性条款排斥现在的供应商。表明实质性要求和条件时，审核文件中特殊符号所表达的内容，如出现两个以上不同的符号，要说明清楚该符号在文中的内容。

（6）审核招标文件中技术条款、商务条款是否完整，是否按照最新的招、投标管理办法，招标范围是否全面、准确，技术要求是否描述足够详细。

6.3.2 供应商筛选及认定

6.3.2.1 筛选及认定流程

承包商将拟定的材料供应商进行申报,并需监理、建设单位审批、备案。材料供应商申报前,承包商应向监理工程师、建设单位提出申报,经监理工程师、建设单位审查通过并签署《承包商申报表(通用)》后,承包商方可采购、使用材料。审批程序为承包商申报、监理单位审核和建设单位审批(建设管理部)、备案(安全质量部)。招标前要将招标文件申报给建设单位审核,初步招标结果要书面报给建设单位审核,再考察、审批、备案。

在供应商通过资质审查、厂家考察、监理和建设单位审定认可后,方可签订供货合同。

6.3.2.2 审查及考察内容

(1)企业资质文件原件。
(2)质量管理体系认证、环境管理体系认证。
(3)供货业绩合同关键页。
(4)原材料来源及进场记录、检测报告。
(5)类似产品权威机构检测报告。
(6)经会计师事务所或审计部门审计的财务报表。
(7)生产设备及检验设备。
(8)生产过程质量控制措施。
(9)生产场地环境健康状况。
(10)物资库管理状况。

6.3.3 设备承包商

设备承包商具体见表6-1。

表6-1 供货厂商

序号	设备名称	设备承包商	备注
1	35 kV GIS 开关柜	常州太平洋电力设备(集团有限公司)	重要设备
2	110 kV 户外出线间隔设备	江苏如高高压电器有限公司	重要设备
3	交直流屏	深圳市恒通电力设备有限公司	重要设备及容易故障设备
4	排流柜	珠海南自电气系统工程有限公司	重要设备
5	再生逆变回馈吸收装置	南京南瑞继保工程技术有限公司	重要设备
6	整流变压器、动力变压器及隔离开关柜	海南金盘智能科技股份有限公司	重要设备
7	整流器柜	中车永济电机有限公司	重要设备
8	直流1 500 V 关柜、钢轨电位限制装置	上海拓极轨道交通设备股份有限公司	重要设备

续表

序号	设备名称	设备承包商	备注
9	主所 35 kV SVG 设备	新风光电子科技股份有限公司	重要设备
10	主所 110 kV GIS 设备	现代重工（中国）电气有限公司	重要设备
11	主所 110 kV 气体变压器	常州东芝变压器有限公司	重要设备
12	主所二次设备及综合自动化系统	上海思源弘瑞自动化有限公司	重要设备
13	主所及对侧变电站二次设备	长园深瑞继保自动化有限公司	重要设备

通过对供应商提出的价格、质量、交期、技术、生产能力和财务状况等各种因素进行综合比较分析，以更合理的价格、更稳定的质量进行采购。

6.4 合同谈判阶段

12 号线一期合同谈判阶段，根据以往运营经验，主要从两方面进行。
（1）了解和审查的施工规划和各种措施、施工准备情况，及是否能保证工程的质量和进度。
（2）了解建议和要求，对图纸、技术规范等工程施工可能存在的问题。

6.5 设计联络阶段

技术细节都是在设计联络阶段讨论确定的。在总结已开通线路的经验和教训上，对功能的具体细节需求和实现方式更加清晰，并充分地考虑运营在使用过程中的合理需求。具体需求如下。
（1）工程设计总体单位向设备供货商或集成商介绍地铁设备工程的设计情况，进一步明确建设单位的需求。
（2）明确设备安装与土建接口问题，为设计单位进行施工图设计提供必要的数据和技术资料。
（3）明确合同设备与相关系统设备之间的接口问题。
（4）供货商或集成商介绍设计方案、设备性能、技术参数及要求、产品技术条件、出厂验收标准。
（5）对设备关键材料、主要元器件、外协件供货商资质进行审查，确认供货商或集成商企业质量管理体系。
（6）审查供货商或集成商提供合同设备的产品技术设计是否满足合同文件技术规格书的要求。
（7）解决在技术澄清阶段的遗留问题。
（8）明确设计接口、安装施工接口、预埋件供货（采购）和安装辅材等要求。
（9）对设备投产前技术准备工作进行审查。
（10）非标准机电设备的产品设计审查，按《设备产品设计审查管理程序》执行。

（11）明确合同技术规格书中"在设计联络会上确定"的相关内容。

在设计联络阶段，主要围绕进一步了解合同中建设单位的需求，明确合同设备与其他专业的接口，对供货商或集成商介绍设计方案、设备性能、技术参数及要求、产品技术条件、出厂验收标准。审查供货商或集成商提供合同设备的产品技术设计是否满足合同文件技术规格书的要求。

6.6 出厂验收阶段

12号线一期出厂验收阶段，根据以往运营经验，变电团队提出了6项改进问题，主要通过对文件审查及现场检测、试验等方面，按设备出厂验收大纲要求的检验项目逐项进行检查、测试和试验，并对照审核供应商提供的设备出厂自检试验报告。

（1）直流系统与交流系统间接线问题，要求施工单位严格按设计说明执行，电缆屏蔽层与铠装层在非直流设备侧单端接地，且在直流开关柜侧做好防护，严禁碰壳。

（2）所有的设备光缆、电缆须做好线缆标识，且对光缆的备用芯进行测试。

（3）现场检查发现交直流电源装置使用二次线缆的规格不是低烟无卤阻燃，不满足技术规格书的线缆的技术要求。

（4）有关蓄电池功能的测试在现场具备条件后开展，并提供试验报告。

（5）《微机监控高频开关直流电源系统出厂检验报告》内容不完善，电压调整功能试验稳流精度试验、稳压精度试验、纹波系数试验无测试数据，要求厂家整改。

（6）针对桥头西站4#变压器（编号：X1722S）在自检过程中线圈击穿的情况进行的分析报告，初步同意厂家分析报告结论，重新生产线圈。

出厂验收阶段主要按设备出厂验收大纲要求的检验项目逐项进行检查、测试和试验，并对照审核供应商提供的设备出厂自检试验报告。

供应商完成监理和建设单位代表对设备缺陷提出的整改及补充资料的要求，参与测试人员应对设备出厂试验的测试记录数据进行签认。

6.7 施工调试阶段

施工调试阶段主要为高压试验及保护调试，采用相应的手段对电力设备的运行性能进行连续的或者是间歇性的试验，将试验所得信息，结合电气设备规定的运行标准进行分析，从中发现设备隐患，并及时采取措施消除，防患于未然，以保障供电系统长期稳定运行。

6.7.1 高压试验

在高压试验中，准备工作就是要认真阅读分析说明书及试验报告，熟知设备结构，对安装有整体的把握。在开关柜内母线安装完成之后，技术人员应将母线筒内母线与变压器进线桥分离，目的是确认所有间隔的母线上没有出现杂物，杂物会影响到其绝缘性能，必须在准备工作时就做好清洁。母线检验完毕后是对耐压值进行检测，技术人员会利用试验加压，在加压的过程中观察并记录数据，来测试其耐压值是否符合规定的要求。

电力变压器系统调试的工作内容包括：变压器、断路器、互感器、隔离开关装置、常规保护装置等一、二次回路的调试及空投试验。

6.7.1.1 三相电力变压器的调试

（1）绝缘电阻和吸收比的测量：变压器绝缘电阻一般用兆欧表测量，1 kV 以下变压器选用 500～1 000 V 兆欧表，1 kV 及以上变压器选用 2 500 V 兆欧表。

（2）直流电阻的测量：测量三相电力变压器绕组的直流电阻，其目的是检查分接开关、引线和高低压套管等载流部分是否接触良好，绕组导线规格和导线接头的焊接质量是否符合设计要求，三相绕组匝数是否相等。

（3）绕组连接组别的测试：在施工现场常采用直流校验法来判断变压器的连接组别。

（4）变压器的变比测量：测量变压器变比通常采用变压比电桥法和双电压表法。

（5）变压器空载试验：变压器空载试验是在低压侧施加额定电压，高压侧开路时测量空载电流和空载功率损耗。三相变压器空载损耗可采用"三瓦特表法"和"二瓦特表法"测量。

（6）工频交流耐压试验：工频交流耐压试验主要检查电力变压器主绝缘性能及其耐压能力，进一步检查变压器是否受到损伤或绝缘存在缺陷。在试验过程中，如果测量仪表指示稳定且被测变压器无放电声及其他异常现象时，则表明变压器试验合格。否则，将可能存在变压器主绝缘损坏的情况。

（7）额定电压冲击合闸试验：变压器制造厂用冲击高压发生器模拟雷击引起的大气过电压做冲击合闸试验，以检验变压器主绝缘的绝缘强度。当变压器现场安装及上述试验完成后，还需进行额定电压冲击合闸试验。

6.7.1.2 互感器的调试

（1）电压互感器的交接试验：电压互感器的绝缘电阻测试；电压互感器的变压比测定；电压互感器工频交流耐压试验。

（2）电流互感器的交接试验：电流互感器的绝缘电阻测试；电流互感器变流比误差的测定；电流互感器的伏安特性曲线测试。

6.7.2 保护调试

保护调试工作尤为重要，因为它决定了今后的无人操作运行是否顺利。一旦在调试时发现保护装置动作与起初的设计有差异，技术人员必须秉着负责任的态度，报告负责人并联系相关人员进行调试。宁愿在开始时求稳不求速度，这样才能在今后的设备运行中减少故障的发生。

6.7.2.1 检查二次回路的安装接线

二次回路可根据端子图进行布线安装，因现场安装工人对二次回路不够熟悉，仅是按图进行施工。二次回路线缆数量较多，涉及设备及线缆走向复杂，施工中难免会出现接线错误。所以，现场调试的时候将二次回路的接线检查放在第一步，在连接控制回路、交流电流电压回路、电源回路等主要回路时必须仔细对线，及时排除缺少接线、错误接线、端子未紧固到位虚接线等二次回路故障,避免设备的保护、控制等功能缺失。

6.7.2.2 各个测控装置与各线路、电容器和主变机电保护装置的调试

调试保护装置一般依照厂家给的装置说明书上提到的保护逻辑、设计图纸、保护功能与参数设计方法,在端子处使用继电保护测试仪将其加入对应的电流、电压开关量,并校验保护装置的采样精确度和保护动作的准确性。调试保护装置时主要的步骤有:① 绝缘及耐压检验;② 初步通电检验;③ 外观及接线检查;④ 逆变电源检验;⑤ 开关量输入回路检验;⑥ 保护功能检验;⑦ 定值整定、固化和切换检验;⑧ 输出信号及接点检验;⑨ 模数变换系统检验;⑩ 整组传动试验。测控装置的主要功能是实现控制与完成采样。采样检验测试仪加电量时通常使用多功能交流采样,多个点观察装置采样是否有错误;调试控制功能重点在于检测每种控制功能能不能实现,有没有可靠的闭锁。

6.7.2.3 调试站用变保护与备自投装置

与主变、线路保护相比,站用变保护操作比较简单,保护装置的调试手段与内容和线路保护装置一样,结束了对站用变保护装置的调试后,主要对站用电备自投装置进行功能检验。步骤如下:假使两段母线分开正常使用,其中一段失去电压与电流,必须断开电路并确定折断母线的开关会主动跳转到分段开关,只能做一次;假设两段母线经过分段开关并排运行,都有电压,却只能进线一次,一旦其中一个失去电压电流,需要断开并确定其断开后会主动跳转到另一个开关,只能做一次;人工操纵断开一个开关后,备自投装置会主动退出。

6.7.2.4 检查并调试站用直流电系统

站用直流电系统的模型有双馈线与双电源结构,每个电源都有一台微机绝缘监测仪、一台集中监控机、智能充电模块。调试直流系统包含了绝缘监测仪与监控机的装置检查与试验、充电模块、蓄电池检查、各回路绝缘监测试验、充放电试验等。

直流电系统运行的特点是分段运行,两段直流电不能放在一起。所以,合上了直流电系统的全部馈线后,从绝缘监测仪获得的绝缘电阻值是最大的。另外集中监控机不仅要对各个蓄电池的充电、交流输入回路、容量与馈线回路实施监控,还要对后台的遥信遥测功能进行测验与检查。

施工调试阶段,通过检查施工缺陷,测定变电设备各项参数是否符合设计要求,并在测定设备的性能后对其进行调整,以便改善由于设备之间的相互不均衡导致的问题,确保提供良好舒适的使用环境。同时在系统调试的过程中积累总结系统设备材料的相关数据,为今后的系统运行及保修提供可指导性的资料。

6.8 运营筹备阶段

根据现场施工、设计、首保及作业过程中发现的问题,及时制定处理措施,并结合以往在新线建设中发现的问题,提前预防,严格按照要求执行,全面做好现场施工质量的管控。运营筹备阶段发现的典型问题如下。

6.8.1　设备孔洞封堵工艺不合格

问题：整流器进线电缆孔洞防火封堵工艺不合格，已大部分脱落，如图 6-1 所示。

影响：设备柜内孔洞封堵不全，存在潮湿、端子排生锈，这些极易造成设备跳闸、鼠患等问题。

措施：增加绝缘板，孔洞上方先放绝缘板，后加防火泥，增加防火封堵的牢固性。

图 6-1　孔洞封堵防火泥脱落

6.8.2　设备房内墙面穿墙孔洞未封堵

问题：全线车站设备房风管、线缆、管线等穿墙孔洞未封堵或封堵不严实，如图 6-2 所示。

影响：封堵不严格，易导致设备房内出现鼠患、潮湿、设备房灰尘过大等现象，影响设备使用寿命，且极易跳闸。

措施：相关问题通知责任工区及施工单位整改，如逾期未整改，拟将相关问题以工作联系单形式发送建设单位，请其督促相关单位整改。

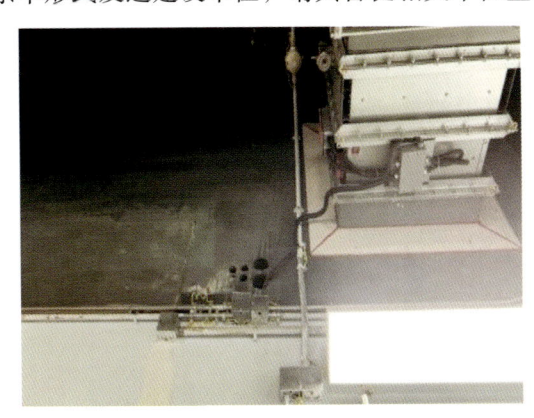

图 6-2　穿墙孔洞未封堵

6.8.3 设备房内基础设施未完善

问题：全线车站设备房存在 FAS（火灾自动报警系统）、机电等设备设施未施工完善，如照明开关、安全疏散指示灯等，如图 6-3 所示。

影响：基础设施未完善，影响设备房使用，线缆用途未明确，是否有电不明确，有安全隐患。

措施：现场发现问题人员及时反馈至施工方并确认设备用途，联系相关负责人跟进处理，直至隐患消除。如未及时处理的上报专业进行问题跟踪。

图 6-3 基础设施未完善

6.8.4 电缆夹层存在钢筋等施工遗留

问题：施工前期，电缆夹层存在施工遗留钢筋等存在安全隐患。

影响：电缆夹层照明不畅，环境较差，如图 6-4 所示，施工遗留的钢筋等设施容易造成人员人身伤害。

措施：施工人员穿戴好劳保用品，佩戴照明用具，现场管理人员做好把控工作。对于遗留钢筋等做好标识，如警示标识、防护措施等。并及时与施工单位沟通进行钢筋切除工作。

图 6-4 电缆夹层存在钢筋及遗留垃圾

6.8.5 电缆牌未挂或标识错误

问题：电缆敷设完毕后，施工单位未及时悬挂电缆标识或随意悬挂。

影响：电缆如出现损伤，需更换时，未能第一时间确定故障电缆。

措施：电缆敷设时做好电缆牌挂设工作，且做好标识工作。

6.8.6 轨行区内迷流端子大量缺失及未密贴安装

问题：全线轨行区内迷流端子大量缺失及未密贴安装，如图 6-5 所示，存在钢轨打火及放电风险。

措施：施工前期做好工艺卡控工作，并在前期验收时做好质量把控。

图 6-5 迷流端子缺失及未密贴安装

6.8.7 环网电缆外护套破损

问题：环网电缆受施工影响，存在破皮现象等，如图 6-6 所示。联络通道处，楼梯挤压电缆造成电缆外护套受损。

措施：加强施工把控；设计合理考虑电缆敷设环境。

图 6-6 环网电缆外护套破损

运营筹备阶段，在设备首保及巡检消缺等过程中发现问题并不断完善设备功能，提出优化建议，提高设备运行性能，保障 12 号线正式开通。同时不断完善运营管理制度及生产要求,提高人员技能培训。了解现场设备运行状态,提高设备性能。

6.9 难点与应对措施

根据现场工作实施进度,主要遇到下列问题,并积极制定应对措施,推进工作开展。

(1)表计能管系统前期未进行调试,导致后台无法上传电量。施工调试阶段,未进行 35 kV 表计能管系统的调试,导致 35 kV 开关柜表计频繁工况退出,且后台无法正常查看表计数据(主要为牵引电量及能馈电量数据统计)。对此需抽调大量人力进行现场数据查看,并且频繁工况退出会造成大量的故障发生。

应对措施:针对表计频繁工况退出及后台无法查看表计数据,经过现场排查发现为开关柜表计接线错误导致,对此安排人员进行统计汇总,经过自主排查与整改,完成了全线表计接线错误更改。

(2)在筹备期,委外承包商对生产业务流程、物资管理、培训、台账建立等多个业务口的熟悉程度严重不足,以至于在上级的检查中频频出现问题。因承包商从施工转运营,技能水平参差不齐,对变电设备的熟悉程度存在严重偏差,无法高效完成各项生产任务。

应对措施:发现弊端后,积极对委外承包商进行重点帮扶。专人分业务口,对应承包商业务口,精准培训并且形成标准模板,加大力度自查自纠,在与承包商共同积极的努力下,运作及生产做到了精益求精,井井有条。

(3)存在能力不足的问题。

应对措施:①学习提升。通过自学、他教、互问及组织培训考试、实操等方式,学习应急处置、图纸、技术规格书、安全措施等知识,整体提升了团队知识储备量。②有效规划。制定合理的施工作业计划,在完成检修作业后,充分利用剩余的作业时间进行设备一次、二次及逻辑等做更深层次的研究。③认真审查。在完成作业后,组织班组认真审查作业过程中出现的问题及日后遇到如何举一反三进行优化处理的方案,确保了施工任务的完成质量,同时积累设备的处置经验。④沟通协调。不管对待业务能力强或者业务能力弱的人员,都要求提高自身沟通能力,学习倾听他人意见,积极协调工作关系,有效推进员工技能水平更上一层楼。

6.10 二期工程优化建议

一期工程建设过程中发现了很多问题,包括运营开通后一些频发性故障,经过梳理总结,下面提出一些优化建议,希望能在 12 号线二期建设以及其他各地铁建设中得到完善。

6.10.1 110 kV 主变压器、110 kV GIS 开关柜、35 kV 开关柜漏气

变电设备 110 kV 主变压器、110 kV GIS 开关柜、35 kV 开关柜关键部分如母线、断路器、变压器主体部分均采用气体密封。施工阶段如未做好成品保护,有可能使断路器室、母线室气体压力低造成设备跳闸等故障。

二期优化建议:建设阶段要求做好成品保护工作,并在设备验收阶段做好设备验收工作。尤其注意密封圈等设施。

6.10.2 蓄电池温度、内阻显示异常（电池巡检系统）

交直流屏电池巡检系统频繁报温度异常、电压异常等，经查看为交直流屏电池巡检系统未正常采集到电池数据，如电压异常、本体温度与采样不符、电池内阻未能正常显示等。原因为施工阶段未系统调试，且部分产品质量不合格（采样线、蓄电池内阻采样盒）。

二期优化建议：建设阶段做好施工质量把控，电池巡检系统要做好调试验收工作。不合格产品要提前更换。

6.10.3 9 支能馈控制电源为交流电，交流失电会导致能馈跳闸

9 支能馈装置控制电源采用交流电，交流电没有直流电稳定，且没有备用电源。在交流屏失电或倒切情况下会造成能馈装置跳闸。

二期优化建议：设计联络阶段可提出要求，将设备控制电源更改为直流电源。

6.10.4 交流屏进线自投自复功能缺陷

交直流屏在上级电源倒切时，未能实现正确自投自复，需值班人员去现场手动恢复。原因为交流屏进线自投自复时间定值与 400 V 电源自投自复时间定值配合不好。

二期优化建议：设计联络阶段可与交直流屏、400 V 开关柜设备厂商协调自投自复定值时间。避免发生倒切电源时设备无法自复。

6.10.5 35 kV 开关柜表计易损，无法采集数据

表计能管系统前期未进行调试，导致后台无法上传电量。施工调试阶段，未进行 35 kV 表计能管系统的调试，导致 35 kV 开关柜表计频繁工况退出，且后台无法正常查看表计数据（主要为牵引电量及能馈电量数据统计）。

二期优化建议：建设阶段做好施工质量把控，能管系统要做好调试验收工作。

6.10.6 温控器、轨电位工况异常

温控器、轨电位等设备频繁发生工况退出，该故障不影响运营，故障原因为温控器板卡异常或 PLC（可编程逻辑控制器）死机等原因。

二期优化建议：建设阶段做好施工质量把控。做好验收工作。

6.11 小　结

回顾一期建设过程对施工方案的审批管控、施工进度计划的批准实施以及施工过程中的质量把控。针对供电一期建设期间的问题进行了全面总结。一期建设虽然取得了阶段性的胜利，但是过程中还是发现很多不足，后续应针对自己的不足，全面改进。希望二期建设变电团队继续发扬勤奋坚持、不畏困难的工作精神，再创佳绩。

第7章

电力监控

深圳地铁12号线开通以来，电力监控系统设备运行稳定，未发生影响行车的严重故障，从未对运营造成晚点和客服影响。这样的成果离不开电力监控团队在一期工程建设中的辛勤付出，同时也展示出一期建设中电力监控团队的实力和素质。

本章对深圳地铁12号线一期工程电力监控系统建设工作的经验做一个总结，回顾了深圳地铁12号线一期工程电力监控系统建设过程中电力监控专业团队的建设及运营经历。通过对设计图纸审核、招标采购管理、合同谈判阶段、设计联络阶段、出厂验收管理、施工调试阶段、运营筹备阶段、难点及应对措施及优化建议这九个方面的介绍，回顾了电力监控专业团队在各个环节中的重要作用和取得的成果。

在设计审图、设计联络、施工调试等阶段结合12号线的实际情况以及以往的建设经验提出了许多建设性的意见，解决了一系列问题和困难，为今后的工程建设提供了重要参考。同时在此过程中存在诸多不足之处，并且也发现了许多新的问题，将在12号线二期工程的建设过程中吸取了经验教训，严把质量关，以质量管控方案为核心，全面落实系统设备的全功能测试，将二期工程打造成精品工程。

7.1 工程介绍

深圳地铁12号线一期工程主要包括33个车站、2个110 kV主变电所、赤湾停车场和机场东车辆段以及深云控制中心。其中电力监控系统工程主要包括车站变电所综合自动化系统、主变电所综合自动化系统两个合同项目设备的招采、施工安装和功能实现，还有与其他专业系统设备之间的接口功能实现。施工工程还包括全线车站控制信号屏、隔离开关屏、主所二次设备监控屏安装以及与全线变电设备、接触网设备、可视化接地设备、杂散电流设备的对点调试等工作。

7.2 设计审图阶段

在设计审图阶段，通过审查设计图纸，依据运营的经验，提出了4项改进建议，减少了运营维护成本，提高了系统稳定性、降低了设备故障率。

（1）取消隔离开关监控主站屏，将隔离开关监控系统子站数据直接上传至车辆段/停车场监控单元，解决了隔开监控系统与电力监控系统间接口复杂的问题，简化了网络架构、提高了系统稳定性、降低设备故障率以及建设成本。

（2）将中心实时服务器与综合监控系统分开进行独立设置，解决了SCADA系统与综合监控相互影响的问题，提高了系统稳定性。

（3）将车站变电所综合自动化系统直接通过防火墙接入综合监控车站汇聚交换机，减少通信通道的中间环节，降低故障率以及成本。

（4）在车站通信控制器与中心通信通道上采用双机双网冗余结构以及双机通道任务冗余的方式，解决了以往通信网络故障率高的问题，提高了系统的可靠性。

通过设计审图阶段对SCADA专业结构及功能进行了详细审图，最大化优化SCADA系统结构，降低故障率的同时也方便后期运营维护。

7.3 招标采购阶段

在招标采购阶段，吸取了过往工程经验，在专业关键设备材料以及供应商选择上经过多方考虑及讨论，编写详细的用户需求书，确定详细的招标采购书，使得整个招标采购得以顺利进行。

7.3.1 关键设备材料

在关键设备材料选择上，根据合同、设计文件要求，进行了充分的市场调查，按照合法、严谨的程序择优选取供应商，并对以下材料进行审查：

（1）关键设备材料报审表。
（2）关键设备材料采购清单审批表。
（3）供货商资格文件。
（4）业绩证明材料。
（5）产品技术文件。
（6）投标文件与报审文件对比分析书面说明。
（7）根据招标文件要求提供样品。
（8）其他材料（如有需要）。

7.3.2 供应商的选择

为了保证本系统工程的质量，在选择设备/材料供应商时，充分结合厂家在城市轨道交通领域的系统集成以及施工的经验，优先选择在轨道交通或类似项目有供货业绩的供应商，保证供货商所供设备/材料完全符合技术要求。

在保证采购的设备、材料，满足技术规格书和用户需求书要求的同时，还应对设备安装、验收、运行等工作进行监督。

优先考虑具有如下特点的供货商：

（1）业绩突出，特别是城市轨道交通方面的供货业绩。
（2）生产能力强，供货及时，能保证工期节点的要求，有技术优势，管理水平高。
（3）价格合理，信誉良好，售后服务体系健全。
（4）产品的规格、性能及技术参数与设计方案相吻合，其各项技术性能指标能与预期使用环境及系统总体性能相适应，满足招标文件要求。
（5）产品成熟，已通过国家或国际认可的检测部门的鉴定及检测合格，且有检验报告和型式试验报告等。
（6）产品的制作工艺精细，其操作、使用、维护和检修方便易行，备品、备件的供应有可靠保障。

电力监控系统各类产品型号和供货商名单见表 7-1。

表 7-1　电力监控系统各类产品型号和供货商名单

序号	子系统	设备名称	规格型号	供货商	负责采购单位
1	站级 SCADA	监控工作站	PPC-F17AA-H81i	威强电	南瑞
2	站级 SCADA	监控单元	C306L	南瑞	南瑞
3	站级 SCADA	测控装置	D200V	南瑞	南瑞
4	站级 SCADA	工业以太网交换机	SICOM3000A-8SFP8T	东土	交控
5	站级 SCADA	工业以太网交换机	SICOM3000A-2SFP8T	东土	南瑞
6	站级 SCADA	工业以太网交换机	SICOM3024P-2M26T	东土	南瑞
7	站级 SCADA	工业以太网交换机	SICOM3000A-4SFP16T	东土	南瑞
8	站级 SCADA	工业以太网交换机	SICOM3000A-2SFP8T	东土	南瑞
9	站级 SCADA	串口服务器	NP318T	三旺	南瑞
10	站级 SCADA	防火墙	xNGFW	立思辰	南瑞
11	主所 SCADA	操作员工作站	RH2288V5	华为	思源弘瑞
12	主所 SCADA	远动机	UDD-501	思源弘瑞	思源弘瑞
13	主所 SCADA	通信管理机	UDD-501	思源弘瑞	思源弘瑞
14	主所 SCADA	以太网交换机	UDS-3911	思源弘瑞	思源弘瑞
15	主所 SCADA	规约转换器	UDD-501	思源弘瑞	思源弘瑞
16	主所 SCADA	公用测控单元	UDC-302	思源弘瑞	思源弘瑞
17	主所 SCADA	35 kV 测控单元	UDC-302	思源弘瑞	思源弘瑞
18	主所 SCADA	主变本体测控单元	UDC-302	思源弘瑞	思源弘瑞
19	主所 SCADA	主变 110 kV 侧测控单元	UDC-302	思源弘瑞	思源弘瑞
20	主所 SCADA	主变 35 kV 侧测控单元	UDC-302	思源弘瑞	思源弘瑞
21	主所 SCADA	同步时钟	HY-8000	烟台恒宇	思源弘瑞

7.4　合同谈判阶段

深圳市十二号线轨道交通有限公司、深圳地铁建设集团有限公司、南瑞集团有限公司（以下简称：南瑞）在合同技术谈判中，各方经过多轮的讨论后，最终形成一致意见，谈判的主要内容包括：

（1）要求系统承包商承诺当牵引降压混合变电所的上网隔离开关监控点数超过 90 时，免费增加一台测控装置。

厂家回复：承诺当点数超标时，免费增加设备且不增加任何费用。

（2）要求系统承包商南瑞的监控软件不绑定计算机硬件。

厂家回复：承诺监控软件不绑定计算机硬件，且新增计算机设备时，免费安装软件。

7.5 设计联络阶段

设计联络阶段重中之重，这阶段可以有效沟通问题，技术细节都是在 2 次电力监控专业设计联络会期间讨论确定的。为方便运营期维护及故障维修，在总结已开通线路的经验和教训上，对功能的具体细节需求和实现方式更加清晰，并充分考虑运营在使用过程中的合理需求，在设计联络阶段提出以下需求：

（1）在跟随所的 400 V 开关柜内设置的通信接口装置设置 1 台串口服务器、1 台 400 V 工业以太网交换机、1 套电源及转换装置、光纤熔接盒及端子排等。串口服务器接入 400 V 工业以太网交换机，400 V 工业以太网交换机通过光纤接入控制信号屏的间隔层工业以太网交换机，提高系统稳定性、降低设备故障率。

（2）将臣田站至臣回北站区间联络通道处的 4 台单向导通装置以及车辆段、停车场的 14 台单向导通装置通过硬接线接入到站级的隔离开关控制屏，简化了通信链路，提高了系统可靠性。

（3）取消机场东车辆段、赤湾停车场的接触网隔离开关监控系统主控屏，将主控屏内的交换机等设备放置于段场的隔离开关控制屏内，减少通信通道中间环节，降低故障率以及成本，同时也便于后期运营维护。

（4）取消了在电力监控系统隔离开关控制屏内的接触网隔离开关的闭锁逻辑，解决了设备故障时需多专业同时到现场抢修的问题，提高了故障处理效率。

通过设计联络讨论 SCADA 专业技术细节，优化 SCADA 系统结构，降低故障率的同时也方便后期运营维护。

7.6 出厂验收阶段

为确保设备顺利通过出厂验收，根据采购合同以及技术规格书的标准编写了设备出厂验收大纲、出厂测试所涉及产品的全部电气和机械性能的内容和测试方法需按大纲的要求进行，并且所有设备整机及其主要部件的测试，按照验收大纲的内容进行型式测试和工厂测试，并出具测试报告。

要求厂家严格按照工期节点进行供货，并要求施工单位在设备到现场安装后特别要注意成品保护，防止设备损坏以及被盗。

7.7 施工调试阶段

在系统施工调试阶段，提前编制了质量管控方案，明确施工调试的质量管控标准，完成了系统的安装、配置和调试工作，确保系统能够正常运行。通过团队的努力和合作，克服了一些挑战和困难，主要体现在以下几个方面。

7.7.1 施工阶段

施工单位人员流动较大，人员资质参差不齐，需对施工单位进行施工交底，包括施工要求、标准、常见问题及安全措施。

在直流系统设备与 SCADA 系统间网线水晶头采用普通水晶头连接，取消金属屏蔽水晶头（图 7-1），有效地防止 2 个系统接地相通，防止交流系统对地电流导致直流系统设备误跳闸。

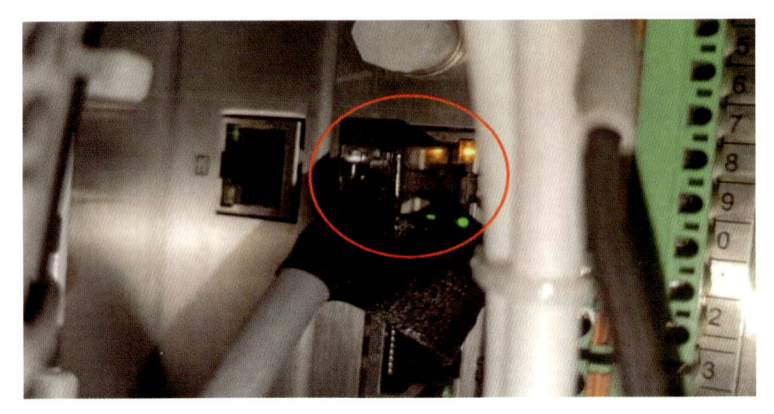

图 7-1　金属屏蔽水晶头

为解决专业设备间的光纤通道熔接质量差的问题，以及存在大量备用光纤不通的情况，要求施工方对存在问题的光纤通道进行重新熔接，提高网络可靠性，减少网络中断时间。图 7-2 所示为尾纤盒。

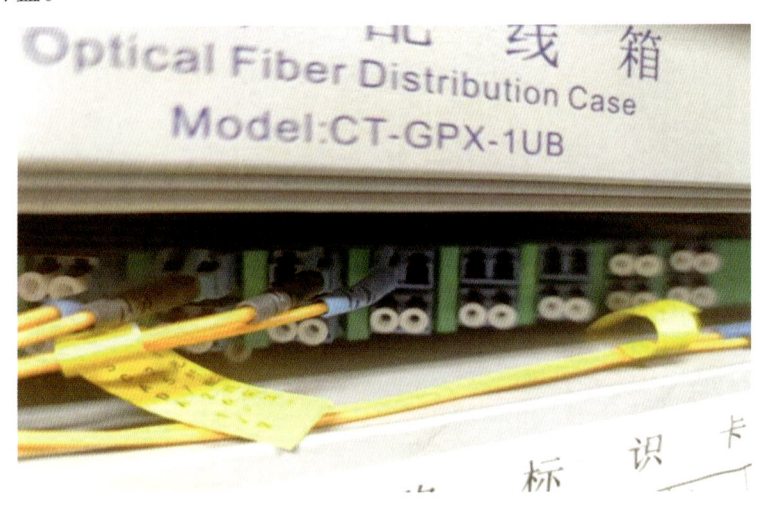

图 7-2　尾纤盒

7.7.2　调试阶段

7.7.2.1　调试过程

按实际情况出发将电力监控系统调试分两个阶段进行，第一阶段为站级电力监控系统调试阶段，包括站级综合自动化系统与下位设备间的调试。

第二阶段为中央级电力监控系统联合调试阶段，即控制中心与变电所的联调。联调采用逐站进行的方式，通过实际操作和施加模拟量，对遥控、遥信、遥测等系统功能进行对点调试，并对系统报表功能、系统趋势功能、系统冗余切换功能、调度管理功能等各种系统功能进行检查，满足设计要求。

与电力监控系统厂家（南瑞）及下位设备厂家就双方设备的通信协议以及设备信息点表达成一致意见，并签订接口协议规范文本。并确认调试样板站，在样板站调试进行设备接口调试以及该站点全部设备的对点测试。

中心级设备全功能联跳阶段，对所有设备的每个遥信、遥测、遥控、遥调信息点进行对点测试，并形成记录。

深圳地铁 12 号线左炮台站电力调试设备信息见表 7-2。

表 7-2　深圳地铁 12 号线左炮台站电力调试设备信息

开关编号	设备名称	属性描述	IO 类型	备注
301	差动保护装置	7SJ686 装置故障	DI	
		本柜母线主保护动作信号	DI	
		装置复归	DI	
		保护跳闸	DI	
		差动保护动作	DI	
		差动装置后备过流	DI	
		对侧主母线故障加速过流	DI	
		对侧主母线故障加速零流	DI	
		本侧维护接地	DI	
		对侧维护接地	DI	
		保护动作总信号	DI	
		装置复归	DO	
	后备保护装置	Ia	AI	
		Ib	AI	
		Ic	AI	
		In	AI	
		Ua	AI	
		Ub	AI	
		Uc	AI	
		Uab	AI	
		Ubc	AI	
		Uca	AI	
		P	AI	
		Q	AI	
		f	AI	
		cos	AI	

续表

开关编号	设备名称	属性描述	IO 类型	备注
301	后备保护装置	断路器分位	DI	
		断路器合位	DI	
		断路器未储能	DI	
		隔离开关合位	DI	
		隔离开关分位	DI	
		接地开关合位	DI	
		接地开关分位	DI	
		气室压力低报警	DI	
		远方控制模式	DI	
		信号控制回路 MCB 分闸	DI	
		PT 柜电压 MCB 合闸	DI	

7.7.2.2 调试典型问题

（1）接触网供电臂带电信息错误。

发现左炮台东站上行折返线接触网供电臂带电信息异常（图 7-3），该段接触网实际已停电，但在电调工作站上显示还带电。检查发现左炮台东站上行折返线接触网供电臂逻辑程序错误，将上川站上行折返线接触网供电臂信息链接到左炮台站，修改错误接触网供电臂带电逻辑。

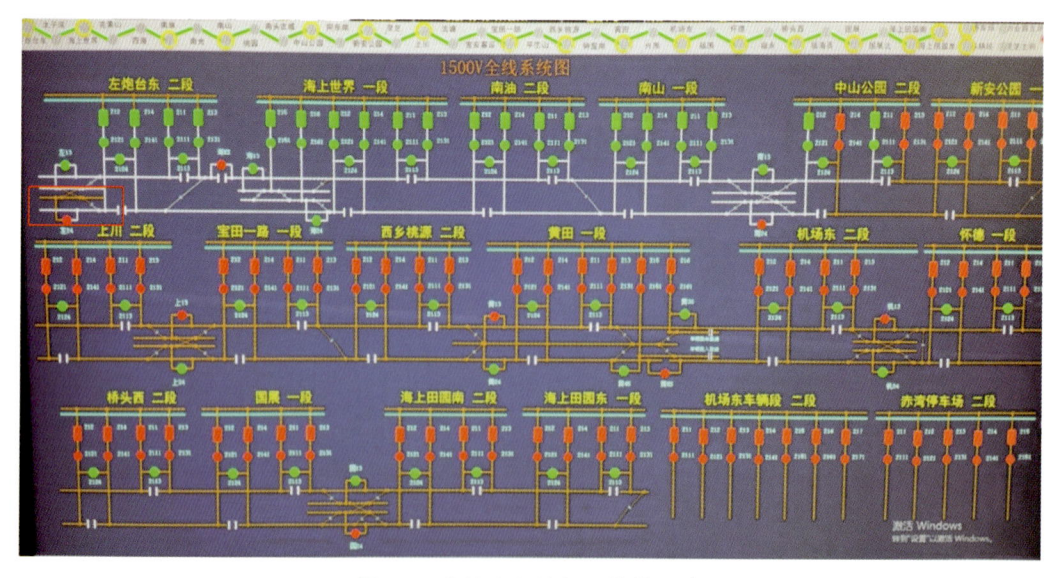

图 7-3 左炮台东站折返线供电臂

（2）工作站报警页面报警信息丢失。

发现电调工作站上报警页面存在一定时间后突然消失的情况，经查看软件程序，发现软件默认配置为报警信息只保存 30 d，超过 30 d 后系统将自动删除报警信息。修改数据库配置，将报警信息保存周期由 30 d 改为无限期保存。丢失的报警信息如图 7-4 所示。

图 7-4　丢失的报警信息

通过 SCADA 系统施工调试阶段，可以及时发现和解决施工调试过程中的问题，提高系统的稳定性和可靠性，确保 SCADA 系统的正常运行和使用。同时，施工调试也有助于经验的积累和分享，提高团队的技术水平和工作效率。

7.8　运营筹备阶段

在运营筹备阶段，多次跟进施工调试完成情况，优化功能性，为后续运营开通打下基础，加快工程进度。

为解决目前区间杂散智能传感器采样线基本都未加装保护管进行防护（图 7-5），同时采样线在进行接续时未对预留部分进行固定，采样线在制作线鼻子时，未将线芯压实，导致区间杂散智能传感器采样线出现线芯脱落的现象（图 7-6）。吸取了运营经验提出 2 条优化意见。

图 7-5　采样线未加套管

图 7-6　采样线脱落

（1）为防止采样线在巡检过程中人为踩碎保护管裸露采样线，建议将采样线的保护管敷设至轨道下方，将预留部分制作成螺旋柱，这样加强外部保护，减少人为损坏。

（2）12号线杂散电流采样线是硬芯线，由于在进行终端制作时，很难将线芯与线鼻子压实，容易出现接触不牢固等问题。因此在制作线鼻子时，建议将采样线线芯制作成鱼钩形后，再进行终端制作，进一步加固连接。

在此阶段还编制了电力监控系统验收大纲，验收大纲主要分为施工安装工程质量验收、功能验收两部分，分别从施工安装质量以及系统功能两方面对整个电力监控系统进行质量把控，确保系统稳定安全运行。

电力监控系统预验收大纲主要依据《电力监控系统技术规格书》《电力监控设计联络会议纪要》等文件进行编制，内容包括验收项目、验收标准、检查方法、检查结果、检查人员等。

在运营筹备阶段，不断在设备安装调试过程中完善设备功能，提出优化建议，提高设备运行性能，保障12号线正式开通。同时不断完善运营管理制度及生产要求，提高人员技能培训。为保障12号线正式开通，组织委外人员对全线完成一次全覆盖SCADA设备维保工作，了解现场设备运行状态，提高设备性能。

7.9　难点与应对措施

为保障SCADA系统正常运行，电力监控团队吸取经验教训，努力克服困难，不断解决问题，加快工程进度，保障12号线正式开通。过程中遇到不少难点，其中整个过程中心调试是地铁开通的一个重要节点，是供电系统稳定及维护的重要保障。

（1）深圳地铁12号线采用云平台，其搭建时间过晚，导致中心调试节点严重滞后；同时深圳地铁12号线开通时间提前，导致中心调试节点严重滞后成为了本工程一个难点。在这种情况下，为保障工期按时完成，做出以下应对措施：

① 在供电专业进行单机调试的同时，加快中心搭建的速度，以达到调试的连续性。

② 在供电系统具备中心级调试时，采用搭建模拟中心平台，功能上满足调试时，立即投入人员展中心级调试，与此同时，加大技术人员的投入，加快中心实际平台的搭建。

（2）12号线SCADA点表定义模糊，对点调试与后期维护难度加大。由于供电项目组参与前期设计审核、设计联络及点表确定的相关会议较少，各厂家之间的接口文件及点表定义表述存在差异，缺乏专业人员对点表进行审核；同时接口厂家完成系统编程后，由于中心搭建完成时间较晚，加之开通时间紧急，对点调试难度加大。开通后，厂家未对其设备进行培训，点表定义未进行说明，致使后期维护难度加大。采取的应对措施如下：

① 后续工程在进行设计联络及点表确定时，电力监控专业应提前介入，参与设计联络及点表定义确定的相关会议，从根本上解决点表定义模糊的问题。

② 在供电专业进行单机调试的同时，加快中心搭建的速度，以达到调试的连续性；在验证点表点位的同时，完善点表的表述，同实际需求相统一。

在工程介入过程中，会遇到各种困难，电力监控团队与电力监控系统厂家多次讨论，不断解决系统软件问题，提高软件功能稳定性。

7.10 二期工程优化建议

设备的日常维保采取的是委外维保模式，经过一段时间的运作后，发现该模式存在以下问题：电力监控专业主要以软件为主，专业性强、技术要求高，委外维保单位对软件缺乏维保技术能力且委外人员培训难度大，导致电力监控系统维保力量薄弱，不能很好地处理各类故障，建议后续电力监控专业采取自主维修的模式。

7.11 小　结

一期建设中，电力监控团队与建设单位及系统承包商紧密合作，以项目关键节点为工作目标，通过与设计、施工、承包商的沟通协调，严抓工程质量，特别是对系统功能缺陷可能导致人身安全的问题，重点盯控，严格测试，杜绝安全风险。通过一系列的努力，12号线开通后，电力监控系统运行稳定，保障了地铁的运营安全。但是依然存在诸多的问题与不足，后续在二期的建设中吸取经验教训，以更高质量地建设好电力监控系统。

第8章

屏 电

深圳地铁十二号线开通以来，垂直电梯设备月平均可靠度99.97%，自动扶梯设备月平均可靠度99.98%，站台门设备月平均可靠度99.99%，均高于轨道办给予我司首年99.80%、99.80%和99.96%的任务指标。这样的成果离不开屏电专业团队在一期建设中的辛勤付出，同时也展示出一期建设团队的实力和素质。在此本章对深圳地铁十二号线一期工程站台门、电扶梯系统建设工作的经验做一个总结。

回顾一期建设过程，屏电专业团队充分利用业主角色，团结深铁建设一起细化对设计、监理、施工以及设备供货商四方的整体管控，有效推进工程进度，卡控工程质量。建设初期，我们吸取深圳地铁一、二、三期建设运营的各种经验教训，在总结全国轨道交通工程丰富管理经验的基础上编写质量管控方案，在对设计审图、招标采购、设计联络、样机验收、技术交底、施工调试、运行筹备等阶段影响工程质量的各种因素认真分析后制定针对性的预控措施。建设中屏电团队深度介入各个环节，以合同为导向，以技术参数、专业技能和既有经验教训为标尺进行各项工作指导和问题查摆，发现问题立即督促落实整改，同时协调各方解决建设中遇到的难题，有效推进建设工作。在建设的同时也同步开展运营筹备工作，提前组织委外维保单位的进场管理、人员培训以及各项文本制度的编写，开展班组设置和工器具物资准备等筹备工作，保障从建设向运营的平稳过渡，保障十二号线高质量如期顺利开通。

8.1 工程介绍

站台门、电扶梯的安全可靠是优化市民乘坐体验的基础要素，轨道办综合考虑地铁发展历史中多次出现站台夹人动车、电扶梯倒溜塌陷等安全事件，将站台门、电扶梯的安全可靠被列入公司运营重点考核指标，占运营总指标的21%，其重要性不言而喻。

深圳地铁十二号线一期工程包含33座地下站，合计2 040档全高站台门、370台自动扶梯和114台垂直电梯（未计算甩项部分），具体分配如下：

左炮台东—宝安客运站的站台门系统供货厂家为重庆川仪自动化股份有限公司，安装单位为中国电力建设股份有限公司深圳市轨道交通十二号线PPP项目施工总承包项目经理部，负责17站1 020档站台门。

宝田一路—海上田园东站的站台门系统供货厂家为株洲中车时代电气股份有限公司，安装单位为中国电力建设股份有限公司深圳市轨道交通十二号线PPP项目施工总承包项目经理部，负责16站1 020档站台门。

左炮台东—太子湾、南光—流塘站的电扶梯系统供货厂家为上海三菱电梯有限公司，安装单位为中国电力建设股份有限公司深圳市轨道交通十二号线PPP项目施工总承包项目经理部，负责12站150台自动扶梯40台垂直电梯。

海上世界—四海站的电扶梯系统供货厂家为康力电梯股份有限公司，安装单位为康力电梯股份有限公司深圳分公司，扶梯3站32台自动扶梯10台垂直电梯。

宝安客运—海上田园东站的电扶梯供货厂家为日立电梯（中国）有限公司，安装单位为中国电力建设股份有限公司深圳市轨道交通十二号线PPP项目施工总承包项目经理部，负责17站188台自动扶梯64台垂直电梯。

由于建设经验不足，委外维保团队成立较晚，因此在工程建设前期牵头编制了站台门及电扶梯专业质量管控方案，并采取专业融合等方式，不断总结经验和教训，致力于建设一条高质量、高标准、高水平的地铁线路。

本章主要对合同执行过程的重要步骤进行了回顾，从屏电团队的角度对设计审图、招标采购、设计联络、样机验收、施工调试、运营筹备这六个阶段进行归纳总结，以供十二号线二期及后续新线建设借鉴使用。

8.2 设计审图阶段

设计审图是工程建设的第一个步骤。技术上，我们对照初步设计文件和国家、行业规范以及公司相关规定，重点关注设备功能、结构、性能、材料选型、可行性以及施工图纸中的问题和施工难点等，为后续如何有效地预防和控制做好铺垫。制度上，我们遵循《深圳市十二号线轨道交通有限公司施工图设计管理办法（试行）》，编制《建设期施工图管理指引》，提出图纸会审管理要求和流程，从而确保有效按图施工，减少施工差错。我们经过对需求的深入分析和对细节的把握，图纸审核方面主要提出了以下意见建议。

8.2.1 优化的要求

（1）根据新国家标准及使用需求修改了设计图纸中部分参数描述。电扶梯这类特种设备需要随时保障设计标准满足最新国家标准需求，站台门这类影响行车的设备也要重点考虑往期的经验教训，在审图时对防攀爬护栏、防滑球、急停按钮、安装间隙等参数进行了修改完善。

（2）细化了对接口专业的特殊要求。站台门、电扶梯的安装受土建、装修等接口专业影响较大，而跨专业接口部分的需求容易被忽视，比如对预埋件的需求，对排水孔的预留，对布线空间的预留等。在图纸审核阶段进行强调，不仅在土建、装修图纸中进行细化明确，在站台门、电扶梯图纸上也需要有相应的介绍说明。

（3）增加了新技术的相关描述。全自动线路有间隙探测、多媒体投影等新技术的运用，其与站台门新技术接口界面的要求尽可能在图纸中细化。

（4）提升了部分关键部件的防水要求。将站台门中央控制盘（PSC）、就地控制盘（PSL）、门控单元（DCU）等关键电气部件的防水等级提升至不低于IP65，并尽可能采用航空插头或不低于航空插头可靠性的快速插拔标准的连接方式。

（5）优化了钢轨等电位线连接方式。要求站台门与钢轨等电位接线在钢轨处采用胀钉连接，保障等电位接线可靠度。

（6）增加了独立的站台门立柱绝缘。在滑动门门框、门槛绝缘的基础上，增加了独立的站台门立柱绝缘，保障在站台门等电位连接失效的极端情况下时，站台门本体依旧仍能保障乘客的安全，根本上避免打火事件发生。

8.2.2 站台门审图要点

（1）站台门配电电缆、控制电缆的线槽应相互独立。
（2）站台门轨道侧顶部绝缘胶皮与风道侧墙之间应采用膨胀螺栓固定，绝缘胶皮与金属后盖板之间应采用不锈钢铆钉固定。采用厚度不少于 2 mm 具有防锈性能的压条固定，且压条处间隙不超过 50 mm。

（3）滑动门下部的导靴耐磨，能方便调换，其材料采用减震、耐磨材料。滑动门下部导靴与门槛导槽之间的间隙不大于 1 mm。门槛与滑动门导靴之间摩擦系数不能超过 0.2，相对运动时不能有明显的摩擦噪声。

（4）为避免滑动门关闭时撞击乘客可能造成的有害结果，每扇滑动门运动的最大功能≤10 J。

（5）阻止滑动门关闭的力不超过 150 N。

（6）每个滑动门单位顶箱设置一个声光报警装置，在开门和关门时橙色指示灯闪亮提示乘客们注意运行状态。当一个门被隔离或故障，站台门红色指示灯将闪烁，直到这信息已被确认。

（7）应急门上设门锁装置，且满足 10 000 次试验无故障的要求，保证门体不会由于活塞风压而导致应急门解锁打开。站台工作人员可在站台侧用钥匙开门，轨道侧设有开门推杆，推杆与门锁联动，乘客在轨道侧推压开门推杆将门打开，应急门向站台侧旋转 90°平开，能定位保持在 90°开度，打开后保持常开，不自动复位，开关门时，除密封件外没有门扇部件与站台地面摩擦。

（8）站台门玻璃与门框的粘贴采用硅酮结构胶。

（9）站台门所有钢化玻璃经热均质处理，不含有任何降低玻璃性能的杂质，玻璃自爆率不大于 3‰。

（10）站台门首、尾滑动门接受 IBP 盘的控制，在站台发生火灾时作为消防辅助排烟通道。

（11）站台门电源系统能在两路 380 V 电源都发生断电时，不间断地继续向负载供电。当正常供电回路恢复正常后，能够自动切换至正常回路供电。

（12）站台门按正常行车组织运行，其中开门时间为 2.5～3.5 s，关门时间为 3～4 s，异常情况下，站台门驱动后备电源储能，应能至少满足在 30 min 内开关滑动门三次循环的需求。控制电源 UPS 的蓄电池容量能保证 PSC 及其内设备、PSL 和 DCU 及其控制用设备等程序静载工作 60 min，控制电源故障时应具备自动旁路功能，保证供电正常。

（13）滑动门导靴在门槛中滑动自如，且导槽便于清扫，不藏杂质与灰尘且有防异物掉入门槽的设计，以避免滑动门因此不能关上的情况。相对运动时不能有明显的摩擦噪声。

（14）站台门端门地槛可以在不拆卸门体的前提下完成拆装。

（15）站台门模式开关应使用一锁两钥：即配备 A、B 两把权限不用的钥匙，A 钥匙可操作自动、隔离、手动关三个档位，B 钥匙可操作自动、隔离、手动关、手动开四个档位。

（16）每档门的关门力应可通过站台门操作指示盘（PSA）单独无极调节。

（17）系统应具备设置一个时间段，筛选该时间段中开关异常的滑动门的功能（通过开关门时间等参数判断）。

（18）站台门单元控制器（PEDC）采用冗余设置，确保单个 PEDC 故障时不影响行车。

（19）站台门控制回路应采用环路冗余设计方式，采用分支电缆并联到每一档站台门开关门信号控制回路，确保任一档站台门故障时不会影响其他站台门正常使用。

（20）控制、驱动蓄电池回路应设置熔断器保护。

（21）站台门设备实施分段绝缘，端门独立绝缘。

（22）站台门顶箱应具备防水性能，防止地下站结构渗水侵入后损坏电气部件。

（23）站台门系统电梯应满足滑动门载荷要求，原则上电机功率不少于 200 W。

（24）滑动门门体及应急门门体下部应设置踢脚板。

（25）站台门设置区域不宜有变形缝，站台门跨越变形缝时其门体结构应采取相应的构造措施。

（26）站台门安装部位站台门厚度不宜低于 200 mm，站台板、轨顶风道侧墙应平整完好，无凿薄、漏筋现象。

（27）站台吊顶与站台门上部顶箱之间设有照明光带，站台吊顶和照明光带等与站台门相邻的非站台门材料，必须与站台门隔开，并留有不小于 100 mm 的间距。

（28）站台门绝缘带下方、端门上下不能有接地母排、水管（含分体空调排水管）、线管等设备设施穿过。

（29）端门立柱与侧墙间预留不小于 20 mm 的安全距离，并用绝缘材料将立柱与墙体分开。

（30）下部对土建结构的绝缘设计：站台门与站台板的绝缘通过在下部支承组件上安装绝缘件时间，其中绝缘件使得站台门系统底部与土建结构绝缘。考虑防潮、防尘、异物堆积等导致站台门与站台间的卷圆性能下降，门槛与站台装修层（绝缘地板）之间一般留有 10 mm 间隙。在站台门安装完成后，该间隙用绝缘材料填充。

（31）支线站台站台门与车体最宽处的间隙不大于 130 mm。滑动门边缘与列车车厢地板面高度处之间的间隙，支线站台车辆结果应不大于 100 mm，曲线站台车辆结果应不大于 180 mm。站台门门槛外侧面距线路中心线为 1 680 mm。

（32）站台门控制室为气体保护房间，气体灭火启动后，所有控制柜能防止顶部漏水对控制设备的不利影响。

（33）站台侧所有综合支吊架和管线投影严禁设置在站台门门头盖板外延 100 mm 范围内，站台门顶箱上方不得设有水管、风管。

（34）门头密封毛刷安装槽两端应增加防止位移的措施。

（35）端门轨行区侧 2 m 内不宜设置设备（含风室等）房门，避免电位差导致放电打火、人员触电隐患。

8.2.3　电扶梯审图要点

（1）自动扶梯传输设备（主要包括梯级、梳齿板、扶手带、传动链、梯级链、内外装饰板、传动机构、风扇等）应采用不燃或难燃材料。

（2）自动扶梯采用内置式驱动主机，端部驱动或多级驱动方式的重载荷公共交通型自动扶梯，具有全变频节能调速功能。

（3）单个车站出入口、站台至站厅某一段应同时设置自动扶梯和楼梯，不应仅设置自动扶梯。

（4）自动扶梯额定速度为 0.65 m/s，倾斜角为 30°，节能/检修速度为 0.13 m/s。

（5）自动扶梯运行方向应上下可逆。

（6）站台自动扶梯为室内型，出入口自动扶梯为室外型。

（7）扶梯提升高度越高，安全风险越高，应尽可能避免设计提升高度大于 15 m 的自动扶梯。

（8）自动扶梯入口水平位置应设置急停按钮。

（9）具备物联网功能的自动扶梯，接口规范应符合《电梯物联网 企业应用平台基本要求》（GB/T 24476—2023），并取得相关认证。

（10）自动扶梯连续运行时间每天不应少于 20 h，每周不应少于 140 h，每 3 h 应能以 100% 制动载荷连续运行 1 h。

（11）自动扶梯应接受环境和设备监控系统的监控。

（12）自动扶梯应具备无人低速运行功能，即设备空载运行一段时间后，自动扶梯能通过感应装置由变频器自动转入节能速度 0.13 m/s 慢速运行，以节约能源，减少机器的磨损。当有乘客踏上自动扶梯时，检测装置向控制系统发出信号，扶梯开始加速至默认速度。这一过程在变频器控制下平稳完成，乘客并不会感觉到自动扶梯速度有明显的变化。

（13）正线车站最低设置 3 台电梯，站台 1 台，出入口两台电梯分别设置在道路两侧。

（14）车站电梯选用无机房电梯。

（15）出入口电梯应配置后梯厅，出入口后梯厅上顶盖能防止阳光直晒和雨水直淋，同时井道顶部能自然通风并能防止雨水可能飘入而淋湿电梯轿厢内。

（16）电梯轿厢内应配备专用通信设备，可以实现与站外及车控室多方通话功能，当电梯发生故障时，通用设备仍可实现通话功能。

（17）站内电梯应适合于残疾人使用，应按照《适用于残障人员的电梯附加要求》（GB/T 24477—2009）中的第 2 类电梯要求进行配置，并应符合各项相关要求。

（18）车站电梯轿厢内应设置语音报站装置。

（19）轿厢内按钮、厅门召唤应有盲文。

（20）电梯的安全保护功能和安全装置应全面符合《电梯制造与安装安全规范 第 1 部分：乘客电梯和载货电梯》（GB/T 7588.1—2020）的规定。

（21）电梯应实现车控室对轿厢的监视功能。

（22）不采用玻璃井道电梯。

8.3 招标采购阶段

站台门、电扶梯安装调试隶属于施工总承包合同，根据《深圳市十二号线轨道交通有限公司站台门及电扶梯专业质量管控方案》，将招标采购阶段初步分解为招标文件审查、供应商筛选认定、合同谈判三个部分进行管控。

8.3.1 招标文件审查

8.3.1.1 内容审查

（1）进一步细化委外承包商职责。十二号线一期工程站台门、电扶梯专业采用全委外模式，承包商委外团队需承担原站台门、电扶梯专业组及工班人员的相关工作，故在招标文件中对增加工作的具体要求进行了细化。

（2）明确了常规备件的免费更换范畴。由于承包商的不平衡报价可能导致部分常用的低价产品报高价，导致合同条款"500元以下的站台门零配件由承包商免费更换""200元以下的电扶梯零配件由承包商免费更换"的描述有局限性。在招标阶段应重点审核承包商投标文件中"500元以下""200元以下"零配件种类，保障更换频率较高的常用零配件在免费更换范畴。

（3）对重点元器件提出了品牌要求。例如UPS、蓄电池、断路器、防雷器，以及控制系统中常用元器件如微动开关、继电器、电缆接头、连接件和插接件等，要求采用安全型产品。

（4）细化了重点子系统承包商的选择。十二号线一期工程将广告多媒体投影装置和站台门合并招标，并新增了间隙探测等多类新型设备，为此对部分子承包商的业绩、资质进行了要求，并结合前期深铁集团供应商的"黑名单""白名单"进行了综合考虑。

（5）全自动线路深铁设计在设计阶段统一取消了站台门防夹挡板的要求，为进一步加强防夹安全性，在二期工程的招标阶段需把此项功能重新加上。

（6）轨道办对我司站台门、电扶梯的可靠度要求分别为99.96%和99.80%，而一期工程招标文件中对承包商的要求仅为99.90%和99.00%。在二期工程的招标阶段应使两者保持一致。

8.3.1.2 合规性审查

（1）法律的符合性审查，主要看招标内容有无违反法律法规规定的内容，重点是运作程序、时间规定、报价方法、评标办法和合同主要条款等。

（2）招标文件用语明确，无歧义。

8.3.2 供应商筛选及认定

（1）审查供应商资格要求。要求供应商是中华人民共和国境内注册的具有独立法人资格的企业，投标人必须是通过ISO9001质量管理体系认证、ISO14001环境管理体系认证、OHSAS18001职业健康安全管理体系认证的企业。

（2）审查供应商在国内城市轨道交通对应专业供货业绩和设备运行稳定情况，建立"黑名单""白名单"管理制度。

（3）电线电缆选择时，注意认清合格证标识。选购时，一定要查看合格证上是否有"CCC"认证标志，型号规格、额定电压、长度、制造日期、认证编号、检验、执行标准、厂名、厂址等标识是否清楚。

（4）供应商配套合作的其他零部件生产厂家是否满足用户需求，如生产许可资质、注册资金、质量管理体系、供货业绩等。

（5）审核供应商的履约能力和交货进度保证措施。供应商是否具有具体、完整、合理组织生产、供应的能力，是否有满足月度最大供应量的供应措施。

8.3.3 合同谈判

8.3.3.1 站台门系统

十二号线站台门系统采购项目于2021年5月21日至2021年7月20日开展数轮合同谈判，参与谈判的各方为深铁建设设备管理部、成本合约部、计划财务部、深圳十二号线公司、重庆川仪自动化股份有限公司、株洲中车时代电气股份有限公司。

各方依据十二号线站台门系统招标文件及问题澄清文件、投标文件及投标文件澄清回复文件进行反复沟通讨论，主要形成以下决议：

（1）针对多媒体投影配置位置的变化，站台门厂家承诺根据实际情况对重点车站站台门系统电源容量进行调整，以满足多媒体投影的电源供应，并在会上明确了具体站点。

（2）针对南油站、会展南站、会展北站轨顶风道梁没有预留站台门预埋件的情况，站台门承包商承诺采取现场打孔方式进行安装。

（3）站台门厂家补充承诺每侧站台设置两套PEDC，具体冗余方案在一联会进行详细陈述。

（4）站台门厂家补充承诺响应LCB设置要求，具体设计联络会提交方案陈述供相关方审核。

（5）针对B包报价中"安装调试"备注"不含安装"，要求承包商进行承诺，避免了后续执行纠纷。

（6）针对项目工期需求倒排了样机制造及验收、型式实验、EMC兼容测试和百万次实验等关键时间节点。站台门厂家承诺8月15日完成会展南、会展北站站台门钢结构的供货，8月30日全线开始分批供货。

（7）谈判对站台门报价部分税率进行了调整。

8.3.3.2　电扶梯系统

十二号线电扶梯系统采购项目由中国电力建设股份有限公司深圳市轨道交通十二号线PPP项目施工总承包项目经理部与承包商直接签采购及服务协议，我司未参与谈判。

8.4　设计联络阶段

通过吸取前期工程的经验和教训，我们在招采阶段已对功能和实现方式进行了细化，在设计联络阶段，我们按品牌组织站台门、电扶梯相关单位各召开两次设计联络，与设计单位、厂家进行了充分的沟通和讨论，一方面对现有的技术规格书部分需求细节和实现方式进行了明确，另一方面新增了运营在使用过程中的合理需求和全自动运营线路需求。具体如下：

8.4.1　常规功能管控

（1）站台门本体管控重点包括控制系统的逻辑控制和接口，PEDC等转件部件冗余设计的方案，对位隔离的初步预留，PEDC、PSL、PSC等面板布置，信号接口形式、显示内容，UPS电源柜及配电柜的具体类型和安装方式，设备布置方案，曲线站台的处理方案，设备房机柜尺寸及布置方案，关键材料选型、选色，绝缘材料的选型，固定方式的确认，手动开锁机构形式，声光报警装置的选型，开门推杆、踢脚板、防踏空胶条、警示灯带的选型、安装位置、固定方式，分段绝缘位置的选择和绝缘缝处理方案，绝缘板具体形式等，重点审核绝缘板材等关键部件的第三方检测报告。

（2）多媒体投影的细化要求包括对多媒体投影厂家进行细项评定，投影机等关键设备选型、多工况下防尘防静电方案及根据各站实际情况优化多媒体投影电源控制回路和驱动回路布置方案等。

（3）间隙探测装置的细化要求包括明确间隙探测装置的光幕安装位置、安装方式、检测范围、检测精度及参数设置要求，明确间隙探测装置不同工作状态下的报警模式及接口，旁路钥匙选型等。

（4）自动扶梯本体的管控重点包括梯级链保护、扶手带断带保护、出入口安全保护、梯级塌陷保护、裙板安全保护、梯级运行安全保护、地板安全保护、工作制动器动作条件和原理等各类安全保护装置的确认，另需确认主驱动轴及张紧轴承选型，主机和减速箱固定方式，明确故障报警信号的数量及内容分类，急停按钮安装位置及样式，变频参数的设置，减速机传动部件的选型、选材、连接方式、精度和强度，机房风扇数量和功率配置，梯级、毛刷、梳齿板、照明、润滑油咀、防护金属扣件的选型和固定方式等。

（5）垂直电梯本体的管控重点包括限速器、安全钳、缓冲器的选型，电梯终端限位保护、相位保护、超载保护、应急通信装置、视频监控装置、应急电源、松抱闸、自平层、电梯门保护等各类安全保护装置的确认。另需确认五方对讲机安装位置和效果、警铃标准和位置、踢脚板形式和高度、内部装修风格和显示内容、出入口电梯防暴晒措施、变频器安装位置及固定方式、故障报警和存储时间、自动校时方案等。

（6）根据需求编制样机试验大纲，其中站台门 100 万次样机试验大纲中需明确易损件的检测内容、要求和检测周期和次数等。

8.4.2　站台门主要决议

（1）投影电源确定为 12 套投影车站采用三相隔离变压器设 8 个回路，4 套投影车站采用单相隔离变压器设 4 个回路，投影隔离变压器在上级双电源箱处单独接 1 个空气开关。

（2）蓄电池接线端子需要安装绝缘套，正极红色，负极蓝色。

（3）站台门系统设置间隙智能探测装置（GID），采用 4 层光幕探测，其中 1 层光幕用于探测车门是否关闭，当收到站台门关闭锁紧信号且车门关闭后启动异物探测功能。

（4）间隙智能探测装置（GID）探测到异物，按滑动门遇障处理。

（5）间隙探测器激光雷达探头安装在风道顶梁下部，从门头取电（DC110 V），每组激光探测器应能覆盖对应滑动门及固定门，探测范围为门槛上方 50 mm 以上空间（后续可调整）。

（6）带按钮的终端显示盘与 PSL 整合为 1 个控制箱，并预留信号开关门按钮的安装位置，确认就地控制盘（PSL）集成方案。

（7）站台门控制室挂墙设置带显示屏 GID 工控机一台；带按钮的终端显示盘岛式车站每站 5 个，侧式车站每站 6 个。

（8）间隙智能探测装置（GID）消除报警钥匙开关（旁路开关）固定于每个门组的上门楣左侧。

（9）条形显示屏采用 24 寸屏，并采用内嵌式安装方案。

（10）滑动门声光报警装置在开门和关门时指示灯为橙色闪亮状态，隔离或者故障时为红色常亮状态。

（11）站台中部 PSL 与站台端门 PSL 保持一致，每侧 3 个，每站 6 个。

（12）站台门系统级的信号开/关门控制、站台级别的 PSL 开/关门控制、车站级的 IBP 开/关门控制回路三者独立设计、单独供电。

（13）站台门 UPS 重要的状态（供电故障、UPS 内部故障、整流模块、断路器等）可以被远程监视，并可向综合监控提供 UPS 状态、故障等信息。

（14）PSC 内选用的继电器使用欧姆龙安全继电器，机械寿命不小于 1 000 万次，具备继电器保护电路。

（15）UPS 电源柜、蓄电池柜机柜的高度、柜体颜色与站台门设备室机柜保持一致。

（16）由站台门厂家负责在端门安装槽中间位置设置 $\phi 20$ mm 的排水口。

（17）由站台门厂家负责设备房站台门专业穿墙管线封堵。

（18）控制电源（CPS）容量由 $3 kV \cdot A$ 调整为 $4 kV \cdot A$。

（19）LCB 模式开关分为四档，档位顺时针依次为自动/隔离/手动关/手动开，钥匙仅在自动位可拔出，且钥匙分 2 套，1 套可操作前 3 个档位，另 1 套可操作 4 个档位，手动关/手动开位短接安全回路。

（20）站台门厂家提供加长型（手柄）和标准型两种站台门 LCB 钥匙。

（21）滑动门、应急门、维护盖板的锁采用通用三角形锁芯。

（22）底座 2 层绝缘、顶部 3 层绝缘、物理分段绝缘、门体分段绝缘电阻不小于 4 MΩ；若门体与钢轨保持等电位连接，连接电缆的电阻不大于 0.1 Ω。

（23）立柱包钢绝缘螺钉采用 M5 的绝缘螺钉。

（24）滑动门、应急门、固定门踢脚板高度为 150 mm。

（25）站台门前上封板顶部采用 100 mm 宽的可拆卸调节封板。

（26）明确防踏空胶条安装标准为地坎下沉 30 mm 并预留 45 mm 孔位。

（27）底座支撑采用热浸锌工艺处理。

（28）站台门底部安装方式采用对穿螺栓，顶梁预埋件误埋、漏埋时安装方式采用对穿螺栓。

（29）接轨电缆在轨道开孔要求：在轨道上左端或者右端开 1 个孔，每侧共开 1 个孔，孔径统一为 13.5 mm，开孔位置在端门 5 m 范围内，并用胀钉连接。

（30）主要电气部件（如电机、PEDC、DCU、PSA、板卡等关键部件）的电缆连接应采用航空插头或不低于航空插头可靠性能及快速插拔标准的连接方式。

（31）IBP 盘整侧操作钥匙与 PSL 盘整侧操作钥匙共用，IBP 盘互锁解除钥匙与 PSL 盘互锁解除钥匙共用，整侧操作钥匙与互锁解除钥匙不共用。

（32）对多媒体系统屏各站的布置及预留大固定门位置进行了调整，相应站的电源系统功率由 48 kW 增加到 60 kW。

多媒体系统屏各站分布见表 8-1。

表 8-1 多媒体系统屏各站分布

序号	车站	安装多媒体	预留	站台门总共用电量/kW
1	太子湾	4	10	60
2	海上世界	10		60
3	四海	4		48
4	南油	4		48
5	创业路	4		48

续表

序号	车站	安装多媒体	预留	站台门总共用电量/kW
6	南山	10		60
7	桃园	4		48
8	南头古城	10		60
9	中山公园	4		48
10	新安公园	4	10	60
11	灵芝	10		60
12	上川	4	10	60
13	流塘	4	10	60
14	桃源居	4		48
15	机场东	4	10	60
16	福永	4	10	60
17	和平站	4		48
18	会展南站	4	10	60
19	会展北站	4	10	60
20	海上田园东	4		48
总计		104+80 台（多媒体投影）		

多媒体位置原则上在每节车辆链接处站台门固定门位置。

8.4.3 电扶梯主要决议

（1）车辆段停车场高层群控电梯配置防捣乱功能：当电梯负载小于 100 kg 时，轿内指令数限定在 3 个（含）以内，若大于规定数量，电梯将自动消除所有轿内指令登记信号。

（2）当有错误登记指令时，连续按动两次错误楼层登记按钮，即可取消该楼层登记。

（3）电梯语音报站音量控制设置在车控室监控终端，可对每台电梯单独控制语音音量。

（4）明确电梯轿厢报警按钮按压 1 s 即可实现报警，车控室对讲接通后报警音自动消失。

（5）车控室对讲电话采用分线制，话机音量可调，车控室可主动按压对讲按钮，选择与对应梯号的轿厢进行通话。

（6）电梯为安防专业摄像头配置信号和电源传输电缆，线槽规范安装。

（7）确定电梯故障报警及超载报警由轿顶蜂鸣器鸣叫实现，多方对讲通话报警由轿顶对讲子机鸣叫实现。

（8）电梯控制柜进出线采用接线端子，并标明接线端子名称。

（9）确定困人时，救援方式优先级如下：一重保护为市电断电再平层，二重保护为市电供电松抱闸，三重保护为应急蓄电池供电松抱闸，四重保护为外接应急电池松抱闸。并增加无机房电梯检修柜外接蓄电池接入功能（抱闸救援电池安装在控制柜内，厅外顶层检修柜内设置救援电池快速接口）。

（10）厂家优化电缆敷设方案（包括控制柜线缆），线缆排列整齐，样梯验收时考核厂家电缆敷设情况。

（11）车站电梯消防疏散层/基站为站厅层，出入口电梯消防疏散层/基站为地面层，停车场与车辆段电梯消防疏散层/基站为地面层。所有电梯钥匙锁梯功能均设置于基站。（按钮表达形式：地面为1，地下为-1、-2等。）

（12）电梯多方通话装置音量监控室可调，出厂设置不小于75 dB。

（13）明确控制柜内故障显示板在断电或断电重启后数据不会清空。

（14）环境与设备监控系统（BAS）口增加电梯校时功能。

（15）开门保持时间初始设置时间为5 s，厅外召唤箱信号灯包括消防/超载/停用，当电梯检修时显示"停用"。

（16）当轿厢达到80%以上额定载荷时，厅外显示器显示"满载"，达到110%额定载荷时，电梯能够发出声光报警，并在轿内显示"超载"和厅外显示"满载"。

（17）车辆段停车场电梯都配置主副操纵箱，其中主操放置在厅外面向轿厢内的左前壁。

（18）车站电梯全部配置残疾人操纵箱，段场电梯不设置残疾人操纵箱。

（19）所有电梯主操纵箱所有按钮高度不超过1.5 m。

（20）车站有设备层的电梯配置NS（Non-Stop）功能（非服务层设置：开关型）。该开关设置于操纵箱封门内，操作该开关，可取消指定层站的服务。

（21）暂定贯通门电梯语音报站时按"×层到了，后方开门，请注意"的内容播报。

（22）除停车场消防梯外，对于招标文件中的车站"客梯兼消防梯"，需满足：厅门设置防火门和电梯功能配置FE（消防运行）功能。

（23）要求扶梯时间和综合监控时间同步。

（24）在扶梯上/下水平段扶手带外盖板各增加一个急停按钮，使用暗装开关并带防误触盖，超过12 m的扶梯中间急停按钮采用同一形式。明确正常停梯采用钥匙开关。

（25）暂定当最后一名乘客离开扶梯平台20 s后，扶梯自动转入节能模式0.13 m/s。此时间后期应能调整。

（26）驱动主机固定方式应确保前后左右位移限位，承包商提供紧固力矩标准。

（27）明确站内扶梯上机房两侧为外包板，端部为不锈钢网，若具备条件则采用全封闭外包板，出入口扶梯上机房三面为不锈钢网。

（28）扶梯润滑系统油咀暂同意使用喷嘴，具体安装方式在样机验收时确认。

（29）扶梯出入口乘客感应装置明确采用微波+红外线对射光电装置，均采用内置式。

（30）桁架内全部电线电缆敷设在金属线槽或金属软管内，上下机舱布线整齐，安装位置为人员不易踩踏处。

（31）确定扶梯提升高度≥10 m时，采用双附加制动器。

（32）当扶梯在有载情况下，速度降低至额定速度50%时，工作制动器动作，降低至额定速度20%时，附加制动器动作。

（33）控制柜上增加0.5 m/s和0.65 m/s的转换开关。

（34）要求室外扶梯所有外露螺栓（高强度螺栓、T型螺栓除外）使用不锈钢材质。

（35）扶梯防滑球通过内置暗装螺杆中间固定，边缘用绝缘胶密封。

（36）明确当变频器失效时，扶梯采用星三角启动方式。

（37）明确乘客逆向进入扶梯时，扶梯蜂鸣报警并加速到额定速度。

（38）受桁架底部空间限制，优化设计集尘盘深度为不小于 40 mm。

（39）扶梯外包部件外露边缘应在工厂前倒角/去除毛刺特别是乘客接触到的部件必须无尖锐口（包括 90°切口），确保没有伤到乘客的隐患。所有边口均是圆口，如扶梯内衬板/裙板/按钮周边等。

（40）预留 BAS 设定扶梯远程启停功能的接口。

（41）主驱动链及扶手带驱动链要求不带过渡节（偏置链节）。

（42）上下机舱的除了连接梳齿支撑板外的楼层板底部均配置有纵向支撑梁。

（43）地板和梳齿板表面贴厚度不小于 2 mm 带防滑槽的不锈钢，不锈钢表面防滑花纹采用蚀刻工艺。

（44）接油盘材料：室内扶梯采用 1.5 mm 镀锌板，室外扶梯采用 1.5 mm304 不锈钢。

（45）明确上机房散热风扇数量：控制柜配置 6 个风扇，室外梯在上机房增设 1 个风扇。

（46）明确每台扶梯配置 1 个维修控制盒，防护等级为 IP55。

（47）明确取消扶梯上、下入口弯位外盖板处护栏金属扣件。

（48）明确防逆转装置是通过直接对主驱动轴进行测量的方式确定扶梯的实际运行速度和方向。

（49）裙板采用发纹不锈钢，发纹方向与梯级运行方向一致。

（50）在符合国家标准的情况下，防攀爬装置按单梯 4 个设置，双梯并列时可在中间设置 1 组。

（51）扶梯减速器输出轴与驱动链轮的链接采用双键连接设计。

8.5 样机验收阶段

8.5.1 验收资料审核

（1）由监理单位负责编制《设备样机验收大纲》，并递交业主单位审核。验收大纲应包括验收主要依据、验收工作程序及方式、验收项目内容、测试数据记录格式等。监理单位应在验收前一周将建设单位审核通过的验收大纲提交供货商进行工作安排。

（2）供货商应提供以下文件资料，供监理及业主代表审核：

① 样机设计文件：包括设计任务书（设计规格书）、产品技术条件、试验（测试）大纲、技术设计说明及采用的相关技术标准和规范等。

② 样机的主要生产图纸及重要生产工艺文件说明。

③ 按质量保证体系要求进行的进货检验、工序检验及产品最终检验的质量检验记录文件。

④ 关键质量问题解决过程记录。

（3）样机验收结束后，由监理负责编写《设备样机验收报告》，对样机验收是否合格做出判断结论。样机验收合格，由监理单位向合同供货商签发验收合格证书，若存在问题需要整改，则应要求供货商限期改进。供货商原则上应在规定的期限内完成整改工作。如有特殊情况需要延期，应征得监理单位及建设单位的同意，必要时须经验收人员复验合格后，方签发验收合格证书。如样机试验未能通过，应按设备合同中相关条款处理。

8.5.2 站台门重点测试

（1）噪声试验（图 8-1）。需关注站台门的开门/关门噪声通过噪声测量仪进行测量。噪声测量仪放置在距离样机 1 m、离地面高度为 1.5 m 的位置。

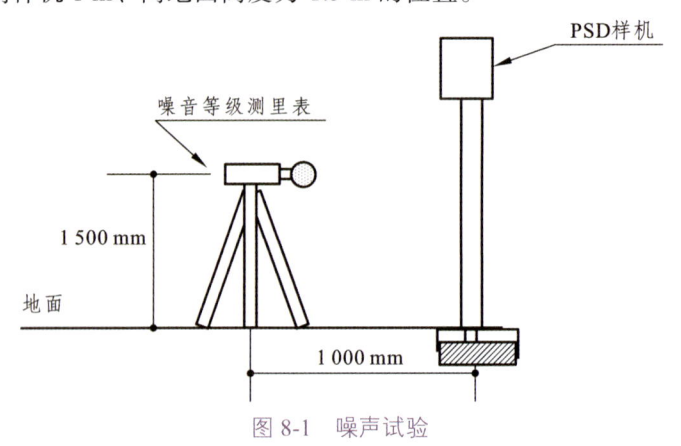

图 8-1 噪声试验

（2）动能测试（图 8-2）。需关注测量装置安装位置的选定，调整站台门样机的关门时间为 3.0~4.0 s，同时调整影响速度曲线的参数，在活动门关门行程 1/2 处测量点的最大门动能小于 10 J，门扇关门最后 100 mm 的动能小于 1 J。

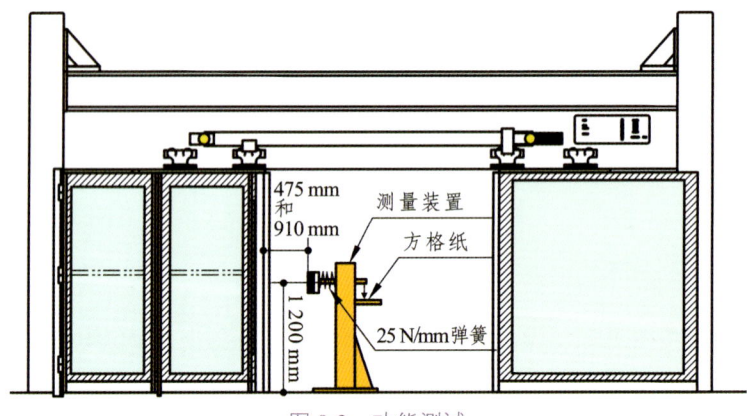

图 8-2 功能测试

（3）开关门速度曲线测试（图 8-3）。需关注开门时间 2.5~3.5 s，关门时间 3.0~4.0 s。速度曲线满足时间要求。

图 8-3 站台门速度曲线

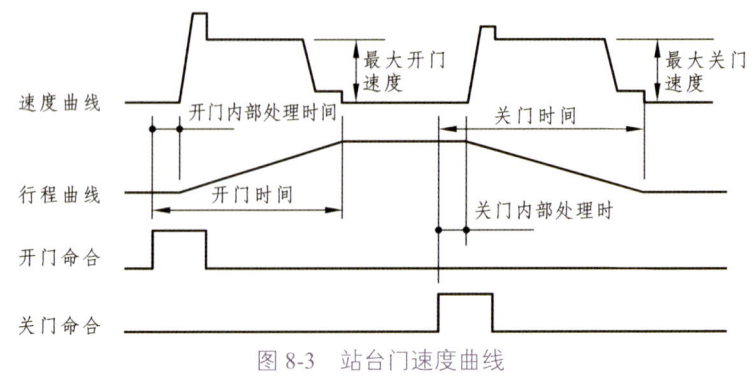

（4）障碍物检测及自动重开、关门测试。需关注障碍物检测分为站台门本体防夹和激光探测防夹报警两部分。验收时重点验证激光探测的检测范围和检测精度。

① 站台门本体防夹应以门槛顶面为基准，选取低（+350 mm）、中（+650 mm）、高（+1 150 mm）三点测量，检测物厚度按合同要求执行。站台门夹物如图8-4所示。

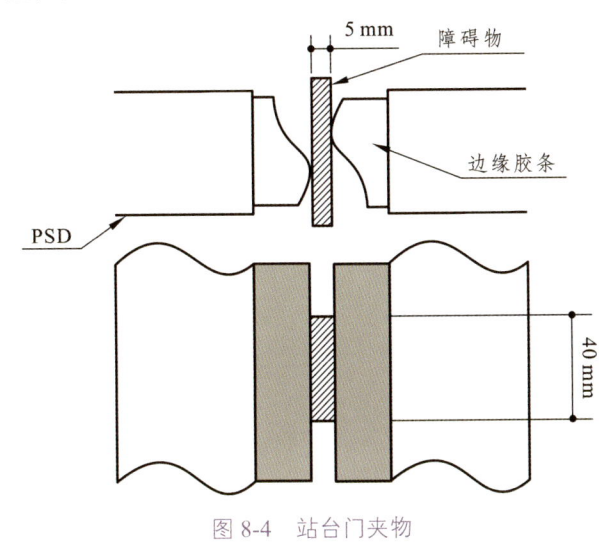

图8-4　站台门夹物

② 激光探测防夹应以激光扫描面（图8-5）为参考，选取不少于6点检查，检测物厚度按合同要求执行。A点：距离滑动门中心左侧约600 mm，距离门槛面约200 mm；B点：距离滑动门中心右侧约600 mm，距离门槛面约200 mm；C点：滑动门中心，距离门槛面约600 mm；D点：滑动门中心，距离门槛面约1 200 mm；E点：雷达左边固定门，距离该固定门右边边框300 mm，距离门槛面约300 mm；F点：雷达右侧第二个固定门，距离该固定门左侧边框200 mm，距离门槛面约300 mm。

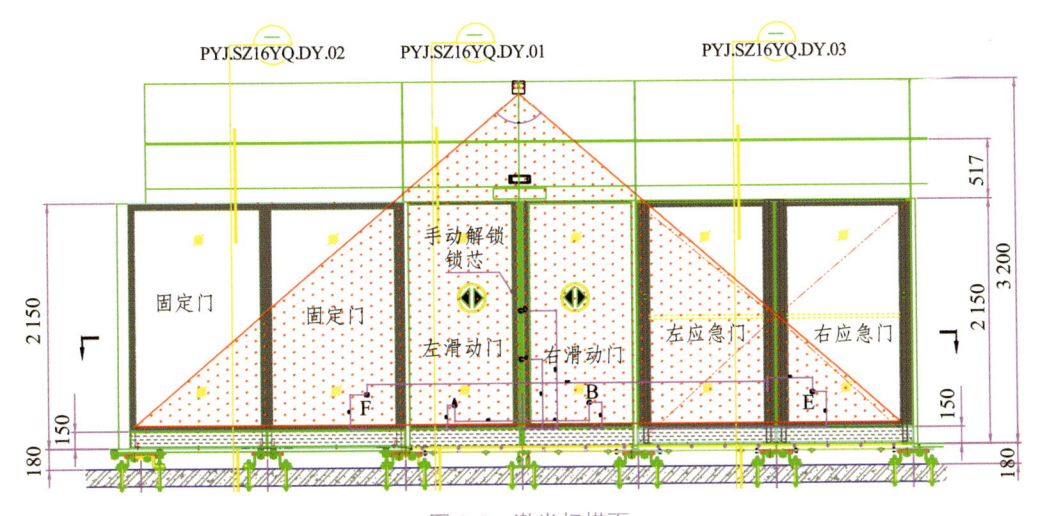

图8-5　激光扫描面

（5）关门力和手动开门力测试（图8-6）。需关注关门力在滑动门关门行程1/3位置处，通过使用推拉式测量仪在关门操作过程中进行测试。

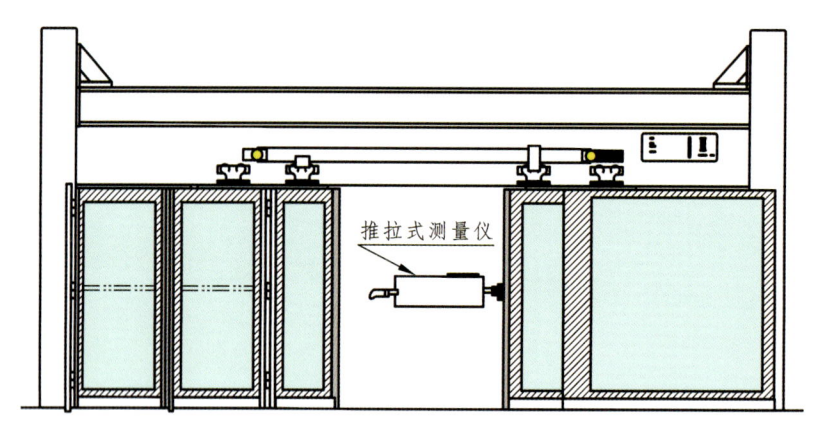

图 8-6　开关门力测试

（6）站台门状态显示屏测试。需验证各种工况下的显示状态是否满足技术规格书要求。重点工况包括：关闭锁紧状态、关门过程、开门过程、开门到位、LCB 隔离/手动开/手动关位、信号对位隔离、门故障等。

（7）PEDC 冗余测试。需关注多工况测试，验证是否真正实现了冗余。通过通断各 PEDC 电源、RS485 通信线，逐个进行冗余测试。

（8）负荷试验。需关注在进行模拟风压和乘客挤压场景时，应确认位移计安装位置，使其均匀分布在门体上。

（9）互锁解除模拟信号（图 8-7）。需重点关注观察 PSL 和 PSC 互锁解除接线及信号是否与图纸一致。信号系统模拟器可参考图 8-7 和 PSC 进行连接。

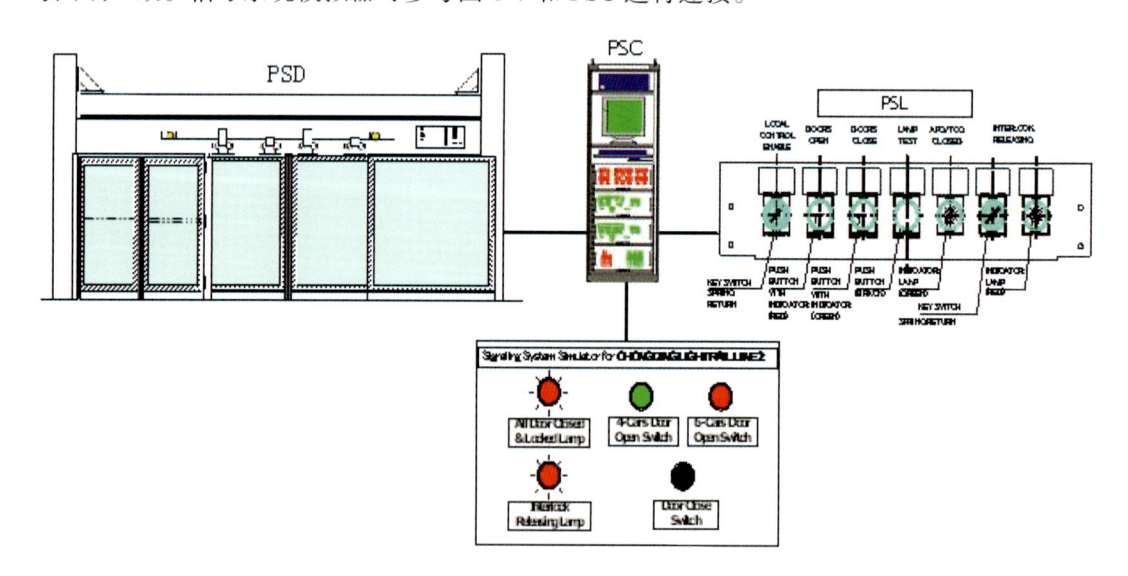

图 8-7　信号模拟示意

（10）软件测试（图 8-8）。需关注站台门系统显示屏服务器软件、激光雷达显示操作盘及显示终端软件功能，能够使站台门状态及各种报警信息正常传送到 PSC 并在 PSC 显示器上显示。测试点应包括以下几类情形。

① 通过 PSL 打开滑动门（ASD）时。

② 通过 PSL 关闭 ASD 时。
③ 模式开关转到手动开或手动关模式时。
④ 应急门（EED）打开时。
⑤ PSL 的互锁解除钥匙开关动作时。
⑥ 通过手动解锁手柄打开站台门时。
⑦ 站台门关门操作过程中，ASD 三次检测到障碍物时。
⑧ 当 PSC 和 DCU 间的串行电缆连接中断时。
⑨ 当驱动电源设备电源（AC 380 V）切断时。
⑩ 当控制电源故障电源（AC 220 V）切断时。
⑪ 当驱动 UPS 设备发生故障时。
⑫ 当控制 UPS 设备发生故障时。

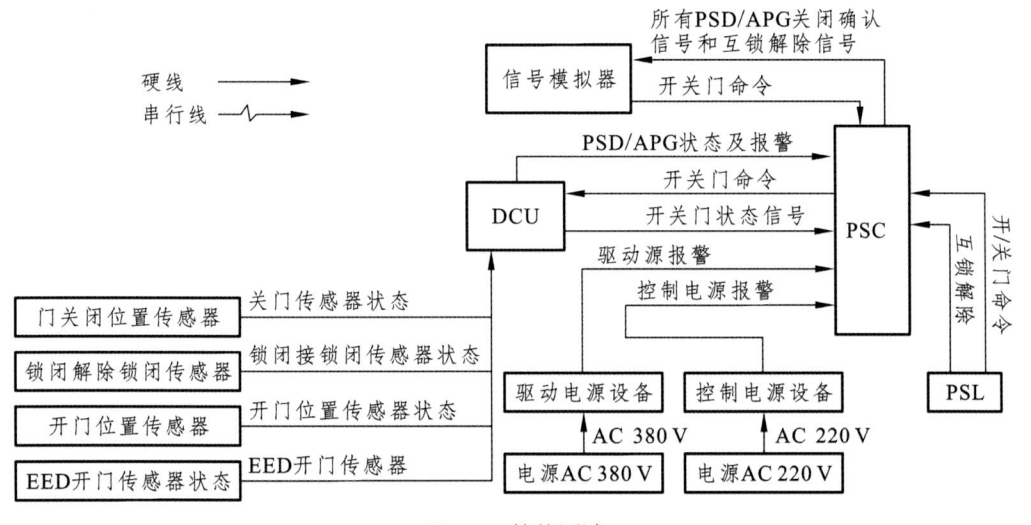

图 8-8　软件测试

（11）绝缘测试。需验证绝缘材料，并通过门体金属框架上任意一点与大地进行绝缘检测。选择 500 V 档位，观察绝缘值。最低要求为 0.5 MΩ。

（12）电磁兼容性测试。可在样机的最小系统上进行测试，即包括一套 DCU、传动装置、间隙智能探测系统、显示屏、控制电缆和电子、电机、开关、PSC、PSA 和 PSL 及供电系统。其中滑动门的重量按百分之百配比。

（13）加速寿命试验（图 8-9）（100 万次使用周期试验）需保障滑动门不间断运行 100 万次，试验前后需测量包括门悬挂机构轮、电机减速箱、皮带等重点部分。

样机验收结束需要系统承包商必须按照现场条件安排好设备进场，既不能在设备房不具备条件时进场（不利于成品保护），也不能在现场具备条件时而因等设备耽误本来就紧张的工期。要对供货的排期精确到天，在此期间需要反复与土建沟通，保证实时了解现场土建实际进度以将供货管理做到精准化。

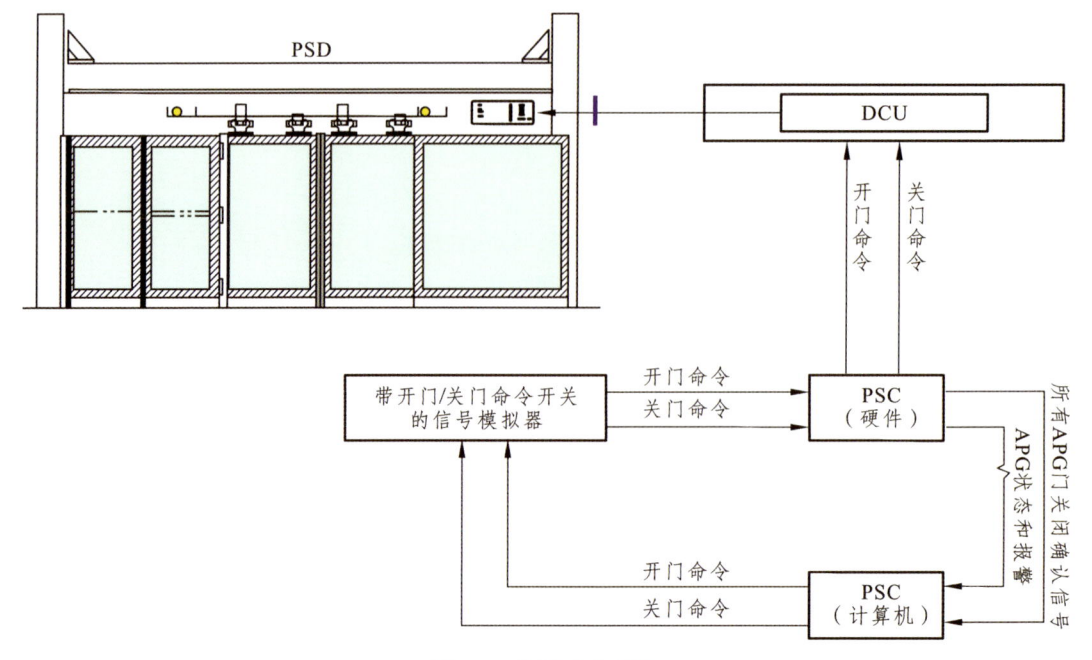

图 8-9　加速寿命试验

8.5.3　垂直电梯重点测试

（1）强迫关门保护功能。处在关闭状态的轿厢门及厅门受到外力阻止，使门保持打开状态时间超过预定时间时，轿厢门及厅门应能够往复运行几次；如还不能克服外力，应能够自动熄灭方向指示灯，轿厢门及厅门保持打开状态，设备停止运行，并同时发出声音报警。厅层位置显示装置亮起"停止服务"的字样，直到故障排除为止。

（2）开门受阻保护功能。处在打开状态的轿厢门及厅门受到外力阻止，门应能够自动转为反向运行，或者往复运行几次，如还不能克服外力时，开门按钮应不能阻止关门，轿厢门及厅门应慢速强制关闭，设备运行至相邻的楼层开门。

（3）开门故障自救功能。电梯到站平层后，在规定时间内不能正常开门时，应能够自动熄灭方向指示灯，清除轿厢内停梯及层门呼梯的全部记录，运行至下一个层站开门。

（4）制动装置安全功能。电梯正常运行时，切断制动器电流至少应当用两个独立的电气装置来实现，当电梯停止时，如果其中一个接触器的主触点未打开，最迟到下一次运行方向改变时，应当防止电梯再运行。

（5）紧急操作功能。手动紧急操作装置能够通过操纵手动松闸装置松开制动器，并且需要以一持续力保持其松开状态；紧急电动运行装置依靠持续按压按钮来控制轿厢运行，此按钮有防止误操作的保护，按钮上或其近旁标出相应的运行方向，一旦进入检修运行，紧急电动运行装置控制轿厢运行的功能由检修控制装置所取代。

（6）井道终端限位。在井道的上下端设有一组安全开关，当轿厢在运行时超越限定位置时，强迫电梯停止。

（7）限速绳张紧装置。限速器绳应当用张紧轮张紧，张紧轮应当有导向装置，当限速器绳断裂或者过分伸长时，应当通过电气安全装置，使电梯停止运转。

（8）自动关闭层门装置。在轿门驱动层门的情况下，当轿厢在开锁区域之外时，如果层门开启（无论何种原因），应当有一种装置能确保该层门自动关闭。

（9）门关闭检测装置。每个层门和轿门的闭合都应当由一个电气安全装置来验证，如果滑动门是由数个间接机械连接的门扇组成，则未被锁住的门扇上也应当设置电气安全装置以验证其闭合状态。

（10）检修运行操纵功能。应能够通过设置在轿顶检修箱上/控制柜内的检修开关控制电梯以检修速度慢行。几个检修开关之间相互连锁，以防止同时操纵电梯。

（11）门机运行功能。开/关门时间不大于 3.5 s，开关门时间及开门保持时间的设置，能够便于现场调节。

（12）上行超速保护装置试验。轿厢上行超速保护装置上应当设有铭牌，标明制造单位名称、型号、规格参数和型式试验机构标识，铭牌和型式试验合格证内容应当相符；当轿厢上行速度失控时，轿厢上行超速保护装置应当动作，使轿厢制停或者至少使其速度降低至对重缓冲器的设计范围；该装置动作时，应当使一个电气安全装置动作。

（13）缓冲器试验。缓冲器动作后，恢复至其正常伸长位置电梯才能正常运行；缓冲器完全复位的最大时间限度为 120 s。

（14）限速器功能试验。轿厢限速器和对重限速器，超速时安全钳应及时动作。

（15）消防返回功能试验。消防开关标有"消防"字样，且消防功能启动后，电梯不响应外呼和内选信号，轿厢直接返回指定撤离层后门保持常开，并关闭照明和通风系统。

（16）停电平层功能。设备停电时轿厢自动运行至最近层站开门。

（17）手动操作下的轿厢位置显示。需关注：轿厢处于手动操作模式时，应能够在控制柜内显示设置位置。

8.5.4　自动扶梯重点测试

（1）各类型式试验。包括整梯型式试验、主驱动链型式试验、电磁兼容型式试验、梯级链型式试验、主机型式试验、控制柜型式试验、扶手带型式试验、梯级型式试验等。型式试验需承包商提供正式报告。

（2）关键部件及系统检测。整梯装配检验、主驱动轮材质硬度检测、桁架焊接无损探伤检测、桁架连接螺栓抗拉检测、桁架挠度检测、自动扶梯终检。关键部件及系统检测需提供 IP 等级认证和 SIL4 安全认证及正式报告。

（3）断相错相保护装置。人为切断一相或两相、调换其中两相，扶梯检出故障并不能运行。

（4）电机保护装置。调整电机过载保护装置的电流系数，然后启动扶梯，扶梯报故障并可靠制停。

（5）主、附制动器开关。人为动作主附制动器检测开关，扶梯可靠制停。需分以下 9 种情况检测：1.15 倍超速开关动作时、1.2 倍超速开关动作时、速度为零之前、驱动链断链开关动作时、供电中断时、安全电路中断时、钥匙开关关停时、急停开关动作时、车站急停动作时。

（6）意外逆转保护。扶梯空载的情况下，在扶梯主机电源线串接一个接触器，试验时当扶梯速度达到额定速度时切断接触器供电使扶梯慢慢停下来，扶梯可靠制停。

（7）梯级链保护装置。人为动作梯级链保护开关可使扶梯制停。

（8）扶手带保护装置。人为动作扶手带保护装置开关可使扶梯制停。

（9）扶手带入口保护。人为动作扶手带入口保护开关可使扶梯制停。

（10）梳齿板安全开关。人为动作水平及垂直保护开关可使扶梯制停。

（11）梯级塌陷保护。人为动作梯级塌陷开关可使扶梯制停。

（12）梯级运行安全装置。人为动作梯级运行安全开关可使扶梯制停。

（13）裙板安全保护。人为动作裙板保护开关可使扶梯制停。

（14）驱动链破断保护装置。人为动作驱动链破断保护开关可使扶梯制停。

（15）裙板防护。观察裙板上有没有安装毛刷。

（16）急停开关。人为动作扶梯急停开关可使扶梯制停。

（17）接地故障保护。人为动作主开关的测试按钮可使扶梯制停。

（18）梯级缺失开关。需拆除一个梯级，检测梯级缺失开关可靠制停。

（19）楼层板安全开关。人为动作楼层板安全开关可使扶梯制停。

（20）主机移位开关。人为动作主机移位开关可使扶梯制停。

8.6 施工调试阶段

8.6.1 质量管控方案

为强化工程建设质量，规避既有线在运营管理中发现的质量问题，充分发挥"建设、运营"双身份作用，秉承"全过程、全方位"全生命周期管理思路和"标准化、表单化、可视化"原则，我们综合考虑既有线运营维护管理的痛、难点，提前编制《深圳市十二号线轨道交通有限公司站台门及电扶梯专业质量管控方案》，明确质量管控职责、流程和标准，并以此为抓手，全力推进质量管控工作落地，执行"跨专业、全覆盖、无死角"检查，及时发现问题，暴露问题，督促责任单位进行整改，形成闭环管理，主要体现在以下四个方面。

8.6.1.1 利用"样板引路"强化技术交底

我们按品牌新增了样板站环节，便于各施工小组参观学习，以便更直观地统一现场施工标准。步骤如下：先把各设备安装的具体要求由设计和承包商提供到位并做好技术交底，由建设、设计、监理、承包商、施工单位五方一起去现场对第一次安装的设备现场监督和确定标准，以此为样板标准展开安装工作。及时对安装不规范、材料不达标、施工工艺差的地方提出整改要求。可为后续设备安装确立标准，规避出现类似问题，保障施工质量。

（1）工艺上的卡控。开工前要对施工方进行工艺交底，要借鉴深铁运营既有线好的工艺精益求精。现场要排好计划保证现场的工艺卡控，对每个设备的内部布线要"横平竖直"做到美观，对不合格工艺安装时要及时反馈，比如样板站控制柜内部布线凌乱、站台侧站台门顶箱盖板开门范围内有阻挡支架、端门安装槽中部未按要求设置排水口等，通过召开专题会明确布线标准、多次交底、跨专业交底协调等方式，工艺得到了很大的提升。

（2）对施工余料的卡控。在室内施工余料验收中用火点燃发现多种余料不阻燃，不符合要求的立即退场。

（3）隐蔽工程的卡控。存在暴力施工、不按图施工、电线露铜、"一孔多线"、电源线母插头不匹配容易松脱、接线不达标问题等问题，按计划安排好人员卡控现场施工。

（4）标准的卡控。涉及不同级别标准不同专业验收标准时，以高标准的要求，对于现场不满足条件时要组织相关单位推进整改。

（5）落实验收人的责任，设备验收要签字落实对验收结果负责。

8.6.1.2 利用"测试平台"提高调试效率

我们在十二号线机场东车辆段搭建内场测试平台。在工期紧的背景下联同全自动运行系统五大核心专业（车辆、信号、通信、综合监控、站台门）进行内场测试。合计发现全自动专业接口问题135项，累计组织夜间调试推进会议62余次，协调解决了专业间接口场景问题。在短短不到100 d（场景测试仅32 d）的时间里，高质量完成了全自动运行系统的各项调试工作，刷新了国内全自动运行线路在短时间高质量调试完成的新纪录。

内场测试控制机房如图8-10所示，内场测试站台门本体如图8-11所示。

图8-10　内场测试控制机房　　　　图8-11　内场测试站台门本体

8.6.1.3 利用"专业融合"建立包保制度

我们建立管理人员"网格化"包保制度，每周组织召开小组视频交流会，业代、网格员、设计、监理一起交流本周重点工作及下周重点工作。

8.6.1.4 利用"表格"增加设备精调内容

我们组织编制设备布置图、设备清单，优化设备调试方案，针对性地增加了间隙探测、门体精调等重点功能的表格测试项（图8-12）。

图 8-12　增加精调表节选

8.6.2　设备安装管控

8.6.2.1　站台门安装要点

（1）站台吊顶与站台门上部顶箱之间设有照明光带。站台吊顶和照明光带等于站台门相邻的非站台门材料，必须与站台门隔开，并留有不小于 100 mm 的间距。

（2）检查站台门门槛安装：主要技术指标为门槛表面应与纵向轨面平行，平行度应小于 0.5 mm/m，全长范围内误差应控制在 0~5 mm，绝缘装置安装应正确，并应符合设计要求；相邻门槛间隙应均匀，接缝处高差应小于 1 mm；门槛外观良好。

（3）检查站台门上部结构：预埋件与土建结构之间的接触面应平整；绝缘装置安装正确，符合设计要求；紧固螺栓应有防护措施。

（4）检查站台门门体结构：等电位线电缆安装符合设计要求，门机、门楣及立柱之间的连接牢固。

（5）检查滑动门、应急门、端门和固定门：在轨道侧应能通过手动解锁平滑开启，各连接、固定部件牢固、可靠，门体开度满足设计要求，整个门体牢固、可靠，符合限界要求。

（6）检查站台门各紧固件，门道上下支架紧固件、门体紧固件及线槽均应做防锈处理。

（7）检查站台门盖板安装：各盖板、各支架之间应按设计留有足够的间隙，绝缘性能良好，符合设计要求。

（8）检查站台门设备柜安装：设备控制柜、电源柜的接地及电气绝缘符合设计要求；设备柜安装应牢固可靠；柜内接线应正确、牢固、整齐，标志应清晰齐全。

（9）检查站台门线槽和线缆：电源盒通信线缆终端接头的制作应符合设计要求；安装方式符合设计要求；通信线缆屏蔽层和线槽线管的接地符合设计要求；通信线缆屏蔽层和线槽线管的接地应符合设计要求；轨道侧线槽和线缆的安装应牢固、抗风压，在任何条件下不能侵入轨道；电缆的最小弯曲半径应满足相关规范要求。

（10）站台绝缘层绝缘材料绝缘值应测量为无穷大。安装完毕后实际绝缘值应>0.5 MΩ（DC 500 V 兆欧表）；绝缘层敷设宽度为站台门站台侧 2 000 mm（含接口尺寸），敷设长度沿站台门设置范围通长布置，端门内外 2 000 mm（含接口尺寸），敷设长度沿端门设置范围通长布置。设置厚度约为 100 mm（从站台结构面到装修面的高度），包含找平层、绝缘层、水泥砂浆结合层和装修面层等；绝缘层施工时，应在门槛旁加设绝缘挡板，以保护做好的门体绝缘；绝缘支撑架安装：L 形支撑架（实心结构，阴角为圆弧面，以保证绝缘层的平顺铺贴且不被撑破，以及保护分隔缝不被水泥砂浆等杂质填满）和绝缘密封胶（黑色有机硅绝缘密封胶，具有良好的电气绝缘性能，作为绝缘缝收口的主要材料）；绝缘层敷设应平整、无褶皱，与找平层可靠黏结。

（11）站台盲道设置禁止影响应急门和端门开关。

（12）站台 PIS 屏、导向标识禁止影响站台门盖板开关。

（13）施工单位在站台门附近做焊接施工时应做好防护，防止焊渣掉落在站台门玻璃上，易造成站台门玻璃自爆。

（14）穿站台门端门敷设的线缆，严禁使用带金属材质的软质套管。

（15）检查站台门系统所有电气部件、电源装置外壳防护等级应符合合同要求，其中 UPS 配电柜的防护等级不低于 IP55，门头站台门电气部件等级不低于 IP54、所有电源装置外壳防护等级不低于 IP42。

（16）检查站台门系统电源、门头等关键电气部件 3C 认证，检查所有接线端子情况：① 接线端子间隙符合要求，电气间隙≥10 mm，爬电距离≥12 mm；② 二次回路电气间隙≥4 mm，爬电距离≥6 mm；③ 大电流接线端子压接可靠，符合端子测试要求，接触电阻≤10 mΩ（抽查不低于 10 个接线端子）；④ 交流进线接线端子或直流接线端子不能太小，若太小将会造成接线端子变形。电线电缆材质符合合同要求，且各箱柜、线缆线管敷设封堵情况良好。

（17）检查蓄电池 CR 认证、外壳材质符合合同要求，且蓄电池柜内 6S 标识齐全，蓄电池的底部均安装绝缘挡板。

（18）站台门设备应用等电位铜牌以及等电位导线将设备各金属部件连接，并与钢轨一点胀钉连接，满足等电位要求。（等电位连接的电阻不大于 0.4 Ω。）

8.6.2.2 电扶梯安装要点

（1）站内及出入口电梯层门地坎安装应高出装修面 5 mm，装修收口时应与层门平齐放坡。

（2）自动扶梯的梯级踏板或胶带上方，垂直净高度不应小于 2.3 m，该净高度应当延续到扶手转向端端部。

（3）自动扶梯周边墙壁或其他障碍物与扶手带外缘之间的水平距离在任何情况下均不得小于 80 mm。

（4）如果自动扶梯周边建筑物的障碍物会引起人员伤害时，则应在自动扶梯周边采取相应的预防措施。

（5）电梯、自动扶梯安装尺寸要求，需满足《自动扶梯和自动人行道的制造与安装安全规范》（GB 16899—2011）、《电梯工程施工质量验收规范》（GB 50310—2002）等规范要求，防止电梯、自动扶梯基坑尺寸与规范要求相冲突，避免由于尺寸偏差影响设备安装进度。

（6）自动扶梯的安装位置宜避开结构诱导缝和变形缝，跨越时应采用相应的构造措施。电梯的安装位置应避开土建结构的诱导缝和变形缝。

（7）电梯、自动扶梯基坑必须预埋排水管，管底与基坑平齐，管径不小于 DN65。

（8）自动扶梯中间支撑牢固，无空撑现象。

（9）电梯、自动扶梯井道无渗漏水。

（10）井道侧墙及底坑应平整。

（11）自动扶梯内、外盖板连接处应平滑、无毛刺。

（12）自动扶梯上、下机仓桁架与土建收口部位无缝隙。

（13）自动扶梯围裙板设置在梯级的两侧，任何一侧的水平间隙不应大于 4 mm，且两侧对称位置处的间隙总和不应大于 7 mm。

（14）自动扶梯外装饰板应安装固定牢固，固定部位应采用不锈钢等防锈蚀材料。

（15）电梯井道内线缆走线应规范、固定牢靠。

（16）自动扶梯面板应安装固定牢固，与墙面做好收口，无较大缝隙。

8.6.3 设备调试管控

8.6.3.1 站台门单调要点

（1）滑动门开关门平稳、噪声测试符合设计要求。

（2）PSL 操作功能正常。

（3）应急门、端门手动操作和手动解锁力功能正常（应急门、端门监控报警状态符合设计要求）。

（4）核查每档门防夹功能正常、间隙探测（GID）功能正常。

（5）站台门驱动后备电源储能，能满足在 60 min 内至少完成开、关滑动门 5 次循环的要求，控制电源 UPS 蓄电池容量能保证 PSC 及其内设备、PSL 和 DCU 及控制用设备等程序静载工作 60 min。

（6）站台门电源系统能在两路 380 V 电源都发生断电时，不间断继续向负载供电。当正常供电回路恢复正常后，能够自动切转至正常回路供电。

（7）主控机（PSC）的监视功能正常，能自动检测站台门系统内部的一些重要故障，且可以筛选任一时间段中开关异常的滑动门的功能（通过开关门时间等参数判断）。

（8）核查站台门边门应接受 IBP 盘的控制，在站台发生火灾时作为消防排烟通道，电动打开站台门边门且不影响站台门系统功能和整体性能指标。

（9）每档滑动门模式开关配备的 A、B 两把权限不同的钥匙可以正常操作，核查模式开关打到"隔离位"时仅旁路该档门开关门信号，不旁路该档门安全回路。

（10）核查每档滑动门开关门力是否符合设计要求，且可单独调节。

（11）核查 PEDC 的冗余设置，确保 PEDC 故障时，PEDC 的冗余装置可以有效投入使用。

（12）核查站台门控制回路冗余回路，模拟一档或多档站台门故障时站台门控制回路可以有效运行，不会影响其他门的正常使用。

（13）核查站台门驱动、控制电源系统回路符合设计（均设置有熔断器），且有效记录设备各种运行情况、各指示灯正常、故障报警记录完成。

8.6.3.2 站台门联调要点

（1）IBP 盘操作及监控功能正常。

（2）综合监控系统能监视站台门的运行状态，按接口点表进行检测，并能在车控室的显示终端进行显示正常及故障报警信息。

（3）站台门系统与信号系统的接口符合接口文件要求，功能运行正常。

（4）站台门系统与低压配电系统的接口符合接口文件要求，功能运行正常。

（5）站台门系统与综合监控系统的接口符合接口文件要求，功能运行正常。

8.6.3.3 电扶梯单调要点

（1）自动扶梯单机调试测试单系统调试运行能力、各项安全保护功能等均满足设计及国标要求。

（2）自动扶梯运行平稳，无异常振动、异响。

（3）电梯单机调试测试单系统调试运行能力、各项安全保护功能等均满足设计及国标要求。

（4）电梯运行平稳，无异常振动、异响。

8.6.3.4 电扶梯联调要点

（1）自动扶梯可在IBP盘上远程启停。

（2）当电梯接收到FAS系统火灾报警指令时，电梯运行应满足现行国家标准《火灾情况下的电梯特性》(GB/T 24479)的要求，其中站内电梯自动停靠在站厅层，出入口电梯自动停靠在地面层。

（3）远程综合监控功能正常，逐台检查。

8.6.4 甩项工程管理

8.6.4.1 甩项工程概况

站台门设备系统无甩项工程，电扶梯设备系统的甩项工程主要集中在同乐南、南头古城、上川、流塘、兴围等建筑结构未完工的出入口及太子湾、灵芝等建筑结构未完工的自然形成空间及物业区。为保障后期不因电扶梯的原因影响甩项工程的开通时间，我们一方面组织接口协调会明确电扶梯安装和调试的具体要求，提前现场测量井道尺寸并及时组织设备投产；另一方面组织委外维保团队和站务人员提前介入，与施工团队一起进行设备功能测试，根据需求进行功能完善后签字确认；除此之外，我们还与特检院和市场监督局进行沟通，提前做好特种检验和取证的预约工作；最后配合开展已具备开通运营条件的甩项工程验收。

8.6.4.2 甩项工程管控重点

甩项工程管控的重点是接口管控，电扶梯接口专业主要包括土建装修、环境与设备监控（BAS）、火灾自动报警（FAS）、综合监控（ISCS）、通信安防、给排水、低压等专业。我们通过多次组织接口专业协调会，明确与各个专业的接口，提前入场管控，同时通过特定的场景来进行验证，制定详细的计划节点并动态跟进，以便提高施工效率。

1. 与土建装修专业接口

（1）在建筑装修自动扶梯的梯级正上方空间时，应保证自动扶梯的梯级正上方垂直净高度不小于 2.3 m。

（2）扶手带外缘与墙壁或其他障碍物之间的水平距离在任何情况下均不应小于 80 mm；扶手带下缘与墙壁或其他障碍物之间的垂直距离不应小于 25 mm。如果采取适当措施能降低发生伤害的风险，则该空间可适当减少。

（3）如果人员在扶梯出入口可能接触到扶手带的外缘并引发危险，应设置固定的阻挡装置以阻止接触该区域。

（4）扶梯出入口人员可能接触到扶手带外缘的危险区域内，由建筑结构形成的固定护栏至少增加到高出扶手带 100 mm，并位于扶手带外缘 80~120 mm 之间。

（5）现场自动扶梯、电梯的主要参数图和土建装修典型布置图（包括详细尺寸、扶梯中间支撑的布置、吊环的布置、排水、开孔宽度要求）保持一致。

（6）自动扶梯及电梯四周与建筑装修专业的接口条件，应满足扶梯、电梯安全验收规范要求。

（7）电梯吊环的负荷参数、电梯预埋件的尺寸和受力要求应与设计相同。

（8）电梯井道土建开孔四周的防水处理。

（9）出入口扶梯前设截流水沟，出入口扶梯下部底坑附近设集水井，底坑与集水井之间使用不小于直径 200 mm 排水钢管连接，集水井警戒水位标高应低于基坑底面标高 100 mm 以上。

（10）电梯底坑不得积水，站台电梯下底坑沿站台底板坡度方向单侧设置排水管。

（11）出入口电梯底坑外集水井与电梯底坑应分开，集水井设排水设施。

2. 与 BAS 专业接口

（1）自动扶梯与 BAS 专业之间的接口采用 RS485 通信接口及硬线接口。每台扶梯状态、故障信息通过 RS485 接口上传至 BAS 系统，其中出入口扶梯踏板防盗信息需由 BAS 传输至综合监控 IBP 盘。

（2）自动扶梯通过硬线连接至车控室 IBP 盘，可在 IBP 盘实现每台扶梯的停梯功能。

3. 与 FAS 专业接口

（1）电梯接收到 FAS 专业的火灾指令后，自动运行到疏散楼层，电梯开门疏散乘客后停止运行，并向 FAS 专业反馈命令执行完毕信息。

（2）各车站电梯台数和位置（设备名称、数量、型号规格、编号），接线端子号、接线位置与设计和现场相同。

（3）电梯设备与 FAS 远程监控设备接口位置在电梯最高层的层门控制箱内。

4. 与 ISCS 专业接口

（1）自动扶梯设备运行状态、设备故障或异常时的故障代码及部件智能预警信息可在 ISCS 系统查看。

（2）电梯轿厢内五方对讲及车控室的电话设备可正常使用。

5. 与通信安防专业接口

（1）车站摄像监控范围应覆盖车站所有自动扶梯和电梯，监控数据应至少保留 90 d。

（2）综合安防系统能实现对垂直电梯内的实时视频监控。安防专业提供垂直电梯内的摄像头并负责安装，电梯专业提供接口及安装线缆引入孔。接口界面在电梯轿厢内。

6. 与给排水专业接口

给排水专业引出至出入口外部水管的敷设不应横穿扶梯下清扫通道，避免水管法兰盘占用扶梯底部空间，导致扶梯无法安装。

7. 与低压专业接口

（1）低压专业分别敷设电缆至每台扶梯、电梯指定的进线位置处；由电扶梯供货厂家接入设备本身的主电源开关。

（2）自动扶梯、电梯的动力电缆在 400 V 抽屉柜至自动扶梯、电梯控制箱，敷设电缆时不能有断电。

8.6.5 典型问题及处理

（1）站台板与设计值偏差较大，部分施工单位对站台板进行违规开凿，导致部分站点站台板实测厚度不足 8 mm（十二号线设计为 20 mm），结构强度不足后续可能存在站台门塌陷的安全风险，如图 8-13 所示。

措施：立即组织设计和跨专业承包商共同进行现场检查，并召开专题会商议整改措施，经过多轮论证，最终设计给出了每隔 1~2 m 加装站台钢支撑的整改方案，并于 2022 年 7 月完成了整改。

图 8-13 不合格站台板

（2）站台大系统送风口未按图施工，安装在靠近站台门侧，易造成站台门盖板内凝露，进而降低站台门绝缘值，如图 8-14 所示。

措施：立即在专题协调会上提出，并在总包单位的支持下监督施工单位完成了整改。

（3）由于土建标高不足，站台门违规设置超量垫片，影响整体结构强度，如图 8-15 所示。

措施：组织设计、承包商进行研究，最终拟定整改方案为灌注高强度混凝土，如图 8-16 所示。

图 8-14　不合格送风口

图 8-15　不合格垫片　　　　　图 8-16　灌注高强度混凝土

（4）扶梯基坑排水孔未设置在基坑底部，无法起到排水效果，容易造成积水，如图 8-17、图 8-18 所示。

措施：录整改单，督促责任单位按图施工，保障基坑排水需求。

图 8-17　不合格排水沟　　　　　图 8-18　基坑积水

（5）周边综合支吊架与站台门设计标高间距小于 100 mm，后续存在搭接打火的安全隐患，如图 8-19 所示。

措施：派专人督促承包商通过移位或切割的方式对侵限设备进行整改，保障安全距离。

（6）站台水泥砂浆入侵站台门地坎下部支撑，破坏站台门下部绝缘，如图 8-20 所示。

措施：派专人督促施工单位整改后方可进行下步工序，保障了开通时绝缘达标。

图 8-19　支架侵限　　　　　　　　图 8-20　水泥砂浆入侵

（7）站台门控制柜内部接线混乱，如图 8-21 所示。

措施：派专人督促承包商按交底要求规范接线路径，并增设正负极标识。

图 8-21　控制柜接线整改

（8）扶梯上方直接搭设脚手架，损坏扶梯梯级，如图 8-22 所示。

措施：进行重复性交底，尽可能不在扶梯上方搭设；如必须，则需做好设备保护措施，如在梯级上方设置垫片等方式。

图 8-22　违规搭设脚手架

8.7　运营筹备阶段

为了尽早发现问题、尽早解决问题,提高设备运行可靠度,我们一方面利用"专业融合"建立网格员包保制度,对全线进行区域划分,实行包保制度责任落实到人;另一方面牵头要求运营委外维保队伍提前介入。

8.7.1　维保团队介入

为了快速提高委外维保队伍发现问题的能力,公司制定了网格化管理办法和章程,屏电专业也将以往的运营维护经验总结成培训课件和专项检查表,开展新线介入人员培训和考核,同时利用飞行检查、网格化检查和专项检查,对站台门电扶梯设备进行开通运营前介入检查。在运营筹备期我们主要对设备安装标准、调试质量、安全隐患等方面进行监督,发现问题之后,录入安全管理系统督促整改,并安排专人对照整改方案跟进和闭环,典型问题如下。

(1)站台门设备周边 1 000 mm 范围内进行焊接作业,如图 8-23 所示。

图 8-23　违规焊接

措施：一方面重复加强角度，严禁在站台门设备周边 1 000 mm 范围内进行焊接作业，如有焊接工作（特别是在站台门上部的焊接作业），严格按施工方案做好防护设施；另一方面督促损坏部件的更换。十二号线一期开通前共更换超约 10 块受损的站台门玻璃。

（2）结构渗漏水严重（图 8-24），渗漏到站台门本体范围内，影响站台门绝缘，且对绝缘处理不规范（图 8-25）。

措施：一方面督促土建专业进行结构渗漏水堵漏；一方面督促站台门厂家对浸水严重的绝缘件进行更换，保障了开通前期绝缘达标。

图 8-24　结构渗漏水　　　　　　　　图 8-25　不规范绝缘处理

（3）PSL 钥匙开关精度差，数次发现 PSL 钥匙在非禁止位拔出的现象。PSL 钥匙开关套件如图 8-26 所示。

措施：牵头厂家对全部的 PSL 钥匙开关返厂升级，保障 PSL 钥匙只能在自动位拔出。

图 8-26　PSL 钥匙开关套件

（4）在无异物的情况下，GID 产生报警后 1 s 恢复。GID 投影数据收集如图 8-27 所示。

措施：组织收集实时 GID 投影数据分析发现 GID 飞点过多导致报警，设备拆解检测后发现由于 GID 探头磨花导致，故加强了对 GID 探头的安装及清洁过程管控。

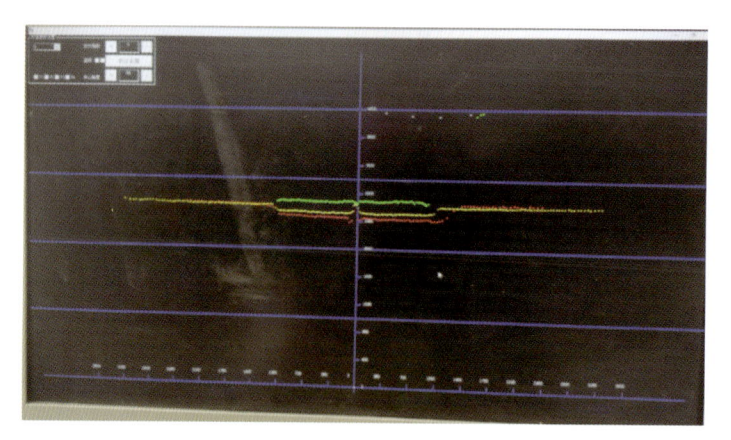

图 8-27　GID 投影数据收集

（5）PSL 箱中间隙探测显示器报警指示灯图标小，容易漏看。PSL 间隙探测显示屏报警界面如图 8-28 所示。

措施：牵头对软件进行了修改，增加了报警指示灯图标显示。

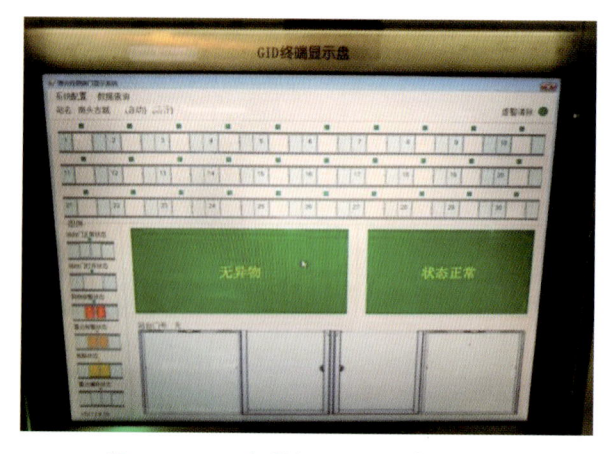

图 8-28　PSL 间隙探测显示屏报警界面

（6）扶梯平台踏步板与装修完成面不平齐（图 8-29）。不美观的同时，乘客也容易摔倒。

措施：牵头加强装修专业收口管控，发现即整改。

图 8-29　装修收口不平齐

（7）电梯外操作箱底部有孔洞未封堵（图 8-30），小动物容易进入破坏线缆。

措施：录安全管理系统督促封堵，并落实闭环验收。

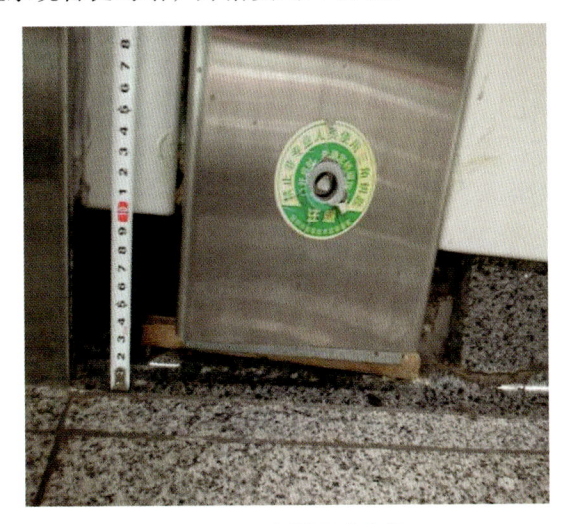

图 8-30　电梯周边孔洞

8.7.2　设备验收接管

（1）备品备件变更。为确保合同备品备件清单更贴近运营实际需求，根据合同条款开口项及《深圳市十二号线轨道交通有限公司设备变更管理办法》对备品备件清单进行调整。主要原则包括：

① 参考已运营线路同类产品故障频率的高低，调整部分零配件的采购数量。
② 根据部分备件采购周期较长、技术水平高的特点，增加数量作为战略储备。
③ 对比不同合同的通用备件合同差异，调整通用备件的采购数量。
④ 取消原清单中前后描述矛盾且存在纠纷风险的备件。
⑤ 对停产备件的升级产品进行市场调研对比。

（2）技术资料移交。此部分注意需要承包商提供完整的 CAD 电气接线图，而不是各设备接线的局部示意图。

（3）遗留问题整改。列明遗留问题清单，可写入竣工验收会议纪要中，整改后方可通过竣工验收。

8.8　难点与应对措施

土建、轨道和装修工区施工到一定程度时，站台门和电扶梯设备方可进场施工，由于多少受前者施工的影响，需要花费大量时间对接口专业的施工质量进行质量把关和进度督促。由于没有充足的地铁建设经验，在十二号线站台门、电扶梯的建设过程中，遇到了一些困难，这些困难主要来自外部因素和内部因素。

（1）土建移交时间不确定。

难点：站台门、电扶梯施工计划达成率低，存在设备到货无法进场，设备进场无法施工等情况。

措施：每周召开工地推进会，根据实际施工进展对站台门、电扶梯设备供货计划和安装计划进行调整；预备临时仓库周转点，不具备进场条件时将生产好的设备转入临时仓库存放；提前组织对接口专业的技术交底，并安排对其施工质量进行监督，发现问题提前督促整改；加大人员投入和提前培训，尽可能保障在满足施工条件时能大规模高质量开展施工。

（2）土建渗漏水情况较多。

难点：渗漏水影响站台门绝缘值。

措施：下雨后安排专人巡查漏水点，发现问题及时报修堵漏；对浸泡导致失效的绝缘件进行更换；动态监测站台门绝缘值，多次测量达标才可组织验收。

（3）前期监理人数不足。

难点：部分人员身兼数职，造成业主方管理现场难度增大。

措施：梳理合同相关条款，对监理单位申报的人员对照合同，安排专项考评，不满足合同要求和工程需求的人员一律清退，不足人员要求监理单位按期补齐。后续加强对监理人员现场管理能力和责任心的考查，定期组织季度考核和日常检查，其中包括网格化检查、周检、月检等，定期召开周会和月度会，考察和指导监理单位的工作成果，及时与监理单位沟通，做到监理单位和业主目标达成一致。

8.9 二期工程优化建议

四期工程总体上在以往三期线路基础上有很大的进步，如绝缘设计方案改进、控制冗余设计、间隙探测技术、多媒体投影技术等，经过十二号线的应用，发现有些设备功能和细节处理方面存在漏洞，需要技术上不断优化和完善。

（1）安装调试精度的过程管控。

站台门间隙探测装置（图8-31）的设计精度为8～20 mm，如果乘客在站台门与车门中间夹一个小于8 mm的物体，而安全回路接通的话，可能发生安全事故。故不断提高站台门间隙探测的检测精度将是未来值得发展的方向。

图8-31 间隙探测测量

（2）安装调试精度的过程管控。

由于安装调试的机械误差，每一档滑动门开关时的摩擦阻力都会有些许差别，故有些处于"合格"状态的门体无法承受部分行车间隔"超标"后带来的风压。并且无法直观了解每一档门实时的健康状态。故建议在站台门智慧运维系统中增加对滑动门开关门时电流曲线的监测，可以在线对每一档门的健康状态进行实时动态评估。在"减员增效"的背景下，不断提升智能化监测手段将是未来值得发展的方向。

（3）站台门与车门的联动。

站台门 GID 直接与站台门关闭锁紧信号联动，其启动时间、停止时间无法紧密适应实际场景需求，在多种特殊场景会容易引起误报、错报、列车紧急制动等情况，如图 8-32 所示。建议在深圳地铁四期二阶段和五期招标时，考虑将车门、站台门同时关闭作为 GID 启动条件，并将列车启动（速度非零）作为 GID 停止条件，可有效提升 GID 的效率和稳定性，如图 8-33 所示。

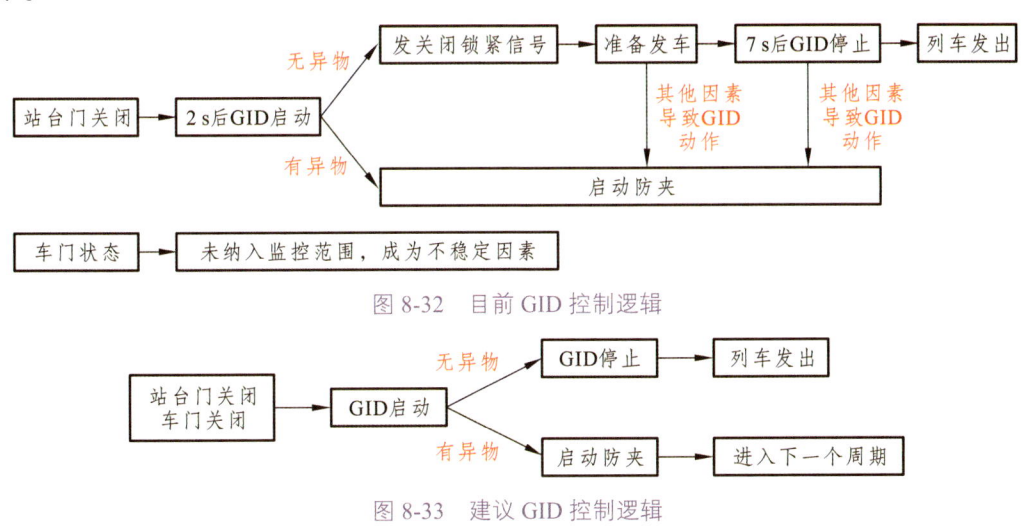

图 8-32 目前 GID 控制逻辑

图 8-33 建议 GID 控制逻辑

8.10 小　结

12 号线作为全自动运行线路，站台门、电扶梯系统引入了包括间隙智能探测、电池在线监测、多媒体投影、一键开关等在内的诸多新功能设计。通过对本项目的全过程监管和实践，我们在积累宝贵建设经验的同时，也深刻认识到技术创新、跨专业协作和管理优化对于提高工程质量、提升工程效率的重要性。

针对本项目建设过程中的经验，希望供同行参考和交流，针对本项目的创新和取得的成果希望能给大家带来积极的影响；针对本项目发现的问题，建议在未来的项目中予以重视，提前制定明确的应急预案。

随着技术的不断进步，环境的不断变化，在地铁建设过程中我们将不断面临新的挑战，坚持"安全质量至上"的信念，不断优化管理方法，以最终实现全面提升设备质量，全面提升客服水平的目标而不懈奋斗。

第 9 章

AFC

本章总结深圳地铁 12 号线一期工程 AFC 系统中的建设及运营经验。在一期建设初期，吸取深铁运营以来经验教训，从设计审图、设备招采、合同谈判、设计联络、出厂验收、施工工艺交底、现场介入、工程验收、功能测试等各方面对影响工程质量的各种因素认真分析，并制定针对性的质量管控方案及管控措施。一期建设中 AFC 专业团队深度介入各个环节中，以合同为导向，以技术标准规范为依据，结合既有经验教训，开展各项工作，发现问题立即督促落实整改，同时协调各方解决建设中遇到的难题，有效推进建设工作。在一期建设的同时，同步开展运营筹备工作。12 号线 AFC 系统采用委外维保模式，委外维保单位在开通运营前逐步进场介入运营筹备工作，对系统设备进行全面首保，结合维保合同及公司相关管理制度对委外单位进行管理和监督，保障建设期向运营期平稳过渡，运营工作顺利开展。

9.1 工程介绍

深圳市轨道交通自动售检票（AFC）系统是一个计程（按区段）、计时的全自动收费系统，系统使用非接触式 IC 卡、虚拟车票等作为车票媒体。系统所有设备均具备处理非接触 IC 卡车票及虚拟车票的能力。设备的处理能力及存储容量至少满足工程远期设计客流的要求，并可实现与地铁已建和在建线路乘客在付费区换乘的要求，且与其他公交系统实现"一卡通"，并预留粤港澳大湾区"一票通"的系统处理能力。同时拓展扩展服务功能，扩展智能客服模块。

深圳地铁 12 号线一期 AFC 工程主要包括 30 个车站（南油站 AFC 系统已由 9 号线二期建设、国展/国展北站 AFC 系统由 20 号线一期工程建设）的车站系统、维修系统和线路测试系统。12 号线 AFC 系统接入 CLC（集群线路中心）系统，通过 CLC 系统接入轨道交通清分中心，实现与轨道交通各线路的收益清分和互联互通，并通过轨道交通清分中心实现与外部系统的连接。采用非接触式 IC 卡制式、基于生物识别、非生物识别的虚拟车票，计程计时票制，实现轨道交通清分中心、集群线路中心（CLC）、各车站 AFC 系统三级管理结构，通过不同的管理手段将实现对票、钱、人、物的全方位管理，以确保系统可靠、安全地运行。

9.2 设计审图阶段

AFC 专业团队吸取既有深圳地铁运营前三期的经验，结合 12 号线 AFC 专业设备的功能需求，对 30 个车站自动售检票系统、总图及设备安装图的设计送审图纸进行审核。主要审核设备参数是否正确、设备安装位置是否合理、设备布线是否合理、设备是否按合同及设计联络提出的方案进行设计安装、电源空开容量是否合理、AFC 终端设备布局是否合理。对每册图纸都认真审核，共提出问题 36 项，设计单位已经全部采纳，主要问题如下：

（1）宽通道闸机布局不合理。
（2）AFC 线槽位置与栏杆安装位置冲突。
（3）线槽检修口开口位置不合理。
（4）售票设备安装位置离墙面距离不满足要求。
（5）图纸上遗漏部分设备或设备编号有误。

9.3 招标采购阶段

AFC 专业团队充分利用自己的沟通协调能力和周围的资源，按设备招采流程制定详细的采购方案和计划，严格卡控时间节点，解决了 12 号线 AFC 专业设备招采工作任务重、时间紧的难题，如期完成了各系统设备招采工作。同时，充分利用自己的专业技术能力和轨道交通设备维保经验，细化各专业招标用户需求书，规避既有线路的隐患，从设备供货的源头抓起，筛选优质的供货商。AFC 设备合同承包商为深圳达实智能股份有限公司（以下简称：达实智能），12 号线 AFC 系统主要设备的产品型号和供货商清单具体见表 9-1。

表 9-1　12 号线 AFC 系统各类产品型号和供货商名单

序号	设备名称	规格型号	供货商
1	服务器	2288H V5	达实智能
2	三层交换机	S5731-H24T4XC	达实智能
3	工控机	ITA-1711	达实智能
4	人脸识别模块 3D 结构光模组	YT-STW-GJ2W	达实智能
5	语音识别模块	XFAI-AFCKIT-001	达实智能
6	读写器	—	达实智能
7	扇门	PSWD-550	达实智能

9.4 合同谈判阶段

根据招标文件和澄清补遗文件，对中标候选人的投标文件进行了认真审核，提出了若干需要中标候选人澄清及承诺的问题，并形成了书面的审核意见函，要求中标候选人按照招标文件规定进行澄清与承诺。

（1）要求厂家按提供的设备外观方案（包含自动充值售票机、自动检票机、互联网售票机、自助票务处理机、一体化客服中心等）进行深化设计和设备生产，且不增加任何费用。

厂家回复：承诺满足要求，不增加任何费用。

（2）12 号线 AFC 系统所涉及的传统 AFC 业务、二维码业务、银联卡业务、生物识别业务（含人脸识别、指/掌静脉识别等）等已有运营业务按照招标文件要求满足接入 CLC 一期、CLC 二期、ACC 二期以及运营既有云平台、生物识别管理系统后台接受统一管理，实现线网内所有业务的互联互通。要求详细设计及接入技术方案在设计联络阶段由买方审核确定，且不增加任何费用。

厂家回复：承诺满足要求，不增加任何费用。

（3）要求厂家承诺按招标/投标文件要求配置深圳地铁 AFC 系统首次采用的一体化客服中心、移动票务终端等新型设备，详细的软硬件设计方案由业主在设计联络阶段确认后实施，且不因设计方案的变更而增加任何费用。

厂家回复：承诺满足要求，不增加任何费用。

（4）要求厂家承诺按招标文件要求提供 AFC 系统服务器、网络交换机、纸币模块、硬币模块、扇门机构、触摸显示器、工控机、防火墙、入侵检测、移动票务终端等重要模块/部件原厂三年质保服务。

厂家回复：承诺满足要求。

（5）在本项目提供的车站数据库软件品牌为 Gbase，型号为 Gbase8s，要求厂家承诺该数据库满足招标文件要求，实现与既有系统的互联互通。

厂家回复：承诺满足要求。

（6）要求厂家承诺操作系统、终端安全软件、防病毒软件、通信中间件软件按照 12 号线 AFC 项目服务器和工作站实际需要的数量提供，且提供正版授权。

厂家回复：承诺满足要求。

（7）要求厂家承诺网络管理软件、终端安全软件、防病毒软件、通信中间件等第三方软件既满足接入 CLC 二期统一管理的要求，又能实现在 12 号线车辆段单线管理的需求，详细实施方案在设计联络阶段确定，且不增加任何费用。

厂家回复：承诺满足要求，不增加任何费用。

（8）要求半自动售票机中含座椅，每个客服中心配置 1 把座椅，相关费用已包含在合同总价中。

厂家回复：承诺满足要求，不增加任何费用。

9.5 设计联络阶段

设计联络阶段主要围绕进一步了解合同中建设单位的需求，明确合同设备与其他专业的接口，对供货商或集成商介绍设计方案、设备性能、技术参数及要求、产品技术条件、出厂验收标准。审查供货商或集成商提供合同设备的产品技术设计是否满足合同文件技术规格书的要求。在总结已开通线路的经验和教训上，对功能的具体细节需求和实现方式更加清晰，并充分考虑运营在使用过程中的合理需求。在设计联络阶段，充分讨论运营在使用过程中的合理新增需求，在现有技术规格书的基础上，对 AFC 专业在设计联络阶段共提出 30 项建议，已全部通过采纳和实施，详见表 9-2。

表 9-2　12 号线一期 AFC 专业设计联络问题汇总

序号	设备	重点注意事项	备注
1	AFC 系统	所有终端设备读写器须具备二代身份证读取功能	
2		所有终端设备内部模块须离地大于 10 cm，设备外壳底部须蚀刻 10 cm 涉水线	
3		涉及到现金模块的终端设备采用 IC 卡门禁	
4		所有终端设备（除半自动售票机）取消"凭条打印机	
5		所有终端设备内部电缆应满足低烟无卤阻燃要求	
6		所有终端设备只能设置 1 个与网络交换机连接的外部网络接口	
7		宽通道检票机的掌静脉模块需深化设计并合理布局	
8		紧急按钮控制器硬件方案需增加闸机本地自恢复装置功能	

续表

序号	设备	重点注意事项	备注
9		所有设备配置清单需细化至每个模块,需列明品牌及型号	
10		所有终端设备表面不设置深圳地铁标识	
11		自动充值售票机应可发售两种单程票,其发售的票种可以通过参数进行设置	
12		自动充值售票机具备智能语音提示、语音购票功能	
13		自动充值售票机应具有将系统设定参数范围内的单程票进行分拣并回收的功能,自动充值售票机对将要发售的单程票进行检测,对符合发售条件的单程票赋值发售,对系统设定需回收的单程票分拣并回收到废票箱	
14		自动充值售票机应具备触摸显示器,用于显示轨道交通线路及票价等信息,其前面板应具有友好的中、英文操作界面,并对乘客的下一步操作进行提示	
15		自动充值售票机的外形、触摸显示器、运营状态显示器、投币及出票口的设计和位置应满足人体工程学的要求,方便乘客操作及设备维护	
16		自动充值售票机应具有自检功能,若发现影响售票的部件故障时应进入暂停服务状态,并在维护单元报告故障原因	
17		选择与自动充值售票机触摸屏同一品牌的一体化触摸显示器	
18	AFC系统	由于显示器的使用频率高,应采用工业级产品,其性能应满足耐用性、防冲击和高可靠性。对其进行维修或更换时,应不需要做任何的调整。触摸显示器应为专业触摸屏显示器厂家所生产的具有国内外安全认证的一体化电容触摸显示器	
19		二维码处理模块应嵌入iTVM安装,符合iTVM整体规划方案	
20		自动检票机相同功能部件的设计应具有互换性,外壳及内部模块的布置应适当标准化。闸门的开关速度和动作方式满足通行控制的要求,且保证持有效车票的乘客能够以正常走行速度无停滞地通过,同时,可迅速地、无伤害地阻挡住试图非法通过的乘客	
21		自动检票机对于深圳通储值票的处理按照深圳通系统的规则进行	
22		通行控制模块含通行控制单元和通行控制传感器。通行控制单元须与闸门机构为同一品牌	
23		自动检票机只允许一次通过一位持有效车票的乘客,设备应设置传感器对乘客进出方向、乘客通过次序、乘客通过人数等各种可能出现的通过情况进行控制。传感器应采用可靠性高、有应用业绩的主流产品	
24		单程票回收单元的入票口应设置在出站方向显著位置,同时以醒目的彩色标志引导乘客插入需回收车票。入票口边缘应光滑不能伤害乘客,(退票口应具有防止飞票的措施)。回收单元不能够同时(并列)投入两张及以上的车票,但应具有逐个处理多张单程票的能力	
25		一体化智能客服中心采用半高式设计,配置设备包括1台半自动售票机(BOM)、2个智能票务终端(分别面向付费区和非付费区),客服中心及相关终端设备采用一体化设计	

续表

序号	设备	重点注意事项	备注
26	AFC系统	半自动售票机应具有票据打印功能，在办理各车票处理业务后，应打印相应的处理凭证。所选用打印机型号必须方便日常维护，如清洁纸屑等	
27		智能票务终端（ITM）具有票务自助处理、开具电子发票、账户实名服务功能、远程音视频交互服务、乘客资讯信息查询等功能，能替代车站票务客服人员及半自动售票机、自动验票机的大部分工作量，有效减轻客服人员压力，同时为乘客提供更加便捷的多元化服务	
28		自助票务处理机在票务上实现二维码支付或银联闪付处理补票、更新业务，实现智慧服务AFC系统智能自助票务处理的闭环	
29		移动票务终端需满足深圳地铁大读写器的应用功能要求	
30		移动票务终端使用可充式电池作为工作时的供电电源，可对电池进行反复充电	

9.6 出厂验收阶段

在出厂验收阶段主要按设备出厂验收大纲要求的检验项目逐项进行检查、测试和试验，并对照审核供应商提供的设备出厂自检试验报告。出厂验收主要检查设备的生产流程、硬件材料是否达标、防火防水是否达标，测试设备的硬件和软件，查看各设备参数是否符合合同设计要求，各设备功能是否符合合同要求。根据投产计划，全线30站AFC设备共分五批次进行，主要对AFC终端设备外观颜色、设备的组装、软件功能等不符合标准的问题提出整改要求，厂家完成整改后组织复验。出厂验收结束后要求承包商制定设备到货进场计划表，严格按照工期节点进行供货。要求施工单位在设备到现场安装后特别要注意成品保护，防止设备损坏以及被盗。

9.7 施工调试阶段

在系统施工调试阶段，提前编制质量管控方案，明确施工及调试阶段的质量管控标准，完成系统的施工安装和调试工作，确保系统能够正常运行。

9.7.1 施工阶段

（1）工程施工开工前，监理单位组织施工设计交底，由设计单位对工程设计要点、设计意图、施工注意事项等作出详细介绍。在施工过程中，由施工单位技术负责人对施工单位的管理层和操作层进行施工技术交底，内容包括：施工内容与施工组织、施工工艺和主要施工参数、工程质量要求和验收标准、容易出现的质量通病的预防、安全技术要求等。未经施工技术交底，相应的工程施工不得实施。

（2）以钟屋南站为施工样板站，要求施工单位按工艺交底的要求进行施工，后续再组织设计、建设、监理等多方到现场一起检查，施工方再根据现场指出的问题进行整改，形成最终的样板施工工艺标准。

（3）定期组织开展工地例会，及时掌握现场施工进度和设备到货情况，对进度滞后问题进行分析和提出解决措施；定期每周进行一次施工现场检查，发现问题及时督办整改并对全线类似问题进行梳理整改。

（4）一期建设 AFC 施工安装工程较好的施工经验如下。

① AFC 线槽敷设（图 9-1）。

要求 AFC 线槽安装时需保持横平竖直，连接处需要用专用的连接器连接，电气连接需满足设计要求，必须做到密封防水。

图 9-1　AFC 线槽敷设

② 充值售票机安装（图 9-2）。

要求充值售票机设备插接件需紧固、接触良好，接地可靠。标识正确清晰；售票机间无缝隙，允许误差小于 5 mm，售票机安装垂直、水平偏差小于 2 mm；售票机（底座）与地面间用玻璃胶做防水处理。

图 9-2　充值售票机安装

③ 检票机安装（图 9-3）。

要求检票机设备插接件需紧固、接触良好，接地可靠。标识正确清晰。检票机安装按图纸尺寸水平安装，两台机位中央之间距离保持一致；终端设备机器与地面接触处涂抹玻璃胶做防水处理。

图 9-3　检票机安装

④ 自助票务处理机安装（图 9-4）。

要求自助票务处理机（STM）设备插接件需紧固、接触良好，接地可靠。标识正确清晰。STM 应安装至栏杆之间，安装前应与相关单位做好对接；终端设备机器与地面接触处涂抹玻璃胶做防水处理。

图 9-4　自助票务处理机安装

9.7.2　调试阶段

（1）AFC 专业系统设备功能点多，根据 AFC 专业各设备的特性，制定了系统设备的详细调试及检查计划。AFC 专业工程师，联合地铁建设、监理，实行网格交叉管理，到现场进行全面设备施工调试检查，发现问题及时反馈并协调解决。

（2）系统联调阶段，为确保 AFC 走票联调测试工作有序开展，组织并协调深铁建设、监理单位、ACC、承包商等相关参建单位，提前启动并完成联调方案编制审核、人员组织、物资筹备、系统接入等各项准备工作，克服了时间紧、任务重的困难，逐步满足各项前置条件，保证走票联调测试工作顺利进行，为 12 号线 AFC 系统的高质量开通、安全稳定运行奠定了坚实的基础。

（3）AFC 专业外部接口较多，与综合监控、通信、既有运营的 AFC 后台 CLC 和云平台等均有接口。多次组织相关专业开展接口协调会，详细探讨接口协议和相关设计问题并提出解决方案，解决 AFC 专业接口多、调试复杂、难度大的问题，保障接口调试顺利开展进行。

9.8 运营筹备阶段

为了保证 12 号线开通后达到运营要求，在建设期同步开展相关筹备工作，主要工作如下：

（1）开通前完成设备首保工作，对设备的功能进行了测试并开展了所有设备除尘，保障设备运行环境正常和功能正常。

（2）开通前要求厂家完成 AFC 走票联调测试，设备备品备件供货到位，确保设备故障后有备件及时更换。

（3）组织编写 AFC 专业检修规程、工艺卡、应急预案、处置方案以及操作手册，并对全员进行了宣贯培训，确保维保人员具备故障处理能力和应急抢修能力。

（4）与通信专业融合，提前引进委外维保单位，进行人员培训和班组建设，制定班组管理制度和措施，并提前进行值班保障工作，班组提前进驻到车站，保障设备运行。

9.9 难点与应对措施

一期建设过程中，AFC 专业主要遇到的难点及应对措施如下：

（1）因前期海上田园南站站外道路未连通，设备无法进场安装，从而影响 AFC 设备进场安装。

措施：组织施工安装单位、设备供货商研究解决方案，最终通过与站外地盘管理单位沟通，由设备供货商疏通临时道路，顺利将设备搬运至车站安装。

（2）实行委外维保，建设期新线介入有经验的人员少。

措施：打造通信与 AFC 专业融合团队，实行分段包保制，每一位专业工程师包保几个车站的建设管理，同时每位工程师负责包保相应委外人员的培训和指导。编写 AFC 现场介入大纲，细化每个施工环节的检查标准和关注问题，对委外维保人员进行宣贯培训。AFC 专业工程师带领委外人员到现场一起检查并指导，逐渐提升委外人员的技能和现场查摆问题能力，很快委外维保人员就能独自现场介入进行施工质量监管，大大提升现场施工质量卡控面。

9.10 二期工程优化建议

一期建设中取得一定的成果，但是整个建设过程中还是有很多不足之处。针对 AFC 一期建设期间的问题进行了总结，主要的优化建议如下：

（1）发现问题未及时督促整改闭环，导致有些问题一直未得到落实整改最终变成遗留问题，二期需加强问题整改闭环管理力度，对未及时落实的承包商进行考核。

（2）部分设计需优化，如 AFC 配电箱壁挂明装于远端设备区走廊，占据走廊空间，整体感观不好。二期建议可安装于远端设备区 OA 设备室。

（3）各专业设计员之间沟通协调不到位，存在个别设计冲突，如个别 STM 与栏杆冲突。二期需设计人员加强现场实际踏勘，避免设计与现场实际不符。

（4）因不同施工队标准落实不到位，施工工艺未真正达到统一。二期需要求各施工队严格落实工艺标准，业主、监理加强监督。

9.11 小　结

一期建设中，AFC 团队以各关键节点目标为工作导向，以质量管控为抓手，全面推进 AFC 专业设计联络、出厂验收、施工调试等工作进展，严格落实网格化管理规定，加强对参建单位管理，确保施工现场安全有序进行，出色地完成每个关键节点工作，保障 12 号线 AFC 系统如期高质量开通。同时，在整个建设过程中也存在一些不足，针对存在的问题进行梳理并提出相应的优化建议。

第 10 章

环控

10.1　工程介绍

12号线环控系统设备与深圳地铁既有线相比之下有较大创新，无论从设备质量、使用、节能方面，还是安装简易、外观等方面均有提升。为了响应节能号召，全线27个站采用了智能环控系统，其中2个站空调风柜分别用了集成度更高的蒸发冷凝、水冷直膨风柜，不仅减少了末端设备成本投入，还节省了设备安装所需的空间，进一步降低了设备系统整体造价。8个站的冷却塔被安装在地下，此设计完美解决了土地协调难、设备运行噪声大以及冷却塔地面安装影响市容的问题。此外，通风系统风管管路有所优化，取消了非必要的风阀，既节省了成本又减轻了设备管理负担。回风系统风机在非制冷季节模式下，不参与站内通风换气，大大减少了通风能耗投入。通过上述一系列的优化，12号线环控系统将会更智能、更节能。

10.2　设计审图阶段

为有效解决图纸审核问题，避免现场重复返工，对各阶段图纸审核要点清单化、责任化，明确图纸审核接收及反馈机制、审核方式、审核依据及过程材料收集，做到有效闭环管理。环控完成图纸审核主要有以下方面：

（1）及时提醒设计单位在设备安装前将设备安装施工图和有关文件提交建设单位，由建设单位转交监理项目部，监理项目部下发至承包商。

（2）设备安装施工前，及时跟进由建设单位或监理组织"设备安装施工图技术交底会议"。由设计人员及有关单位人员向承包商进行设备安装施工图技术交底。其主要内容应包括：设备安装工程概况、工程特点、设计内容、技术规范和标准、施工图纸组成情况及图纸清单、安装技术要求、与相关专业接口、质量控制点等。

（3）及时跟进设计单位填写"施工图交底记录"，并由参加施工图技术交底会议的各单位代表签认后，分发各单位存档备案。

（4）及时跟进设计单位对设备安装施工图交底说明后，与承包商共同就安装施工图与现场实际情况（包括设备安装基础、进出口接口位置、尺寸、标高、与其他专业设备接口等），逐一进行检查，并做记录，如发现图纸或安装现场有问题应请有关部门及时解决。

（5）由于黄田站为蒸发冷凝机组试点站，此类风柜制冷设备有大量铜管，要求设计优化铜管铺设路径，减少穿墙次数，尽量避免铜管破损的可能性。

（6）全线共有9个站的冷却塔为下沉式的冷却塔，为了便于运营阶段对设备的巡视和检修，要求设计单位在图纸中明确爬梯类型及安装施工方。

在前期设计审图阶段中，及时跟进核实施工图进度及审查把控应在设备进场安装之前全部完成，为施工提供有利的前提条件，避免现场等图纸的现象影响整体的施工进度。

10.3　设计联络阶段

环控专业设备合同共有4个，开展过6次设计联络。为了保障系统设备不再出现既有的问题，结合既有线运营经验，将设备技术要求和安装要求要点均在会议中明确，核心内容如下：

10.3.1 消声器

（1）为了保证垂直露天安装消声器使用寿命，不被雨水侵蚀，竖井内安装的结构式消声器导流罩底部需打孔。

（2）结构式消声器每隔三排设置一个横担，检修门高度不应低于 1 800 mm，检修门锁采用插销，设置在门上方。

10.3.2 风 阀

（1）风阀叶片采用无铆钉铆接工艺。

（2）组合风阀阀体四周和结构连接采用自切底锚栓，螺栓尺寸为 M12 × 150 mm，角钢连接件与基础连接的孔采用条形孔。

（3）风阀执行器不设置在阀体下方（除组合风阀以外）。

10.3.3 风 机

（1）要求防护网径向主筋采用不锈钢圆钢。根据现场安装情况，若需增补防护网，厂家免费提供。

（2）明确了射流风机机壳垂直及水平方向预留振动传感器安装位置，振动传感器安装底座孔径在投产前确定；射流风机预留振动传感器接线盒，提供 15 位接线端子。

（3）吊装射流风机吊架与风机连接螺栓采用不锈钢材质，螺母采用防松螺母。

10.3.4 智能环控系统设备

10.3.4.1 冷水机组

（1）未设置智能环控系统的车站冷水机组在触摸屏上实现一键启停功能；设计院在投产清单中应明确是否设置简易群控（硬线一键启停）。

（2）冷水机组电表单独提供 RS485 通信接口。

10.3.4.2 冷却塔

（1）冷却塔护栏高度不小于 1 200 mm，竖向间距为 400 mm，横向间距为 1 000 ~ 1 200 mm。

（2）鼓风式冷却塔两根进水管（单塔）中的一根进水管上设置电动蝶阀，冷却塔产生白烟时关闭电动蝶阀，考虑风机采用高频运行，此功能由智能环控控制系统实现，不设置智能环控系统的车站由综合监控系统实现。

（3）冷却塔电机需采用永磁同步电机，智能环控系统配置的驱动变频器应采用适用于永磁同步电机的变频器，不设置智能环控系统的车站和自然形成空间由综合监控配置适用于永磁同步电机的变频器。

10.3.4.3 空气处理设备

（1）要求空气处理设备 EC 风机自带过流保护，可取消断路器，减少故障便于维护。

（2）组合式空调机组及柜式风机盘管机组表冷器为 3+3 或者 4+4 形式的，两排表冷器之间的间距为 150 mm。

10.3.4.4　空调水泵

要求所有型号水泵需获得节能产品认证试验报告。

10.3.4.5　反冲洗装置、胶球在线清洗装置

（1）反冲洗过滤器压差反洗设定值为 3 m，即设备最大阻力值为 3 m。

（2）要求原则上反冲洗过滤器不设置反冲洗水泵，由于冷却水泵的扬程较小，反冲洗时冷却水泵需工频运行，反冲洗过滤器电控箱需设置就地/远程转换开关、远程起停无源干节点、压差报警无源干节点；对于冷却水泵扬程≤22 m 的车站，反冲洗过滤器应设置反冲洗水泵，其电控箱也按上述原则执行；自动清洗时间为设备开、关机时各一次，反冲洗时间为不大于 30 s，所有反冲洗过滤器均应有设置反冲洗水泵条件，配电功率应充分考虑设冲洗水泵后的配电总功率。

10.4　出厂验收阶段

根据采购合同以及技术规格书的标准，对设备进行出厂验收，对发现的不符合标准的问题及时要求厂家进行整改。要求施工单位在设备到现场安装后特别要注意成品保护，防止设备损坏以及被盗的事件发生。

出厂验收主要检查设备的生产流程、硬件材料是否达标、防火防水是否达标，其次是测试设备的硬件和软件，查看各设备参数和功能是否符合合同设计要求，而出厂验收的目的在于验收提出的要求的落实情况，复核环控设备各零部件能否正常运转，发现生产、装配过程中可能出现的质量缺陷、疏漏、丢失、破损等问题，以及工厂是否有遗失零件或者是功能失效情况，尽可能地在发运前排除这些问题。

10.5　施工调试阶段

环控设备调试包含设备单调和综合联调，处理解决调试过程中发现的问题，确保系统能够正常运行。环控系统设备施工调试阶段可以大致分为两个部分，即空调水系统、通风系统（含防排烟系统）。调试标准如下。

10.5.1　空调水系统调试

空调水系统又可细分为冷冻水系统和冷却水系统，调试要求如下。

10.5.1.1　冷却水回路设备设施检查

（1）冷凝器：排气阀可正常开关、内部无空气。

（2）冷却塔：室外供、回水管阀门可正常开关；补水管阀门全开、浮球阀可正常补水；洒水盘正常布水、洒水，无垃圾堵塞下水孔。

（3）浮球阀：冷却塔浮球阀补水正常，无破损卡阻。

（4）反冲洗装置：可正常手/自动位切换使用；旁通阀关闭，反冲洗装置串联到水路中；排污管、缓冲水箱安装到位且可正常排污、排水。

（5）胶球在线清洗装置：可正常手/自动位切换使用；通过视液镜观察管壁无明显污垢；水管接头处无漏水；设备可正常收发球。

（6）电动蝶阀：现场开关状态与界面一致。

（7）手动阀门：手动阀门开关正常、无渗漏水、手柄无缺损。

（8）排气阀：排气阀安装在管路高点位置，阀门处无水泄漏，管内无空气。

（9）水泵 Y 型过滤器：Y 型过滤器滤网完好、无污物。

（10）电磁流量计：电磁流量计安装稳固、线缆绑扎到位、数据测量准确。

10.5.1.2 冷冻水回路设备设施检查

（1）蒸发器：排气阀可正常开关、内部无空气。

（2）风柜：进出水管高点位置安装排气阀且管内无空气；回水管路上的电动流量阀管路手动阀门全开，旁通管路阀门关闭。

（3）电动蝶阀：现场开关状态与界面一致。

（4）手动阀门：手动阀门开关正常、无渗漏水、手柄无缺损。

（5）排气阀：排气阀安装在管路高点位置，阀门处无水泄漏，管内无空气。

（6）水泵 Y 型过滤器：Y 型过滤器滤网完好、无污物。

（7）电磁流量计：电磁流量计安装稳固、线缆绑扎到位、数据测量准确。

（8）电动二通阀：现场开关状态与界面一致；流量、开度等数值与实际保持一致。

（9）压差旁通阀：压差旁通阀主管路手动阀门全开，旁通管路阀门关闭。

（10）分、集水器：分集水器上的分支管阀门全开。

（11）膨胀水箱：浮球阀补水正常；水箱与站内分集水器之间的阀门打开。

10.5.2 通风系统

通风系统包含风机、风管、风阀等，其中风机的正常运行、风管的通堵及风阀的开度大小是通风系统正常与否的重要前置条件。

（1）风机：运行正常无异响，三相相间绝缘和运行电流正常。

（2）风管：风管畅通，导流板无倒伏。

（3）风阀：风阀开关正常，现场状态与监控状态一致。

除了要保障专业设备本体正常外，还需配合综合监控、防灾报警专业进行模式测试，如正常工况下的小新风模式、全新风模式、通风模式、夜间模式等，火灾模式下的站厅火灾模式、站台火灾模式、区间阻塞模式、火灾列车停靠站台模式等。

目前 12 号线还剩余部分工程未验收，主要为自然形成空间和出入口，后续验收仍可参照上述标准。施工调试结束后，对专业设备进行了建账，以便于后续的设备管理。专业核心设备清单见表 10-1。

表 10-1   12 号线环控系统设备供货商清单

序号	设备名称	供货商
1	车站风机	江苏中联风能机械股份有限公司
2	隧道风机	江苏中联风能机械股份有限公司
3	冷水机组	珠海格力电器股份有限公司
4	空气处理设备	珠海格力电器股份有限公司
5	蒸发冷直膨设备	广东申菱环境系统股份有限公司
6	冷却塔	广州览讯科技开发有限公司
7	反冲洗过滤器	深圳市福尔沃机电设备有限公司
8	在线清洗装置	深圳市福尔沃机电设备有限公司
9	空调水泵	赛莱默（南京）有限公司
10	风阀	浙江上风高科专风实业股份有限公司
11	消声器	浙江上风高科专风实业股份有限公司
12	智能环控控制系统设备	南京福加自动化科技有限公司

10.6 运营筹备阶段

运营筹备阶段介入检查环控设备设施共发现了 2 083 项施工缺陷问题，及时录入一体化管理平台，并协调各参建方进行整改，为后期工程介入检查提供了经验，明确了检查的重点，同时也为后续工程建设提供设计优化的数据。工程建设过程中，环控专业积极跟进现场设备安装施工，发现的重点问题已全部完成整改，典型问题如下。

10.6.1 小系统风柜回风箱普遍变形

问题描述：因 12 号线小系统风柜本体与其联锁风阀分别由不同的系统控制，控制程序逻辑存在问题，特殊场景下，存在风阀关闭但风柜仍能开启的情况，从而导致风柜回风箱憋风变形（图 10-1）。

图 10-1   小系统回风箱变形

危害及影响：回风箱变形既影响设备制冷效率，还存在重大安全隐患。

问题进展：此问题已经专题会讨论，由施工单位实施整改，全线共 45 个变形回风箱需要修复，目前已完成全部回风箱的修复工作。

发现阶段：试运营期，风柜与风阀未进行连锁，导致风柜憋风。

后续建设应对措施：风柜与联锁风阀的硬线联锁逻辑要正确，应充分考虑建设调试阶段，各种工况引起的系统故障；加强风柜内部支撑。

10.6.2 冷水机组安全阀铅封破损失效

问题描述：12 号线冷水机组安全阀由施工单位送检、安装，由于部分施工队伍人员无安装经验，导致在安装安全阀过程中无意损坏铅封，致使安全阀检验失效（图 10-2），影响 12 号线开通专家评审。

危害及影响：安全阀铅封折损后，市场监督管理局即视安全阀失效，无压力容器高压保护功能，需再次检定，影响车站开通。

问题进展：与相关部门协商后，铅封损坏的安全阀顺利完成检验，车站顺利开通。

发现阶段：冷水机组进场后，施工人员安装安全阀破坏铅封。

后续建设应对措施：安装冷水机组安全阀，增强对施工人员技术交底，避免破坏铅封。

图 10-2　冷水机组安全阀铅封破损失效

10.6.3 风柜过滤网脏堵严重

问题描述：风柜入场安装后，由于没有做好成品保护，导致过滤网内部进入大量泥沙、灰尘（图 10-3），难以清洗复原，大大削弱了送风量。

危害及影响：脏堵的过滤网不仅削弱了风柜送风风量，还影响空气质量。

问题进展：施工单位清洗过滤网，脏堵严重的滤网由施工单位更换，目前全线风柜脏堵滤网已换新。

发现阶段：建设期间，过滤网内进入灰尘，脏堵严重。

后续建设应对措施：对滤网进行清洗，脏堵严重无法清洗的重新更换滤网。

图 10-3　风柜过滤网脏堵

10.6.4　小系统风柜回风箱检修门铆钉固定

问题描述：风柜回风箱检修门与箱体之间采用铆钉固定（图 10-4）。
危害及影响：运营期检修门拆卸频次较高，铆钉连接易使箱体受损。
问题进展：全线车站风柜回风箱检修门已更换为卡扣或合页固定。
发现阶段：风柜安装完成后，发现风柜检修门采用铆钉与风柜固定。
后续建设应对措施：检修门采用卡扣或者合页与风柜固定，避免箱体受损。

图 10-4　小系统风柜回风箱检修门铆钉固定

10.6.5　空调水管最高点未装排气阀

问题描述：左炮台东、花果山、南山等多站空调水管最高点处未安装排气阀（图 10-5）。

危害及影响：空调水管内因水泵运行或补水等原因会积气，若不及时排放水管内空气，冷水机组易故障停机，水泵易喘振，制冷效率严重降低。

问题进展：问题站点所有空调水管最高点已安装排气阀。

发现阶段：试运营期排查时，发现排气阀未安装在最高点。

后续建设应对措施：督促施工方将排气阀安装在管道最高点。

图 10-5　空调水管最高点未装排气阀

10.6.6　落地风机天圆地方风口没有安装防护网

问题描述：南光站、同乐南站落地安装的 TEF（轨排风机）风机风口没有安装防护网（图 10-6）。

危害及影响：TEF 风机风量较大，若落地风口无防护网，存在风机启动，人员被吸入风机内的风险。

问题进展：问题站点已完成风口防护网安装工作。

发现阶段：TEF 排热风机安装完成后，未安装防护网。

后续建设应对措施：TEF 风机安装防护网，避免人员或者杂物卷入风机叶片，从而避免造成人员伤亡或风机故障。

图 10-6　落地风机天圆地方风口没有安装防护网

10.6.7 风阀检修空间不足

问题描述：因设计或工程变更等原因导致部分风管风阀检修空间不足（图10-7），此类风阀后续检修工作无法开展，全线约150处。

危害及影响：因空间限制，风阀动作后难复位，无法开展相关计划检修作业。

问题进展：联合设计院多次现场确认整改方案，目前全线范围内的此类问题已完成整改。

发现阶段：对风阀进行调试时，发现部分风阀安装之后检修空间狭小，人员无法进入。

后续建设应对措施：机电常规设备设计深化图纸，避免出现风阀与墙体间距狭小，检修空间不足的情况。

图 10-7 风阀检修空间不足

10.6.8 电气设备上方有出风口

问题描述：因设计或施工等原因，部分电气设备上方有风管出风口（图10-8）。

危害及影响：室外空气湿度过低时送风口易凝露，水进入电气设备内部易引起短路，存在安全隐患。

问题进展：根据现场实际情况，对设备或者风管进行迁移，无迁移空间的加装挡水板，目前全线范围内此类问题已完成整改。

发现阶段：电气设备安装后发现风口在电气设备上方。

后续建设应对措施：常规设备设计与系统设备设计深化图纸，避免出现风口在电气设备上方。

图 10-8　电气设备上方有出风口

10.6.9　冷却塔重力排水沟坡度不满足排水要求

问题描述：由于设计变更原因，冷却塔管沟排水方式由机械抽水变为重力排水，取消了排水泵，施工单位没有及时预埋排水管，导致管沟坡度不符合要求，积水无法排出（图 10-9）。

危害及影响：长期积水管沟水管锈蚀，积水溢出散排影响市容。

问题进展：全线发现 6 个站存在冷却塔排水难的问题，其中兴围站已完成整改，海上田园南站因周边无市政管道，暂时无法解决此问题，其余 4 个站正在协调施工单位整改。

发现阶段：冷却塔管道安装完成后，发现冷却塔排水困难，容易出现排水倒灌的情况。

后续建设应对措施：管道安装之前，预埋排水管。

图 10-9　地下冷却塔排水难

10.6.10　桥头西冷却塔地基沉降

问题描述：因周边工地施工等原因导致桥头西冷却塔地基沉降 10 cm（图 10-10），水管软接错位严重，塔体变形。

危害及影响：冷却塔塔体变形错位，无法正常运行，车站空调系统无法开启。

问题进展：施工单位已按要求对地基进行了垫高加固，承包商对塔体进行了修复，此问题已整改并完成验收。

发现阶段：冷却塔安装完成一段时间后，发现冷却塔处地基沉降了 10 cm。

后续建设应对措施：大型设备周边存在土建施工的站点，应进行排查和地基沉降观测，避免出现因地基沉降，导致设备损坏严重的情况。

图 10-10　桥头西冷却塔地基沉降

10.6.11　机场东车辆段 VRV 无停电备份功能

问题描述：机场东车辆段海尔 VRV 无停电备份功能（图 10-11），停电后自启无法恢复到原来的设置（自启后以制冷 16 ℃ 模式运行），运行数据和记录丢失。

危害及影响：上级电源跳闸、倒闸、日常停送电都会导致 VRV 重启且无法恢复到原设置，需自主设定运行参数，既不便利也不利于节能。

问题进展：由于设备承包商参数设置错误，导致 VRV 停电备份功能无法实现，目前此问题已整改。

发现阶段：车站 VRV 空调安装完成后，发现线控器上关闭后，重新启动，VRV 以 16 ℃ 进行制冷。

后续建设应对措施：VRV 安装后，及时对其制冷参数的设置进行检查，避免造成能源浪费。

图 10-11　VRV 无停电备份功能

10.6.12　空调水管压力表没有安装截止阀

问题描述：部分施工单位没有按照图纸设计施工，导致水管压力表前没有安装截止阀（图 10-12）。

危害及影响：若压力表前没有安装截止阀，导致后续更换故障压力表时，需放空水管内部的水，浪费水资源。

问题进展：全线范围内的此类问题已完成整改。

发现阶段：施工方完成冷水管道安装后，发现其未在管道末端安装截止阀。

后续建设应对措施：设备管道安装期，督促施工方安装截止阀，避免运营期排查故障时，浪费水资源。

图 10-12　空调水管压力表没有安装截止阀

10.6.13　射流风机安全拉索漏装

问题描述：按照 12 号线施工图纸要求，区间射流风机不仅需要固定在土建平台上，还需要安全拉索辅助固定风机本体，部分施工单位漏装了安全拉索（图 10-13）。

危害及影响：区间射流风机安装在轨道上方，多重固定措施可以增加区间行车安全系数，漏装安全拉索存在安全隐患。

问题进展：全线范围内的此类问题已完成整改

发现阶段：射流风机安装后，发现部分区间射流风机漏装安全拉索的情况。

后续建设应对措施：射流风机安装时，督促施工方安装安全拉索，避免运营期射流风机振动掉入轨行区，对行车安全造成重大影响。

图 10-13　射流风机安全拉索漏装

10.6.14　南山冷却塔地基偏低

问题描述：12 号线南山站因设计原因，施工单位按图施工后，导致 12 号线投产冷却塔整体比相邻的 11 号线冷却塔低 23 cm（图 10-14），两线的塔并联运行时，导致 11 号线冷却塔无回水，冷水机组报低水流保护报警。

危害及影响：制冷季节，12 号线冷水机组开启时，因 12 号线冷却塔地势低导致 11 号线冷却塔无法回水，11 号线冷水机组无法开启，影响既有线供冷。

问题进展：此问题经与设备承包商和施工单位协商后，目前 12 号线冷却塔地基已垫高，两线冷却塔可并联同时运行。

发现阶段：冷却塔安装完成后，发现冷却塔地基相比于 11 号线较低。

后续建设应对措施：对于涉及影响既有线运营的设备，重点关注，及时督促施工方整改，避免影响双线运营。

图 10-14　南山冷却塔地基偏低

10.6.15 部分风管内部因堵塞出风口无风

问题描述：12 号线正式运营后，部分车站公共区、设备区反馈风管风口无风，区域温度偏高。

危害及影响：公共区风管无送风导致温度偏高易引起投诉，设备区温度偏高不利于设备运行。

问题进展：针对此问题，已对全线 33 个站公共区、设备区进行了排查，发现 6 处风管风口无风，问题整改，风管风口可以正常送风。

发现阶段：试运营期间，收到现场站务反馈，公共区存在部分风口无风，导致温度偏高的情况。

后续建设应对措施：完成风阀调试后，及时对风管开展排查，避免出现送风口无风，影响运营质量。

10.6.16 轨顶射流风机平台无护栏

问题描述：12 号线海上世界、太子湾、机场东站轨行区上方有射流风机检修平台，平台高约 8 m，建设初期平台边沿没有安装防坠护栏。

危害及影响：平台高度过高，不装护栏存在人员检修过程中走动坠落的风险。

问题进展：上述三站问题已整改，护栏已加装。

发现阶段：射流风机安装完成后，发现轨顶射流风机旁未安装防护栏。

后续建设应对措施：督促施工方安装防护栏，避免发生人员高处坠落的事故。

12 号线一期工程甩项工程主要是车站出入口和自然形成空间。其中出入口涉及到的设备设施主要是风管、风机盘管、保温棉、冷冻水管，验收时需重点检查水管保温棉包扎质量及水管焊接质量。自然形成空间风系统设备与车站类似，制冷设备机房部也与车站类似，但终端设备均是风机盘管，验收时需重点考虑保温棉安装质量、过滤网拆装对商业运作带来的影响。

自然形成空间作为甩项工程，验收时的标准更为严格，发现的问题及时反馈给施工单位整改，设计没有涉及的但有利于运营维护的，积极沟通设计和施工单位优化，一切为了后续的运营维护人员的可操作性、便捷性考虑，最大程度减少设备故障、设备检修对商业造成的负面影响。

运营筹备阶段中期，委外承包商开始介入现场。初期，从系统介绍、理论培训、台账建立等方面着手管理委外承包商，参照既有车间架构建设委外项目部。通过考评、帮扶等方式提升委外人员质量，使其正反馈于工作。

10.7　二期工程优化建议

（1）针对防火阀、风阀无检修空间的问题，环控专业与建筑专业可在设计阶段深化设计，避免出现后筑的墙体离风阀过近的情况出现。

（2）目前车站空调水管保温棉包扎质量较差，冷冻水保温效果不好，后续可明确要求空调水管保温棉采用管壳离心玻璃棉材质，使得保温棉与水管更贴合。

（3）一期工程有 9 个车站冷却塔下沉式安装，且只能从室外露天风井通过爬梯往下进入冷却塔，存在一定安全隐患，不利于设备运营维护。针对二期冷却塔下沉安装的车站，可以在站内风道预留通道门，直通地下冷却塔。

10.8　小　结

12 号线一期车站自开通以来，设备运行平稳，以南山、灵芝为代表的换乘站制冷设备也经过不断的整治后恢复了正常。12 号线一期工程作为深圳地铁首个投入智能环控系统的线路，面临了重大挑战。工程介入期间，发现了智能环控系统与常规 BAS 系统之间的控制逻辑问题，通过多次召开讨论会，最终问题在车站开通前完成整改。车站运营并具备系统精调条件后，根据实际情况有序推进智能环控精调进度，截至目前全线智能环控车站已完成运营后的第一轮精调工作，后续将结合现场反馈情况再对未调试到位的站点进行第二轮系统调试。通过 2022 年 5 月的环控设备能耗数据统计结果来看，智能环控系统在节能方面初见成效，后面将继续推进相关遗留问题整改进度，最大程度发挥出智能环控系统节能效果。

环控专业将吸取一期工程问题教训，继续继承优点，从各个方面完善总结经验，争取在二期工程更上一层楼。

第 11 章

低压动照

12号线低压配电及照明系统设备主要为车站、轨行区、车辆段以及停车场低压配电及照明设备。主要包括低压配电柜（400 V 开关柜）、环控电控柜（MCC 柜）、智能环控柜、动力配电箱、双电源切换箱、检修插座箱、应急照明电源装置（EPS）、检修插座箱、照明灯具、导向标识灯以及疏散指示灯。低压开关柜，别称 0.4 kV 开关柜，安装于车站低压配电室、降压变电所、跟随变电所，为本站（含与相邻站之间半个区间）/段场（含出入段线）所辖范围全部额定电压小于 400 V 设备提供所需电源。每套低压配电柜由两路电源独立供电，设两个进线开关；设一个母联开关，在远控或自动工作模式下任一路进线失电时母联开关自动投入，使两段低压柜正常供电（三级负荷自动断开）。环控电控柜，安装于环控电控室，为本站（含与相邻站之间半个区间）/段场（含出入场/段线）所辖范围环控设备提供电源并对环控设备进行就地/远程控制。智能环控柜（智能环控系统节能控制柜）安装于环控电控室，为本站智能环控系统设备提供电源并对其进行节能策略控制。动力配电箱安装于正线车站及区间、段场（含出入场/段线）各动力用电设备附近，为各动力用电设备提供电源，含智能照明系统控制/配电箱。双电源切换箱安装于正线车站及区间、段场（含出入场/段线）一级负荷用电设备附近，两路电源进线分别引自同一低压配电室/环控电控室的两段母线，双电源切换器自动选择其中一路电源为下级一级负荷用电设备提供电源，为重要设备（一级负荷）提供双路电源。区间检修插座箱安装于车站正线区间隧道内，车站检修插座箱安装在车站站厅和各设备房内，为相应场所设备维修作业提供所需电源。备用照明电源装置（EPS）包括主机柜、配电柜和蓄电池柜，安装于车站站台或站厅层蓄电池室或照明配电室，为本站所辖范围（含与相邻站之间半个区间）各工作场所备用急照明和应急导向标识提供电源。智能疏散照明系统装置包括安装在车控室的监控主机以及各设备房、区间联络通道的集中电源柜，为本站所辖范围（含与相邻站之间半个区间）各场所疏散照明提供电源。新消防规范公布执行之前，该系统与备用照明系统合称"应急照明系统"。照明灯具包括智能照明系统灯具和直流照明系统灯具，安装于各需要照明的场所，用于各场所照明。导向标识包括一般导向标识灯、闸机导向标识灯和应急导向标识灯，安装在车站公共区，用于车站运营导向指引。一般导向标识灯和闸机导向标识灯由市电供电，应急导向标识灯由车站备用照明电源装置供电。疏散指示安装在车站公共区及设备房（含逃生通道、设备区走道）、管理用房和区间隧道内（含联络通道、区间水泵房），为各场所人员紧急疏散提供指引，由车站或区间联络通道应急照明集中电源装置供电。

11.1 工程介绍

低压配电及照明（以下简称"低压动照"）系统设备主要为车站、轨行区、车辆段以及停车场低压动照设备。主要包括低压配电柜（400 V 开关柜）、环控电控柜（MCC 柜）、智能环控柜、动力配电箱、双电源切换箱、检修插座箱、应急照明电源装置（EPS）、检修插座箱、照明灯具、导向标识灯以及疏散指示灯。为确保建设期低压动照系统设备建设质量，已编制《深圳市十二号线轨道交通有限公司低压动照专业质量管控方案》。12号线低压动照系统设备供应商名单见表11-1。

表 11-1　12 号线低压动照系统设备供应商名单

序号	子系统	设备名称	设备说明	供货商	负责采购单位
1	配电系统	0.4 kV 开关柜	为本站（含与相邻站之间半个区间）/段场（含出入段线）所辖范围全部额定电压小于 400 V 设备提供所需电源	左炮台东—流塘（含四个自然形成空间及赤湾停车场）：三江 宝安客运—海上田园东（含机场东车辆段）：默勒	深铁建设
2	配电系统	环控电控柜	为本站（含与相邻站之间半个区间）/段场（含出入场/段线）所辖范围环控设备提供电源并对环控设备进行就地/远程控制	银佳	深圳十二号线公司
3	配电系统	智能环控柜	为本站智能环控系统设备提供电源并对其进行节能策略控制	福加	深铁建设
4	配电系统	动力配电箱	为各动力用电设备提供电源，含智能照明系统控制/配电箱	华峰	中电建南方公司
5	配电系统	双电源切换箱	为重要设备（一级负荷）提供双路电源	华峰［GE（ABB）］	中电建南方公司
6	配电系统	检修插座箱	为相应场所设备维修作业时提供所需电源	华峰（南京南曼）	中电建南方公司
7	照明系统	备用照明电源装置	为本站所辖范围（含与相邻站之间半个区间）各工作场所备用急照明和应急导向标识提供电源	联信	深铁建设
8	照明系统	智能疏散系统设备	为本站所辖范围（含与相邻站之间半个区间）各场所疏散照明提供电源	中智盛安	中电建南方公司
9	照明系统	导向标识	包括一般导向标识灯、闸机导向标识灯和应急导向标识灯，安装在车站公共区，用于车站运营导向指引	青恒、高斯美（海上世界、花果山、四海）	中电建南方公司

11.2　设计审图阶段

为有效解决后期施工误差，避免现场重复返工，降低运营期维护成本，总结了深圳地铁既有线路建设情况，对图纸审核要点进行了清单化，制定了低压动照专业审图标准，并按审图标准对设计图纸进行审核。设计审图阶段需避免问题及改进应对措施见表 11-2。

表 11-2　设计审图阶段需避免问题及改进应对措施

序号	设备	需避免问题及改进建议	备注
1	低压配电柜/MCC 柜	联络密集型母线采用全封闭式母线,母线槽采用全封闭外壳,保证在任何安装角度下,母线载流 100%额定容量不变。母线槽的整体(包括所有附件)防护等级不低于 IP54	
2		柜门应开启灵活,开启角度不小于 120°。紧固连接应牢固、可靠,且有防松脱措施,所有紧固件均具有防腐镀层或涂层。门在开闭过程中不应损坏涂覆层	
3		密集型母线槽若有突然升降的情况,应避免与其他管线冲突。密集型母线槽不应安装在水管及有凝结水的管道下方	
4		低压柜电缆小室应保证不少于 50 cm 宽的检修空间,以满足检修操作需求	
5		MCC 柜宜采用两进线一母联的设计实现双电源切换	
6		成套冷水机组各单体设备应由同一段低压母线供电,确保在只有一段低压母线供电的情况下,冷水系统可以开启	
7		额定电流 630A 及以上开关宜使用框架断路器,630A 及以下的馈出回路宜采用电缆,三级负荷总开关宜选用 4P 断路器	
8		在冷却塔配电设计时,应考虑为地面防盗设施配电	
9	应急照明电源装置	应急照明电源装置(EPS)宜单独设备房;室内环境温度不宜高于 28 °C;蓄电池柱须加装绝缘护套	
10		柜体采用密闭式结构,正面采用全开门或双开门方式,背面采用双开门方式。柜门开启灵活,门的开启角度不小于 120°,门与柜体间应用编织软铜排连接,软铜排截面≥4 mm²	
11		柜体顶部,特别是上进上出线柜,应充分考虑冷凝水进入柜体的防护措施	
12		柜体应有良好的通风设计,内部风路应经过发热部件,保证柜体内部各元器件的散热需要	
13	应急照明电源装置	蓄电池室内应急照明电源装置主要设置主机柜、馈线柜及电池柜,一般采用单列离墙布置	
14		柜体上应预留足够的穿线孔洞和密封器件,以便每根电缆能单独穿过,确保柜体密封效果	
15		为方便运营维修,蓄电池柜体应为电池安装后,每层蓄电池上方至少预留 180 mm 的维护空间(即电池接线柱顶端与上层柜体隔板之间空间不小于 180 mm,以便于对电池间接线进行维护)	
16	配电箱/柜(动力配电箱、照明配电箱、双电源切换箱、检修插座箱)	户外配电箱外壳防护等级不小于 IP65。检修插座箱外壳防护等级:区间检修箱:IP66(地下)/IP67(高架);车站、段场检修箱:IP65	
17		露天放置(如高架区间)的箱体应考虑防紫外线功能,防护等级应不低于 IP65,其中冷却塔负荷开关箱的箱体材质采用 304 号不锈钢。区间用配电箱应有加装挂锁的设置(区间检修插座箱除外)	
18		导线两端采用冷压端头时,必须采用专用工具压接钳冷压(一次回路导线须搪锡),确保导线与端头不松动	
19		车站出入口照明配电箱应安装在扶梯下平台旁的侧墙壁上,安装位置需避开楼、扶梯轮廓线在墙上的投影范围,以方便检修	
20		环控机房内的配电箱/柜底部应高于地面 300 mm	
21		安装在区间、车站,以及风道内的配电箱宜采用下进下出的接线方式	

续表

序号	设备	需避免问题及改进建议	备注
22	照明灯具	车站内设备管理区一般采用寿命长的LED灯，其中，出入口、风室、风道及站台门端门外设备区外墙处应选用三防灯具，灯具的防护等级均为IP65	
23		地下区间隧道内的工作照明采用70W三防隧道高压钠灯，应急照明采用不低于18W三防LED灯，灯具的防护等级均为IP65	
24		区间疏散指示灯采用金属外壳，防护等级为IP65，满足三防要求。地下区间的疏散指示灯采用离壁25 mm安装于行车方向左侧的隧道壁上；高架区间的疏散指示灯具采用圆形疏散指示灯，暂定嵌入式安装在疏散平台（水泥预制板）上	
25		所有灯具都应自带插拔式保险，方便维护更换	
26		所有隧道内安装的灯具均应采用金属外壳三防LED灯具，外壳厚度不小于1.0 mm，表面喷塑、防腐、防潮	
27		无吊顶的设备房通道应考虑灯具壁装。风道、风室内的灯具不得做吊式安装，必须吸顶安装或侧墙安装。空调机房内不应留有照明死角，尤其注意仪表集中处以及风道、夹层内	
28		设备区走道疏散指示灯按间距不大于20 m布置，对袋形走道间距不大于10 m；走道转角处间距不大于1 m	
29		所有隧道内灯具均采用离壁25 mm安装，采用不小于2 mm厚不锈钢支架，支架用不锈钢膨胀螺栓固定，支架与灯具之间使用不锈钢螺栓固定。安装后灯具及支架整体应能承受隧道风压（暂定±5 000 Pa，由速度为120 km/h的列车产生）而不发生任何损坏	
30		安装在车辆段、停车场、高架线路、高架站站台等位置的高空照明灯具，应能承受雷电、台风、暴雨等恶劣气候的影响	
31	通用	重点关注招标文件中"或"字，部分功能或要求，该明确即明确，无法明确的，安排在设计联络明确	

12号线一期设计审图阶段，根据以往运营经验，提出了多项改进建议，大大减少了运营维护成本，极大地方便了运营的维护管理工作，为安全运营打下了基础，同时也为后续工程建设图纸审查阶段提供了经验。

11.3 设计联络阶段

11.3.1 注意事项

（1）根据合同梳理需合同设计联络确定问题清单。

（2）根据前期梳理既有线问题及制定的避免措施建议，逐项核查合同是否明确，未明确部分列出具体问题清单。

（3）根据合同中设计联络问题清单及未明确问题清单，制定具体需求，形成审查要点。

（4）设计联络会根据问题清单，逐项讨论需明确事宜，对于无法采纳意见，记录后与分管领导汇报，并明确后续工作要求。

11.3.2 设计联络阶段需确认事项

针对低压动照系统设备在设计联络阶段提出需确认事项，整理见表 11-3。

表 11-3 设计联络阶段需确认事项

序号	设备	设计联络需确认事项	备注
1	低压开关柜	采用框架断路器的馈线回路原则上单独成柜，如三级负荷总开关	
2		低压开关柜的二次回路设计应符合买方所提出的控制、联锁及保护要求，审查厂家二次回路设计方案，运营方提供控制、联锁及保护要求	
3		与变压器厂的接口位置在低压柜进线柜主母排，进线柜主母排伸入变压器外壳内或转接柜内，进线柜主母排（A、B、C、N、PE；共计 5 根母排）伸入变压器外壳 200 mm	
4		对于不由低压柜厂供货、但需与低压柜连接的密集型母线，低压柜厂负责预留与该密集型母线的连接条件，并配合该密集型母线供货方与低压柜的连接。在该密集型母线与低压柜连接前，低压柜厂负责低压柜与该密集型母线连接处的绝缘与密封保护。对低压柜与该密集型母线的相关接口要求及接口涉及的部件，在设计联络时确定	
5		与 SCADA 接口：确定通信协议及通信速率，确保低压开关柜智能通信模块和 SCADA 转接模块采用同一种通信协议（一般为 Modbus-RTU）	
6		与能源管理系统接口：低压柜智能通讯模块须与综合监控系统通讯要求相匹配，要求：工业以太网接口，协议采用 MODBUS-TCP；或者 RS 485 接口，协议采用 MODBUS-RTU	
7		与电气火灾报警系统的接口：低压柜厂负责柜内及柜间的设备安装、线缆布设、必要辅材的提供及系统调试配合	
8		与综合监控系统/车场智能化系统切非消防负荷功能的接口：低压柜厂应配合接线及调试工作	
9		"两进线一母联"控制逻辑在设计联络进一步细化，参考《12 号线进线、母联、三级负荷总开关投切逻辑过程要求》	
10		在柜门开启后，柜内所有带电母线需考虑绝缘防护的具体措施	
11		柜体铜排应设置挂接地线位置	
12		柜门应开启灵活，开启角度不小于 120°，确定柜体开门方式（前后双开门，方便检修）	
13		柜体颜色	
14	MCC 柜	区间跟随所内实际情况设置 ATSE 双电源切换装置或采用单母线断路器分段方案，具体以设计联络确认投产图方案为准（建议采用单母线断路器分段方案）	
15		进线柜、母联柜、隧道风机控制柜、软启动柜及设备容量大于 37 kW 的变频柜无特别要求外应单独成柜；单台设备容量小于 37 kW 的变频设备，两台设备共用一面变频柜；最终柜体配置方案设计联络时确定	
16		柜体应采用丝印或后贴等方式标示主回路电源走向，在设计联络中确定具体方式	

续表

序号	设备	设计联络需确认事项	备注
17		厂家提供双电源切换装置故障维护时的备用措施供招标方审查,以保障双切维护期间能持续为MCC柜内一级负荷提供电源,具体措施设计联络时确定	
18		交流电源自动切换装置(ATSE)的工作状态应由通信接口与其他上位系统保持通信。上传ATS工作状态及电压、频率、相序、三相不平衡、过压、欠压等电能参数。通信方式支持RS485串口及TCP/IP网络方式,通信协议应为标准的开放式协议,具体在设计联络会上确定	
19		电源方案应满足总线节点数量多和总线距离长的供电需求,最终供电方案待设计联络后由供货方提供详细的方案与各方进行确认	
20		对于底层的现场总线,其数量不少于四条;远程手操箱、变频及软启、马达保护器及远程IO各挂在一条总线上,不同种类的设备不宜挂在同一根现场总线上,根据工程实际情况,每条总线连接设备最大约30个,具体数量在设计联络时确定。每条总线所连接的设备数量不应超过其最大所能连接设备数量的60%	
21	MCC柜	在设置有马达保护器的柜子外置1个LCD显示器带控制面板,可以对环控电控柜每个风机回路的马达保护器进行设置和显示,带控制面板的显示器具体安装方式在设计联络时确定	
22		隧道通风系统、车站空调系统、水系统等所有设备的具体监控内容及方式在设计联络阶段确定	
23		各种设备的控制方式及元器件配置应满足通风空调系统设备的工艺要求。具体控制方案以设计联络各方最终确认为准	
24		柜体颜色在设计联络会上确定	
25		振动监测系统:加速度传感器采用钻孔或粘连的方式安装在风机轴承上(设计联络后最终确定安装方式)	
26		与能源管理系统的接口:柜厂负责带通信接口的智能表计(包括互感器等附件)、通讯网络、网络通信接口及相关附(配)件的供货、安装、调试,负责柜内及柜间线缆的供货、布线与接线,与综合监控系统的接口在低压柜内能源管理系统现场总线网络的网络通信接口处。低压柜现场总线网络须与综合监控系统通讯要求相匹配。 设计联络阶段柜厂与综合监控系统须互提资料确认具体接口技术条件,并在实施过程中互相协调进度	
27		环控进线采用负荷开关,原则上环控进线>400 A的两台负荷开关成一面柜子,双电源切换装置单独成柜;对于受土建条件影响或投标人的柜型满足运营布线及检修要求,两台负荷开关与双切换装置可组成一面柜子(柜内联结应采用铜排),要求柜宽不大于1 000 mm,具体组柜方式设计联络阶段确定	
28		电控箱外形尺寸要求,有特殊尺寸要求的箱体设计联络时单独确定	
29		电控箱具体张贴内容及颜色在设计联络中确定	
30		图纸、手册和技术文件交付的时间在设计联络时明确	

续表

序号	设备	设计联络需确认事项	备注
31		消防紧急情况下，由 FAS 通过 BAS 系统对应急照明电源装置各馈出回路进行远程控制，实现消防联动功能。设计联络会确定具体控制要求	
32		切换装置控制器需具备通信接口确定（一般为 RS485 或以太网接口）	
33		监控装置能在线自动检测单体电池端电压等各种参数，并准确预报和报告电池的故障，形成检测记录报告，可通过外接笔记本电脑下载，设计联络会明确具体技术要求	
34		具体信号显示与故障报警的范围在设计联络阶段进一步确定	
35		为方便运营维修，蓄电池柜体应为电池安装后，每层蓄电池上方至少预留 180 mm 的维护空间（即电池接线柱顶端与上层柜体隔板之间空间不小于 180 mm，以便于对电池间接线进行维护），具体布置以设计联络审核为准	
36		盘的上部装设测量表计、故障信号显示装置、指示灯、按钮、开关及转换开关等。测量表计的安装应便于读数，安装高度及具体布置将在设计联络中确定	
37	EPS 柜	应急照明电源装置提供的通信接口应采用标准、开放的通信协议，采用 RS485 接口，采用 Modbus 或 Modbus Plus 通信协议，并满足综合监控系统的功能和实时性要求，与上位监控系统的具体接口方式及要求将在设计联络阶段确定	
38		应急照明电源装置能够接收综合监控系统的控制信号，对应急照明电源装置进行强启，即屏蔽蓄电池的过放保护功能，信号取消，过放保护自动恢复，由综合监控系统提供无源干接点（AC 220 V，1 A）。接口位置在应急照明电源装置内部接线端子排，线缆敷设及接线工作由综合监控系统负责，应急照明电源装置供应商配合完成。具体接口方式及要求将在设计联络阶段最终确定	
39		应急照明电源装置能够接收综合监控系统的控制信号，完成对应急照明电源装置各馈出回路的远程开、关控制。EPS 将其各回路的开关状态（开/关）以及各回路的转换开关状态（远程/就地）通过硬线方式反馈给综合监控系统。具体接口方式及要求将在设计联络阶段最终确定	
40		具体的样机型号将在设计联络会时确定	
41		特殊尺寸配电箱在设计联络时单独确定	
42		配电箱颜色在设计联络阶段确定	
43		露天放置（如高架区间）的箱体应考虑防紫外线功能，设置遮雨顶盖（尺寸不得侵界，设计联络时确认厂家具体方案）	
44	三箱	配电箱安装板固定方式设计联络确定	
45		箱门要求：安装在公共区（站厅、站台）、出入口通道的配电箱箱门采用专用锁具，具体设计联络定	
46		外箱门任一尺寸达到 800 mm 或以上，应增加有效措施或结构防止箱门变形。具体方案设计联络阶段确定	
47		锁：安全锁芯，设计联络时确定，配套钥匙	

续表

序号	设备	设计联络需确认事项	备注
48	三箱	配电箱标识要求：配电箱内、外标识齐全美观统一，原理图、系统图、合格证贴于箱门内侧，回路标牌清晰牢固。具体张贴内容及颜色在设计联络中确定	
49		额定电流 50 A 及以下时可选择微型断路器，大于、等于 50 A 的采用塑壳断路器。原则上配电箱进线断路器采用塑壳断路器，具体见设计图纸及设计联络	
50		电动机类、插座回路及其对应的备用回路的微型断路器须采用 D 型保护曲线。其余性质回路微断保护曲线按 C 型或 D 型（参考招标图，设计联络确定），微断保护曲线调整改变不调整对应价格	
51		检修插座箱具体设置方案设计联络时确定	
52		区间用"检修插座箱"的线路安装方式为下进下出。对于地下区间隧道，箱体与隧道壁应用不锈钢支架分开，该支架（304 不锈钢）由箱厂设计和提供；对于高架区间，检修插座箱安装于区间声屏障或梁侧翼上，箱体与在声屏障或梁侧翼的固定支架（304 不锈钢）由箱厂设计和提供，具体形式在设计联络时确定	
53		动力控制箱配置方案以设计联络及施工图为准	
54		智能照明控制系统控制模式内容在设计联络阶段确定，以施工图要求和深化设计为准（全亮、高峰、低峰、清扫、停运）	
55		地上高架与隧道之间的连接位置，设置过渡照明，过渡照明控制模式在设计联络时确定	
56		智能照明控制系统预留与综合监控系统的接口，暂定采用 RJ45，TCP/IP 协议，与综合监控的接口在网关通信接口侧，具体设计联络时确定	
57		智能照明控制系统的液晶触摸屏安装在室内适宜位置，智能照明系统的手动面板模式开关安装在综合监控 IBP 盘上（或其他设计指定位置。三箱厂家根据实际需要提供适应的防护箱底盒等辅件），具体安装位置设计联络时确定	
58	直流照明	照明系统，具体尺寸和安装要求待设计联络阶段确定。投标人负责配合施工单位进行直流照明系统接线	
59		直流照明系统应满足地铁各种照明调光模式的设定，具体照明模式会在设计联络、试运营等阶段变化调整	
60		车站公共区包括但不限于以下模式运行：全亮模式、正常运营模式（高峰、低谷）、停运模式、维修模式，各种模式下灯具的组合、亮度等具体内容在设计联络阶段确定	
61		车站级工作站需配置操作台，以方便人员操作，操作台位置及形式在设计联络阶段确定	
62		具体信号显示信息在设计联络时确定（工作状态、故障状态信息）	

续表

序号	设备	设计联络需确认事项	备注
63	直流照明	配电箱特殊尺寸及颜色在设计联络阶段确定	
64		配电箱安装板固定方式设计联络确定	
65		安装在公共区(站厅、站台)、出入口通道的配电箱箱门采用专用锁具,具体设计联络定	
66		外箱门任一尺寸达到 800 mm 或以上,应增加有效措施或结构防止箱门变形。具体方案设计联络阶段确定	
67		锁:安全锁芯,设计联络时确定,配套钥匙	
68		灯具接地位置应标识接地符号,具体标识方案在设计联络时确定	
69		对于设备区走道、楼梯间等壁挂式安装灯具需配置可调安装角度的支撑器件等附件,供货时投标人根据设计联络阶所确定的初始安装角度将灯具安装支撑器件固定在该位置	
70		灯具颜色在设计联络时确定	
71		LED 综合节能照明装置安装固定位置、固定方式在设计联络时确定	
72		样机在设计联络确定	
73	应急照明	为方便后期运维,蓄电池柜体应为电池安装后,每层蓄电池上方至少预留 180 mm 的维护空间(即电池接线柱顶端与上层柜体隔板之间空间不小于 180 mm,以便于对电池间接线进行维护),具体布置以设计联络审核为准	
74		盘的上部装设测量表计、故障信号显示装置、指示灯、按钮、开关及转换开关等。测量表计的安装应便于读数,安装高度及具体布置将在设计联络中确定	
75		应急照明电源装置提供的通信接口应采用标准、开放的通信协议,采用 RS485 接口,采用 Modbus 或 Modbus Plus 通信协议,并满足综合监控系统的功能和实时性要求,与上位监控系统的具体接口方式及要求将在设计联络阶段确定	

11.4 出厂验收阶段

出厂验收是整个低压动照系统设备招采阶段最关键阶段,须提前编制验收大纲、验收标准以及验收方案,严格把关,确保投入使用设备满足现场实际使用需求。

11.4.1 验收标准

为确保投入使用的低压动照系统设备满足现场实际需求,制定了出厂验收标准,具体如下。

11.4.1.1 0.4 kV 低压开关柜出厂验收标准

0.4 kV 低压开关柜出厂验收标准见表 11-4。

表 11-4　0.4 kV 低压开关柜出厂验收标准

序号	检查内容	检查方法	检查标准	检查结果	
1	设备数量检查	目测	现场安装的设备与合同设备数量相符	□合格	□不合格
2	柜体检查	目测	2.1 柜体防护等级不应低于 IP41；中间风井柜体防护等级不应低于 IP54。 2.2 柜门应开启灵活，开启角度不小于 120°。连接应牢固、可靠，且有防松脱措施，所有紧固件均具有防腐镀层或涂层。 2.3 柜体与接地体电阻不大于 4 Ω	□合格	□不合格
3	框架断路器单独成柜检查	目测	进线回路和采用框架断路器的回路应独自成柜	□合格	□不合格
4	温度自动控制系统检查	目测	可根据柜内温度变化自动启停柜体机械通风装置	□合格	□不合格
5	抽屉单元功能检查	目测	5.1 抽出式功能单元应有四个明显的位置：连接位置、试验位置、分离位置和移出位置。 5.2 低压柜的抽出式功能单元机械连锁（抽出式抽屉单位不能跌落）	□合格	□不合格
6	分励脱扣器检查	目测	所有非消防负荷（即除应急照明、射流风机、通信、信号、综合 UPS、所用电以外的负荷）的配电回路均配置分励脱扣器	□合格	□不合格
7	能源管理系统回路检查	目测	考核类的多功能表精度等级为 1.0 级，计费类的智能电度表精度等级为 0.5 级。广告照明、商铺、银行、公众通信及警用通信等回路应采用计费类的智能电度表	□合格	□不合格
8	电气火灾报警系统回路检查	目测	应不低于设计文件中电气火灾回路设计要求	□合格	□不合格
9	框架式断路器/塑壳断路器极限分断能力检查	目测	极限分断能力为：(35～100) kA / (400～415) V 范围内 $I_{cs} = I_{cu}$	□合格	□不合格
10	框架式断路器智能控制单元检查	目测	10.1 断路器智能控制单元采用 LED/LCD 显示屏，智能控制单元和框架断路器为同一厂家的系列产品。 10.2 具备故障记忆功能，能记录故障脱扣信息，并能将故障信息传送至上位系统。 10.3 电流和时间调节范围满足技术规格书的要求。 10.4 具有容易操作的人机界面，便于进行参数设定、历史记录查看、运行参数及测量数值显示等，人机界 10.5 面还应具有编辑、记忆、显示、预告、报警等功能。 10.6 断路器保护 LSIG 整定值与设计文件要求相符	□合格	□不合格

续表

序号	检查内容	检查方法	检查标准	检查结果	
11	塑壳式断路器功能检查	目测	11.1 塑壳式断路器保护功能应包括长延时保护及瞬时脱扣保护，额定电流≥400 A 时应采用电子脱扣器。 11.2 区间水泵配电回路塑壳断路器应采用电子式脱扣器，且设置接地保护。 11.3 区间射流风机配电回路塑壳断路器应采用电子式脱扣器，且设置接地保护。 11.4 塑壳式断路器一般采用固定式；若采用插入式或抽出式，其二次回路亦应具有插接式整体连接装置。 11.5 塑壳式断路器保护整定值与设计文件要求相符	□合格	□不合格
12	接触器参数检查	目测/手动	12.1 主电路的额定绝缘电压（U_i）、额定工作电压（U_e）、约定发热电流（I_{th}）以及在相应工作制、相 12.2 应使用类别下的额定工作电流（I_e）和额定工作功率（P_e）满足相应规程规范的规定。 12.3 隧道风机等需要正、反向旋转的设备所采用的接触器具有机械联锁装置。 12.4 双速风机所采用的接触器具有机械联锁装置	□合格	□不合格
13	热继电器参数检查	目测	13.1 主电路中电动机过载或断相时，热继电器动作，同时动作脱扣指示器显示热继电器已动作。 13.2 可通过电流调整旋钮调整热继电器的整定电流值。 13.3 动作灵活性检查机构可实现不打开盖板、不通电就可方便地检查热继电器内部的动作情况，动作指示器可清晰地显示热继电器动作与否。 13.4 按动检验按钮，断开热继电器常闭触头，可检查通电后控制回路的动作情况。 13.5 热继电器的整定参数与设计文件要求相符	□合格	□不合格
14	中间继电器参数检查	游标卡尺/目测	14.1 具有足够的爬电距离：一般要求≥3 mm。 14.2 具有足够的负载能力：DC 250 V，感性，6.2 W。	□合格	□不合格
15	静态切换开关	目测/手动测试	由 AC 0.4 kV 两段母线分别引入一路电源，两路电源一用一备，作为交流电源自动切换装置的两路进线电源。 15.1 能实现手动/自动电气带负载转换。 15.2 能手动旁路静态切换开关。 15.3 转换时间不大于 10 ms	□合格	□不合格
16	可编程逻辑控制器（PLC）参数检查	目测	16.1 所有模块（CPU、I/O、通信、电源等）均应是插接式。 16.3 可在失电情况下保存程序和数据。 16.4 电源故障应属系统的可恢复性故障，一旦重新受电，控制器模块应能自动恢复正常工作。 16.5 提供 PLC 控制逻辑程序	□合格	□不合格

续表

序号	检查内容	检查方法	检查标准	检查结果	
17	浪涌保护器电气技术性能参数检查	目测	17.1 一级防雷 T1；I_{imp}≥12.5 kA、U_p≤2.5 kV。 17.2 配套熔断器或断路器分断能力不低于 65 kA	□合格	□不合格
18	密封性检查	目测	所有孔洞均封堵严实	□合格	□不合格
19	断路器级差检查	目测	19.1 低压侧主开关短延时脱扣器与高压侧过电流保护断电器的配合级差为 0.4~0.7 s，视高压侧保护继电器的型式而定。 19.2 低压侧主开关过电流脱扣器保护特性低于高压过电流脱扣器保护特性。 19.3 低压柜内断路器与MCC柜及配电箱内的断路器级差应满足：上级断路器短延时整定电流≥1.2倍下级断路器短延时或瞬时（若一级无短延时）整定电流	□合格	□不合格
20	低压开关柜整体检查（一、二次回路接线紧固）	目测/力矩扳手	20.1 按运营总部低压配电和照明系统检修规程的所有检修项目进行检查。 20.2 所有一、二次回路接线端子符合螺栓的力矩要求，且一次回路螺母具有防松标记	□合格	□不合格
21	馈线回路核对	目测	所有馈线回路应与设计图纸资料的馈线回路一致（对所有设备及电缆电线的线径与图纸一致）	□合格	□不合格
22	母排之间的绝缘间隙检查	目测/游标卡尺/燃烧	22.1 裸露母排间的间隙应≥12 mm。（所有带电回路上的金属排、裸露导线、接头、端子及其附属的螺栓等金属件需要满足电气间隙和爬电距离要求，满足不了的要有符合安全规范的隔离措施。） 22.2 裸露母排与柜门间应安装透明的低烟、无卤、阻燃、绝缘的防护挡板。绝缘挡板厚度不低于 3 mm。 22.3 盖板与母排间的间隙应满足要求，保证人员与设备间应有足够的安全距离	□合格	□不合格
23	密集型母线检查	目测	23.1 母线槽的整体（包括所有附表）防护等级不低于IP54。 23.2 母线槽采用全封闭外壳，保证在任何安装角度下，母线载流100%额定容量不变。 23.3 PE母排截面与相线母排的截面相同；PE母排的材料及制造工艺与相线母排相同。 23.4 铜板表面要求全长镀银或镀锡，铜板接头处镀银；中性线母排的材料、截面及制造工艺与相线母排相同。 23.5 母线槽绝缘材料达到 B 级及以上绝缘等级要求	□合格	□不合格

续表

序号	检查内容	检查方法	检查标准	检查结果	
24	6S检查(标示标牌检查、卫生检查)	目测	24.1 设备卫生应干净。 24.2 设备铭牌至少必须设置以下各种永久性的不易腐蚀的金属标牌。 24.2.1 设备必须在适当醒目的位置上设置铭牌,标明商标、设备型号、主要参数、编号、制造厂名称和制造日期等。 24.2.2 每面柜体的正面和背面都要有醒目的柜号标识。 24.2.3 为了安全,必须设置防止发生危险的警告指示牌。 24.2.4 操作控制部分,必须在适当位置放置操作手柄及断路器等的操作使用说明牌和指示牌。 24.2.5 每台设备要有醒目的且与设计图纸相一致的设备编号。 24.2.6 每个开关柜、控制柜中的部件都要有一个标明该部件在装置中用途及目的的标签。 24.2.7 所有印刷线路板都必须有型号标记,电子元件柜必须标明各线路板的品名用于辨认原理图中的线路板。 24.2.8 所有电气设备或部件的接线端都必须清楚地打上永久标记,所有要连接在一起的标记号必须相同。标记号码印在短套管或类似套管物上,然后套进线头,不允许用纸带。 24.2.9 电缆及电缆芯的两端都要有电缆标识牌。 24.2.10 低压柜前后都要设置绝缘胶垫,宽度不低于700 mm,厚度不低于5 mm。 24.2.11 配电房门口都应设置高度不低于500 mm的防鼠挡板	□合格	□不合格
25	消防回路检查	目测	25.1 消防用电设备作用于火灾时的控制回路,不得设置作用于跳闸的过载保护或采用变频调速器作为控制装置。 25.2 防火卷帘、活动挡烟垂壁、自动灭火系统等用电负荷较小的消防用电设备,宜就近共用双电源自切箱采用放射式供电	□合格	□不合格
26	3C认证	目测	所有电气部件应有3C产品强制认证标志	□合格	□不合格
27	功能测试	模拟测试	27.1 模拟回路电源失电。 27.2 按照设计联络确定的逻辑控制要求逐条测试"备自投"逻辑控制功能。 27.3 模拟消防联动测试,三级负荷应能自动分闸。 27.4 测试断路器的LISG保护功能,应能按设计整定值的要求动作	□合格	□不合格

续表

序号	检查内容	检查方法	检查标准	检查结果	
28	橡胶及塑料制品	目测或燃烧	28.1 检查范围：线耳上的绝缘体、接线端子、接线端子盖板、线号管、螺旋包线管、扎带、电缆标识牌等；二是绝缘防护的有机玻璃板；三是PVC塑料线槽及盖板；四是塑壳断路器的主、辅器件；五是其他橡胶及塑料制品。 28.2 判定标准。 28.2.1 橡胶及塑料制品有型号的判定合格标准：一次线缆上的标识型号应为WDZ-XX；二次控制电缆上的标识型号应为WDZ-XX；消防类回路（TVF风机、U/O风机、排烟风机、消防水泵、回排烟风机、组合式风阀、排烟防火阀等）电缆为耐火电缆，若是其他类型的电线电缆应判定为不合格。 28.2.2 橡胶及塑料制品无型号的判定合格标准：取样或更换柜内的部分器件到站外，无通风的情况下进行燃烧测试，燃烧火焰离开时，被测物应立即熄灭，且无燃烧物掉下	□合格	□不合格
29	全面检查	紧固划线	包括但不限于以下几种：一是接线端子的压接工艺检查；二是接线端子紧固；三是接线方式检查；四是安全隐患排查	□合格	□不合格
30	温度测量	测温仪	针对大电流、大功率设备线缆连接处A、B、C相间的温度≤5℃或超过43℃的螺栓应进行全面检查及紧固	□合格	□不合格
31	渗漏水、空调滴水	目测/卷尺	31.1 电气设备上方的垂直距离应与空调风口距离应大于20 cm以上，否则应安装接水盘。 31.2 电气设备上方应无漏水现象，若漏水应加上接水盘并有引水措施	□合格	□不合格
32	大电流接线端子工艺抽查20%	直流电阻测试	一、二次接线端子的压接或连接工艺检查，采用直流电阻测试仪抽测线缆或接头的接触电阻，接触电阻不应大于10 mΩ	□合格	□不合格
33	主、辅材	目测	工程使用的主、辅材料及安装材料均要求有清单列表，各部件宜有检验报告、测试报告，耐火阻燃材料须耐火检验报告。检验报告宜包含设备、线缆、涂层及材料的绿色环保标志	□合格	□不合格

11.4.1.2　环控电控柜（MCC）验收标准

环控电控柜（MCC）验收标准见表11-5。

表 11-5　环控电控柜（MCC）验收标准

序号	检查内容	检查方法	检查标准	检查结果	
1	检查设备数量	目测	现场安装的设备与合同设备数量相符	□合格	□不合格
2	柜体检查	目测	2.1 电气房间：IP41，车站/区间所设备现场：IP54，区间隧道：IP65。 2.2 柜门应开启灵活，开启角度不小于120°。连接应牢固、可靠，且有防松脱措施，所有紧固件均具有防腐镀层或涂层。 2.3 塑壳断路器馈出柜一般采用抽屉柜，框架断路器柜采用固定抽出式柜。 2.4 柜架和外壳具有足够的强度和刚度，能承受所安装元件的重量，并能承受设备短路时所产生的动、热冲击，同时不因成套设备的吊装及运输等情况而影响设备的性能。 2.5 安装在隧道内的箱、柜（区间泄压阀电控箱、射流风机控制柜）有额外的挂锁锁扣。 2.6 电控箱、手操箱及报警箱等箱体采用挂墙离壁或嵌入式安装方式，射流风机控制柜采用落地安装或挂墙式安装方式，其他低压柜采用落地式安装方式	□合格	□不合格
3	单独成柜检查	目测	进线柜、母联柜、隧道风机控制柜、软启动柜无特别要求外应单独成柜	□合格	□不合格
4	温度自动控制系统检查	目测	可根据柜内温度变化自动启停柜体机械通风装置	□合格	□不合格
5	抽屉单元功能检查	目测	5.1 开关柜抽出单元带有导轨和推进机构，设有运行、试验和分离位置，且有定位机构。 5.2 明显的五个位置：合闸、分闸、试验、隔离、抽出。各个位置有明显的文字符号及颜色标志区分。抽屉柜抽屉在连接、试验、分离三个位置时以及在三个位置的转换操作过程中的防护等级不小于IP30。 5.3 机械联锁装置的操作程序性（即通过机械联锁）保证所有方案的抽屉不会带负荷（断路器合闸时）拉出或推入。 5.4 抽屉柜装有防止抽出操作时用力过猛而导致抽屉跌落的机构，在抽出的过程中必须通过操作相应的解锁机构方能将抽屉完全抽出	□合格	□不合格

续表

序号	检查内容	检查方法	检查标准	检查结果	
6	框架式断路器/塑壳断路器极限分断能力检查	目测	极限分断能力：(35~100) kA / (400~415) V 范围内 $I_{cs} = I_{cu}$	□合格	□不合格
7	框架式断路器智能控制单元检查	目测	7.1 断路器智能控制单元采用 LED/LCD 显示屏，智能控制单元和框架断路器为同一厂家的系列产品。具备故障记忆功能，能记录故障脱扣信息。 7.2 电流和时间调节范围满足技术规格书的要求。 7.3 具有容易操作的人机界面，便于进行参数设定、历史记录查看、运行参数及测量数值显示等。 7.4 人机界面还应具有编辑、记忆、显示、预告、报警等功能。 7.5 断路器保护 LSIG 整定值与设计文件要求相符	□合格	□不合格
8	塑壳式断路器功能检查	目测	8.1 塑壳式断路器保护功能应包括长延时保护及瞬时脱扣保护，额定电流≥400 A 时应采用电子脱扣器。 8.2 区间水泵配电回路塑壳断路器应采用电子式脱扣器，且设置接地保护。 8.3 区间射流风机配电回路塑壳断路器应采用电子式脱扣器，且设置接地保护。 8.4 塑壳式断路器一般采用固定式；若采用插入式或抽出式，其二次回路亦应具有插接式整体连接装置。 8.5 电动机出线回路选用具有电动机保护特性的塑壳断路器	□合格	□不合格
9	接触器参数检查	目测	9.1 主电路的额定绝缘电压(U_i)、额定工作电压(U_e)、约定发热电流(I_{th})以及在相应工作制、相应使用类别下的额定工作电流(I_e)和额定工作功率(P_e)满足相应规程规范的规定。 9.2 隧道风机等需要正、反向旋转的设备所采用的接触器具有机械联锁装置。 9.3 双速风机所采用的接触器具有机械联锁装置	□合格	□不合格
10	热继电器参数检查	目测	10.1 主电路中电动机过载或断相时，热继电器动作，同时动作脱扣指示器显示热继电器已动作。 10.2 可通过电流调整旋钮调整热继电器的整定电流值。 10.3 动作灵活性检查机构可实现不打开盖板、不通电就可方便地检查热继电器内部的动作情况，动作指示器可清晰地显示热继电器动作与否。 10.4 按动检验按钮，断开热继电器常闭触头，可检查通电后控制回路的动作情况。 10.5 热继电器的整定参数与设计文件要求相符	□合格	□不合格

续表

序号	检查内容	检查方法	检查标准	检查结果	
11	中间继电器参数检查	目测	11.1 具有足够的爬电距离：一般要求≥3 mm。 11.2 具有足够的绝缘抗电水平：绝缘电压 AC 250 V/额定耐压 2.5 kV。 11.3 具有足够的负载能力：AC 250 V，感性，6.2 W	□合格	□不合格
12	双电源切换装置参数检查	目测	12.1 由 AC 0.4 kV 两段母线分别引入一路电源，两路电源一用一备，作为交流电源自动切换装置的两路进线电源。 12.1.1 该装置为 PC 级专用交流双电源自动切换装置，带电气、机械双重联锁，具有自动和手动两种切换方式，转换时间不大于 200 ms。 12.1.2 该装置能带负载自动切换，在正常情况下，可通过控制器实现手动控制；紧急时，可采用手柄进行手动切换。交流电源自动切换装置（ATSE）的具体技术要求如下： 1）控制器组件与切换装置本体由同一厂家生产。 2）使用类别：AC-33A 或 AC-33iA。 12.2 切换装置本体。 12.2.1 常用电源失压或任意一相断相，ATSE 必须可靠转换到备有电源。 12.2.2 可检测两路电源电压和频率，并根据设定的电压及频率的跳脱值及复归值进行切换。电压跳脱值设定在 70%至 90%范围可调，电压复归值可设定为 90%或 95%。主用电源切换至备用电源延迟时间在 0～300 s 内可调，备用电源切回主用电源延时时间在 1～600 s 内可调。 12.2.3 能实现电气、机械双重互锁及安全隔离功能，能实现手动电气带负载转换与手动机械转换功能。 12.2.4 转换时间不大于 200 ms	□合格	□不合格
13	可编程逻辑控制器（PLC）参数检查	目测	13.1 所有模块（CPU、I/O、通信、电源等）均应是插接式，所有模块均应通过权威机构的安全认证，包括：UL、CSA、CE 等。 13.2 可在失电情况下保存程序和数据。 13.3 电源故障应属系统的可恢复性故障，一旦重新受电，控制器模块应能自动恢复正常工作而无需任何的人员干预	□合格	□不合格
14	浪涌保护器电气技术性能参数检查	目测	14.1 电压保护水平 U_p≤3.2 kV。 14.2 配套熔断器分断能力不低于 65 kA。 14.3 通过深圳防雷中心验收	□合格	□不合格

续表

序号	检查内容	检查方法	检查标准	检查结果	
15	密封性检查	目测	所有孔洞均封堵严实	□合格	□不合格
16	综合电力测控仪表	目测	16.1 精度：电压、电流0.2级，功率、电能0.5级。 16.2 SOE事件记录。 16.3 液晶显示，同时可显示4行数据。 16.4 可实现遥信、遥控、电能脉冲及模拟量输出等功能。 16.5 辅助电源：AC 85～265 V 或 DC 85～330 V（DC 18～90 V可选）	□合格	□不合格
17	一般表计	目测	17.1 所有表计均为数字表计。 17.2 采用高亮度LCD显示。 17.3 考核类的多功能表精度等级为1.0级，计费类的智能电度表精度等级为0.5级。广告照明、商铺、银行、公众通信及警用通信等回路采用计费类的智能电度表。 17.4 智能电度表和多功能表断电后电度数据不会丢失	□合格	□不合格
18	断路器、变频器、软启动器、马达保护器、接触器的额定容量检查	目测	18.1 断路器、变频器、软启动器、马达保护器、接触器的额定容量满足设备运行及控制要求，且其额定电流不小于设备额定电流的1.2倍。 18.2 整定值与设计文件要求相符	□合格	□不合格
19	变频器检查	目测	19.1 变频器为工业型及抗湿热型产品。 19.2 变频器采取矢量控制方式，且变频器对电机进行自动适配，以建立相应的数据模型。 19.3 变频器具有主电源过压、欠压、缺相、输入不平衡、中间直流电压过高/低、变频器故障、变频器过载、变频器冷却风扇故障、变频器温升过高、设定信号过高/低、反馈信号过高/低、串行通信超时故障等保护功能。在任何状态下，变频器能将上述异常状态合并为一个故障信号，提供给BAS系统。维护人员在现场通过操作面板可获取进一步的故障信息。 19.4 为所有45 kW及以下的组合式空调机组、大系统回排风机、冷水水泵的变频控制回路设置工频旁路回路，变频器故障时可手动切换到工频状态运行。 19.5 变频器可以由监控系统或变频器局部自动控制平稳地由自动控制切换到手动控制方式，切换时不会导致系统的停机、失控、振荡和故障	□合格	□不合格

续表

序号	检查内容	检查方法	检查标准	检查结果	
19	变频器检查	目测	19.6 变频器具有足够的可编程输入输出点，配置了3个模拟输入/3个模拟输出/9个数字量输入点/4个数字量输出点，以便实现三级控制及运行信号的指示或显示。 19.7 设于环控电控室内的变频控制柜，其防护等级不低于IP41；设于环控设备就地的变频控制柜，其防护等级不低于IP54；柜内变频器防护等级不低于IP20。 19.8 变频器的输入输出均配置了外置电抗器。 19.9 变频器支持内置的自动组态功能，即更换设备后无需通过用户编程系统便能自动还原原来的参数设置，确保参数设置的准确性	□合格	□不合格
20	软启动器检查	目测	20.1 软启动器应设专用启动控制柜，内设断路器、接触器、快速熔断器及软启动器等。软启动器满足重载型设备的起动和运行要求，用于有正反转控制要求设备的电器元件可以保证设备在连续两次启动后（正转启动—自由停车—反转启动—连续运行）能继续运行。 20.2 符合下列主要技术要求： 20.2.1 软启动器为工业型及抗湿热型产品。 20.2.2 软启动器应具有电机过负荷、缺相、三相不平衡等保护功能，有启动时间过长保护。 20.2.3 软启动器支持内置的自动组态功能，即更换设备后无需通过用户编程系统便能自动还原原来的参数设置，确保参数设置的准确性。 20.2.4 软启动器具有故障诊断功能，可快速确定故障类型。 20.2.5 软启动器应对过载、欠载、过压、欠压、三相不平衡、网络通信故障等具有报警功能。 20.2.6 电机保护用断路器、熔断器、接触器、软启动器及电机过载保护装置满足重载型设备的启动和运行要求，且设备在连续两次启动（正转启动—自由停车—反转启动—连续运行）后能继续运行。 20.2.7 软启动器允许每小时至少6次启动－运行－停止周期。 20.2.8 软启动器具有3个以上数字量输入点，满足启动、停止、复位和控制转换等要求；具有3个以上可编程继电器输出作为故障、运行等信号指示；具有中文显示的LCD显示屏。 20.2.9 软启动器具有内置旁路接触器。 20.2.10 用于有正反转控制要求设备的软启动器，具备刹车制动功能，且软启动器的容量选择满足设备控制工艺(如正反转高速间切换时间不应大于60 s等)的要求。 20.2.11 SMC-Flex软启动按环境50 ℃设计，满足超重载型设备的启动要求和运营要求，充分考虑设备的起动、控制及保护需求，软启动器容量应有预留	□合格	□不合格

续表

序号	检查内容	检查方法	检查标准	检查结果	
21	马达保护器检查	目测	21.1 马达保护器采用工业型及抗湿热型产品。 21.2 马达保护器采用 DC24V 供电，以提高调试阶段的安全性；对于每个电机控制回路，采用一个独立的马达保护器，以保证其控制回路完整性。 21.3 E3 Plus 马达保护器通过内置霍尔元件测量马达单相电流均方根（RMS）自动采集电机一次侧电流，完成过载保护、电流不平衡保护、相故障保护、接地故障保护、堵转保护等。 21.4 当电机电流大于 90 A 时，马达保护器能设置外部电流互感器 CT。 21.5 马达保护器对于所设定的保护阀值和故障信号，能够按照保护和控制工艺的要求对应设定"报警"或"脱扣"作为响应。 21.6 马达保护器通过自身的 LED 灯可以显示电机运行状态和故障信息。 21.7 马达保护器带 LED 运行状态、I/O 端子和故障指示灯，通过 I/O 通道与接触器配合，可以用模拟指示灯实现电机运行状态和故障显示。 21.8 马达保护器具有故障记录存储功能，存储最后 5 次故障有关信息。 21.9 在现场总线故障或上位系统故障时，且当控制回路转换开关由 BAS 位置手动转为环控位置后，马达保护器能主动切断其控制输出，实现电机的 MCC 柜就地手动控制。 21.10 电机因故脱扣，马达保护器的脱扣输出会动作给接触器，停止运行的电机。 21.11 在控制电源有效，主回路欠压/失电情况故障发生后，待电源恢复时，马达保护器能够实现各电机的分级起动。 21.12 E3 plus 马达保护器具有 4 个可编程的数字量输入点，满足启动、停止和控制转换等要求；具有 2 个可编程无源继电器输出以控制电机启停；具有一个脱扣无源接点输出用于故障指示，且用于马达故障时断开其控制回路。 21.13 E3 plus 马达保护器具有就地按钮和远方自动复位功能，复位有两种方式：能手动在上位人机界面或通过 BAS 进行远程复位；也能在 MCC 故障回路的面板进行就地复位（即使 MCC 网络中断）。 21.14 E3 plus 马达保护器支持内置的 ADR 自动组态功能，即更换设备后无需通过用户编程系统便能自动还原原来的参数设置，确保参数设置的准确性	□合格	□不合格

续表

序号	检查内容	检查方法	检查标准	检查结果	
22	智能 I/O 检查	目测	主要用于低压柜风阀和蝶阀回路的控制和显示。 22.1 智能 I/O 实现在环控电控室（区间所）显示设备运行状态和故障信息。 22.2 智能 I/O 能扩展本地 I/O 模块与远程 I/O 模块，I/O 点数有 30%的裕量。 22.3 在总线故障或上位系统故障时，且当控制回路转换开关由 BAS 位置手动转为环控位置后，智能 I/O 能主动切断其控制输出，实现风阀的 MCC 柜就地手动控制	□合格	□不合格
23	断路器级差检查	目测	上级断路器短延时整定电流≥1.2 倍下级断路器短延时或瞬时（若一级无短延时）整定电流	□合格	□不合格
24	开关柜整体检查（一、二次回路接线紧固）	目测	24.1 按运营总部低压配电和照明系统检修规程的所有检修项目进行检查。 24.2 所有一次回路接线端子符合螺栓的力矩要求，且一次回路螺母具有防松标记	□合格	□不合格
25	馈线回路核对	目测	所有馈线回路应与图纸资料显示的馈线回路一致（对所有设备及电缆电线的线径与图纸一致）	□合格	□不合格
26	母排之间的绝缘间隙检查	目测	26.1 裸露母排间的间隙应≥12 mm。所有带电回路上的金属排、裸露导线、接头、端子及其附属的螺栓等金属件需要满足电气间隙和爬电距离要求，满足不了的要有符合安全规范的隔离措施。 26.2 裸露母排与柜门间应安装透明的阻燃、绝缘的防护挡板。绝缘挡板的厚度不低于 3 mm。 26.3 盖板与母排间的间隙应满足要求，保证人员与设备间应有足够的安全距离	□合格	□不合格
27	6S 检查（标示标牌检查、卫生检查）	目测	27.1 设备卫生应干净。 27.2 设备铭牌至少必须设置以下各种永久性的不易腐蚀的金属标牌。 27.2.1 设备必须在适当醒目的位置上设置铭牌，标明商标、设备型号、主要参数、编号、制造厂名称和制造日期等。 27.2.2 每面柜体的正面和背面都要有醒目的柜号标识。 27.2.3 为了安全，必须设置防止发生危险的警告指示牌。 27.2.4 操作控制部分，必须在适当位置放置操作手柄及断路器等的操作使用说明牌和指示牌。 27.2.5 每台设备要有醒目的且与设计图纸相一致的设备编号	□合格	□不合格

续表

序号	检查内容	检查方法	检查标准	检查结果	
27	6S检查（标示标牌检查、卫生检查）	目测	27.2.6 每个开关柜、控制柜中的部件都要有一个标明该部件在装置中用途及目的的标签。 27.2.7 所有印刷线路板都必须有型号标记，电子元件柜必须标明各线路板的品名用于辨认原理图中的线路板。 27.2.8 所有电气设备或部件的接线端都必须清楚地打上永久标记，所有要连接在一起的标记号必须相同。标记号码印在短套管或类似套管物上，然后套进线头，不允许用纸带。 27.2.9 电缆及电缆芯的两端都要有电缆标识牌。 27.2.10 低压柜前后都要设置绝缘胶垫，宽度不低于700 mm，厚度不低于5 mm。 27.2.11 配电房门口都应设置高度不低于500 mm的防鼠挡板	□合格	□不合格
28	母线分隔室检查	目测	主母线置于柜体顶部，保证进出线顺畅。相线母排具有单独的防触电母线分隔室，电缆及密集母线槽进出柜接线不需进入母线分隔室	□合格	□不合格
29	密集型母线检查	目测	29.1 母线槽的整体（包括所有附表）防护等级不低于IP54。 29.2 母线槽采用全封闭外壳，保证在任何安装角度下，母线载流100%额定容量不变。 29.3 母线槽采用整体接地系统，选择PE母排作为接地导体，为接地故障提供可靠的接地路径，保证足够的安全性。PE母排截面至少是相线母排截面的一半且应$\geqslant 240\ mm^2$，PE母排的材料及制造工艺与相线母排相同。 29.4 铜板表面要求全长镀银或镀锡，铜板接头处镀银；中性线母排的材料、截面及制造工艺与相线母排相同。 29.5 母线槽绝缘材料达到B级及以上绝缘等级要求 29.6 应为耐火密集母线槽	□合格	□不合格
30	消防回路检查	目测	30.1 消防用电设备作用于火灾时的控制回路，不得设置作用于跳闸的过载保护或采用变频调速器作为控制装置。 30.2 车站内设置在同一侧（端）的火灾事故风机、防排烟风机及相关风阀等一级负荷，其供电电源应由该侧（端）双重电源自切柜单回路放射式供电；当供电距离较长时，宜采用由变电所双重电源直接供电，并应在末一级配电箱处自动切换	□合格	□不合格

续表

序号	检查内容	检查方法	检查标准	检查结果	
31	功能测试	1. 模拟回路电源失电。2. 模拟消防联动测试。	31.1 按照设计联络确定的逻辑控制要求逐条测试"备自投"逻辑控制功能。 31.2 与消防联合测试。风机、风阀是否按模式动作。 31.3 双切功能测试	□合格	□不合格
32	3C 认证	目测	所有部件应有 3C 产品强制认证标志	□合格	□不合格
33	橡胶及塑料制品	目测或燃烧	33.1 检查范围：线耳上的绝缘体、接线端子、接线端子盖板、线号管、螺旋包线管、扎带、电缆标识牌等；二是绝缘防护的有机玻璃板；三是 PVC 塑料线槽及盖板；四是塑壳断路器的主、辅器件；五是其他橡胶及塑料制品。 33.2 判定标准。 33.2.1 橡胶及塑料制品有型号的判定合格标准：一次线缆上的标识型号应为 WDZ-XX；二次控制电缆上的标识型号应为 WDZ-XX；消防类回路（TVF 风机、U/O 风机、排烟风机、消防水泵、回排烟风机、组合式风阀、排烟防火阀等）电缆为耐火电缆，若是其他类型的电线电缆应判定为不合格。 33.2.2 橡胶及塑料制品无型号的判定合格标准：取样或更换柜内的部分器件到站外，无通风的情况下进行燃烧测试，燃烧火焰离开时，被测物应立即熄灭，且无燃烧物掉下	□合格	□不合格
34	全面检查	紧固划线	包括但不限于以下几种：一是接线端子的压接工艺检查；二是接线端子紧固；三是接线方式检查；四是安全隐患排查	□合格	□不合格
35	温度测量	测温仪	针对大电流、大功率设备线缆连接处 A、B、C 相间的温度≤5 ℃或超过 43 ℃的螺栓应进行全面检查及紧固	□合格	□不合格
36	大电流接线端子工艺抽查 20%	直流电阻测试	一、二次接线端子的压接或连接工艺检查，采用直流电阻测试仪抽测线缆或接头的接触电阻，接触电阻不应大于 20 mΩ	□合格	□不合格
37	渗漏水、空调滴水	目测/卷尺	37.1 电气柜上方的垂直距离应与空调风口距离应大于 20 cm 以上，否则应安装接水盘 37.2 电气柜上方应无漏水现象，若漏水应加上接水盘并有引水措施	□合格	□不合格
38	主、辅材	目测	工程使用的主、辅材料及安装材料均要求有清单列表，各部件宜有检验报告、测试报告、耐火阻燃材料须耐火检验报告。检验报告宜包含设备、线缆、涂层及材料的绿色环保标志	□合格	□不合格

11.4.1.3 应急照明电源装置(EPS)验收标准

应急照明电源装置(EPS)验收标准见表11-6。

表11-6 应急照明电源装置(EPS)验收标准

序号	检查内容	检查方法	检查标准	检查结果	
1	检查设备数量	目测	现场安装的设备与合同设备数量相符	□合格	□不合格
2	检查主要元件来源	目测	对照设备采购技术协议,检查主要元件来源,应与协议规定的生产厂家一致	□合格	□不合格
3	外观质量检查(注意:开机第一次使用,应给电池组放电保护后连续充电48 h)	目测	3.1 外观清洁,无明显碰撞凹陷,铭牌位置正确,显示装置清晰。 3.2 柜内元器件无损坏丢失,接线无脱落脱焊。 3.3 柜内电池清洁。壳体无碎裂、漏液、鼓包、变形,电池布线排列应整齐,极性标志清晰、正确。 3.4 各接线标志应齐全、清晰。 3.5 安放后备电源的机架组装应横平竖直,紧固件齐全。 3.6 机柜安装牢固,排列整齐,柜面平直。 3.7 柜顶无缝隙,进线口应封堵完整,填封材料为阻燃材料(防火泥)。 3.8 6S标识(电池编号、线缆编号)齐全,柜内清洁无异物。 3.9 低压柜前后都要设置绝缘胶垫,宽度不低于700 mm,厚度不低于5 mm。 3.10 配电房门口都应设置高度不低于500 mm的防鼠挡板	□合格	□不合格
4	功能测试检查	模拟市电(备电)停电	4.1 双电源装置、逆变器、静态切换装置功能正常。 4.2 由市电供电转为应急供电时间应符合合同技术要求。 4.3 正常时静置无噪声,应急时噪声不能超过合同技术要求;正常运行时产生的A声级噪声,不应大于45 dB;输出额定电流为5 A及以下的小型EPS,不应大于30 dB。 4.4 测试应急备用供电时间应符合设计要求。 4.5 测试自动充电机、模块式逆变电源、变压器、配电装置及蓄电池组等功能正常	□合格	□不合格
5	内部接线检查	目测	5.1 线标正确。 5.2 线型与设计图纸要求一致。 5.3 各接线头端按合同要求装有接线头。 5.4 所有一、二次回路接线端子符合螺栓的力矩要求,且一次回路螺母具有防松标记	□合格	□不合格

续表

序号	检查内容	检查方法	检查标准	检查结果	
6	绝缘电阻检查	目测	6.1 测试输入输出相对地绝缘电阻不小于 50 MΩ。 6.2 测试柜体接地与车站接地内阻小于 4 Ω	□合格	□不合格
7	自检、保护功能	目测	提供短路保护、过流保护、过压保护、过载保护、过温保护等功能的测试报告	□合格	□不合格
8	监控单元检查	目测	输入输出电压、输出电流、逆变电压、频率、输出电流、电池组电压、当前工作状态、事件记录和系统信息等显示正常	□合格	□不合格
9	软件检查	目测	核查软件版本、软件参数设置及相应的标注符合协议（合同）要求	□合格	□不合格
10	本质安全检查	目测	10.1 对 UPS 蓄电池电缆极性标识清楚，正、负极分别统一用红色、蓝色两种不同颜色表示。 10.2 在每一组蓄电池中加装熔断器保护，避免出现因电池极性接反或短路引起短路故障。 10.3 蓄电池的输入/出开关禁止采用隔离开关或交流开关，应采用直流塑壳开关。 10.4 ATS 双切和 STS 静态切换开关应选用放大一级带维修旁路且质量较好的知名品牌的设备	□合格	□不合格
11	3C 认证	目测	所有部件应有 3C 产品强制认证标志	□合格	□不合格
12	橡胶及塑料制品	目测或燃烧	12.1 检查范围：线耳上的绝缘体、接线端子、接线端子盖板、线号管、螺旋包线管、扎带、电缆标识牌等；二是绝缘防护的有机玻璃板；三是 PVC 塑料线槽及盖板；四是塑壳断路器的主、辅器件；五是其他橡胶及塑料制品。 12.2 判定标准。 12.2.1 橡胶及塑料制品有型号的判定合格标准：一次线缆上的标识型号应为 WDZ-XX；二次控制电缆上的标识型号应为 WDZ-XX；消防类回路（TVF 风机、U/O 风机、排烟风机、消防水泵、回排烟风机、组合式风阀、排烟防火阀等）电缆为耐火电缆，若是其他类型的电线电缆应判定为不合格。 12.2.2 橡胶及塑料制品无型号的判定合格标准：取样或更换柜内的部分器件到站外，无通风的情况下进行燃烧测试，燃烧火焰离开时，被测物应立即熄灭，且无燃烧物掉下	□合格	□不合格
13	全面检查	紧固划线	包括但不限于以下几种：一是接线端子的压接工艺检查；二是接线端子紧固；三是接线方式检查；四是安全隐患排查	□合格	□不合格
14	温度测量	测温仪	针对大电流、大功率设备线缆连接处 A、B、C 相间的温度≤5 °C 或超过 43 °C 的螺栓应进行全面检查及紧固或更换	□合格	□不合格

续表

序号	检查内容	检查方法	检查标准	检查结果	
15	渗漏水、空调滴水	目测/卷尺	15.1 电气柜上方的垂直距离应与空调风口距离应大于 20 cm 以上，否则应安装接水盘。 15.2 电气柜上方应无漏水现象，若漏水应加上接水盘并有引水措施	□合格	□不合格
16	大电流接线端子工艺抽查20%	直流电阻测试	一、二次接线端子的压接或连接工艺检查，采用直流电阻测试仪抽测线缆或接头的接触电阻，接触电阻不应大于 20 mΩ	□合格	□不合格
17	主、辅材	目测	工程使用的主、辅材料及安装材料均要求有清单列表，各部件宜有检验报告、测试报告，耐火阻燃材料须耐火检验报告。检验报告宜包含设备、线缆、涂层及材料的绿色环保标志	□合格	□不合格

11.4.1.4 正常工作照明验收标准

正常工作照明验收标准见表 11-7。

表 11-7　正常工作照明验收标准

序号	检查内容	检查方法	检查标准	检查结果	
1	外观检查	目测	外观无破损、变形、掉漆	□合格	□不合格
2	安装情况检查	目测	2.1 灯具安装稳固。 2.2 车站出入口灯具具有双重防坠落装置	□合格	□不合格
3	抽查灯具绝缘和内部接线	兆欧表摇测绝缘	灯具的绝缘电阻值不小于 2 MΩ，内部接线为铜芯电线，芯线截面积不小于 1 mm^2	□合格	□不合格
4	灯具防护等级检查	目测	4.1 区间、出入口、潮湿环境灯具防护等级不低于 IP65。 4.2 站厅、站台公共区灯具防护等级不低于 IP41。 4.3 设备区灯具防护等级不低于 IP54	□合格	□不合格
5	照度值检查	目测	照度满足设计文件照度值的要求	□合格	□不合格
6	区间工作照明控制测试	目测	就地以及远程皆能控制开/关	□合格	□不合格
7	就地以及远程智能控制开/关	目测	将区间正常照明控制箱转换按钮打到"就地"位，就地开/关区间工作照明；将区间正常照明控制箱转换按钮打到"远程"位，能在 ISCS 上开/关区间工作照明	□合格	□不合格
8	3C 认证	目测	电源应有 3C 产品强制认证标志	□合格	□不合格

续表

序号	检查内容	检查方法	检查标准	检查结果	
9	橡胶及塑料制品	目测或燃烧	9.1 检查范围：线耳上的绝缘体、接线端子、接线端子盖板、线号管、螺旋包线管、扎带、电缆标识牌等）；二是绝缘防护的有机玻璃板；三是 PVC 塑料线槽及盖板；四是塑壳断路器的主、辅器件；五是其他橡胶及塑料制品。 9.2 判定标准 9.2.1 橡胶及塑料制品有型号的判定合格标准：一次线缆上的标识型号应为 WDZ-XX；二次控制电缆上的标识型号应为 WDZ-XX。 9.2.2 橡胶及塑料制品无型号的判定合格标准：取样或更换柜内的部分器件到站外，无通风的情况下进行燃烧测试，燃烧火焰离开时，被测物应立即熄灭，且无燃烧物掉下	□合格	□不合格
10	全面抽查	紧固划线	包括但不限于以下几种：一是接线端子的压接工艺检查；二是接线端子紧固；三是接线方式检查；四是安全隐患排查	□合格	□不合格
11	渗漏水、空调滴水	目测/卷尺	11.1 电气柜上方的垂直距离应与空调风口距离大于 20 cm 以上。 11.2 电气柜上方应无漏水现象，若漏水应加上接水盘并有引水措施	□合格	□不合格
12	主、辅材	目测	工程使用的主、辅材料及安装材料均要求有清单列表，各部件宜有检验报告、测试报告，耐火阻燃材料须耐火检验报告。检验报告宜包含设备、线缆、涂层及材料的绿色环保标志	□合格	□不合格

11.4.1.5 疏散照明验收标准

疏散照明验收标准见表 11-8。

表 11-8 疏散照明验收标准

序号	检查内容	检查方法	检查标准	检查结果	
1	外观检查	目测	1.1 外观无破损、变形、掉漆。 1.2 线管内的电线无裸露	□合格	□不合格
2	安装情况检查	目测	2.1 灯具安装稳固。 2.2 车站出入口灯具具有双重防坠落装置	□合格	□不合格
3	抽查灯具绝缘和内部接线	兆欧表摇测绝缘	灯具的绝缘电阻值不小于 2 MΩ，内部接线为铜芯电线，芯线截面积不小于 1 mm^2	□合格	□不合格
4	灯具防护等级检查	目测	4.1 区间、出入口、潮湿环境灯具防护等级不低于 IP65。 4.2 站厅、站台公共区灯具防护等级不低于 IP41。 4.3 设备区灯具防护等级不低于 IP54	□合格	□不合格

续表

序号	检查内容	检查方法	检查标准	检查结果	
5	疏散照明照度值检查	照度仪	5.1 车站疏散照明照度不小于 5 lx，区间线路疏散照明照度不小于 3 lx，控制中心、车辆段地面水平照度值不小于 1 lx；变电所、配电室、环控电控室、通信机房、信号机房、消防水泵房、车站控制室、站长室等应急指挥和应急设备设置场所的备用照明，其照度不应低于正常照明照度的 50%。 5.2 其他场所的备用照明，其照度不应低于正常照明照度的 10%	□合格	□不合格
6	区间应急照明控制测试	目测	就地以及远程皆能控制开/关	□合格	□不合格
7	应急电源回路检查	目测	应急照明应由应急电源提供专用回路供电，并应按公共区与设备管理区分回路供电。备用照明和疏散照明不应由同一分支回路供电	□合格	□不合格
8	整体检查	目测	8.1 整体取得 CCCF 消防认证，关键部位有 3C 产品强制认证标志。 8.2 线缆符合低烟无卤阻燃要求；电缆应采用耐火电缆。 8.3 设备外壳应选用不燃材料或难燃材料（氧指数≥28） 8.4 线缆、导流部件选择应符合电路最大容量的要求。 8.5 线缆绝缘应大于 0.5 MΩ	□合格	□不合格
9	3C 认证	目测	电源应有 3C 产品强制认证标志	□合格	□不合格
10	橡胶及塑料制品	目测或燃烧	10.1 检查范围：线耳上的绝缘体、接线端子、接线端子盖板、线号管、螺旋包线管、扎带、电缆标识牌等；二是绝缘防护的有机玻璃板；三是 PVC 塑料线槽及盖板；四是塑壳断路器的主、辅器件；五是其他橡胶及塑料制品。 10.2 判定标准。 10.2.1 橡胶及塑料制品有型号的判定合格标准：一次线缆上的标识型号应为 WDZ-XX；二次控制电缆上的标识型号应为 WDZ-XX。 10.2.2 橡胶及塑料制品无型号的判定合格标准：取样或更换柜内的部分器件到站外，无通风的情况下进行燃烧测试，燃烧火焰离开时，被测物应立即熄灭，且无燃烧物掉下	□合格	□不合格
11	全面抽查 30%	紧固划线	包括但不限于以下几种：一是接线端子的压接工艺检查；二是接线端子紧固；三是接线方式检查；四是安全隐患排查	□合格	□不合格

续表

序号	检查内容	检查方法	检查标准	检查结果	
12	渗漏水、空调滴水	目测/卷尺	15.1 电气设备上方的垂直距离应与空调风口距离应大于 20 cm 以上，否则应安装接水盘。 15.2 电气设备上方应无漏水现象，若漏水应加上接水盘并有引水措施	□合格	□不合格
13	主、辅材	目测	工程使用的主、辅材料及安装材料均要求有清单列表，各部件宜有检验报告、测试报告、耐火阻燃材料须耐火检验报告。检验报告宜包含设备、线缆、涂层及材料的绿色环保标志	□合格	□不合格
14	检查疏散指示灯安装位置和箭头指向是否与实际疏散方向相符	目测	疏散指示方向应与实际疏散方向相符，应特别注意需在疏散通道拐弯处设置疏散指示灯	□合格	□不合格
15	疏散指示灯是否由 EPS 供电	目测	疏散指示灯应由 EPS 供电	□合格	□不合格
16	若疏散指示灯自带蓄电池，需测试由蓄电供电时间	断开市电电源	蓄电池供电时间不少于 90 min	□合格	□不合格
17	若疏散指示灯自带蓄电池，按压疏散指示灯测试按钮，切断主电，查看是否能由蓄电池供电	按下测试按钮	持续按压测试按钮超过 3 s，主电指示灯灭，疏散指示灯能够转入自带蓄电池供电	□合格	□不合格
18	双向疏散指示灯功能测试	目测	指示灯能向左或向右进行切换	□合格	□不合格
19	区间疏散指示灯防护等级检查	目测	外壳防护等级不低于 IP65	□合格	□不合格

续表

序号	检查内容	检查方法	检查标准	检查结果
20	疏散标志整体要求	目测/检测报告	8.1 整体取得 CCCF 消防认证,关键部位有 3C 产品强制认证标志。 8.2 线缆符合低烟无卤阻燃要求;供电电缆应采用耐火电缆。 8.3 线缆、导流部件选择应符合电路最大容量的要求。设备外壳应选用不燃材料或难燃材料(氧指数≥28)。 8.4 自带电源型灯具具有主电(绿色)、充电(红色)、故障状态指示灯(黄色) 8.5 自带电源型灯具具有模拟主电故障的自复式试验按钮自带电源型灯具电池供电时间不小于 90 min 且不小于灯具本身的标称应急工作时间。 8.6 线缆绝缘应大于 0.5 MΩ	□合格 □不合格
21	安装位置合规性	目测	9.1 站台和站厅公共区、人行楼梯及其转角处、自动扶梯、疏散通道及其转角处、防烟楼梯间、消防专用通道、安全出口、避难走道、设备管理区内的走道和变电所的疏散通道等,均应设置电光源型疏散指示标志。 9.2 站台和站厅公共区内的疏散指示标志应设置在柱面或墙面上,标志的上边缘距地面不应大于 1 m、间距不应大于 20 m 且不应大于两跨柱间距;在这些标志相对应位置的吊顶下宜增设疏散指示标志,其下边缘距地面不应小于 2.2 m,上边缘距吊顶面不应小于 0.5 m。 9.4 安全出口和疏散通道出口处的疏散指示标志应设置在门洞边缘或门洞的上部,标志的上边缘距吊顶面不应小于 0.5 m,下边缘距地面不应小于 2 m。 9.5 疏散通道两侧及转角处的疏散指示标志应设置在墙面上,标志的上边缘距地面不应大于 1 m、间距不应大于 10 m,通道转角处的标志间距不应大于 1 m;在这些标志相对应位置的吊顶下宜增设疏散指示标志,其下边缘距地面不应小于 2.2 m。设备管理区疏散走道内的疏散指示标志间距不应大于 10 m。 9.6 自动扶梯起点侧面及人行楼梯起步的 3 阶踏步立面处,宜增设蓄光型疏散指示标志。 9.7 地下区间纵向疏散平台上应设置疏散指示标志和与疏散出口的距离标识。疏散指示标志和疏散出口的距离标识应设置在疏散平台的侧墙上,不应侵占疏散平台宽度,间距不宜大于 15 m。 9.8 地下区间之间的联络通道的洞口,上部,应垂直于门洞设置具有双面标识常亮的疏散指示标志。 9.9 疏散指示标志应设置在不被遮挡的醒目位置,不应设置在可开启的门、窗和其他可移动的物体上。疏散指示标志的图形及其文字的尺寸应与空间大小及标志的设置间距匹配	□合格 □不合格

11.4.1.6 广告灯箱验收标准

广告灯箱验收标准见表 11-9。

表 11-9 广告灯箱验收标准

序号	检查内容	检查方法	检查标准	检查结果	
1	外观检查	目测	外观无破损,尺寸偏差±2 mm	□合格	□不合格
2	安装固定检查	目测	安装角码连接牢固,无移位、倾斜、锈蚀现象,各锚栓安装紧固,手摇灯箱无松脱现象	□合格	□不合格
3	灯箱锁具检查	目测	锁具能正常开启及关闭,固定牢固	□合格	□不合格
4	灯箱合页检查	目测	4.1 灯箱合页固定牢固,且无断裂现象。 4.2 灯箱面板能灵活开启	□合格	□不合格
5	机械或液压支持杆检查	目测	支撑杆能正常使用,无弯曲或失压情况	□合格	□不合格
6	画框导轨检查	目测	画框导轨无破损、变形,上下画正常	□合格	□不合格
7	LED 灯条固定情况	目测	LED 灯条固定紧固,卡扣无松脱	□合格	□不合格
8	漏电保护开关功能检测	目测	漏电保护开关功能正常(30 ms 内动作跳闸)	□合格	□不合格
9	灯箱电线敷设情况检查	目测	导线布置规整,无破损。 灯箱引出电缆不能用橡皮电缆。 轨行区插头、插座的防护等级为 IP65;站厅、站台插头、插座的防护等级为 IP54	□合格	□不合格
10	灯箱表面平均照度检测	目测	表面平均照度(白底)为 3 000~3 500 Lux	□合格	□不合格
11	灯箱亮度均匀性检查	目测	目视灯箱应无明显明暗条纹或光晕、光斑	□合格	□不合格
12	灯箱照度差检测	目测	最亮点与最暗点照度差不超过 15%	□合格	□不合格
13	3C 认证	目测	电源、漏电保护开关应有 3C 产品强制认证标志	□合格	□不合格
14	橡胶及塑料制品	目测或燃烧	14.1 检查范围:线耳上的绝缘体、接线端子、接线子盖板、线号管、螺旋包线管、扎带、电缆标识牌等;二是绝缘防护的有机玻璃板;三是 PVC 塑料线槽及盖板;四是塑壳断路器的主、辅器件;五是其他橡胶及塑料制品。 14.2 判定标准	□合格	□不合格

续表

序号	检查内容	检查方法	检查标准	检查结果
14	橡胶及塑料制品	目测或燃烧	14.2.1 橡胶及塑料制品有型号的判定合格标准：一次线缆上的标识型号应为 WDZ-XX；二次控制电缆上的标识型号应为 WDZ-XX。 14.2.2 橡胶及塑料制品无型号的判定合格标准：取样或更换柜内的部分器件到站外，无通风的情况下进行燃烧测试，燃烧火焰离开时，被测物应立即熄灭，且无燃烧物掉下	□合格 □不合格
15	全面抽查	紧固划线	包括但不限于以下4种：接线端子的压接工艺检查；接线端子紧固；接线方式检查；安全隐患排查	□合格 □不合格
16	渗漏水、空调滴水	目测/卷尺	10.1 电气设备上方的垂直距离应与空调风口距离应大于 20 cm 以上，否则应安装接水盘。 10.2 电气设备上方应无漏水现象，若漏水应加上接水盘并有引水措施或将该设备移位	□合格 □不合格
17	主、辅材	目测	工程使用的主、辅材料及安装材料均要求有清单列表，各部件宜有检验报告、测试报告，耐火阻燃材料须耐火检验报告。检验报告宜包含设备、线缆、涂层及材料的绿色环保标志	□合格 □不合格

11.4.1.7 电力电缆验收标准

电力电缆验收标准见表 11-10。

表 11-10 电力电缆验收标准

序号	检查内容	检查方法	检查标准	检查结果
1	电缆线路外观检查	目测	1.1 抽检的电线绝缘层完整无损，厚度均匀。 1.2 线芯直径误差不大于标称直径的1%。 1.3 大于 45°倾斜敷设的电缆每隔 2 m 处固定点。 1.4 电缆敷设排列整齐，水平敷设的电缆，首尾两端、转弯两侧及每隔 5～10 m 处设固定点。 1.5 电缆敷无绞拧、铠装压扁、护层断裂和表面严重划伤等缺陷。电缆的首端、末端和分支处设有标志牌	□合格 □不合格
2	电缆弯曲半径	目测	桥架上的电缆最小弯曲半径应符合机电设备安装规范的要求	□合格 □不合格
3	桥架检查	目测	3.1 直线段钢制电缆桥架长度超过 30 m、铝合金或玻璃钢制电缆桥架长度超过 15 m 设有伸缩节；电缆桥架跨越建筑物变形缝处设置补偿装置。 3.2 桥架内电缆敷设应符合下列规定。 3.2.1 大于45°倾斜敷设的电缆每隔 2 m 处设固定点。 3.2.2 电缆出入电缆沟、竖井、建筑物、柜（盘）、台处以及管子管口处等做密封处理	□合格 □不合格

续表

序号	检查内容	检查方法	检查标准	检查结果	
3	桥架检查	目测	3.2.3 电缆敷设排列整齐，水平敷设的电缆，首尾两端、转弯两侧及每隔 5～10 m 处设固定点；敷设于垂直桥架内的电缆固定点间距，不大于下表的规定。 | 电缆种类		固定点的间距
---	---	---
电力电缆	全塑型	1 500 mm
	除全塑型外的电缆	1 000 mm
控制电缆		1 000 mm		□合格	□不合格
4	桥架接地检查	目测	3.3 金属电缆桥架及其支架全长应不少于 2 处与接地（PE）或接零（PEN）干线相连接；非镀锌电缆桥架间连接板的两端跨接铜芯接地线，接地线最小允许截面积不小于 4 mm^2； 3.4 镀锌电缆桥架间连接板的两端不跨接接地线，但连接板两端不少于 2 个有防松螺帽或防松垫圈的连接固定螺栓	□合格	□不合格
5	支架安装要求	目测	支架安装应符合机电设备安装规范的要求	□合格	□不合格
6	桥架支架绝缘检查	目测	金属电缆桥架及其支架和引入或引出的金属电缆导管必须接地（PE）或接零（PEN）可靠，对地绝缘电阻不大于 4 Ω	□合格	□不合格
7	母线槽检查	目测	外观检查：防潮密封良好，各段编号标志清晰，附表齐全，外壳不变形，母线螺栓搭接面平整、镀层覆盖完整、无起皮和麻面；插接母线上的静触头无缺损、表面光滑、镀层完整	□合格	□不合格
8	安装敷设合规性	目测	8.1 电缆的中间接头不应设在车站站台板下。 8.2 电缆在同一通道中位于同侧的多层支架上敷设时，排列顺序全线应统一，并宜按电压等级由高至低的电力电缆、强电至弱电的控制电缆由上而下顺序排列。当条件受限时，1 kV 及以下电力电缆可与控制电缆敷设在同一层电缆支架上。 8.3 同一重要回路的工作与备用电缆，应配置在不同层的支架上。 8.4 电力电缆与控制电缆沿线路敷设时，应敷设在电缆支架上或电缆沟槽内。 8.5 电缆在地上线路采用支架明敷时，宜采取罩、盖等遮阳措施。 8.6 电力电缆与通信、信号电缆并行明敷时的间距不应小于 150 mm；电力电缆与通信、信号电缆垂直交叉的间距不应小于 50 mm。 8.7 电缆穿越轨道时，可采用轨道下穿硬质非金属管材敷设，也可采用刚性固定方式沿隧道顶部敷设。 8.8 电缆在房间内敷设时，宜沿电缆桥架敷设	□合格	□不合格

续表

序号	检查内容	检查方法	检查标准	检查结果	
9	消防回路电缆检查	目测	9.1 消防用电设备的电线电缆选择和敷设应满足火灾时连续供电的需要，所有电线电缆均应为铜芯。 9.2 地下线路敷设的电线电缆应采用低烟无卤阻燃电线电缆，地上线路敷设的电线电缆宜采用低烟无卤阻燃电线电缆。 9.3 消防用电设备的配电线路应采用耐火电线电缆，由变电所引至重要消防用电设备的电源主干线及分支干线，宜采用矿物绝缘类不燃性电缆。 9.4 当电缆成束敷设时，应采用阻燃电缆，且电缆的阻燃级别不应低于 B 级，敷设在同--建筑内的电缆的阻燃级别宜相同。 9.5 线缆符合低烟无卤阻燃要求；电缆线应为耐火电缆	□合格	□不合格
10	渗漏水、空调滴水	目测/卷尺	10.1 电气设备上方的垂直距离应与空调风口距离应大于 20 cm 以上，否则应安装接水盘。 10.2 电气设备上方应无漏水现象，若漏水应加上接水盘并有引水措施或将该设备移位。 10.3 母线槽穿过楼板上方应设置 15 cm 高的挡水槽	□合格	□不合格
11	主、辅材	目测	工程使用的主、辅材料及安装材料均要求有清单列表，各部件宜有检验报告、测试报告，耐火阻燃材料须耐火检验报告。检验报告宜包含设备、线缆、涂层及材料的绿色环保标志	□合格	□不合格

11.4.1.8 配电箱验收标准

配电箱验收标准见表 11-11。

表 11-11 配电箱验收标准

序号	检查内容	检查方法	检查标准	检查结果	
1	检查设备数量	目测	现场安装的设备与合同设备数量相符	□合格	□不合格
2	外观质量检查	目测	2.1 外观清洁，无明显碰撞凹陷，铭牌位置正确，显示装置清晰。 2.2 柜内元器件无损坏丢失，接线无脱落脱焊。 2.3 柜内清洁。 2.4 各接线标志应齐全、清晰。 2.5 机柜安装牢固，排列整齐，柜面平直。 2.6 柜顶无缝隙，进线口应封堵完整，填封材料为阻燃材料（防火泥）。 2.7 系统接地方式 TN-S	□合格	□不合格

续表

序号	检查内容	检查方法	检查标准	检查结果	
2	外观质量检查	目测	2.8 配电箱箱体材质：采用聚碳酸酯材质，不含卤素、防腐蚀、抗冲击。检修箱以外的箱体材质：箱体高度低于 250 mm 时厚度采用 1.5 mm 冷轧镀锌钢板。其余尺寸箱体采用厚度 2 mm 或以上冷轧镀锌钢板经折剪焊接而成	□合格	□不合格
3	防护等级检查	目测	3.1 普通设备房配电箱外壳防护等级 IP41。 3.2 泵房配电箱外壳防护等级 IP54。 3.3 检修插座箱外壳防护等级 IP65。 3.4 户外配电箱外壳防护等级 IP66。 3.5 区间用配电箱应有加装挂锁的设置（区间检修插座箱除外）	□合格	□不合格
4	箱门检查	目测	4.1 开启角度≥135°，箱门设计为内铰链式。 4.2 配电箱高度大于或等于 800 mm 的门锁采用三点式锁定，配电箱高度低于 800 mm 的门锁采用两点式锁定，配电箱锁具一般采用一字锁，钥匙采用通用钥匙。安装在公共区（站厅、站台）、出入口通道的配电箱箱门采用专用锁具，具体设计联络时定。对于操作按钮，均加装防误操作盖板，避免非工作人员误碰。 4.3 外箱门任一尺寸达到 800 mm 或以上，柜门增设加强筋，或其他有效措施或结构防止箱门变形。 4.4 配电箱门如需要观察窗，应采用安全玻璃，抗静电、抗溶剂、抗划痕性高，破裂时伤害较小。安装方式不降低箱体外壳防护等级。 4.5 箱门上设置线路图盒，并固定在安装外箱门上	□合格	□不合格
5	配电箱标示检查	目测	5.1 配电箱内、外标识齐全美观统一，原理图、系统图、合格证贴于箱门内侧，回路标牌清晰牢固。 5.2 原理图、系统图用防水抗老化材料打印，并能牢固粘贴。 5.3 回路标识牌、线号管也用专用打印机和材料打印，材料抗老化。 5.4 配电箱的控制线均应通过二次端子实现，不能直接安装在柜内设备组件上，功能上能够通过二次端子短接方式模拟设备运行情况。 5.5 箱内的线号应用专门打印机统一打印	□合格	□不合格
6	配电箱工艺检查	目测	6.1 L1、L2、L3 相线：用黄、绿、红色标示以区分；PE 接地线：为黄绿双色线；N 线（零线）：为淡蓝色线。配电箱内用于二次回路的导线使用黑色。二次回路的导线截面，除图纸特别注明外，电流回路用 2.5 mm²，电压回路和控制回路用 1.5 mm²，连接电子组件的小电流、低电平电路允许采用小于 1.5 mm² 的导线。与 PE 端子相连接等电位连接线应采用铜质编织带（两头带接线端子），截面积不低于 16 mm²，长度合理	□合格	□不合格

续表

序号	检查内容	检查方法	检查标准	检查结果	
6	配电箱工艺检查	目测	6.2 铜排安装的工艺要求如下： 6.2.1 铜排与铜排之间相连接牢固。 6.2.2 铜排与电器组件相连接及铜排与铜排之间相连接时，如距离超过 500 mm，在铜排上加绝缘固定点。 6.2.3 排的螺栓、螺母、垫片均有防护层。 6.2.4 排与接地骨架之间的最小距离应符合下表规定： | 名称	电气间隙	爬电距离	名称	电气间隙	爬电距离
动力箱（含柜）	10 mm	12 mm	照明箱	8 mm	10 mm	 注：所有带电回路上的金属排、裸露导线、接头、端子及其附属的螺栓等金属件需要满足电气间隙和爬电距离要求，满足不了的要有符合安全规范的隔离措施 6.2.5 装板上必须分设 N 线端子板和 PE 线端子。N 线端子板必须和金属安装板绝缘，PE 线端子板与金属安装板、箱门等作可靠电气连接。箱内 N 线、接地端子铜排在图纸回路数量基础上应有 3 个或以上备用接线孔，相应螺栓、螺帽、垫片应配备齐全。 6.3 工艺要求。 6.3.1 二次回路的导线束敷设时应做到横平竖直，整齐美观。 6.3.2 用冷压端头时，必须采用专用工具压接钳冷压（一次回路导线须搪锡），确保导线与端头不松动。 6.3.3 线两端的压接冷压端头处，套入相色的绝缘套。 6.3.4 所有接入电器组件的导线端头，均应套入标记头（除电器组件本身连接外），标记头上标号的方向上下、左右必须一致。同一批产品之间也必须保持一致。 6.3.5 粘贴端正，便于阅读并不得遮盖。 6.3.6 后用阻燃扎线扎紧。导线束的始末两端必须捆扎，中间部分的捆扎处要分布均匀，横向间距不得大于 50 mm，纵向间距不得大于 100 mm。 6.3.7 导线，线端裸露部分之间以及导线线端裸露部分与金属骨架的电气间隙不小于 4 mm，爬电距离不小于 6 mm。 6.4 线的紧固螺栓应拧紧，不允许松动。电器组件上带有螺栓而未与其他电器组件、导线相连接时，也应拧紧。 6.5 有带电裸铜排前设有绝缘防护措施。 6.5.1 有电路图，以方便现场资料查阅。 6.5.2 安装、接线等相关紧固件及附表应配齐。 6.5.3 的配电箱整体强度满足列车运行带来的风速、振动的影响。 6.5.4 前端保险应设置防护装置	□合格	□不合格

续表

序号	检查内容	检查方法	检查标准	检查结果	
7	双电源切换装置（ATSE）检查	目测	7.1 专用交流双电源自动切换装置，带电气、机械双重联锁，具有自动和手动两种切换方式，转换时间不大于 100 ms（或满足技术规格书需求）。该装置应为四极，在电源切换过程中应保证先断后合，并可自投自复。该装置能带负载自动切换，在正常情况下，可通过控制器实现手动控制；紧急时，可采用手柄进行手动切换。 7.2 过欠电压、断相转换：常用电源出现失压、任意一相断相、过压、失压，ATSE 必须可靠转换到备用电源。 7.3 构为电磁线圈瞬间激磁驱动。 7.4 可检测两路电源电压和频率、相序，具有电压、频率、相序故障、异常报警功能。紧急侧切换至备用侧和备用侧切换至紧急侧均应有延时切换功能	□合格	□不合格
8	塑壳断路器检查	目测	8.1 断路器一般采用固定式；若采用插入式或抽出式，其二次回路亦具有插接式整体连接装置。 8.2 出线回路选用具有电动机保护特性的塑壳断路器，且满足上下级保护动作时限要求。 8.3 断路器保护功能包括长延时保护及瞬时脱扣保护，额定电流大于等于 400 A 时应采用电子脱扣器。 8.4 水泵配电回路塑壳断路器无论其额定电流大小均采用电子式脱扣器，且设置接地保护。 8.5 安装型式固定式（全系列），插入式、抽出式（额定电流不大于 250 A）。 8.6 额定极限短路分断能力≥36 kA 的塑壳断路器	□合格	□不合格
9	电涌保护器检查	目测	保护电压水平（U_p）<2.0 kV<1.5 kV	□合格	□不合格
10	电度表检查	目测	电度表精度等级 0.5	□合格	□不合格
11	安全变压器检查	目测	11.1 安全变压器采用 220 V/36 V 单相变压器。采用双绕组变压器，不准采用自耦变压器或调压器，二次侧额定电压不超过 36 V，一二次侧均装设熔断器保护。 11.2 安全变压器采用加强绝缘结构，一次侧应可靠接地。二次侧保持相对独立，既不接零，也不接地。 11.3 放置安全变压器的配电箱加装散热风扇，加装散热风扇后的配电箱防护等级不低于 IP41	□合格	□不合格
12	智能照明检查	目测	12.1 智能面板手动控制 KNX/EIB 面板为总线智能型其功能和控制对象改变时只需通过 ETS 软件作设定而无需改变接线方式，可对单一回路或多回路的开关、调光、模式、总控操作等。可有多种系列及款式选择	□合格	□不合格

续表

序号	检查内容	检查方法	检查标准	检查结果	
12	智能照明检查	目测	12.2 在车站车控室配电盘处（具体位置根据实际情况确定）安装有智能控制开关，管理员或工作人员在现场可根据需要手动对该车站照明进行任意形式的开关控制、场景控制等（本方案照明平时由触摸屏操作控制，在特殊情况下或触摸屏出现故障时等的应急操作控制）。 12.3 地下车站按照六种模式运行：全亮模式、高峰模式、低峰模式、火灾模式、停运模式、清扫模式。 12.4 触摸屏可视化集中监控。 12.5 联动控制：详见技术规格书。 12.6 集成控制：详见技术规格书。 12.7 无线异地控制功能：详见技术规格书。 12.8 监控软件技术要求：详见技术规格书。 12.9 回路电流检测控制：各区域空间范围大、空间广、回路多，对回路控制使用具有电流检测功能的负载输出控制器。当回路中有出现异常（灯具损坏、线路故障）时立刻提供报警错误等信息。 12.10 亮度传感器控制：详见技术规格书。 12.11 联动控制：详见技术规格书。 12.12 集成控制：详见技术规格书。 12.13 智能照明控制系统元器件：详见技术规格书	□合格	□不合格
13	检修插座箱检查	目测	13.1 检修插座箱应具有过载、短路和漏电保护等功能。 13.2 地下段插座箱整体防护等级不低于IP65，高架段插座箱整体防护等级不低于IP67 13.3 随箱配备三相和单相的工业型转为民用型的转换插头，转换插头数量每种型号配置50个。"民用插座"按单相三孔10 A设置。 13.4 检修插座箱的箱体。 13.4.1 在满足功能的条件下，箱体尺寸应不大于450 mm×260 mm×150 mm，避免侵入区间隧道设备限界。 13.4.2 检修插座箱应装有专用阻燃防震垫、阻燃防震端头。 13.4.3 检修插座箱需有高防护等级的可透视操作窗罩，方便微型断路器的操作。 13.4.4 区间用"检修插座箱"的线路安装方式为下进下出，箱体与隧道壁应用不锈钢支架分开。 13.4.5 盒盖可用不锈钢螺栓固定，安装孔位于密封区外；可密封电缆接头。箱盖、底座采用通用螺栓连接，如有外部紧固件推荐为不锈钢材质。操作窗打开方式，可上锁，防止未经允许的操作。 13.5 插头插座防护等级不低于IP67。 13.6 道岔区域应设置检修插座箱	□合格	□不合格

续表

序号	检查内容	检查方法	检查标准	检查结果	
14	断路器上下级差检查	目测	14.1 断路器的长延时特性低于被保护对象（如电线、电缆、电动机、变压器等）的允许过载特性。 14.2 断路器与熔断器配合时，一般熔断器作为后备保护。应选择交接电流小于断路器的短路通断能力的80%，当短路电流小于时，应由熔断器动作。 14.3 上级断路器短延时整定电流≥1.2倍下级断路器短延时或瞬时（若一级无短延时）整定电流。 14.4 上级断路器的保护特性和下级断路器的保护特性不能交叉。在级联保护方式时，可以交叉，但交点短路电流应为下有断路器的80%。 14.5 在具有短延时和瞬时动作的情况下，上级断路器瞬时整定电流≤下级断路器的延时通断能力，并≥1.1倍下级断路器进线处的短路电流	□合格	□不合格
15	消防用电设备	目测	15.1 防火卷帘、活动挡烟垂壁、自动灭火系统等用电负荷较小的消防用电设备，宜就近共用双电源自切箱采用放射式供电。 15.2 火灾自动报警系统、环境与设备监控系统、消防泵及消防水管电保温设备、通信、信号、变电所操作电源、站台门、防火卷帘、活动挡烟垂壁、自动灭火系统、事故疏散兼用的自动扶梯、地下车站及区间的废水泵等应采用双重电源供电，并应在最末一级配电箱处进行自动切换。其中，火灾自动报警系统、环境与设备监控系统、变电所操作电源和地下车站及区间的应急照明电源应增设应急电源	□合格	□不合格
16	3C认证	目测	所有部件应有3C产品强制认证标志	□合格	□不合格
17	回路核对	逐项回路断电检查	所有回路应与设计图纸一致（含所有插座回路核对）	□合格	□不合格
18	橡胶及塑料制品	目测或燃烧	18.1 检查范围：一是线耳上的绝缘体、接线端子、接线端子盖板、线号管、螺旋包线管、扎带、电缆标识牌等；二是绝缘防护的有机玻璃板；三是PVC塑料线槽及盖板；四是塑壳断路器的主、辅器件；五是其他橡胶及塑料制品。 18.2 判定标准： 18.2.1 橡胶及塑料制品有型号的判定合格标准：一次线缆上的标识型号应为WDZ-XX；二次控制电缆上的标识型号应为WDZ-XX；消防类回路（TVF风机、U/O风机、排烟风机、消防水泵、回排烟风机、组合式风阀、排烟防火阀等）电缆为耐火电缆，若是其他类型的电线电缆应判定为不合格。 18.2.2 橡胶及塑料制品无型号的判定合格标准：取样或更换柜内的部分器件到站外，无通风的情况下进行燃烧测试，燃烧火焰离开时，被测物应立即熄灭，且无燃烧物掉下	□合格	□不合格

续表

序号	检查内容	检查方法	检查标准	检查结果	
19	全面检查	紧固划线	包括但不限于以下几种：一是接线端子的压接工艺检查；二是接线端子紧固；三是接线方式检查；四是安全隐患排查	□合格	□不合格
20	温度测量	测温仪	针对大电流、大功率设备线缆连接处 A、B、C 相间的温度≤5 ℃ 或超过 43 ℃ 的螺栓应进行全面检查及紧固	□合格	□不合格
21	渗漏水、空调滴水	目测/卷尺	21.1 电气设备上方的垂直距离应与空调风口距离应大于 20 cm 以上，否则应安装接水盘。21.2 电气设备上方应无漏水现象，若漏水应加上接水盘并有引水措施或将该设备移位	□合格	□不合格
22	大电流接线端子工艺抽查 20%	直流电阻测试	一、二次接线端子的压接或连接工艺检查，采用直流电阻测试仪抽测线缆或接头的接触电阻，接触电阻不应大于 10 mΩ	□合格	□不合格
23	主、辅材	目测	工程使用的主、辅材料及安装材料均要求有清单列表，各部件宜有检验报告、测试报告，耐火阻燃材料须耐火检验报告。检验报告宜包含设备、线缆、涂层及材料的绿色环保标志	□合格	□不合格

11.4.1.9 导向标识验收标准

导向标识验收标准见表 11-12。

表 11-12 导向标识验收标准

序号	检查内容	检查方法	检查标准	检查结果	
1	检查设备数量	目测	现场安装的设备与合同设备数量相符	□合格	□不合格
2	外观质量检查	目测	2.1 无明显碰撞凹陷，位置正确，显示装置清晰。2.2 元器件无损坏丢失，接线无脱落脱焊。2.3 各接线标志应齐全、清晰。2.4 安装牢固，排列整齐。2.5 进线口应封堵完整，填封材料为阻燃材料(防火泥)。2.6 系统接地方式 TN-S	□合格	□不合格
3	不锈钢牌号	目测	不低于 SUS304#	□合格	□不合格
4	铝型材牌号	目测	壁厚：≥3.0 mm	□合格	□不合格
5	PC 面板	检测报告/游标卡尺	5.1 乳白光 PC 扩散板，厚度贴附式 0.5 mm、灯箱用 5 mm。5.2 材料燃烧性能能达到 B1 级	□合格	□不合格

续表

序号	检查内容	检查方法	检查标准	检查结果	
6	外露连结件、固定件	目测	不锈钢或镀锌防锈型,所有金属零配件满足强度要求,没有妨碍组装的缺陷,外漏的零配件没有容易造成手部受伤的毛口、毛刺、尖角存在	□合格	□不合格
7	电线	目测	7.1 低烟、无卤、阻燃,符合国家规范和设计要求,并要求采取设置专用 PE 端子。 7.2 应急照明用电线缆采用耐火线缆	□合格	□不合格
8	绝缘材料及外包材料	燃烧	低烟、低毒、防火花	□合格	□不合格
9	PE接线端子	目测	标志牌金属外壳须与PE线可靠连接	□合格	□不合格
10	灯具和配线保护	目测	10.1 每个发光标识箱体,电源进线处必须具备快速熔断保险装置。 10.2 喷非硬化保护漆。 10.3 内部采用低烟、无卤、阻燃,符合国家规范和设计要求的耐热电线并固定。 10.4 采用纤维保护套管,内部布线采取暗装形式	□合格	□不合格
11	箱体内部布线要求	目测	11.1 电源线从标志牌的左上角穿出,采取封闭式连接,无裸露接头。 11.2 采用金属套管或走线槽。 11.3 出口处采用胶套或胶塞保护	□合格	□不合格
12	燃烧性能	检测报告	出具消防部门认可的检验报告	□合格	□不合格
13	电源转换器	目测	13.1 具有国家强制性产品认证证书3C或自愿性产品认证证书(CQC)。 13.2 电源变换器外壳及接插件防护等级不低于IP65(室外)	□合格	□不合格
14	LED光源温度检查	测温仪	当环境温度为35℃、LED额定工况下且温升稳定后,LED芯片散热板表面温度不得高于60℃,LED芯片PN结温度不得高于100℃	□合格	□不合格
15	回路核对	逐项回路断电检查	所有回路应与设计图纸一致	□合格	□不合格
16	橡胶及塑料制品	目测或燃烧	橡胶及塑料制品无型号的判定合格标准:取样或更换柜内的部分器件到站外,无通风的情况下进行燃烧测试,燃烧火焰离开时,被测物应立即熄灭,且无燃烧物掉下	□合格	□不合格
17	全面检查	紧固划线	包括但不限于以下几种:一是接线端子的压接工艺检查;二是接线端子紧固;三是接线方式检查;四是安全隐患排查	□合格	□不合格
18	主、辅材	目测	工程使用的主、辅材料及安装材料均要求有清单列表,各部件宜有检验报告、测试报告,耐火阻燃材料须耐火检验报告。检验报告宜包含设备、线缆、涂层及材料的绿色环保标志	□合格	□不合格

11.4.1.10 应急、故障异常情况模拟测试

应急、故障异常情况模拟测试见表 11-13。

表 11-13 应急、故障异常情况模拟测试

序号	检查内容	检查方法	检查标准	检查结果	
1	低压开关柜（环控柜）功能异常情况测试	模拟功能	1.1 两路电源同时失电，某路电源来电后进线断路器能自投。 1.2 某段母线故障，母联断路器（双电源切换装置）不应自动投入。 1.3 电调能远程将"两进线一母联"和三级负荷开关进行分合闸。 1.4 STS 的切换时间应小于 10 ms，具备通信功能，可将数据上传至综合监控系统。 1.5 所有仪表应具备通信功能，可将数据上传至综合监控系统	□合格	□不合格
2	低压开关柜（环控柜）功能异常需求	目测/模拟测试	2.1 具有两台及以上冷水机组的站点，冷水机组应分别设置在低压柜的Ⅰ段和Ⅱ段馈线柜上，禁止所有冷水机组设在同一段馈线柜上。 2.2 冷水机组采用塑壳开关时，应采用重载性塑壳开关，并考虑散热条件。 2.3 塑壳断路器额定电流大于 250 A 应采用固定插拔式。 2.4 低压柜前后如遇障碍物，造成间距不符合规范要求的，应设置空柜避开障碍物。 2.5 低压柜内应设置一个检修插座或低压室内应设置两路不同电源的检修插座箱。 2.6 低压开关柜Ⅰ、Ⅱ应预留挂设接地线的位置	□合格	□不合格
3	电气间隙测试	目测/游标卡尺	电气间隙和爬电距离应≥12 mm，否则应采取电气隔离措施（所有带电回路上的金属排、裸露导线、接头、端子及其附属的螺栓等金属件需要满足电气间隙和爬电距离要求，满足不了的要有符合安全规范的隔离措施）	□合格	□不合格
4	温度测量	红外线测温仪/热成像仪	柜内各电气元器件(变压器除外)温度不能超过 45 ℃	□合格	□不合格
5	大电流接线端子工艺抽查 20%	直流电阻测试	一、二次接线端子的压接或连接工艺检查，采用直流电阻测试仪抽测线缆或接头的接触电阻，接触电阻不应大于 10 mΩ	□合格	□不合格

11.4.2 优化亮点

11.4.2.1 低压开关柜

在初步设计阶段、招投标阶段对低压开关柜部分要求定义相对模糊，以往均是运营阶段设备维保人员投入大量人力物力进行优化。优化的低压开关柜如图 11-1 所示。

图 11-1 低压开关柜优化

（1）影响。

开关柜上方无主回路示意图，不利于应急操作；技术规格书未明确"智能低压系统"实现方式，其他四期或者三期半线路有相关要求但未落实。

（2）措施。

在设计联络阶段、样机制作/验收阶段明确相关要求及标准（开关柜门楣处张贴主回路示意图、新增智能低压系统、抽屉开关回路标识为可动设置），并落实到相关会议纪要中。

11.4.2.2 备用照明电源装置

以往无蓄电池定位条、蓄电池到上层隔板空间小，柜门无透明可视窗口。优化后的备用照明电源装置如图 11-2 所示。

（1）影响。

无蓄电池定位条，蓄电池摆放后存在挤压问题；蓄电池到上层隔板空间小，蓄电池测量内阻困难；柜门无透明可视窗口，日常巡检花费时间较长，需要打开柜门查看相关状态信息。

（2）措施。

在设计联络阶段、样机制作/验收阶段明确相关要求及标准（蓄电池架安装蓄电池定位支柱及挡条、蓄电池安装后上平面与顶面的距离≥180 mm、蓄电池柜柜门为玻璃门），并落实到相关会议纪要中。

图 11-2 备用照明电源装置优化

11.4.2.3 直流照明系统设备

直流照明系统设备属于新应用设备，照明灯具墙面开关价格过于昂贵，且为易损件，不利于后期运维成本控制；交流照明灯具驱动电源与灯具连接方式需要优化（图 11-3），传统方式为绞接，存在安全隐患、故障模块更换时间过长等问题。

（a）初版　　　　　　　（b）优化板　　　　　　　（c）最终版

图 11-3 照明灯具与电源模块连接方式优化

（1）影响。

照明灯具墙面开关价格过于昂贵，且为易损件，不利于后期运维成本控制；照明灯具驱动模块与灯具连接方式不利于驱动模块故障更换。

（2）措施。

在设计联络阶段、样机制作/验收阶段明确相关要求及标准（直流照明墙面开关用普通 86 开关、优化照明灯具驱动模块与灯具连接方式）。

11.5 施工调试阶段

11.5.1 母线槽安装

机场东站、福永站母线槽在风管、消防管正上方安装（图11-4）。

图 11-4　母线槽安装路径

（1）影响。

影响运营期母线槽接头温度监控及检修工作，发生母线槽故障时难以第一时间处理。

（2）措施。

设计应统筹综合管线布置，确保母线槽等重要管线预留足够检修空间。相关问题已通知责任工区及设计单位整改，暂未整改，拟将相关问题以工作联系单形式发送建设单位，请其督促相关单位整改。

11.5.2 设备区交流照明系统灯具

设备区（含区间）交流照明系统灯具等电源模块存在可燃材料（图11-5）。

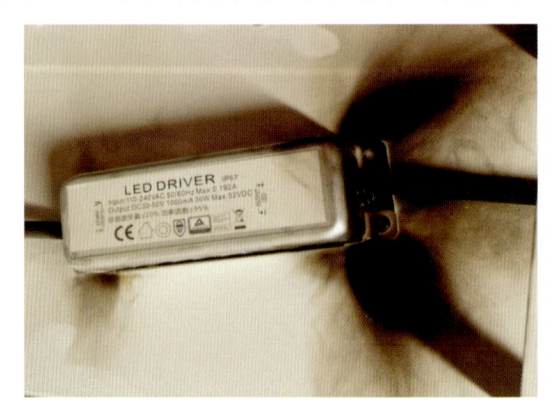

图 11-5　交流照明系统灯具电源模块

（1）影响。

照明灯具电源模块属于长时间通电部件，尤其是备用照明电源模块属于 24 h 不间断通电，可燃材料随时会因为通电时间过长引起电路板卡局部温度升高，达到可燃材料着火点即会引发冒烟甚至冒火事件。

（2）措施。

此问题已给建设单位发送两次工作联系单（2022.4.1、2022.6.16），深铁建设于 2022 年 11 月 28 日回函电源模块检测报告检测结果为合格（可燃性检测样品为电路板及金属外壳）。

11.5.3　异型灯

全线有 62 款共 4381 盏各规格型号异型灯具，数量较大。

（1）影响。

异型灯具均为定制产品，质保期过后采买成本高昂，不利于运维成本控制。

（2）措施。

已统计各车站异型灯具体数量及相应规格型号，建立健全低压动照系统设备台账，以便质保期过后采购；研究"异型灯故障后仅更换光源及电源模块"维保方案可行性。

11.5.4　低压开关柜铜排连接螺栓

低压开关柜安装施工阶段由于螺栓未紧固引发铜排烧蚀（图 11-6）。

（1）影响。

母线铜排螺栓未紧固会引发打火烧蚀现象，严重时会引发火灾、供电设备停止供电等安全事件。

图 11-6　铜排连接螺栓未紧固烧灼

（2）措施。

协调各安装装修工区加强相关施工要求；利用首保作业对全线配电柜（低压开关柜、环控电控柜等）母线铜排连接螺栓进行紧固并画防松线。

11.5.5　机柜上方孔洞封堵

低压开关柜、环控电控柜等配电柜存在孔洞封堵不到位问题（图11-7），大量防火泥由于没有防火板支撑掉落在下方设备。

图11-7　机柜孔洞封堵

（1）影响。

孔洞封堵不到位，小动物（老鼠等）进入配电柜内啃咬线缆及元器件；防火泥过多，温度变高后液化，滴落下方元器件，将引发短路、冒烟冒火事件。

（2）措施。

使用防火板进行孔洞封堵，剩余缝隙采用防火泥或阻火胶进行封堵。

11.5.6　甩项工程

11.5.6.1　出入口甩项工程

由于12号线在开通后仍存在部分出入口甩项工程，其中低压动照专业涉及出入口配电箱安装调试、照明灯具安装调试等工作未完成。

制订跟进计划，参与工程介入检查工作，严格把控质量关，确保设备可靠投入使用。

11.5.6.2　自然形成空间甩项工程

12号线有四个自然形成空间甩项工程，包括太子湾站自然形成空间、南头古城站自然形成空间、灵芝站自然形成空间、上川站自然形成空间。

由于四个自然形成空间建设缓慢，其中低压动照专业涉及低压开关柜、环控电控柜、备用照明电源装置、智能疏散系统、配电箱系统等设备安装调试工作未完成。

制订跟进计划，参与工程介入检查工作，严格把控质量关，确保设备可靠投入使用。

11.6　难点与应对措施

（1）设备区通道管线布置紧凑，照明灯具、配电箱等低压动照系统设备设施无检修空间。

应对措施：设计各专业应充分协商，充分考虑运营检修作业，合理布置。

（2）密集母线槽没有按照规范要求安装、敷设路径过长、存在焊接接头等问题，存在供电隐患。

应对措施：密集型母线槽应按照相关规范要求安装，缩短敷设路径，减少焊接接头。

（3）密集型母线槽安装位置管线密集，不利于后期运营维护检修。

应对措施：设计单位在进行密集型母线槽安装路径设计时应充分考虑综合管线布置问题，确保足够检修空间。

（4）A部分工程介入时间太迟，工程介入时风水电施工图已经出，大部分车站已开始施工，设备设计联络、样机验收已基本完成，导致部分优化建议未被采纳，前期提的问题较少，后期提出整改推进难度较大。

应对措施：运营从土建、风水电专业审图阶段、设备招采阶段开始介入。

（5）项目验收运营话语权不高，部分设备功能在不完全满足功能验收条件下"被动性"验收，且三权移交往往只是现状移交，验收、移交后承包商的整改力度和积极性明显降低，遗留问题多、周期长且整改难度大。

应对措施：加大对承包商履约评价决策权及运营验收话语权，加大参与承包商履约评价力度，更有力推动问题整改，同时可在三权移交阶段建设与运营签订《安全共管协议》，明确三权移交后建设、施工、运营各方仍保留属地管理职责，共同推进问题整改。

（6）委外团队到岗人员综合技能不足，基本无运营管理经验和现场介入经验，综合协调能力偏弱，发现的问题表面、浅显的居多，标准、规范及功能类的偏少。

应对措施如下：

① 不定时地进行现场介入培训，定期通报发现的典型问题，带动委外人员深入排查。

② 针对一些重大典型问题，制定相关检查指引，多开展专项排查。

③ 加强企业标准文本、施工规范培训、考试，提升委外人员技术技能。

（7）由于赶工影响，设备单机、单系统调试跟进不足，设备单机、单系统调试计划兑现率较低，变动较大。

应对措施如下：

① 根据工期，制定切实可行的调试计划，同时加强对调试计划兑现率的考核执行力度。

② 制定单机单系统调试跟进方案，将设备进行分级分类，在时间紧张情况下，优先跟进重要设备调试。

11.7 二期工程优化建议

（1）在施工图设计阶段应完成综合管线碰撞、干扰等事项确认及整改方案，避免施工阶段出现管线敷设混乱问题。

（2）针对大电流输配电回路，采用密集型母线槽，运营方联合设计方给施工方提前做好施工交底，确保安装后的密集型母线槽安全、可靠、便于检修维护。

（3）运营方应及早介入工程施工，及时将相关要求传达施工方，确保设备投入使用后满足运营需求。

（4）委外维保团队应按时配备新线介入力量，及早介入，及早发现问题，及时解决问题。

11.8 小　结

12号线一期车站自开通以来，低压动照设备相对运行平稳，工程介入期间，发现了设备区照明相关问题，通过多次召开讨论会，最终问题在车站开通前完成整改。车站运营并具备系统精调条件后，根据实际情况有序推进智能照明精调进度，截至目前全线智能照明车站已完成运营后的第一轮精调工作，后续将结合现场反馈情况再对未调试到位的站点进行点对点调试。设备区照明电源模块故障率居高不下的问题也在有序的推进中。

针对三江电气PLC程序存在的缺陷，机电项目组多次组织专题会议并制定了解决方案，根据施工方案有序推进并完成全线程序升级。

低压动照专业将吸取一期工程问题教训，继续继承优点，从各个方面完善总结经验，争取在二期工程更上一层楼。

第12章

给排水

12.1 工程介绍

12 号线给排水系统分为水消防系统、给水系统、排水系统。水消防系统是指从市政管网取水，供给消火栓、自动水喷淋等消防设备用水。给水系统是指从市政管网取水，供给车站、隧道区间及车辆段的生活生产用水的系统。排水系统是指卫生间污水、车站废水、结构渗漏水及雨水通过排水泵加压排放至市政排水管网的系统，其中污水是指卫生间内用水设施产生的排水，废水是指车站主废、出入口集水坑等位置收集的结构渗水、清洗用水等排水。

水消防系统主要由市政给水引入管、水表、室外消火栓、水泵接合器、电动蝶阀、倒流防止器、手动蝶阀、消火栓、管网等设备设施组成。其中，左炮台东站、海上世界站、花果山站、中山公园站、新安公园站、上川站、流塘站、宝安客运站、宝田一路站、平峦山站、西乡桃源站、钟屋南站、黄田站、兴围站、机场东站、福围站、怀德站、福永站、桥头西站、福海西站、海上田园南站、海上田园东站、创业路主所、灵芝公园主所、赤湾停车场、机场东车辆段等设置有消防水泵，钟屋南站、机场东站、桥头西站、海上田园南站还设有消防水池。生活给水系统主要由市政给水引入管、水表、电动蝶阀以及末端用水设备设施组成。污水排水系统主要由蹲便器、洗手盆、阀门、密闭式污水提升装置、减压井、化粪池、管道等设备设施组成。废水排水系统主要由集水池、潜污泵、减压井管道等设备设施组成。

本章将从给排水专业的设计审图阶段、设计联络阶段、出厂验收阶段、施工调试阶段、运营筹备阶段进行一一总结，并对二期工程提出优化建议。

12.2 设计审图阶段

为有效解决图纸审核问题，避免现场重复返工，降低运营期维护成本，总结了深圳地铁既有线路建设情况，对图纸审核要点进行了清单化，制定了给排水专业新线审图标准，并按审图标准对设计图纸进行审核。主要从三个方面对图纸进行审核。

12.2.1 管道布置和敷设，管材、阀门及附件的设置

及时提醒设计单位根据不同环境、不同作用情形下选用合适的管道材质和规格及连接方式，满足管道明铺暗埋的要求，以及管道防腐要求，支、吊架安装要求等。

12.2.2 给水系统的设计

及时在审图前及图纸审核会签中就生产生活给水系统和消防给水系统管网的布置、阀门和消火栓的设置提出既满足消防使用要求，又便于检修管理的建议，如"在进入区间的消防管道前设置手、电动两用蝶阀，手、电动两用蝶阀应安装在站厅层端部人员容易操作的地方"。

12.2.3 排水系统的设计

提前沟通设计单位废水系统中关于车站与区间排水的区别，集水坑的设计要求，水泵安装基础、进出口接口位置、尺寸的设计要求，水泵功能的设计要求。及时提醒设计单位污水

系统中管道的走向设计问题，及时跟进卫生间排污管敷路径经过公共区天花的问题。

在前期设计审图阶段中，及时跟进核实施工图进度及审查把控应在设备进场安装之前全部完成，为施工提供有利的前提条件，避免现场等图纸的现象影响整体的施工进度。

12.3 设计联络阶段

设计联络阶段对设计原则和部分设计细节问题进行讨论，并对设备使用、维护、故障处理时可能遇到的问题提前进行规定、协商，确保设备功能实现，利于使用维护，避免重复出现既有线存在的问题。仔细审核技术规格书，对不合理设计提出修改意见。梳理各系统内部及外部接口，明确接口责任划分及接口协议。在深圳地铁既有线路建设和运营的经验教训上，对功能的具体细节需求和实现方式落实到位，并充分考虑运营在使用过程中的合理需求。

12.3.1 区间水泵的控制

区间隧道废水泵房应具有现场水位自动控制、就地手动控制、综合监控系统远程启动控制、综合监控系统远程强制启动（硬线启动）四种控制方式。区间泵房应具有水位传感器和浮球液位开关两种装置来获取水位高度信息，并在综合监控系统上显示。

12.3.2 消防泵的设置

消防泵（含电机）一用（或两用）一备；配备稳压泵（含电机），一用一备；配套稳压罐1个；消防控制柜（主泵控制柜、稳压泵控制柜、巡检柜和机械应急启动柜，应尽量合设，减少箱柜数量）。消防给水加压设备的外形尺寸应尽可能小，适合机房布置的要求。

12.3.3 水泵设备的接口

明确水泵设备与相关系统设备之间的接口问题，如与综合监控、防灾报警接口。明确设备安装与土建接口问题，为设计单位进行施工图设计提供必要的数据和技术资料。明确设计接口、安装施工接口、预埋件供货（采购）和安装辅材等要求。

12.4 出厂验收阶段

根据采购合同以及技术规格书的标准，对设备进行出厂验收，对发现的不符合标准的问题及时要求厂家进行整改。出厂验收结束后，承包商制定设备到货进场计划表，并严格按照工期节点进行供货。施工单位在设备到现场后要注意成品保护，防止设备被损坏以及被盗。

水泵设备出厂验收工作在设备厂家所在场地进行验收，由监理组织，十二号线轨道交通有限公司、厂家、深铁建设、深铁运营、设计院参加。主要检查设备的生产流程、硬件材料是否达标、防火防水是否达标，还有就是测试设备的硬件和软件，查看各设备参数是否符合合同设计要求，各设备功能是否符合合同要求。出厂验收的目的在于验收水泵设备本体能够正常运转，控制箱内主回路元器件（如接触器）能正常动作，控制回路元器件（如PLC）能正确执行命令。发现生产、装配过程中可能出现的质量缺陷、疏漏、丢失、破损等问题，尽可能地在发运前排除这些问题。经现场检查、测试之后，参加出厂验收人员对文件审查及现场检测试验结果进行评议和讨论，对设备出厂验收中存在的问题进行分析，并对供货商提出整改要求，最后编写设备出厂验收报告。

12.5 施工调试阶段

施工前期，结合深圳地铁既有线路新线建设情况，总结梳理出了36条常见施工问题。施工后进入水泵设备现场调试阶段，主要涵盖水泵安装位置校核、浮球液位计摆放位置调整、消防泵启泵控制调试、水泵单体功能运行正常的各项功能测试及检查的工作以及综合联调。处理解决调试过程中发现的问题，确保系统能够正常运行。调试阶段可以大致分为四个部分，即消防泵、车站潜污泵、区间潜污泵、密闭式一体化提升装置，四种类型水泵单独进行调试。

12.5.1 施工要点

（1）消防、生活水表阀门组需安装在风亭及出入口附近，严禁安装在马路中间或者对面。

（2）站外埋地排水管未按要求使用水泥管。

（3）穿过风亭、出入口墙壁的给排水管必须有柔性防水套管。

（4）管道每根长管应有三个支架，卡箍接口两端150~500 mm处应设支架，管道连接处、变线处、管道终端、穿墙处及设有阀件处均需增加支架。

（5）消防水管安装时应保持水平或垂直。

（6）消防水管应安装在风管、电缆桥架下方，如无法避免从风管桥架上方交叉穿过时应用整管，中间不能有接头。

（7）消防水管不能采用丝杆吊架。

（8）消防水管表面及压槽处涂层破坏后应及时用厂家所配专用油漆恢复。

（9）电气设备上方不能安装水管。

（10）给排水管道严禁穿过变电所、通信、信号机房、弱电设备房、控制室、配电室等遇水会损坏设备和引发事故的供电和弱电房间。

（11）管道不能从端门等重要设备上方通过（给排水及消防管道应避免在生产设备和吊装孔的上方通过）。

（12）离端门2 m范围内不能有水管接头。

（13）管道阀门手柄应避免被阻挡无法操作。

（14）阀门安装时应留出操作及检修空间。

（15）管道排气阀下方应安装控制阀门。

（16）波纹管应有伸缩余量，丝杆上螺栓应拧松10 mm。

（17）法兰盘橡胶垫均应采用正规厂家生产的耐老化的三元乙丙橡胶垫片，不能用普通橡胶垫或绝缘垫现场剪裁。

（18）站台板下消防水管和高压电缆须保持一定距离并留有检修空间。

（19）消火栓箱内及箱外水管第一个接头不能使用卡箍连接，应用丝扣连接。

（20）装在站厅公共区、出入口等处结构墙上的消火栓箱应离壁安装。

（21）设备区消火栓支管尽量避免暗装，砌筑砖墙上的消火栓箱底部应有支撑，不能悬空。

（22）区间消防管固定支架，每条 6 m 管应至少有 3 个支架。管件及接头 500 mm 范围内应有支架，管道承插口严格按要求施工。

（23）区间消防管 U 型卡箍紧固螺丝应加平垫片与弹簧垫片，管道与固定支架之间应缠绕一圈 5 mm 厚三元乙丙胶垫和弧形钢板。

（24）集水池爬梯易锈蚀，应预埋球墨铸铁或安装不锈钢爬梯。

（25）非公共区位置的集水池铁盖板易锈蚀，应使用不锈钢或格栅盖板。

（26）集水池潜污泵基座下方按要求浇筑混凝土基础。集水坑必须清理干净后安装水泵。

（27）潜污泵反冲洗管，应引至水泵底部，否则起不到池底反冲洗作用。

（28）水泵出水口止回阀等管件应按箭头所示顺水流方向安装。

（29）洗手间 PVC 排水管存水弯应有检查口，方便疏通。

（30）重力排水管连接避免使用直角三通，应使用顺水三通或斜三通，安装时注意导流方向应顺着水流方向。

（31）污水管道不能安装在公共区。

（32）污水管检修口下方不应安装设备。

（33）密闭式污水提升装置设备安装在下沉式坑内，应按要求预留小集水坑。

（34）密闭式污水提升装置水箱排气管应接至排风亭接近出口处，严禁直接接至排风管里。

（35）车站内穿过楼板的塑料排水管道设钢性防水套管，安装 02s404A 型防水套管。

（36）排水立管变线处避免使用 90°弯头，应安装带检查口的 45°弯头。

12.5.2 供货商清单

为便于运营后期设备的维护与管理，对设备进行了建账。给排水系统设备有消防泵、潜污泵、密闭式污水提升装置，设施有阀门，卫生间洁具。供货商清单见表 12-1。

表 12-1 供货商清单

序号	设备名称	供货商
1	消防泵	赛莱默
2	潜污泵	赛莱默
3	密闭式污水提升装置	赛莱默
4	卫生间洁具	惠达
5	给排水管道阀门	永泉
6	水泵电机	赛莱默
7	电机轴承	SKF
8	机械密封	博格曼
9	浮球液位计	马赫 MAC
10	空气开关	施耐德
11	PLC	西门子
12	接触器	施耐德

12.5.3　甩项工程注意事项

甩项部分主要是车站出入口及自然形成空间，主要存在问题是车站消防水管成环连接，消防水管的安装与对接施工会消耗一定量的消防水，并对车站的运营产生影响，且施工过程缺少跟进卡控。

甩项工程需做好隐患排查，建立清单，重点对与车站连接部位的消防水管做好日常巡查，发现断口及时进行处理，防止发生跑冒滴漏。施工单位在甩项工程施工前应申报方案，经运营单位同意方可施工。

12.6　运营筹备阶段

结合网格化检查和专项检查，运营筹备阶段主要发现以下给排水专业问题，并及时录入一体化管理平台，积极协调各参建方、设备厂家进行整改。

12.6.1　区间水泵安装、调试问题

描述：水泵浮球电缆线绑扎杂乱；水泵热继电器整定值偏小；光电转换器安装在活动门上，且箱内预留光纤较长；液位传感器未精调，液位值显示异常。浮球易被卡住，水泵易跳闸，光纤易被折断导致水泵故障，无法监测区间水位值。区间水泵控制箱如图 12-1 所示。

措施：制定专项整改方案，联合设备厂家和安装单位共同整改。

图 12-1　区间水泵控制箱

12.6.2　区间消防水管附件安装缺陷问题

描述：区间消防管 90°弯头（图 12-2）缺少支撑，试运行期发生消防管道漏水多起。区间给排水管路为带压管路，列车通过造成管道振动，长时间振动将造成接头松脱移位，发生漏水事件，严重影响行车安全。

措施：施工方重新对全线区间消防管路进行打压测试，并对管道法兰进行加固。施工方对全线区间消防管路 90°弯头侧面增加支撑挡板。

图 12-2　区间消防水管弯头

12.6.3　区间给排水管道支架安装不规范问题

描述：部分区间给排水管道支架（图 12-3）安装不规范，未起到管道承力作用，导致管道容易移位、漏水，影响行车安全。

措施：要求施工单位调整支架高度完成全线整改。

12.6.4　区间泵房集水池未按要求安装爬梯问题

描述：部分区间泵房集水池内未安装爬梯或未按要求安装不锈钢爬梯，影响设备检修，人员检修存在安全隐患。区间集水坑爬梯如图 12-4 所示。

措施：要求施工单位按设计安装。

图 12-3　区间消防水管支架　　　图 12-4　区间集水坑爬梯

12.6.5 消防管波纹伸缩器材质不符合要求

描述：区间、车站消防管波纹伸缩器使用了非不锈钢材质，易生锈腐蚀，发生漏水事件，影响运营安全。区间消防水管波纹伸缩如图12-5所示。

措施：要求施工单位将全线消防管波纹伸缩器更换为不锈钢材质。该类问题已完成整改。

图 12-5 区间消防水管波纹伸缩器

12.6.6 车站给排水管道未按设计施工

描述：全线各站均有部分给排水管道缺少支架，不符合设计要求。压力管道接口位置缺少支撑，管道容易移位、漏水，影响车站运营安全。车站消防水管如图12-6所示。

措施：施工单位按设计要求加装支架。

图 12-6 车站消防水管

12.6.7 穿墙给排水管道未按设计施工

描述：全线多个车站穿过风亭、出入口墙壁的给排水管未安装柔性防水套管。管道穿墙处无防水保护，站外地面水将不断渗入车站；管道失去震动保护，导致磨损损坏。车站风亭穿墙水管如图 12-7。

措施：相关问题已推动施工单位完成整改。

图 12-7　车站风亭穿墙水管

12.6.8　消火栓箱自救式软管卷盘入水管安装方向不合理

描述：12 号线全线消火栓箱（图 12-8）自救式软管卷盘入水管安装方向不合理，使用时入水管夹在卷盘与箱体之间，且极易造成水管损伤，存在消防安全隐患，软管易破损。

措施：将卷盘与软管的固定部件方向下调 90°。

图 12-8　消火栓箱

12.6.9　卫生间暗敷水管安装不到位

描述：12 号线卫生间内暗敷水管安装不到位，卫生间饰面层后暗埋给水管渗漏水现象十分严重，且施工与设计图纸存在出入，致使发生漏水时无法第一时间确认准确的漏水部位。因未安装检修口，每次维修故障均需砸墙处理（图 12-9），导致维修困难。

措施：对墙内水管接头漏水问题破墙根治，重新安装固定水管，最后做好收边收口工作。

图 12-9　车站卫生间砸墙处理

12.6.10　卫生间冲洗阀感应器质量差

描述：12 号线卫生间冲洗阀感（图 12-10）应器质量差，故障率高。主要有内部感应装置故障导致冲洗阀不出水或出水不停，感应器整体防水性差导致内部部件进水烧毁等情况。

措施：电压不稳定造成的，更换配电箱；质量不合格的，进行换新。

图 12-10　车站卫生间冲洗阀感应器

12.6.11　卫生间洗手台镜盒下沿过长

描述：卫生间洗手台镜盒（图 12-11）下沿过长，内置纸巾不方便抽出、镜子内置洗手液感应器感应效果不佳。洗手台镜子下沿过长，乘客在一定距离内看不见内置纸巾；由于感应距离过长，洗手液感应器不能灵敏地感应出液。

措施：调整洗手台镜盒下沿长度至合适位置，使乘客在洗手台前能看到纸巾。

图 12-11　车站卫生间镜盒

12.6.12　卫生间感应式水龙头接线盒未固定

描述：卫生间感应式水龙头接线盒（图 12-12）未固定牢固，布线凌乱，存在松动问题；电源线裸露在外，易造成漏电及短路。

措施：将接线盒横平竖直固定在墙体上，将接线套上蛇皮管。

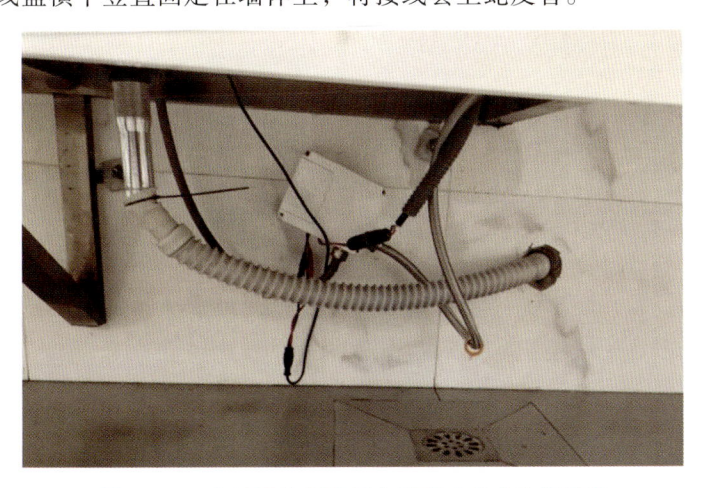

图 12-12　车站卫生间洗手台感应式水龙头接线盒

运营筹备阶段开展了大量的现场检查工作，对管道安装、水泵安装过程中发现的问题，及时提出解决措施。在水泵调试过程中及时提出优化建议，完善设备功能。同时组织对委外维保人员开展技能培训，提供人员维保技能。在开通前期，组织委外人员对全线水泵完成一次全覆盖首保工作，完成一次全功能测试工作。全面了解现场设备运行状态，提高设备性能。

12.7 二期工程优化建议

12号线一期工程开通以来，给排水系统设备设施存在区间水泵故障发生后维修搬运困难、管道接口锈蚀、卫生间洁具设施故障率高等问题。为减少设备设施故障的发生，设备设施运营维保的方便，对二期工程提出了一些优化建议。

（1）针对区间水泵重量大，人工搬运困难，应在站台端门外及泵房处设计水泵吊装装置，同时考虑墙体的承重要求。

（2）针对沟槽式消防水管内外涂环氧树脂管因现场切割、滚槽后破坏涂塑层，导致管道锈蚀，应该规范施工工艺，现场切割后及时用修补剂修补防腐层。

（3）集水池属于有限空间，进入集水池作业必须提前通风，但区间泵房无通风设备。因区间作业时间有限，为提高效率，应该在区间泵房安装固定式通风机，风量 2 000～2 500 m³/h，风管固定安装并通入集水池内，通风机具备远程监控功能，便于作业人员在车站提前开机通风。

（4）针对儿童洗手盆水龙头水嘴距洗手台台面外缘距离过长，应按深圳地铁洗手间设计及管理标准要求进行设计施工，儿童洗手池台面高度宜为 500～550 mm，水嘴距离台面外缘不应大于 0.25 m。

（5）区间消防水管弯头处缺少防护钢板，运营后区间土建结构移位、列车振动、水锤效应等都会导致水管弯头处漏水。应在区间消防水管弯头处设计紧固防护钢板。

（6）针对卫生间蹲便冲洗阀感应器故障率高且维修不便，应在墙面上安装一块不锈钢板作为检修盖板，将感应器安装在检修盖板上，既美观又便于维护。

12.8 小　结

12号线一期车站开通初期，给排水系统水泵设备存在功能缺陷和调试问题，主要为区间水泵自启后不停泵、启泵后跳闸、无法监视水位，消防水泵在正常状态下自动启泵，密闭式污水提升装置频发报综合报警等。给排水专业对存在问题进行了重点整治和管控，目前全线给排水设备运行状态稳定。

给排水专业将吸取一期工程问题教训，继续继承优点，从各个方面完善总结经验。通过前期审图、设计联络确定给排水系统的基本功能，然后在样机验收、出厂验收阶段对设备质量进行把控，在施工调试阶段对设备安装质量进行严格把关，在设备投入使用初期对设备进行精调，对设备存在问题进行针对性整治，争取在二期工程更上一层楼，为地铁运营提供有力的保障。

第 13 章

综合监控

13.1 工程介绍

综合监控系统是一个具有智能控制、辅助决策、维修管理及应急指挥的综合监控与管理平台。综合监控系统通过集成与互联各机电系统、环境与设备监控（BAS）子系统、防灾报警子系统、通信系统、安防系统，形成以环调为核心，辅助电调、乘客调的统一监控层硬件平台和软件平台，实现信息互通、资源共享。通过采用智能控制、大数据、云计算等技术，充分利用与各系统集成、界面集成、互联的优势，实现机电设备系统的智能化运行、车站站务的智能化服务、设备维修的智能化调度和决策、应急时的智能化指挥，达到设备、乘客、环境、运营管理和维护管理的自动化、信息化、智能化管理，提高各类设备的效率和综合决策水平，降低运营成本。本章将从综合监控方面的各阶段进行一一总结，并对二期的优化提供相应的优化建议。

为了满足两级监控、管理和调度指挥的需求，12号线综合监控系统采用两级管理三级控制的分层分布式结构。两级管理分别是中央级管理和车站级管理，三级控制分别是中央级控制、车站级控制和现场级控制。现场级由 BAS、FAS 等系统的控制层、设备层及界面集成系统和互联系统组成，一般采用工业控制网络或现场总线结构。综合监控系统与各系统在总体结构、接口设计和功能设计等的保持统一。

BAS 系统是环境与设备监控系统 "Building Automation System" 的英文缩写。BAS 系统作为车站级综合监控系统的集成子系统，主要由主控制器（冗余 PLC）、远程 I/O、现场总线、以太网总线、各类传感器、执行器等设备组成。通过对车站环控系统设备、照明、水泵等设备的点动、组控、模式以及时间表控制，实现车站正常的通风、照明以及节能控制等功能；火灾时根据接受到的 FAS 系统火灾模式号执行相应的火灾模式，联动环控系统进入灾害模式，实现防排烟功能。

13.2 设计审图阶段

12号线一期设计审图阶段，根据以往运营经验，提出了改进问题的方法，大大减少了运营维护成本，极大地方便了运营的维护管理工作，为安全运营打下了基础，同时也为后续工程建设图纸审查阶段提供了经验。

（1）安防工作站由综合监控合同提供，但设计为通信专业设计、安装单位为安防专业施工队伍。设计审图阶段综合监控供货清单见表 13-1。

① 影响。

不涉及本专业的设计，却跨专业提供硬件设备，不利于后期的调试跟进及运营维保。

② 措施。

招标采购前设计阶段应严格审查，各专业的设备由本专业设备采购合同自行采购。

（2）综合监控功能根据需求不断调整。

综合监控需监控的设备接口数量及接口功能不齐全，不清晰，导致调试开始后还在不断新增接口，特别是和乙购设备的接口。

① 影响。

施工或调试过程不断新增接口，不利于调试的稳定性。

表 13-1　设计审图阶段综合监控供货清单

编号	设备名称	品牌/产地	型号	参数
1	A 类胖云桌面终端（配双屏显示器）			
1.1	胖客户机	HP/中国	HP ProDesk 400 G6 DM	i5-10500T CPU，8 GB 内存，128 G SSD
1.2	显示器	Dell/中国	S2721QS	27 英寸 4K 超高清
2	B 类胖云桌面终端（配单屏显示器）			
2.1	胖客户机	HP/中国	HP ProDesk 400 G6 DM	i5-10500T CPU，8 GB 内存，128 G SSD
2.2	显示器	Dell/中国	S2721QS	27 英寸 4K 超高清

② 措施。

设计审图阶段梳理清楚接口数量及接口要求，提前写进技术规格书，并将接口要求在设计阶段提资给各专业设计。

（3）一体化车控室。

设计缺少统筹管理，各专业提资后存在冲突的情形，施工图不断在调整，导致一体化柜和设备安装布局图滞后。

① 影响。

设备投产滞后，现场设备安装有冲突，影响施工进度及车控室美观。

② 措施。

一体化车控室设计需统一布局，并尽早确定设计方案和图纸。

（4）审图工作量大。

审图工作量大，图纸审查时人员不足，导致审图时间不足，审图不充分。

① 影响。

审图时间不足，审图不充分。

② 措施。

协调设计院分批出图，增加每批次出图数量，从而增加审图时间。

（5）初步设计阶段未充分考虑各车站综合监控系统设备的用电功率，导致给通信设计提资的 UPS 用电偏少。

① 影响。

主变电所 FAS 系统未接入 UPS 电源，车站综合监控系统 UPS 备用功率不少，后期改造新增设备无法采用 UPS 供电。

② 措施。

依据各站设计的设备数量，提前核算设备功率。综合监控功能根据需求不断调整。

（6）防盗卷帘门控制系统设计方案不具体，与安装装修、景观设计均存在较大分歧，导致方案迟迟无法确定。

① 影响。

防盗卷帘门控制设备无法按时安装，土建收口后线管线缆施工困难。

② 措施。

在设备招标前确定系统及安装方案，提前给各专业设计提资，并在图纸上预留安装条件。

13.3　招标采购阶段

（1）甲供设备合同清单与施工总承包合同施工内容不一致，Wi-Fi6 系统甲供设备供货后无法施工。

① 影响。

Wi-Fi6 至今仍未施工，无法使用。

② 措施。

设计阶段应核实施工合同与甲供合同的开项，确保开项内容一致。

（2）设计阶段未充分考虑需使用的设备种类开项，导致综合监控合同在设备招采阶段有较多设备开项后但实际未使用。招标采购阶段综合监控设备清单见表 13-2。

表 13-2　招标采购阶段综合监控设备清单

编号	设备名称	品牌/产地	型号	参数
1	双地址吸气式感烟火灾探测器	SYSTEM SENSOR/墨西哥	JTY-GD-9401S	四地址，四通道
1.1	吸气泵	SYSTEM SENSOR/墨西哥	JTY-GD-9401S/FG	DC 24 V\0.06 Pa
1.2	内置过滤器	SYSTEM SENSOR/墨西哥	F-A3384-000	0.0350 mm
1.3	激光探测腔	SYSTEM SENSOR/墨西哥	JTY-GD-9401S/JGQ	红蓝双光源探测\激光光源
1.4	控制电路、显示电路	SYSTEM SENSOR/墨西哥	0-184462-001	DC 24 V\250 mA
2	四地址吸气式感烟火灾探测器	SYSTEM SENSOR/墨西哥	JTY-GD-9401S	四地址，四通道
2.1	吸气泵	SYSTEM SENSOR/墨西哥	JTY-GD-9401S/FG	DC 24 V\0.06 Pa
2.2	内置过滤器	SYSTEM SENSOR/墨西哥	F-A3384-000	0.0350 mm
2.3	激光探测腔	SYSTEM SENSOR/墨西哥	JTY-GD-9401S/JGQ	红蓝双光源探测\激光光源

① 影响。

综合监控合同投资计划与实际完成情况差异较大，涉及变更的金额较大。

② 措施。

结合一期建设经验，严格审查设备开项清单，取消不需要使用的设备开项。

13.4　合同谈判阶段

一期综合监控合同的参与方为深圳市十二号线轨道交通有限公司、深圳地铁建设集团有限公司、南瑞集团有限公司，各方经过多轮的讨论后，最终形成一致意见，谈判的主要内容如下：

（1）根据综合监控系统软件可用性、可维护性的特点，要求综合监控软件或者软件授权方式不绑定设备硬件。如果采用绑定硬件设备的方式，南瑞公司应免费提供相应的计算工具，防止因硬件升级导致软件无法运行的情况发生。南瑞承诺综合监控软件的授权方式不绑定设备硬件。

（2）投标清单中安全管理平台的技术参数，满足招标文件技术部分日志存储 6 个月的要求，合同谈判提出该设备参数提升为日志至少存储一年的要求，南瑞回复同意提升该设备参数。

（3）合同谈判要求，明确防病毒软件授权数量涵盖电力监控系统所有终端设备。

（4）投标清单 B5 自然形成空间第二项 BAS 系统第 8 小项"通信转换接口/数据转换模块"遗漏设备报价。南瑞承诺按招标文件要求，选用投标清单中相同品牌、相同规格的产品。

（5）投标清单 B6 仿真培训第 14.05、20.05 项回路卡与其他分项设备重复报价，南瑞承诺主项与分项设备重复报价，按两者中总价低的计价。

13.5 设计联络阶段

（1）涉及知识产权的产品，要求供货商具有原创发明专利知识产权或已取得了产品知识产权拥有人的生产、使用许可，须保证在深圳市轨道交通行业使用，以免第三方提出异议、起诉、索赔等，需提出专利权、版权、设计产权、知识产权购买或版税等费用由谁支付。

（2）配置冗余的实时服务器，完成对实时数据采集和处理等工作，冗余实时服务器应能自动进行切换。配置冗余的历史服务器，完成对历史数据的存储、记录和管理等工作。冗余历史服务器应配置外部磁盘阵列，磁盘阵列的容量应足够大，并可扩展至少 100%的容量。实时、历史服务器应通过冗余的 1 000 Mbps 以太网接口与中心以太网交换机连接。

（3）应配置数据传输速率为 100 M/1 000 Mbps 的冗余、带路由功能的核心工业级以太网交换机。并符合千兆以太网的 IEEE 标准。

（4）应配置数据传输速率为 100 M/1 000 Mbps 的冗余的防火墙给提供以太网接口的各互联系统通过防火墙接入综合监控系统冗余双网。

（5）车站级综合监控系统应是冗余的开放、可靠、易扩展的计算机系统。系统应采用分布式结构、通信采用基于 TCP/IP 的标准协议。当 SISCS 系统与 CISCS 通信中断或者 CISCS 故障时，SISCS 应能独立工作。

（6）所有计算机硬盘应选用企业级硬盘，提高稳定性的同时还能减少维护工时。

（7）ISCS 箱柜采用的 PDU 电源，其每个插座应都能单独控制，并能实时监控电流值。

（8）综合监控系统电源与其他设备电源应避免共用（如：办公用电、门禁、BAS 系统等），容易造成跳闸引起综合监控系统设备断电，影响运营。

（9）服务器、交换机、防火墙、工作站、串口服务器等重点设备应采用双路 UPS 冗余供电，并设计有独立的空气开关进行控制。

（10）原则上与各设备之间优先选用 RJ45 接口，其次 RS485，尽量避免使用 RS232 或其他不通用接口。通信协议应使用 IEC60870-5-103，Modbus 等国际标准通信协议。

（11）服务器、工作站等设备应采用最新的 Windows 系统，并安装有同型号的杀毒软件，方便病毒库更新。

（12）所有采用以太网，RS485 通信的设备在点表中都需要增加心跳值用来判断通信状态。

（13）ISCS 工作站 BAS 的小系统界面应能正确反馈风机及通风管路的正确走向。

（14）应在车站两端环控电控室各设置一套冗余的 BAS 控制器，负责车站两端设备监控。A、B 端各设置一对工业以太网交换机接入车站级综合监控系统（SISCS），控制器与各远程 I/O 通过自愈环形工业以太网或冗余现场总线相连。

（15）IBP 盘尽量不采用自锁式按钮，所有连接至 IBP 盘的设备应尽量采用硬线直连方式。

（16）安装于区间的水泵应至少具备启动控制、停止控制、运行反馈、停止反馈、主电源故障反馈、超高水位报警的硬线接口。

（17）安装于区间的水泵采用光纤通信时，当采用光电转换器时，应选用大品牌的光电转换器，以保障通信的稳定性。

（18）射流风机的震动报警箱应安装于就近车站的环控机房内，以便于后期调试。

（19）风机风阀的连锁程序应在 MCC 内设计，BAS 系统 PLC 只发送控制指令，不做连锁控制。

（20）施工电缆采用屏蔽电缆时，屏蔽电缆屏蔽层按要求一端接地，需设计联络时明确注明哪一端接地。

（21）串口通信设备需要在 BAS 系统的 PLC 内进行数据计算的接入 BAS 串口通信模块，不需要在 BAS 系统的 PLC 内计算的串口设备接入串口服务器。

13.6 出厂验收阶段

ISCS 出厂验收与样机验收同步开展，主要为以下内容。

13.6.1 资料审查

资料审查内容见表 13-3。

表 13-3 资料审查内容

序号	名称	内容	验收标准	验收结果
1	工厂资质	资质证明	生产许可证、营业执照等	
2	相关证书	1. 样柜、箱柜主要元器件； 2. FAS 系统配套的设备	1. 主要元器件技术参数符合技术规格书的要求； 2. 提供产品合格证及 3C 证书等； 3. FAS 系统配套的设备需提供国家消防电子产品检验报告	
3	检验检测报告	机柜、箱柜成套质量检验检测报告及机柜、箱柜成套合格证	符合机柜、箱柜成套设计图及技术规格书的功能要求	
4	成套图纸	深圳地铁 12 号线 ISCS、BAS 机柜、箱柜成套图	机柜、箱柜成套图齐全，符合技术规格书的要求，并装订成册	
5	试验仪器仪表	试验所需仪器仪表的校准检查记录	仪器仪表检验合格证在有效期内	

13.6.2 整体检查

整体检查内容见表 13-4。

表 13-4 整体检查内容

序号	名称	内容	验收标准	验收结果
1	外形尺寸	检查机柜外形尺寸	符合技术规格书的要求 7.2.2 的要求	
2	板材	检查机柜板材使用的材料、厚度、表面平整度等	符合技术规格书的要求 7.2.2 的要求	
3	机柜外表	检查机柜外表及涂装质量	无变形，无划痕，无污迹，喷漆色泽均匀，无漏喷现象	
4	金属件	检查机柜使用的金属件质量	镀层均匀光亮，无氧化、腐蚀，所有的螺钉齐全	
5	风扇、照明	检查机柜内风扇、照明配置情况	机柜应配置检修照明灯管	
6	柜内布置	检查柜内设备布置、柜内布线，标识情况	柜内设备布置规整，布线合理、整齐、标识清晰	
7	柜内设备	检查柜内设备品牌及型号	柜内设备品牌、型号符合合同清单要求	

13.6.3 样柜试验抽检

样柜试验抽检内容见表 13-5。

表 13-5 样柜试验抽检内容

序号	内容	试验方法及工具	验收标准	验收结果
1	机柜绝缘电阻	兆欧表	符合技术规格书的要求 7.3.24 的要求，绝缘电阻≥1 000 MΩ	
2	柜内主器件显示	目测	指示灯显示正常	
3	风扇测试	目测	空开正常控制柜内风扇的通断且风扇工作正常	
4	照明测试	目测	空开或门磁开关正常控制照明灯的通断且照明工作正常。	
5	柜内电缆及缠绕带阻燃性测试	燃烧测试	电缆及缠绕带符合 B 级低烟无卤阻燃的要求	

13.6.4 出厂验收阶段问题

（1）机柜设计未考虑瘦客户机（图 13-1）固定的稳定性，无固定支架。机柜设计时应预留瘦客户机固定支架。

（2）ISCS 网络柜（图 13-2）前面板线槽与光口线缆不匹配，导致光纤弯折度过大，网线及光纤接头容易折断导致通信不稳定。机柜设计应取消横向线槽，采用线缆固定杆进行固定。

图 13-1　客户机安装

图 13-2　网络柜接线

13.7　施工调试阶段

（1）轨行区线管如需过轨（图 13-3），严禁从轨顶上方穿过，需从轨道预留钢管处过轨，套防爆绝缘管、不锈钢卡码及膨胀螺栓固定。

图 13-3　过轨线管

（2）综合监控机柜内线缆标识（图 13-4）标准不统一，影响后期故障排查处理速度，应在技术交底文件中明确线缆标识的要求，标识包含电缆名称、型号、功能、起点、终点。

图 13-4　线缆标识

（3）综合监控机柜进线口（图 13-5）或穿墙口未采取防护套，容易划伤电缆，增加故障点，影响设备的使用寿命，应在技术交底文件中明确进线口或穿墙口的敷设要求。

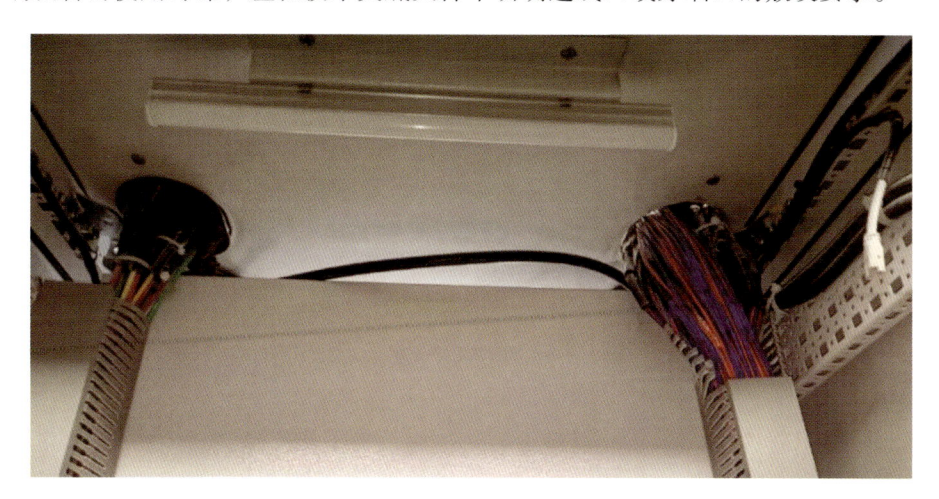

图 13-5　进线口

（4）厂家内部配套的光纤线缆未按照要求走线槽整理，影响机柜美观，同时光纤容易折弯，影响寿命，要求甲供设备厂家在箱柜出厂时配套完成，如需到现场再安装，需按照施工标准进行施工。柜内光纤如图 13-6 所示。

（5）提供以太网接口的各互联系统通过防火墙接入综合监控系统冗余双网。

（6）FAS 系统推图功能，FAS 系统检修测试作业时引起环调工作站频繁报警和推图，影响调度的正常监控，综合监控系统 FAS 界面增加单一车站 FAS 系统的报警屏蔽功能。

（7）综合监控系统服务器、交换机、PLC、工作站必须增加 UPS 双路、双电源供电，所有设备供电严禁在机柜内做电源冗余。

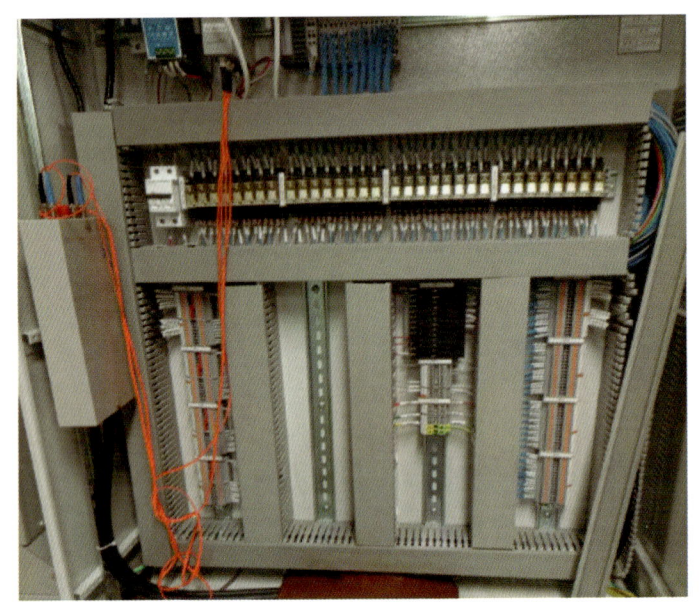

图 13-6　柜内光纤

（8）站内光纤使用铠装防止鼠害。
（9）箱柜的位置应预留 1 m 的检修空间，设备位置应预留接线空间。
（10）应明确设备、线缆永久性标识条款。
（11）综合监控与各专业图纸设备编号存在不一致问题，设计统一设备编号。
（12）运营初期车站出入口或房间名称经常变更，设计时统一名称，房间名称前加门牌号。
（13）部分区域防火阀安装后空间有限导致综合监控系统无法接线，防火阀设计阶段应预留长电缆，增加快速接头，同时新线建设阶段加强检查防火阀的安装质量。
（14）应明确设备、线缆永久性标识条款。
（15）设计时明确隧道风机工频与变频工况转换时切换时间，防止短路损坏设备。
（16）风机风阀的连锁程序应在 MCC 内设计，BAS 系统 PLC 只发送控制指令，不做连锁控制。
（17）强电、弱电线缆共线管/线槽敷设，易造成信号干扰，强弱电缆应分开敷设。
（18）施工电缆采用屏蔽电缆；屏蔽电缆屏蔽层按要求一端接地，并明确注明哪一端接地。

13.8　运营筹备阶段

（1）运营筹备阶段设备检查及功能测试验证人员不足，设备安装标准及设备功能测试无法同时跟进并及时整改，在新线建设及筹备阶段应增加这部分人员，系统功能稳定后再逐步减少维保人员。
（2）跟进不足事项。
① 介入期间任务繁重，相关的测试未能在规定节点完成。

② 介入期人员有限，站点多、区间长，无法对所有管辖设备进行全面的检查。

③ 委外项目人员无工程介入经验，前期工作开展不熟悉，导致排查进度缓慢。

④ 前介期委外项目人员配置数量有限，施工安装检查、全功能测试交叉进行，检查、测试不够细致、全面。

⑤ 前介期施工质量整改进度缓慢。

⑥ 单调、联调质量较低，委外人员全功能测试期间仍发现较多功能类问题。

针对以上问题，十二号线编制了《综合监控系统全功能测试方案》《综合监控专业现场质量手册》等文本，为功能测试、现场质量把控提供参考标准及指导；同时抽取机电及综合监控委外维保项目部人员成立专项测试小组，对 ISCS 各子系统及 ISCS 与各系统设备接口开展逐项测试。

13.9 难点与应对措施

（1）调试开始前，各专业无法提供稳定的接口点表，导致调试开始后不断修改软件，影响调试，同时部分功能修改软件后未得到充分的再次验证，影响设备调试的准确率。

应对措施：及时组织各方召开各系统接口会议，明确各系统的接口点表；已明确并已完成接口调试的点表，未经多方确认，不允许擅自进行修改，避免因此导致设备功能无法正常实现。

优化建议：提前梳理接口类型，形成接口分类表。在接口文件签订后，要求各厂家根据一期的工作经验在两周内完成点表确定，并通过相应的设计单位、监理单位审核后提供给设计审核，审核无误后再由监理下发执行，后期调试过程中如发现功能存在缺陷，需要修改点表的，需召开讨论会议，经各方确认后才能修改点表，否则擅自修改的点表将不被接受，要求按原设计点表进行恢复。调试完成并经验证无误后，组织各方签订最终的接口点表，运营开通后不得再修改。

（2）综合监控软件平台功能需求统计不充分，导致调试开始后仍不断根据需求进行修改。

应对措施：统计三期及四期线路工程的综合监控平台功能作为参考，与各方进行沟通进行需求提报。

优化建议：在一期工程结束后组织各部门召开总结分析后，充分统计各部门对当前一期软件功能的需求，收集完成后在二期综合监控完成招标后，组织厂家在软件开发前充分讨论，对无法达成的功能与提出部门充分沟通，寻找可替代的方案，使每一项功能都能得到充分的解决。

13.10 二期工程优化建议

（1）初步设计阶段未充分考虑各车站综合监控系统设备的用电功率，导致给通信设计提资的 UPS 用电偏少。主变电所 FAS 系统未接入 UPS 电源，车站综合监控系统 UPS 备用功率不少，后期改造新增设备无法采用 UPS 供电。建议依据各站设计的设备数量，提前核算设备功率，设计时充分考虑。

（2）设计阶段综合监控需监控的设备接口数量及接口功能不齐全、不清晰，导致调试开始后还在不断新增接口，特别是和乙购设备的接口。施工或调试过程不断新增接口，不利于调试的稳定性。建议设计阶段梳理清楚接口数量及接口要求，提前写进技术规格书，并将接口要求在设计阶段提资给各专业设计。

（3）甲供设备合同清单与施工总承包合同施工内容不一致，Wi-Fi6 系统甲供设备供货后无法施工，导致 Wi-Fi6 至今仍未施工，无法使用。建议设计阶段核实施工合同与甲供合同的开项，确保开项内容一致。

（4）设计阶段未充分考虑使用的设备种类开项，导致综合监控合同在设备招采阶段有较多设备开项后但实际未使用。综合监控合同投资计划与实际完成情况差异较大，涉及变更的金额较大。建议严格审查设备开项清单，并结合一期建设经验，对不需要使用的设备取消开项。

（5）设计单位要多参与现场实际踏勘，多与其他接口设计方沟通，减少未提资问题或现场施工冲突问题，同时把一期建设期间的设计问题梳理出来，在后续工程中进行补充和交底。

（6）监理单位要多参与现场跟班作业监督，及时发现问题和协调解决问题，发现隐患一定要督促整改到位，不能拖延。对一期建设出现的问题要对施工方进行宣贯交底，杜绝类似问题发生。

（7）设备厂家需根据现场施工节点制定详细的设备供货计划表，做好风险预控，保障设备按时供货，不影响施工进度。与各接口专业一定要做好接口协议商讨，保障联调联试顺利开展。设备功能一定要在出厂前做好详细测试，保障设备功能满足合同要求。

（8）施工单位需加强现场施工管理，做到施工工艺统一，施工质量达标，做好现场成品保护。总结一期建设经验，传承好的施工工艺，全面汇总一期建设的施工问题，提前做好整改方案和管理措施，杜绝类似问题发生。

（9）车控室（特别是换乘站）各设备布放位置不合理，比较杂，不方便站务工作，不方便换乘站的集中管理，后期整改工作量非常大。建议设计阶段各专业设计需做好对接；设计阶段站务与设计需做好沟通交流；换乘站需要设计到现场实际考察再结合站务的需求进行出图设计。

（10）建议开通前对各系统设备进行测试，参照运营期设备检修工艺卡编制单调、联调测试表，并由运营人员全程监督跟进单调、联调工作，对测试出现的问题及时整改并复测。施工安装问题、功能类问题同步进行平推整改，保障安装质量、功能实现双轨提升。

13.11 小 结

综合监控系统是一个具有智能控制、辅助决策、维修管理及应急指挥的综合监控与管理平台。综合监控系统通过集成与互联各机电系统、环境与设备监控（BAS）子系统、防灾报警子系统、通信系统、安防系统，形成以环调为核心，辅助电调、乘客调的统一监控层硬件平台和软件平台。通过前期审图、设计联络确定了系统的基本功能，然后在样机验收、出厂验收阶段对设备质量进行把控，在施工调试阶段对设备安装质量进行严格把关，为地铁运营提供有力的保障。

第 14 章

防灾报警

14.1　工程介绍

火灾自动报警系统（以下简称：FAS），由防灾报警主机及智能式光电感烟探测器、智能感温探测器、线型光束感烟火灾探测器、感温光纤、感温电缆、手动报警按钮、警铃/声光报警器等组成的分布式智能式火灾自动报警系统。该报警系统能够及早监测火灾发生情况，及时报警。火灾时，火灾自动报警系统根据预先设定的程序发出模式指令给 BAS 系统和 ISCS 系统，联动相应火灾模式，启动相应的消防联动设备。除此之外，还会控制防火卷帘下降和消火栓泵的启动，门禁释放，车站垂梯迫降等消防应急设备。12 号线使用的是诺蒂菲尔火灾自动报警系统。

火灾自动报警系统由火灾自动报警控制器、智能式光电感烟探测器、智能感温探测器、输入模块、输出模块、隔离模块、智能手动报警按钮、智能消火栓按钮、声光报警器等设备组成。

火灾自动报警控制器（诺蒂菲尔 NFS2-3030 型）单台主机最大连接 10 个回路控制单元，每个回路控制单元可接 318 个可编址设备，支持环形、非环形和 T 型接法（12 号线采用环形接法），输入电压为 AC 220 V，主要安装在车站控制室、主变电所、车站自然形成空间和段场消防控制室。智能式光电感烟探测器、智能感温探测器、输入模块、输出模块、隔离模块、智能手动报警按钮、智能消火栓按钮、声光报警器等设备安装在房间、走道、公共区、出入口、区间。

火灾自动报警控制器采用单模光纤与气体灭火报警控制器联网，通过 NUP 通信卡传输数据至综合监控系统。

气体灭火报警控制系统由气体灭火报警控制器、气体灭火控制盘、辅助控制箱、智能式光电感烟探测器、智能感温探测器、输入模块、隔离模块、声光报警器、警铃、放气指示灯、手动状态指示灯等设备组成。

气体灭火报警控制器（诺蒂菲尔 NFS2-3030 型）单台主机最大连接 10 个回路控制单元，每个回路控制单元可接 318 个可编址设备，支持环形、非环形和 T 形接法（12 号线采用环形接法），输入电压为 AC 220 V，主要安装在车站控制室、主变电所。气体灭火控制盘、辅助控制箱、智能式光电感烟探测器、智能感温探测器、输入模块、隔离模块、声光报警器、警铃、放气指示灯、手动状态指示灯等设备安装在气灭防护区和气瓶间。

气体灭火报警控制器采用单模光纤与火灾自动报警控制器联网，通过 NUP 通信卡传输数据至综合监控系统。

吸气式探测系统由吸气式探测器、内置过滤器、外置过滤器、检修阀、吸气式管道等组成。吸气式探测器安装位置主要在设备区走道、公共区、站台三角机房等。探测区域主要为站厅站台公共区、设备区走道，探测模式为主动采样环境空气烟雾浓度。

吸气式探测器提供火警、预警、故障、复位继电器接口给火灾自动报警系统监控。

各吸气式探测器采用 RS485 与吸气式网关联网，再通过网线与综合监控交换机通信，数据实时传输至综合监控系统。

感温电缆系统由感温电缆主机、线型测温电缆、终端测试盒等组成。感温电缆主机安装位置主要在电缆井、高压设备房。探测区域为电缆井、电缆夹层。

感温电缆主机提供火警、故障继电器接口给火灾自动报警系统监视。

RS485 与综合监控就近 BSA 柜网络接口通信，火警、故障信息实时传输至综合监控系统。

感温光纤系统由感温光纤主机、测温光纤、光纤测试盒等组成。感温光纤主机主要安装在车站弱电综合设备室 FAS 柜内，探测区域主要为区间隧道。

感温光纤主机提供火警、故障继电器接口给火灾自动报警系统监视。

采用网线与综合监控交换机通信，数据实时传输至综合监控系统。

电气火灾报警系统由电气火灾报警主机、数据集中器、电气火灾分机、温度探测器、剩余电流探测器等组成。电气火灾报警主机主要安装在车站弱电综合设备室 FAS 柜内，探测区域主要为 400 V 开关柜室、环控电控室、跟随所内低压柜。

电气火灾报警主机提供火警、故障继电器接口给火灾自动报警系统监视。

数据集中器通过蓝牙与低压柜内温度探测器、剩余电流探测器通信，再通过 RS485 与电气火灾报警主机联网，电气火灾报警主机通过网线与综合监控交换机联网，数据实时传输至综合监控系统。

消防电话系统由消防电话主机、消防电话分机、电话插孔等组成。消防电话主机主要安装在车站车控室。消防电话分机、电话插孔主要安装在设备房外、设备区走道、公共区、区间隧道。

消防电话主机提供故障继电器接口给火灾自动报警系统监视。

消防电话主机采用总线制与消防电话分机、电话插孔通信。

气体灭火管网及瓶组系统由气体灭火监测装置、氮气瓶、灭火剂瓶组、压力表、固定支架、集流管、安全阀、选择阀、驱动装置、单向阀、压力开关、管道、喷头及其附件组成。灭火方式可分为全自动灭火和紧急手动启动灭火。

电磁阀启动与反馈、选择阀动作、压力开关动作信号通过气瓶间接线盒传输至气体灭火报警系统。

气体灭火监测装置实时监测氮气瓶、药剂瓶压力值，拥有低压、高压报警功能，并提供故障继电器接口给气体灭火报警系统监视，通过 RS485 与综合监控系统联网，实时传输数据。

14.2 设计审图阶段

（1）问题描述。

感温电缆敷设方案不够明确，数字式、普通式的区分，以及测试盒和分机安装位置在图纸上未具体体现。

（2）影响。

施工队伍安装比较随意，后期运营维护困难。

（3）改进措施。

设计阶段深化图纸应明确采用何种设备，电缆的走向，测试盒和分机的具体安装位置。

14.3 招标采购阶段

（1）问题描述。

综合监控合同对火灾报警控制的数据接口要求缺少多台主机的联网要求，导致不同品牌间存在不同的理解。

注意：火灾报警控制器、气体灭火控制器均具有以下数据接口：连接 FAS 维护工作站、打印机、BAS 系统、主机间组网接口、1 个与综合监控连接的以太网接口、1 个与消防应急照明和疏散指示系统的串行通信接口，应能报告设备的实时状态变化和火警信号。在正常的情况下，面板会显示"系统正常"字样信息、当前时间和日期。

当探测到异常情况时相应的 LCD（报警、监视或故障）应会闪亮。报警状态时控制盘应发出脉冲声响信号，在故障状态时则应长鸣，此时自动弹出相应区域的平面图，弹出时间应不大于 1 s。在系统某一点出现异常情况时，火灾报警控制器、气体灭火控制器至少应显示以下信息：用户标记表；设备类型（感烟探测器、声光报警器、警铃、手动火灾报警按钮等）；监视点状态。

（2）影响。

多台火灾报警控制器无法同步联网，数据无法实时同步。

（3）改进措施。

在技术规格书中增加火灾报警控制器的联网要求。

14.4 合同谈判阶段

针对投标清单 B2 火灾自动报警系统第十项的投标产品不满足招标文件的问题。南瑞提出将该部分投标产品更换为与既有线 FAS 主机同品牌设备，合价不变，合同总价不变。

投标产品"消防电话主机 HDM3210+HD103"通信距离 1.5 km 不满足招标文件技术要求，南瑞回复将该部分投标产品免费升级为豪沃尔品牌 HDM3300 系列消防电话。

投标清单中的线型光束感烟火灾探测器性能参数不满足招标文件要求，且未按招标清单要求分项报价。南瑞提出将该部分产品更换为艾克利斯品牌产品，按招标清单要求分项报价，该部分合价不变，合同总价不变。

14.5 出厂验收阶段

14.5.1 可持续推广项

（1）全线消防电话增加防护箱（图 14-1）。

既有线消防电话均为挂壁式直接安装，12 号线建设时提出全线消防电话增加防护箱，以避免人为因素造成的掉落风险并保持消防电话本体的清洁度。

图 14-1 消防电话防护箱

（2）采用标准封装电阻（图 14-2）。

既有线电阻均直接压接在端子排上，12 号线采用标准封装电阻，有效降低电阻丝断开引起的故障。

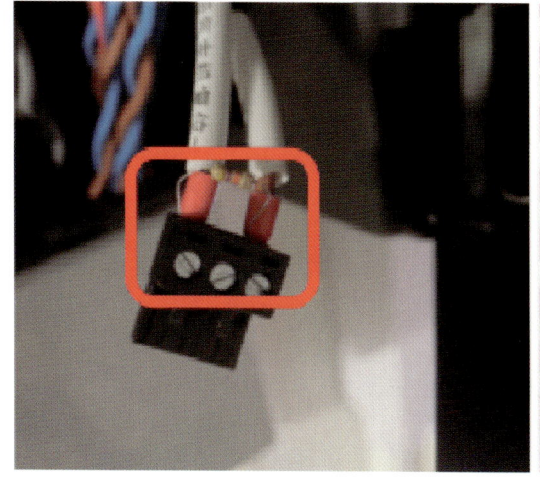

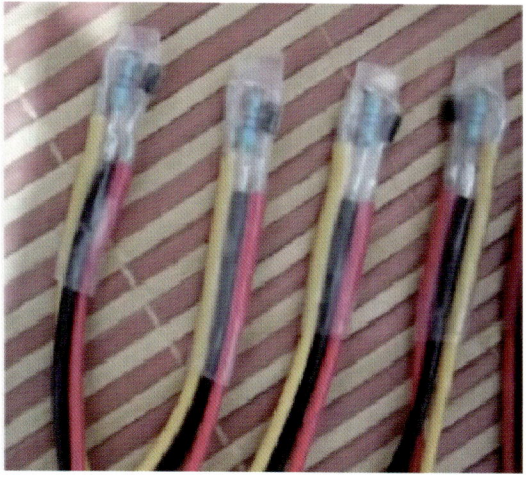

(a) 既有线普通电阻压接　　　　(b) 标准封装电阻 12 号线

图 14-2　终端电阻

（3）气灭接线盒采用电路板（图 14-3）。

12 号线气瓶间气灭接线盒用电路板替代普通接线端子，接线更清晰，故障查找速度更快，且电路板系统稳定性更好。

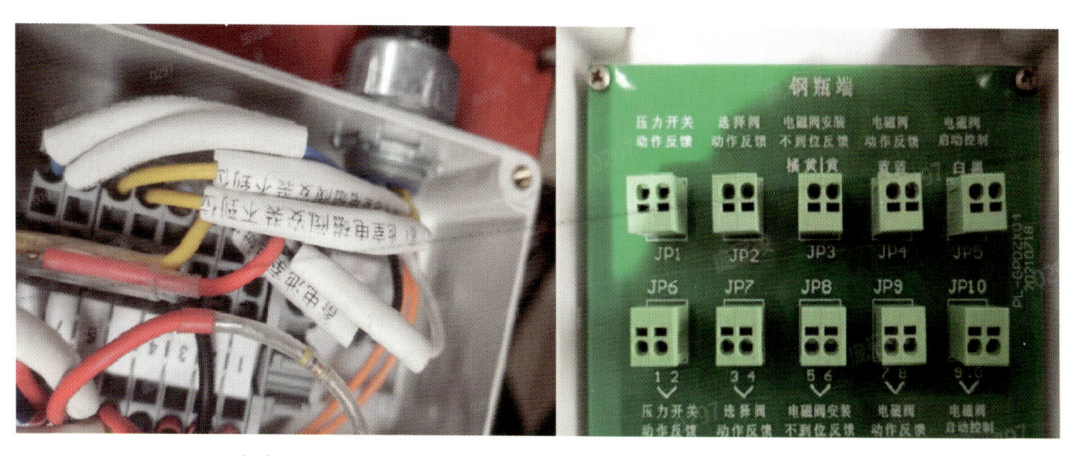

(a) 既有线　　　　(b) 12 号线

图 14-3　气灭接线板

14.5.2　存在问题需改进项

（1）区间防护箱开裂（图 14-4）。

区间手报盒使用的 ABS 材质容易破裂，影响轨行区安全，应采用不锈钢材质。

图 14-4　区间防护箱

14.6　施工调试阶段

14.6.1　首件（样板）定标

（1）区间设备安装样板（图 14-5）。

要求消火栓按钮和手把安装于轨行区同一侧，取代既有线分别安装在轨行区两侧的方案，减少了 2 根线管，同时减少了运营后巡检及维保的时间。

（a）既有线　　　　　　　　　　　　（b）12 号线

图 14-5　区间设备

（2）空气采样管固定（图 14-6）。

吸气式管道采用金属全封闭管卡取代既有线 PVC 半封闭的管卡，降低管路脱落引起的故障。

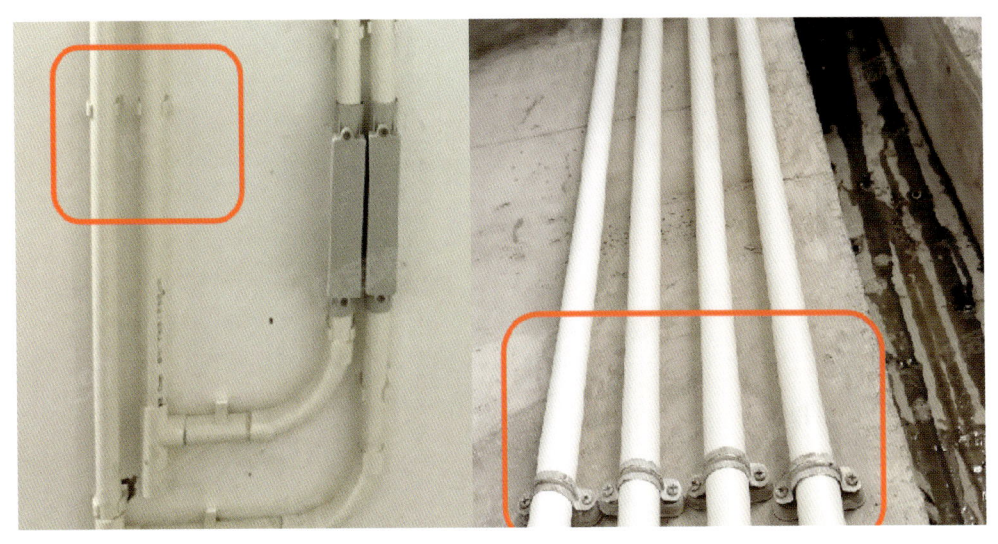

（a）既有线　　　　　　　　　　（b）12号线

图14-6　空气采样管

（3）过轨线管（图14-7）。

轨行区线管如需过轨，严禁从轨顶上方穿过，需从轨道预留钢管处过轨，套防爆绝缘管、不锈钢卡码及膨胀螺栓固定。

图14-7　过轨线管

14.6.2　现场施工典型问题

（1）线缆线标缺漏（图14-8）。

FAS模块箱内线缆未套线标，运营后期维护不便，增加故障排查时间，应提前制定好交底文件，要求施工队伍人员将交底文件随身携带，并按照施工交底文件进行施工。

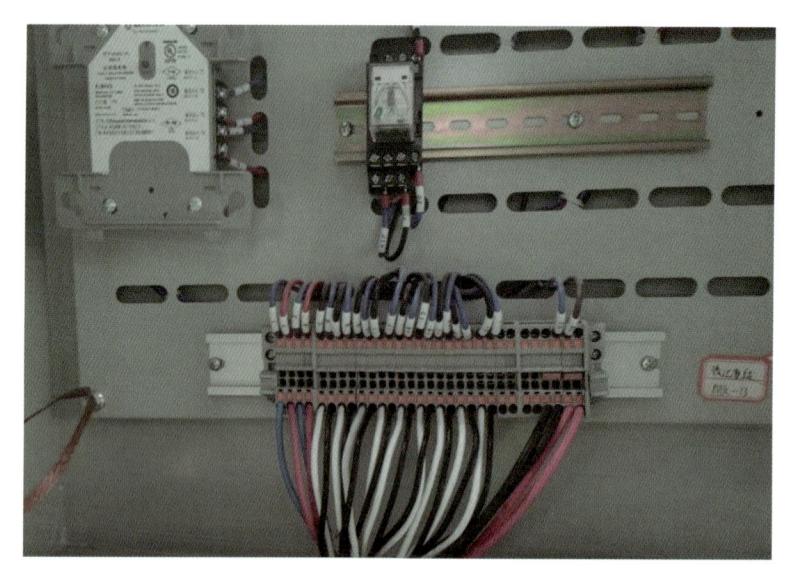

图 14-8　线缆标识

（2）空采主机开启受阻。

吸气式主机安装离线槽太近，主机接线处盖板开关受阻，运营后期维护不便，反复开关易导致盖板损坏，应增加安装要求：吸气式主机左侧离线槽或墙壁不低于 5 cm。

（3）气灭设备安装在轨行区（图 14-9）。

气灭辅助控制箱安装位于站台下轨行区铁门后，运营后期维护测试不便，从偏门进防护区无法打手动，应明确站台轨行区旁辅助控制箱具体安装位置。

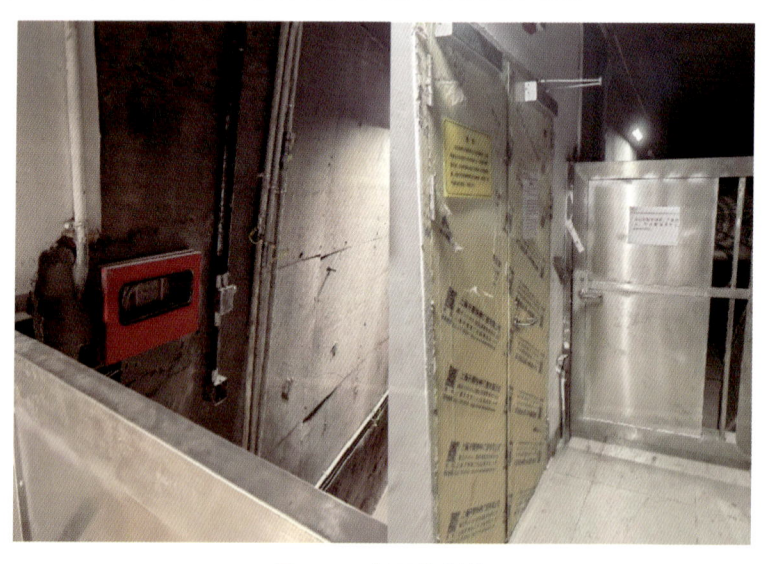

图 14-9　气灭控制箱

（4）消防电话接线不牢固（图 14-10）。

消防电话分机接线端子处未使用线鼻子压接固定，运营后期线路易松脱，铜芯分叉引起线路短路，要求施工单位认真培训技术交底文件，施工单位接线时及时用线鼻子压接信号线再接至消防电话接线端子。

图 14-10　消防电话

（5）箱柜接地线缺漏（图 14-11）。

部分箱柜未安装接地线，影响设备安全，人员维护时有触电危险，提前制定好交底文件，将接地线要求从图纸细化到交底文件，要求施工队伍人员将交底文件随身携带，并按照施工交底文件进行施工。

图 14-11　直流电源盘

（6）气灭线路金属软管松脱（图 14-12）。

气瓶间内金属软管未使用软管接头，软管松脱后，线缆裸露易破皮，应提前制定好交底文件，要求施工队伍人员将交底文件随身携带，并按照施工交底文件进行施工。

（7）垂梯归首控制、反馈线标缺漏。

垂直电梯控制箱内 FAS 的控制及反馈线缆未标注具体接线端子及线标，运营后期维护不便，增加故障排查时间，要求 FAS 施工单位提前做好线缆标识，扶梯厂家接线时不得拆除。

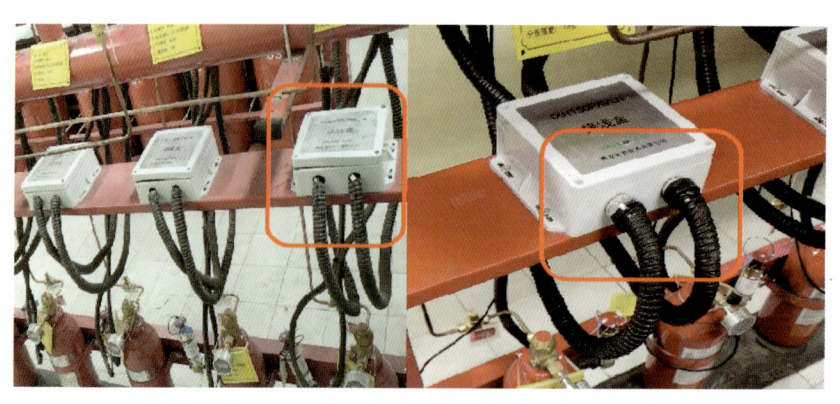

图 14-12　气瓶

14.7　运营筹备阶段

14.7.1　人员不足

运营筹备阶段设备检查及功能测试验证人员不足，设备安装标准及设备功能测试无法同时跟进并及时整改，在新线建设及筹备阶段应增加这部分人员，系统功能稳定后再逐步减少。

14.7.2　跟进不足事项

（1）介入期间任务繁重，相关的测试未能在规定节点完成。
（2）介入期人员有限，站点多、区间长，无法对所有管辖设备进行全面的检查。
（3）委外项目人员无工程介入经验，前期工作开展不熟悉，导致排查进度缓慢。
（4）前介期委外项目人员配置数量有限，施工安装检查、全功能测试交叉进行，检查、测试不够细致、全面。
（5）前介期施工质量整改进度缓慢。
（6）单调、联调质量较低，委外人员全功能测试期间仍发现较多功能类问题。

针对以上问题，编制了综合监控（含防灾报警）质量管控方案及全功能测试方案，针对全过程的管理制定了一系列标准，为各项工作的开展提供了技术指导。

14.8　小　结

防灾报警系统是一种重要的消防设施，旨在早期发现火灾并及时采取措施进行扑灭。该系统通过火灾探测器监测火灾初期的烟雾、热量和火焰等物理量，将这些物理量转换为电信号并传输到火灾报警控制器。控制器对接收到的信号进行处理和判断，确认火灾后，会启动报警装置，如声光报警，同时触发消防联动装置，启动灭火设备和减灾系统。通过前期审图、设计联络确定了系统的基本功能，然后在样机验收、出厂验收阶段对设备质量进行把控，在施工调试阶段对设备安装质量进行严格把关，为地铁运营提供有力的保障。

第15章

段 场

本章旨在总结深圳地铁 12 号线一期段场工程建设经验，梳理设计、施工至运营全周期的关键节点，明确新线段场建设运营的精细化需求，通过本次总结，期望能够提升运营团队在新线段场建设中的技术水平，为后续地铁新线段场工程提供有力支撑，共同推动城市轨道交通建设的卓越发展。

本章编制过程中参考了《地铁设计规范》《深圳新线段场建设标准》等行业技术标准。

15.1 工程介绍

深圳地铁 12 号线一期工程配置一段一场，分别为机场东车辆段和赤湾停车场，主要承担 12 号线地铁列车、工程车及其他车辆停放、整备、清洗、日常技术检查、维修及行车设备、设施、机电设备维护检修，器材、材料、备品仓储保管、供应的综合性基地，同时机场东车辆段还承担着地铁列车的架修、大修任务。

机场东车辆段位于广深高速公路以西 G107 国道以东，机场路与 107 国道交叉口东南角，占地面积 251 577 m²，总建筑面积 267 628.44 m²，通过出、入段线与黄田站连接，以进/出厂信号机 JD1（X122217）、JD2（X122214）为界。

赤湾停车场位于南山区赤湾山南侧、赤湾路东北侧、兴海大道西南侧区域，占地面积 17.65 公顷，总建筑面积 116 868.78 m²，通过出、入厂线与海上世界站连接，以进/出厂信号机 JC1（S120301）、JC2（S120302）为界。

15.2 工程设计阶段

在地铁段场的工程设计阶段，特别强调并鼓励地铁运营人员的深度参与，特别是在图纸审核环节，通过运营人员的专业知识和运营经验，能够及时发现并修正设计中可能存在的隐患，确保设计方案的可行性和实用性，这种前瞻性的参与方式，不仅提升了工程设计的整体质量，也为未来的运营工作奠定了坚实的基础。

在参与深圳地铁 12 号线一期新线段场工程建设过程中，共反馈一期工程图纸审核意见 300 余条，为段场安全生产提供了坚实的后盾。

15.2.1 车厂控制中心（DCC）布局优化

DCC 作为地铁段场的"大脑"，负责段场内行车组织、生产指挥、属地管理等多项职责，在段场安全管理中具有重要地位，如图 15-1～图 15-3 所示。

针对 DCC 调度指挥的战略地位，结合全自动运行场景下的特殊需求，为实现生产流程的高效顺畅运转，达到"精准指挥、科学调度"的指挥目标；组织各设备厂家召开现场会议，搜集设备功能资料，形成设备清单，同时结合 DCC 各岗位工作职责，并实地测量及调研深圳地铁既有线路、成都地铁等全自动运行线路布局情况，以操作性和功能性为中心，对家具及设备进行优化布局，充分满足人员使用需求，打造段场战略"指挥部"。

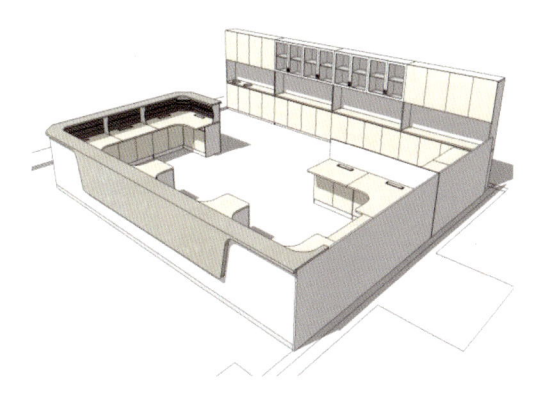

图 15-1　机场东段 DCC 装修布局

图 15-2　机场东段 DCC 装修效果 　　　　图 15-3　机场东段 DCC 装修实际

15.2.2　综合楼增设地下车库

近年来，各城市交通事故屡见不鲜，在地铁段场安全管理中，交通安全同样是重中之重，在审核机场东车辆段停车规划图纸中，发现综合楼仅设计了地下一层停车场，共 149 个停车位，停车位严重不足，无法满足工作人员及住宿人员的日常停车需求，可能会导致段场内机动车乱停乱放现场，严重时甚至导致段场道路堵塞，如发生突发事件时，外部消防、救援车辆无法有效通行，导致事件扩大。

为此，以现场实际情况为数据支撑，积极与设计单位沟通，在双方协商下，最终确定设计变更方案，在原有的设计基础上，新增综合楼地下二层停车场，共新增 150 个停车位，切实有效地解决了机场东车辆段停车位不足问题。

15.2.3　段场隔离门升级

随着深圳地铁改革工作逐步落地，随之而来的，段场安保力量结构也发生了调整变化，对于段场的封闭式管理提出了新的要求。

根据机场东车辆段实际生产需求，并结合保安力量情况，由于机场东车辆段 3 号门的特殊性，最终决定对此门进行常闭式管理，除接新车等特定情形外，此门不再开放使用。

而 3 号门原设计的伸缩门，存在人员翻越风险，如无保安力量值守，该风险则无限提升，不再适用于现有状态，所以联系了设计单位，提出了变更意见，最终将该伸缩门升级为栅栏门，并在门内开小门以供特殊情况使用，如图 15-4 所示。

图 15-4　段场隔离门

15.3　施工建设阶段

在施工建设阶段，坚持"安全、质量、工期"和"符合运营生产需求"为并重的原则，通过"开天窗"的施工方式，有序推进施工进程，确保开通运营顺利，保障段场生产运营安全。

15.3.1　施工作业模式优化

为达到运营开通条件，地铁列车需进行多项功能调试，以达到全自动安全运行目的，段场内其他设备设施也需完成施工调试工作；一为行车类施工作业，二为设备类施工作业，两方作业均需长期占用同一施工区域。

为了避免作业交叉导致可能出现的人员伤亡及设备损伤，经研究，对两类作业进行时间分割，通过"开天窗"的形式，以求达到作业时段平衡的作用，且不互相干扰，最大限度地满足工期及安全要求。

"开天窗"，顾名思义，即为以某个时间点开始，至另一时间点为结束，通常情况下以数日为施工时段，通过数日持续作业以提高施工效率。

15.3.2　轨行区封闭漏洞

在地铁运营期间，不论是正线，还是段场，轨行区封闭管理对于地铁运营安全至关重要，是地铁运营安全管理的底层基础。

在赤湾停车场施工阶段，运营人员现场巡查过程中，发现轨行区与立柱交接处存在封闭漏洞，如图 15-5 所示，可能存在小动物侵入轨行区风险，不符合《深圳地铁新线段场建设标准》轨行区安全围蔽防护栏下方间隙 0.05 m 标准。

经与施工单位沟通,对该漏洞处加装护板,消除此隐患;此类问题在深圳地铁新建段场内并不少见,多分布在转弯、建筑交界、立柱交界处等视野盲区,所以新线段场建设过程中,应重点关注此类问题。

图 15-5　轨行区封闭漏洞

15.3.3　固定式架车机工艺轨道中心线偏移

在机场东车辆段施工阶段,运营人员现场巡查过程中,发现 32 道固定式架车机控制平台与轨道对接后,无法完全对齐,中心线偏移,不满足轨道铺设必须平直成线,如图 15-6 所示。轨道接头的间隙不大于 5 mm,垂直及不平误差不大于 2 mm。经与施工单位沟通,对轨道进行调整,以满足技术要求。

图 15-6　固定式架车机工艺轨道中心线偏移

15.4　施工调试阶段

施工调试阶段主要工作是参与安装、调试(单调、联调)技术方案、调试大纲、调试方案审核,开展设备单机调试和系统联调,跟进工程进度、施工质量,参与工程预验收及督促承包商整改;参与竣工验收,严格把关施工质量问题,按照流程做好资产移交。

15.4.1 施工前的准备工作

15.4.1.1 基础验收

工艺设备种类多,形体单一,接口复杂,为确保工艺设备施工调试顺利完成,针对每类设备制定基础验收条件,且分为安装必备条件及调试必备条件,定期组织厂家现场跟进施工进展及施工质量,确保基础满足设备安装及使用需求。最终由土建及设备监理组织相关单位召开设备基础验收会,标志着安装基础责任单位由土建施工方转移到设备承包商。

15.4.1.2 施工调试计划

为确保设备施工调试有序开展,以线路开通时间为目标,以设备到段、完成施工调试及验收为重大时间节点,制定施工调试倒排工期,包含完成基础施工,设备到段,完成安装,单机调试,系统联调,开口项整改及初步验收等。

15.4.2 施工过程

安装过程中,需要严格按照施工图纸和技术要求进行作业。对于关键设备和部件,需要进行精确的定位和安装,确保设备之间的连接紧密、稳固,还需注意隐蔽工程的施工,为此在安装过程中,安排专业骨干现场跟踪,根据施工图纸及技术要求,以设备使用及维护为最终目标,检查施工质量,对发现的问题,及时提出整改措施,定期召开问题专题会,确保安装工艺质量。同时,还需注意施工过程中的安全问题,如防止触电、坠落等事故的发生。

15.4.3 设备调试

15.4.3.1 调试前的准备

在调试前,需要编制详细的调试方案和安全措施,并对调试人员进行培训和指导。同时,还需准备好所需的调试工具、仪表和设备,确保调试过程的顺利进行。

15.4.3.2 调试过程

调试过程中,需要按照调试方案逐步进行各项测试和试验。首先进行单机调试,检查设备的各项功能是否正常;然后进行联调联试,验证设备之间的通信和协作能力。在调试过程中,要注意观察设备的运行状态和参数变化,及时记录和处理异常情况。

为确保设备功能正常、安全可靠,避免既有问题重复发生,梳理合同功能要求及既有线设备问题,制定两个100%设备功能验证清单,并进行逐一核对验证。

15.4.4 设备验收

调试完成后,需要对设备进行全面的验收和评估。编制设备验收大纲,从设备外观、安装工艺、维保规程、功能验收等方面进行检查及验收。对于不符合要求的部分,要进行整改和完善,确保设备达到设计要求和运行标准,直至通过初步验收。

15.5 运营筹备阶段

在运营筹备阶段，确保地铁线路的顺利开通与高效运营是首要任务，这一目标的实现对于整个城市轨道交通系统的发展具有至关重要的意义。

此阶段，已全面进入以运营人员为主导的建设阶段，这意味着工作重心和工作力量的投入都将集中在这一关键领域，为确保运营筹备工作的顺利进行，不仅需要严谨细致地进行各个环节的规划和执行，更要注重团队之间的协作与配合，确保每个环节都能得到充分的重视和关注。

15.5.1 人员进驻

人员进驻前，需充分调研段场进驻条件现场实际情况，识别风险数据，并根据风险数据及典型案例做好培训及考试工作，确保人员掌握现场风险情况，确保个人人身安全。

在这之外，需充分考虑进驻人员的"衣食住行"问题，并逐条落实（衣：个人劳保用品；食：后勤保障；住：办公场所及设备；行：交通工具及线路）。需要特别注意的是，对于行走交通道路曲折、泥头车多路段，应优先使用车辆接送，确保人员上下班期间道路交通安全。

15.5.2 新车到段

为保障新车到段接车有序开展，DCC 根据接车段场现场施工进展、现场实际接车条件情况，专项制定接车方案，方案内容明确接车准备工作、工器具、接车进路、作业流程等环节工作职责及安全要点，保障接车作业安全。

15.5.3 现场临管

这一阶段，意味着现场安全管理主体在逐步向运营转移，为了确保现场安全可控，在临管前必须做好现场风险排查梳理工作，并形成《临管条件需求清单》，且根据清单内容逐条落实，为确保 12 号线地铁列车调试工作顺利开展及调试现场安全生产稳定、有序可控，深圳市 12 号线轨道交通有限公司联合深圳地铁建设集团有限公司成立车辆调试工作组，制定了《机场东车辆段临时管理办法》，并根据列车调试、信号调试生产组织需要对机场东车辆段分阶段分区域逐步开展临时管理。

在段场临时管理办法的基础上，DCC 结合现场实际施工进度、生产组织、行车组织、调试作业、施工管控及地盘管理等，先后下发 20 多份规定/通知，持续完善、规范段场现场生产运作。

15.5.4 试运行

这一阶段，现场施工趋近尾声，更多施工内容为前期问题整改项；段场轨行区内已按正式运营进行收发车行车组织。

此阶段主要为两项重点内容：一为推进现场问题整改，如此期间问题无法整改完毕，后续正式运营则作业时间更少、更难推动,耗费人力、物力将大幅提升;二为完善行车组织、生产组织等模式验证,并形成分析清单,对各组织流程进行调整,找出最优模式。

15.5.5 运营前安全评估

此阶段为运营前的最后阶段,段场内存在的相关问题应在此阶段前完成整改闭环,并做好专家评审迎检工作,为此我中心编制《车辆中心新线开通运营前安全评估迎检工作标准》,规范化评估报告编制、评估资料准备、评估会务组织、现场功能测试等环节,确保新线安全评估工作科学、有序开展。

15.6 二期工程优化建议

在地铁段场的工程设计阶段,特别强调并鼓励地铁运营人员的深度参与,特别是在图纸审核环节,通过运营人员的专业知识和运营经验,能够及时发现并修正设计中可能存在的隐患,确保设计方案的可行性和实用性,这种前瞻性的参与方式,不仅提升了工程设计的整体质量,也为未来的运营工作奠定了坚实的基础。

15.6.1 成立新线专业组

为了更好地提升新线建设质量、标准,以满足运营使用需求,应尽早成立新线工作小组,统筹新线工作,落实责任分工、明确工作职责,做到"早入介、早发现、早解决"新线段场工程问题,并根据运营筹备总体策划方案工作节点,有序推进新线工作。

15.6.2 施工、设计交底

在参与新线段场建设过程中,应尽早与设计单位、施工单位、监理单位、业主代表等相关单位或人员建立沟通联络机制,结合既有线段场曾出现的施工、设计问题及运营使用需求,提前与相关单位或人员做好施工、设计交底,避免新线段场重复出现既有线段场工程问题,以减少后期整改带来的影响。

15.6.3 建立工程问题案例库

为了更好地总结新线段场工程建设经验,可结合既有线段场发现的典型工程问题,建立段场工程问题案例库,明确建设依据、标准或新线段场建设的运营需求,制定参与新线建设管控要点或指引,为后续地铁工程建设提供较好的指导及借鉴意义。

15.6.4 持续完善新线建设管控制度

建立新线介入制度是确保新线介入工程顺利进行的基石,而具备专业知识和丰富经验的工程介入人员则是实现这一目标的关键力量,可从以下两方面开展:

制度保障:新线介入是一个长期过程,涉及单位多,范围大,流程繁琐,建设跨度长,应全面梳理及完善设计、工程介入、工程验收、工程移交、备品备件移交等制度，明确责任主体、工作标准、流程、问题处理机制，建立一个有效的制度保障体系，才能保证全过程的介入顺利开展。

人员保障：工程介入人员应由具有专业知识的技术骨干或维保经验丰富的人员担任，熟悉工程介入制度、工作重点、问题处理方法及反馈机制等。

15.7 小 结

通过本次对深圳地铁12号线一期段场建设情况的总结，梳理出较好的优化建议，为后续12号线二期建设及其他线路建设提供良好的参考示范作用，归纳主要有4点要求需重点管控：

15.7.1 规范设计资料存档

12号线一期新线工程建设大部分设计图纸、资料在成立PPP公司前送给运营专业进行审核，导致相关设计图纸、资料存档未进行统筹规范管理，造成资料存在脱节缺失，影响后续跟踪，为了更好地开展新线建设工作，规范新线工程建设资料管理及技术文件资料存档，有必要建立完整的新线工程建设资料档案管理规定，以便于后期资料查阅，依据查找，做到闭环管理。

15.7.2 强化工程质量管控

深度开展现场工程介入、做到"早介入、早发现、早解决"工程问题，并根据段场现场排查清单进行全面排查，动态跟进问题整改，确保工程质量达标，现场问题按级别、质性进行分类，梳理重点难点问题，重点协调解决，及时提出整改预警，定期统计工程问题整改情况，督促推进落实工程问题整改。

15.7.3 制定现场介入管控要点

根据国家相关法令法规、制定新线介入管理规定，指导各专业开展新线设计文件审查及现场介入工作，在设计规范、行业标准基础上，提出运营需求，保障新线建设审图、现场介入、三权移交质量，明确各单位/专业责任，提高新建线路工程质量及客运服务水平，降低工程遗留问题整改工作量。

15.7.4 明确计划、落实分工，高效推进

根据公司运营筹备总体策划方案，结合运营筹备十个业务板块（人员、物资、规章、后勤、演练、工程参与、生产准备、验收接管、试运行、初期运营），分解工作任务、明确责任分工，做好接口对接，定期召开新线会，切实提高新线工程质量，确保高质量高水平开通。

第16章

建 筑

建筑专业主要负责地铁车站和区间线路的土建结构、装饰装修、站外导向维护管理，主要为乘客提供快捷方便的出行路径，为乘客提供舒适和谐的乘车环境。工程设计和施工质量关系着运营期的使用和维护的管理，土建施工是地铁施工的先行者，当结构病害少了，渗漏水就少了，车站乘车环境也就提升了，装饰装修工程设计与施工质量是车站乘车环境的关键要素。因此，建筑专业在前期工程介入，运营筹备中显得尤为的重要。

本章经验总结主要从建筑设备设施的设计、施工及遗留问题整改等阶段进行梳理，为避免一期中出现的问题在二期中继续发生，应完善建筑设备设施的使用功能，提供更优质的运营服务质量。

16.1 工程介绍

12号线一期工程建筑专业有房建和隧道两个专业。房建主要负责车站、段场及主变电所的房建设备实施的维护管理，主要包括土建结构、天花、墙面、地面、门窗锁、玻璃、栏杆、导向标识及人防门等。隧道主要负责隧道土建结构、疏散平台、联络通道、防火门及人防门等。主要设备材料供应商见表16-1。

表16-1 12号建筑主要设备材料供应商

序号	子系统	设备/材料名称	规格型号	设备说明	供货商	负责采购单位
1	建筑	防火门	甲级防火防盗门	设备房门	上海道生门业有限公司	中电建南方投资有限公司
2	建筑	卷帘门电机	ECR-647-1P	电动卷帘卷闸门电机	漳州市杰龙机电有限公司	中电建南方投资有限公司
3	建筑	车站人防门	GFM3035/GHFM1525/GSFM4040/JFJM3035/PFJM3040/QPFM3040	人防门确保人防工程整体防护密闭性能的完好，保证战时效能的有效发挥	深圳市馥豪人防工程防护设备有限公司、深圳市南山人防工程防护设备有限公司、广东益安人防工程科技有限公司	中电建南方投资有限公司
4	建筑	区间人防门	WTHFM4245	人防门确保人防工程整体防护密闭性能的完好，保证战时效能的有效发挥	深圳市馥豪人防工程防护设备有限公司、深圳市南山人防工程防护设备有限公司、广东益安人防工程科技有限公司	中电建南方投资有限公司
5	建筑	搪瓷钢板	—	公共区墙面装饰	浙江开尔新材料股份有限公司	中电建南方投资有限公司
6	建筑	花岗石	花岗石（799 mm×799 mm×25 mm）	公共区地面装饰	万隆石业(福建有限公司)	中电建南方投资有限公司

16.2 设计审图阶段

12号线一期工程建设中,前期审查设计需求书时,根据以往运营成熟经验,提出了4项设计改进问题,大大减少了维护成本,极大地方便了运营的维护管理工作,为安全运营打下了基础,同时也为后续工程建设图纸审查阶段提供了经验。

16.2.1 水磨石地面改为花岗岩地砖

12号线车站地面采用花岗岩(图16-1)砖质地坚硬耐磨,耐脏污易清洗,维护工作量少,审图阶段发现设计采用水磨石地面(图16-2),依据以往运营经验水磨石地砖硬度低,表面易损伤,易破裂,抗污染能力差,维护工作量大且维护成本高。将水磨石地面改为花岗岩地砖,大大降低了维护工作量和维护成本。

图16-1 花岗岩地面　　图16-2 水磨石地面

16.2.2 站台层屏蔽门上盖板与天花吊顶及金属骨架的间距要求

12号线站台层屏蔽门上盖板与天花吊顶及金属骨架间距大于100 mm,开通以来未发生打火问题,设计审查阶段充分考虑站台层屏蔽门上盖板与天花吊顶及金属骨架间距须≥100 mm(图16-3),为运营后产生电压差,杜绝打火现象奠定了基础。

图16-3 站台门与天花吊顶间距

16.2.3 离壁墙检修门的要求

12号线公共区离壁墙检修门（图16-4）按10 m内设置一个检修门（遇拐角处增设一个），石材墙面的检修门应采用不锈钢材质，搪瓷钢板墙面应采用搪瓷钢板材质，所有检修门合页应采用隐蔽式通长合页。设备区离壁墙地2~3 m需要设置一个检修门，若设备房内未设置地漏的则以隔墙为起点2~3 m设置一个检修门。设计审查阶段充分考虑运营检修，检修门设置少了，不利于运营后期的日常检修。

图16-4 检修门

16.2.4 外墙瓷片装饰改为仿石漆

12号线车站外墙装饰（图16-5）的钢立柱、主所、段场外墙装饰采用仿石漆，设计图审查时发现外墙采用瓷片装饰，结构钢立柱外保护层抹水泥砂浆，依据以往运营经验，该做法容易发生脱落，造成人身伤害，存在安全隐患。要及时与设计单位沟通，将车站钢立柱、主所、段场外墙装饰改为采用仿石漆可行，避免外墙装饰脱落的风险。

图16-5 外墙装饰

16.3 施工调试阶段

12号线一期工程建设中,介入检查时发现土建结构及装饰装修存在设计不合理和施工安装缺陷,对后期运营客服及设备运行将产生严重影响。对此检查发现的问题督促各参建方进行整改,起到了良好效果。

16.3.1 车站离壁沟缺陷问题

12号线一期工程车站离壁沟存在积水,未按要求找坡防水、挡水坎存在渗水问题,严重设备设施的安全。开通运营后12号线车站离壁沟渗水影响较大问题主要有:
(1)站台层电扶梯洞口周边渗水。
(2)站台屏蔽门上方(图16-6)、侧式站台绝缘层下方渗漏水。
(3)地面通道渗水。
(4)轨行区轨顶风道渗漏水(图16-7)。

图16-6 站台门上方渗漏水　　　　图16-7 轨顶风道渗漏水

二期工程中介入检查时,将重点关注离壁沟尺寸是否符合设计,排水是否顺畅,有无积水,离壁沟挡水坎是否与楼板同步连续浇筑,挡水坎是否渗水等。另外也与设计交流离壁沟挡水坎内增设止水钢板,适当加高以保证沟底找坡后挡水坎高度能满足要求,适当减小离壁沟挡水坎和沟宽度,保证装饰墙面不与挡水坎冲突。

16.3.2 电梯基坑底部排水口问题

12号线一期工程中存在电梯基坑底部排水口高于基坑底面,出现基坑积水,影响电扶梯的运行安全,为确保基坑底部无积水,不影响电梯的使用安全。后期工程建筑专业图纸审查阶段将重点关注基坑设计是否按要求设置排水口,工程介入时检查基坑排水口是否按设计施工做好预留,避免出现排水口高于坑底的情况(图16-8)。

图 16-8　电梯基坑排水口高于坑底

16.3.3　电缆夹层积水问题

12 号线一期工程中站台板下设备电缆夹层积水问题较严重（图 16-9）。后期工程建筑专业图纸审查阶段将重点关注站台板下电缆夹层排水组织，在工程介入时重点检查站台板下设备电缆夹层是否按设计设置排水设施，必要时做试水试验检查，并检查施工垃圾是否清除。

图 16-9　电缆夹层积水

16.3.4　紧急疏散通道迎土侧未设置排水设施问题

12 号线一期工程中紧急疏散通道迎土侧未设置排水设施，存在积水无法排出（图 16-10）。二期工程中建筑专业图纸审查阶段将会提出疏散通道需要设置离壁沟等排水设施，同时工程介入时重点检查是否按要求设置排水设施。

图 16-10　紧急疏散通道积水

16.3.5　防淹高度不足问题

12 号线一期工程介入时，发现有部分车站、区间风井、主变电所出入口及紧急疏散通道口平台低于防淹要求（图 16-11），地势低洼，存在雨天倒灌的风险，应及时督促各参建单位按照最新防淹设计指引进行整改。最新防淹设计要求：出入口防淹平台不低于室外地面 450 mm（一般 450~600 mm）；风亭基础高度不低于 1.2 m。针对该问题设计审查阶段及工程介入均应按照最新防淹设计标准执行。

图 16-11　疏散通道口平台低于防淹要求

16.3.6　预留孔洞未做好封堵问题

12 号线一期工程中车站出入口、风亭等结构墙预留穿墙管线孔洞、拉杆孔洞，未做好防水封堵（图 16-12），雨水流入车站，站厅站台穿楼板预留孔洞，管道安装后与结构周边未按要求做好防水封堵，严重影响车站设备的安全运行及客服质量，该类型事件造成了多起客服投诉。预留穿墙管线孔洞、拉杆孔洞、预留孔洞等应做好防水封堵，后期工程介入及验收阶段需要严格做好检查。

图 16-12　车站出入口未做好防水封堵

16.3.7　土建结构混凝土表面掉块问题

12 号线一期工程介入检查时，发现土建结构混凝土表面有结构裂块（图 16-13），施工缝处浆皮未清理（图 16-14），混凝土结构缺陷采用水泥砂浆、堵漏灵修补，与结构黏结不良，模板、垃圾未清理干净等问题产生掉块的现象。

图 16-13　土建结构混凝土表面结构裂块　　　　图 16-14　施工缝处浆皮未清理

工程介入检查时发现裂块，面积小于 200 mm × 200 mm，不建议修补，如有露筋，做除锈处理；大于 200 mm × 200 mm，深度大于 50 mm，根据面积大小考虑挂网，并用环氧砂浆修补；大面积掉块，需进行地质雷达探测、物探、三维扫描等，设计出方案专项整治。

16.3.8　管片滑槽泡沫条未清理问题

12 号线一期工程介入时，检查发现管片预埋滑槽泡沫条，安装单位在施工完后未进行清理（图 16-15），未清理的滑槽胶条老化、受活塞风的影响，会发生脱落，悬挂在隧道上方，影响接触网和列车行驶。后期工程介入期间人员应跟进清理情况，另外纳入隧道验收大纲，要求施工单位在滑槽上设备安装完毕后应及时进行清理。

图 16-15　管片预埋滑槽泡沫条未清理

16.3.9　站台门区域绝缘层要求

12 号线一期工程介入时,检查发现站台门区域绝缘层(图 16-16)未按照设计要求进行施工,绝缘层应严格按照站台门范围不小于 2 000 mm 范围的区域(含地面、墙面)需设置绝缘层做绝缘处理,靠绝缘带墙面金属安装配件加电阻大于 $5 \times 10\ \Omega$ 橡胶绝缘垫,绝缘工程(含地面石材)完工后,实测绝缘电阻 $\geqslant 0.5\ \text{M}\Omega$。后期工程介入及验收阶段需要严格做好检查。

图 16-16　站台门区域绝缘层施工

16.3.10　门洞尺寸预留偏大问题

12 号线一期工程介入时,检查发现设备房预留门洞与门框尺寸相差太大(图 16-17),后续用砖填充导致门框安装不牢固容易变形,后期震动或者风压会导致砖脱落,门框松动。建筑专业及时协调各参建方防火门的安装严格对照设计要求进行整改,避免因门框安装不良,增加运营后整改工作量。后期工程介入检查时应重点检查确保防火门的安装满足要求。

图 16-17　门框尺寸相差太大

16.3.11　卷帘门包厢内安装其他专业设备问题

12 号线出入口卷帘门包厢内安装有其他专业设备及线缆敷设较凌乱，介入检查时提出了卷帘门包厢内不得安装其他专业设备，否则容易侵入卷帘门运转范围，将影响卷帘门的正常开关（图 16-18），严重影响运营客服质量。卷帘门长期运转可能将线缆绝缘层磨破，也可能将线缆卷断，严重时造成触电危险，建筑专业应及时督促各参建单位进行整改，降低设备运行的安全风险。后期工程设计审图阶段及介入检查时均应重点关注该问题，确保卷帘门的安全运转。

图 16-18　卷帘门问题

16.3.12　离壁墙采用瓷砖装饰问题

12 号线一期工程介入检查时，发现设备区埃特板离壁墙采用了瓷砖墙面（图 16-19），因埃特板面与水泥黏结力差，易发生脱落，影响设备及人身安全。埃特板离壁墙不应采用瓷砖墙面，应采用防水型涂料装饰，并及时督促各参建单位完成整改，避免因瓷砖经常性脱落带来的不必要维护。根据相关要求，饰面砖水泥砂浆粘贴工艺被列入淘汰目录，建议采用防水型涂料装饰。

图 16-19　瓷砖墙面

16.3.13　干挂石材（花岗岩）墙面施工工艺问题

12 号线一期工程介入检查时，发现出入口通道干挂花岗岩石材墙面施工工艺不符合设计要求，挂件安装错误，非标准块采用胶粘工艺（图 16-20），会发生石材脱落，造成人身伤害，存在较大的安全隐患。组织各参建方对非标准块及挂件安装工艺进行了整改，该问题也纳入危险源登记册进行管控，后期工程中应从设计阶段干挂工艺选择（建议采用铝板或搪瓷钢板），明确非标准块安装工艺，介入检查时应作为关键检查内容进行卡控。

图 16-20　干挂花岗岩石材与墙面胶粘

16.3.14　甩项工程

12 号线一期工程甩项部分主要是车站出入口及自然形成空间，存在的主要问题是甩项部分施工会对车站运营的客服质量产生影响，施工过程缺少跟进卡控。

甩项工程与车站连接部位要做好全封闭的施工围挡，做好隔音阻粉尘的防护，日常做好巡查，保证围挡不被损坏。甩项工程与车站连接部位应设置 1.5 m 高的钢筋混凝土防汛挡墙，与车站结构应植筋连接，维护结构破除与车站主体连通前，施工单位应申报破拆方案，应经运营单位审批同意。

甩项工程施工过程往往会被忽视，而集中力量在已开通运营部分进行遗留问题的整改。应注意按照新线介入要求，做好甩项工程的施工质量的检查。

甩项工程验收，每次验收前建筑专业应提前安排人员进行现场检查，并复核现场问题整改情况，验收会一般时间都比较短，不能较全面地发现问题，提前进行检查也能利用验收会将现场存在的问题一次性提出来，供各参建单位整改。

16.4 难点与应对措施

（1）难点一：开通运营时遗留问题较多未整改完成。

应对措施：遗留问题均登记造册，分级管控，按照轻重缓急进行整改。整改的过程中，专业工程师与施工单位的负责人现场针对性地制定整改方案，并制定作业计划，限定整改时间，指定整改负责人定期跟进整改进度，了解整改实施的阻碍点，组织各参加方协调推进整改，整改的过程做好施工记录，整改完毕后组织各方进行验收。针对故障频发的问题，建议施工方储备一定数量的备品备件，供紧急时使用，同时分析故障原因，从使用管理、施工质量、设计等角度降低故障率。施工方质保人员需要固定，熟悉现场，针对遗留问题能够分析原因，能满足技能要求，涉及特种作业时符合资质。

（2）难点二：委外维保团队经验不足，未深入有效开展工作。

应对措施：项目策划阶段对委外维保人员资质应要求具备运营相关经验，委外维保项目人员应结合运营需求深入参与工程建设，参与设计交底及施工交底，尽可能理解工程设计的主导思想、建筑构思和要求、采用的设计规范、施工中应特别注意的事项、工程关键部位的技术要求和工程质量的保证措施，朝着有利于工程质量可控的方向开展介入工作。在工期紧迫的情况下，尽可能克服现场施工质量问题难发现、问题整改主动性不强的困难。

16.5 二期工程优化建议

12号线一期工程建筑设备设施故障发生较多的有土建结构渗漏水、防火门门锁故障、边门脱落、防淹挡板损坏拼装困难、干挂石材松动等问题，以及渗漏水问题，造成了客服投诉事件。为减少设备设施故障的发生，便于运营生产使用，提升客服质量，在二期工程中提出了一些优化建议。

16.5.1 车站风亭内人防门防关门装置优化建议

12号线一期工程中发现车站风亭内人防门（图16-21）防关门装置不能有效锁定门扇，在活塞风的作用下会发生摆动，存在车站通排风受阻、损坏设备设施、碰撞检修人员的风险。二期工程中建议：提前与人防门厂家沟通，在地面预留固定插销孔或者其他有效替代措施。

图 16-21 人防门

16.5.2 区间疏散平台踏步板防松脱优化建议

12 号线建设期，因区间积水造成了疏散平台踏步板松脱（图 16-22），为预防突遇隧道击穿、泵房设备故障、排水不畅等情况致使区间积水，易造成泵房等地势较低处疏散平台踏步板松脱，影响人员紧急疏散。二期工程中建议：对泵房两侧一百米范围内的疏散平台踏步板进行固定。

图 16-22 疏散平台踏步板松脱

16.5.3 客服中心旁边门防脱落优化建议

12 号线站厅客服中心旁边门采用玻璃，边门自重大，合页容易变形，边门脱落，玻璃易破裂，如图 16-23 所示，影响客服质量。二期工程中建议：边门采用不锈钢栏杆格栅形式且为 5 寸不锈钢旗形合页。

图 16-23　客服中心旁边门脱落

16.5.4　出入口防攀爬设施优化建议

12 号线出入口楼扶梯两侧防攀爬设施采用玻璃（图 16-24），存在玻璃破裂刮伤乘客的隐患，也不利于后期维护。二期工程中建议：采用 1.2 m 高不锈钢栏杆加"禁止攀爬"标志牌。

图 16-24　防攀爬玻璃

16.5.5　出入口防洪板及配套件优化建议

12 号线出入口防洪板边立柱与出入口混凝土挡墙之间应采用混凝土浇筑封堵，一期存在线管穿过，影响防洪板挡水效果；挡板分块较多，安装拼接较麻烦，中间立柱固定螺丝较多，使用不方便，挡板及零配件（图 16-25）未按设计审查提出的要求配置存放箱，不利于保管，将影响车站防淹能力。二期工程中建议：设备布线合理考虑，避开防洪挡板边立柱部位，挡板尽可能减少分块数，中间立柱、背撑应使用预埋插口的固定方式，安装应简易，每套防洪挡板应配置专用存放箱子。

图 16-25　防洪挡板及零配件

16.5.6　艺术椅优化建议

12 号线部分站台摆放的艺术椅（图 16-26）多次造成客人受伤。二期工程中建议：艺术椅应安全实用，占用空间小，不应影响乘客通行。

图 16-26　艺术椅

16.5.7　区间中隔墙防火门加固优化建议

12 号线区间中隔墙防火门（图 16-27）未设置加固措施，存在门体倾倒侵限隐患，造成运营安全。二期工程中建议优化设计增设固定链条，并安装在混凝土结构上，保证在门体脱落的极端情况下不会发生掉落的门体侵入行车限界的情况。

图 16-27　中隔墙防火门

16.5.8 轨行区过道不锈钢栏杆优化建议

12号线站台端门内轨行区过道不锈钢栏杆（图16-28）设计高度1.8 m，落轨梯处设置铁门及一体化电控锁，存在栏杆铁门侵限的风险。二期工程中建议：设计优化采用1.2 m高的不锈钢围蔽网，取消落轨梯铁门及电控锁。

图 16-28　轨行区过道不锈钢栏杆

16.5.9 出入口卷帘门安装优化建议

12号线出入口卷帘门包厢（图16-29）内安装有其他专业设备及线缆敷设较凌乱，介入检查时提出了卷帘门包厢内不得安装其他专业设备，否则容易侵入卷帘门运转范围内，影响卷帘门的正常开关，严重影响运营客服质量。卷帘门长期运转可能将线缆绝缘层磨破，也可能将线缆卷断，严重时造成触电危险，建筑专业及时督促各参建单位进行整改，降低设备运行的安全风险。二期工程中建议：工程设计审图阶段及介入检查时均应重点关注该问题，卷帘门包厢内严禁安装其他专业设备设施，确保卷帘门的安全运转。

图 16-29　出入口卷帘门包厢

16.5.10　离壁墙墙面装饰优化建议

12号线一期工程介入检查时发现设备区埃特板离壁墙采用了瓷砖墙面（图16-30），因埃特板面与水泥黏结力差，易发生脱落，影响设备及人身安全。二期工程中建议：埃特板离壁墙不应采用瓷砖墙面，应采用防水型涂料装饰，避免因瓷砖经常性脱落带来的不必要维护。根据相关要求，饰面砖水泥砂浆粘贴工艺被列入淘汰目录，建议采用防水型涂料装饰。

图16-30　瓷砖墙面

16.5.11　紧急疏散通道设置排水设施优化建议

12号线一期工程中紧急疏散通道迎土侧（图16-31）未设置排水设施，目前这些部位已经出现了结构渗漏水无法排出，造成地面积水的情况，反复堵漏效果不良。二期工程中，图纸审查阶段要提出疏散通道需要设置离壁沟等排水设施，同时工程介入时检查是否按要求设置排水设施。

图16-31　紧急疏散通道迎土侧

16.5.12 孔洞封堵、临边无防护问题的优化建议

12 号线一期工程中穿线孔洞、预留未使用的孔洞（图 16-32）采用埃特板封堵不能满足承重的要求。孔洞临边无防护栏杆，检修人员有踏空坠落的风险。二期工程中，在设计图纸审查及设计联络时应与设计、建设单位做好沟通，提出运营需求，孔洞封堵应满足承重及阻火隔热的要求，孔洞临边处应全面增设防护栏杆，确保检修人员的安全。介入时也应重点检查孔洞的隐患，确保按设计按规范施工。

图 16-32 预留未使用的孔洞

16.5.13 护栏玻璃安装固定工艺问题

12 号线一期工程护栏玻璃采用卡槽固定方式（图 16-33），立柱设计采用 5.0 mm×20 mm 拉丝不锈钢扁钢立柱，立柱底部设置 200 mm×200 mm×10 镀锌钢板采用 M12/18×100 扩底型锚栓锚固于楼地面混凝土上，底管、面管设计采用 2.0 mmϕ50 拉丝不锈钢圆管，玻璃设计采用 8+1.52+8 钢化夹胶玻璃，玻璃通过嵌入底管、面管卡槽内固定。该设计安装工艺对玻璃嵌入卡槽的深度、打胶的要求未在图纸上明确，施工单位未参照规范要求细化施工工艺参数。玻璃下料尺寸不足，存在玻璃脱槽掉落的隐患。二期中建议：设计图纸标注明确玻璃嵌入卡槽的深度。打胶的具体要求、卡槽的深度应考虑施工安装的便利进行加深，槽口的宽度也应根据玻璃的厚度，施工安装的要求进行调整，确保玻璃嵌入卡槽的深度满足规范的要求，介入检查时应参照设计图纸和玻璃安装的相关规范要求卡控护栏玻璃的施工质量。

图 16-33 护栏玻璃固定

16.5.14 落实施工交底、技术交底和会议要求

各类会议的安排，设计交底、施工交底等应主动向建设单位、监理单位询问，做好会前准备，积极安排好时间进行参会，提出的意见，应要求落入会议纪要。参会人员应及时向上一级领导反馈，然后安排人员跟进提出的意见是否有落实到现场。另外还可以将各类意见进行收集，以工作联系单的形式沟通建设单位进行落实。

16.5.15 工程介入管控

12 号线一期工程建筑筹备人员未参与设计交底及施工交底，技术人员对工程设计的主导思想、建筑构思和要求、采用的设计规范，施工中应特别注意的事项，工程关键部位的技术要求，工程质量的保证措施理解不透彻，不利于技术人员开展介入工作。运营筹备建筑专业（含委外人员）应重视设计阶段图纸会审、设计交底，从源头提出运营使用的需求，了解工程设计的主导思想、建筑构思和要求、采用的设计规范，便于在施工阶段对工程质量和关键部位进行卡控，有针对性地介入现场检查。建议二期工程介入前，专业技术人员应经过新线介入培训，熟悉检查的要点，运营的使用需求，编制介入手册，带着目的去检查，才能发现问题。介入人员要固定，人数要随着不同阶段进行配置，制订好检查计划，检查发现的问题做好跟踪闭环。

16.6 小　结

12 号线一期工程运营筹备中建筑专业充当了一个重要的角色，在土建和装饰装修中也发挥了积极作用，建筑设施是地铁施工工序中最早的部分，也是运营筹备的先锋队。在设计阶段、工程介入检查时也发现了不少的问题，改进并提升了运营服务质量。本章主要从设计审图、现场施工质量检查、会议协调、施工遗留问题整改，甩项工程管理及委外维修介入运营筹备等方面进行了总结，为二期工程的运营筹备提供了一些工作思路，继续做好运营筹备的先锋队，提升二期工程中建筑设备设施的安全性及使用功能，更好地为乘客服务，为提升公司的品牌形象奠定了基础。

二期工程中将安排专人跟进设计交底、图纸会审、设计联络，在设计阶段提出运营的需求，从源头融入，解决对运营产生影响的问题。工程施工质量检查时安排专人，制订检查计划，将检查的问题登记台账，做好分析，问题销项等做好闭环管理。介入检查人员提前培训，掌握介入的要点，编制介入手册指引供介入人员查阅。此外，工程中首件验收，材料设备的选取应坚持经久适用的原则。多措并举为建设优质地铁而努力。

参考文献

[1] 中华人民共和国住房和城乡建设部. 地铁设计规范：GB 50157—2013[S]. 北京：中国建筑工业出版社，2013.

[2] 国家市场监督管理总局. 城市轨道交通信号系统通用技术条件：GB/T 12758—2023. [S]. 北京：中国标准出版社，2004.

[3] 中华人民共和国住房和城乡建设部. 城市轨道交通技术规范：GB 50490—2009. [S]. 北京：中国建筑工业出版社，2009.

[4] 中华人民共和国住房和城乡建设部. 城市轨道交通信号工程施工质量验收标准：GB/T 50578—2018. [S]. 北京：中国计划出版社，2018.

[5] 国家铁路局. 铁路车站计算机联锁技术条件：TB/T 3027—2015. [S]. 北京：中国铁道出版社，2016.

[6] 深圳地铁集团有限公司. 深圳地铁信号专业安装预验收大纲：Q/SZDY-TH0151—2019[S]. 深圳：深圳地铁集团有限公司，2019.

[7] 中华人民共和国住房和城乡建设部. 数据中心设计规范：GB 50174—2017[S]. 北京：中国计划出版社，2017.

[8] 中华人民共和国工业和信息化部. 分组增强型光传送网（OTN）设备技术要求：YD/T 2484—2013[S]. 2013.

[9] 中华人民共和国住房和城乡建设部. 电气装置安装工程 接地装置施工及验收规范 GB 50169—2016[S]. 北京：中国计划出版社，2016.

[10] 中华人民共和国工业和信息化部. 有线电信终端设备防雷技术要求及试验方法：YD/T 993—2016[S]. 2016.

[11] 全国信息安全标准化技术委员会(SAC/TC260). 信息安全技术-网络安全等级保护基本要求：GB/T 22239—2019[S]. 2019.

[12] 全国城市轨道交通标准化技术委员会(SAC/TC290). 城市轨道交通安全防范系统技术要求：GB/T 26718—2011[S]. 2011.

[13] 中华人民共和国住房和城乡建设部. 混凝土结构设计标准：GB/T 50010—2010[S]. 北京：中国建筑工业出版社，2015.

[14] 中华人民共和国住房和城乡建设部. 地下铁道工程施工质量验收标准：GB/T 50299—2018[S]. 北京：中国建筑工业出版社，2018.

[15] 深圳市地铁集团有限公司. 浮置板轨道技术规范：CJJ/T 191—2012 [S]. 北京：中国建筑工业出版社，2012.

[16] 中华人民共和国住房和城乡建设部. 混凝土结构工程施工质量验收规范：GB 50204—2015 [S]. 北京：中国建筑工业出版社，2014.

[17] 铁道部标准计量研究所. 钢轨焊接：TB/T 1632—2014 [S]. 北京：中国铁道出版社，2015.

[18] 国家铁路局科技与法制司. 铁路电力牵引供电设计规范：TB 10009—2016[S]. 北京：中国铁道出版社，2016.

[19] 中铁电气化局集团有限公司. 电气化铁路接触网零部件技术条件：TB/T 2073—2020[S]. 北京：中国铁道出版社，2020.

[20] 深圳地铁集团有限公司. 深圳地铁牵引供电设计导则：QB/SZMC-20407—2020[S]. 深圳：深圳地铁集团有限公司，2020.

[21] 建设部标准定额研究所. 城市轨道交通直流牵引供电系统：GB/T 10411—2005[S]. 北京：中国标准出版社，2005.

[22] 中华人民共和国住房和城乡建设部. 电气装置安装工程 电缆线路施工及验收标准：GB 50168—2018[S]. 北京：中国计划出版社，2006.

[23] 深圳地铁集团有限公司. 接触网（刚、柔）安装工程施工质量验收标准：QBSZMC-21402—2014[S]. 深圳：深圳地铁集团有限公司，2014.

[24] 国家市场监督管理总局. 轨道交通用电线电缆安全导则：GB/T 42740—2023[S]. 北京：中国标准出版社，2023.

[25] 建设部标准定额研究所. 城市轨道交通直流牵引供电系统：GB/T 10411—2005[S]. 北京：中国标准出版社，2005.

[26] 全国高压电气安全标准化技术委员会(TC226). 电力安全工作规程 发电厂和变电站电气部分：GB 26860—2011[S]. 北京：中国标准出版社，2011.

[27] 中华人民共和国住房和城乡建设部. 20 kV及以下变电所设计规范：GB 50053—2013[S]. 北京：中国建筑工业出版社，2013.

[28] 全国电力系统管理及其信息交换标准化技术委员会(SAC/TC82). 远动终端设备：GB/T 13729—2019[S]. 北京：中国标准出版社，2019.

[29] 全国电力系统控制及其通信标准化技术委员会. 地区电网调度自动化系统：GB/T 13730—2002[S]. 北京：中国标准出版社，2002.

[30] 国家能源局. 地区电网调度自动化设计规程：DL/T 5002—2021[S]. 北京：中国计划出版社，2021.

[31] 国家质量监督检验检疫总局. 信息安全技术 网络基础安全技术要求：GB/T 20270—2006[S]. 北京：中国标准出版社，2006.

[32] 国家质量监督检验检疫总局. 信息安全技术 信息系统通用安全技术要求：GB/T 20271—2006[S]. 北京：中国标准出版社，2006.

[33] 中华人民共和国住房和城乡建设部. 电气装置安装工程盘、柜及二次回路接线施工及验收规范：GB 50171—2012[S]. 北京：中国计划出版社，2012.

[34] 深圳市地铁集团有限公司. 深圳地铁综合监控系统人机界面标准：QB/SZMC-20609—2022[S]. 深圳：深圳市地铁集团有限公司，2022.

[35] 中华人民共和国住房和城乡建设部. 城市轨道交通站台屏蔽门系统技术规范：CJJ 183—2012[S]. 北京：中国建筑工业出版社，2012.

[36] 中华人民共和国住房和城乡建设部. 地铁限界标准：CJJ/T 96—2018[S]. 北京：中国建筑工业出版社，2018.

[37] 国家质量监督检验检疫总局. 自动扶梯和自动人行道的制造与安装安全规范：GB 16899—2011[S]，北京：中国标准出版社，2011.

[38] 国家市场监督管理总局. 电梯制造与安装安全规范 第 1 部分：乘客电梯和载货电梯：GB/T 7588.1—2020[S]. 北京：中国标准出版社，2020.

[39] 深圳市地铁集团有限公司. 深圳市轨道交通站台门系统技术规范：QB/SZMC-20802—2021[S]. 深圳：深圳市地铁集团有限公司，2021.

[40] 深圳市地铁集团有限公司. 城市轨道交通电梯企业标准：QB/SZMC-20122—2011[S]. 深圳：深圳市地铁集团有限公司，2011.

[41] 深圳市地铁集团有限公司. 城市轨道交通自动扶梯企业标准：QB/SZMC-20123—2011[S]. 深圳：深圳市地铁集团有限公司，2011.

[42] 中华人民共和国住房和城乡建设部. 城市轨道交通自动售检票系统工程质量验收标准：GB/T 50381—2018[S]. 中国计划出版社，2018.

[43] 中华人民共和国住房和城乡建设部. 建筑物电子信息系统防雷技术规范：GB 50343—2012[S]. 北京：中国建筑工业出版社，2012.

[44] 中华人民共和国机械工业部. 低压配电设计规范：GB 50054—2011[S]. 北京：中国计划出版社，2011.

[45] 中华人民共和国住房和城乡建设部. 地铁设计防火标准：GB 51298—2018[S]. 北京：中国计划出版社，2018.

[46] 中华人民共和国住房和城乡建设部. 建筑装饰装修工程质量验收规范：GB 50210—2018. 北京：中国建筑工业出版社，2018.

[47] 中华人民共和国住房和城乡建设部. 混凝土结构工程施工规范：GB 50666—2011[S]. 北京：中国建筑工业出版社，2011.

[48] 中华人民共和国住房和城乡建设部. 建筑玻璃应用技术规程：JGJ 113—2015[S]. 北京：中国建筑工业出版社，2015.

[49] 中华人民共和国住房和城乡建设部. 建筑给水排水及采暖工程施工质量验收规范：GB 50242—2002[S]. 北京：中国建筑工业出版社，2002.

[50] 中华人民共和国国家质量监督检验检疫总局. 建筑消防设施的维护管理：GB 25201—2010[S]. 北京：中国标准出版社，2010.

[51] 全国消防标准化技术委员会消防管理分技术委员会. 建筑消防设施的维护管理：GB 25201—2010[S]. 北京：中国标准出版社，2010.

[52] 中华人民共和国公安部. 火灾自动报警系统施工及验收规范：GB 50166—2007[S]. 北京：中国计划出版社，2007.

[53] 深圳市地铁集团有限公司，深圳地铁综合监控系统人机界面标准：QB/SZMC-20604—2016[S]，2016.

[54] 深圳市地铁集团有限公司. 深圳地铁新线段场建设标准：QB/SZMC-1062—2019[S]. 深圳：深圳地铁集团有限公司，2019.

[55] 深圳市地铁集团有限公司. 深圳地铁低压配电箱标准化设计导则：QB/SZMC-20403—2019[S]. 深圳：深圳地铁集团有限公司，2019.